高水平应用型培育立项建设专业群系列教材

U0648970

Financial Marketing Practice

金融营销实务

（第二版）

李一鸣　主　编

徐朱媛　葛舒梦　副主编

东北财经大学出版社　大连
Dongbei University of Finance & Economics Press

图书在版编目（CIP）数据

金融营销实务 / 李一鸣主编．—2版．—大连：东北财经大学出版社，2024.11．—（高水平应用型培育立项建设专业群系列教材）．—ISBN 978-7-5654-5314-4

Ⅰ．F830.9

中国国家版本馆CIP数据核字第20241817RD号

东北财经大学出版社出版

（大连市黑石礁尖山街217号　邮政编码　116025）

网　　址：http：//www.dufep.cn

读者信箱：dufep@dufe.edu.cn

大连图腾彩色印刷有限公司印刷　　东北财经大学出版社发行

幅面尺寸：185mm×260mm　字数：430千字　印张：18.25　插页：1

2024年11月第2版　　　　　　　　2024年11月第1次印刷

责任编辑：王　丽　孔利利　　　　责任校对：赵　楠

封面设计：原　皓　　　　　　　　版式设计：原　皓

定价：42.00元

教学支持　售后服务　联系电话：（0411）84710309

版权所有　侵权必究　举报电话：（0411）84710523

如有印装质量问题，请联系营销部：（0411）84710711

第二版前言

互联网技术的快速发展不断促使金融行业进行转型升级。党的二十大报告中对金融行业提出了更高的要求，要深化金融体制改革，加强和完善现代金融监管，强化金融稳定保障体系。与此同时，金融市场的竞争也日趋激烈，因而营销在金融活动中的作用越来越重要。随着金融市场的发展壮大，金融业营销观念已由自我导向营销观深化到推销导向营销观，再发展到顾客导向营销观。

金融营销学是金融学和营销学的联系纽带，它是一门研究金融营销活动及其规律性的学科。课程通过对金融系统和消费者需求的讲授，帮助相关人员了解金融机构及产品，提高金融营销的实战能力。

本书可以有效地帮助读者学习和研究金融营销的相关知识，全书共分为十二章，内容包括对金融营销及其营销环境的认知了解，介绍了金融产品的定价方法，详细阐述了产品营销的策略及风险管理，最后向读者讲述了一些营销人员须具备的能力素养以及如何开展对组织、客户和人才的管理工作。本书语言平实，逻辑清晰，力求保证学科知识框架的完整性和严谨性；并且，在每章主体内容开始前，为读者提供了学习目标和章前导读，帮助读者抓住本章重点。另外，为方便读者检验自身的学习效果，本书在每章最后都设有习题。

本书作为金融营销理论与实践方法的教科书，最大的特点就是理论与实操相结合。在编写过程中，我们查阅了大量与金融营销理论与实践相关的书籍和文献资料，并借鉴了近年来一些经典的金融营销案例，将其融入相应章节中。每章在阐述完相关知识后，大都会介绍并讨论实践案例，加深读者对理论知识的应用分析。此外，本书个别章后还设计了实训内容，帮助读者加强对金融营销实务操作的了解和掌握，为未来工作做好铺垫。

在编写过程中我们始终本着精益求精的原则，以现代营销理念为指导，将金融学和营销学理论与实践相融合，力争做到教学内容的可读性和可操作性。本书中的所有案例均以二维码的形式呈现，读者扫描二维码即可阅读，亦可扫描相应二维码查看所有习题的答案。本书既可以作为高等院校金融管理专业的教材，也可供银行工作人员及金融营销实务工作人员阅读。本次修订，紧扣金融行业发展，结合产业需求，对内容进行更新、修改；

针对指标、数据进行更新，力求增强教材时效性；对落后于当前时代的部分理论和案例进行删除，提升信息有效性。

　　本书由山东管理学院李一鸣副教授担任主编，徐朱媛、葛舒梦担任副主编。具体编写分工如下：第一章、第二章由李一鸣、朱丽雯共同编写；第三章、第四章由徐朱媛、王殿鑫共同编写；第五章、第六章由葛舒梦、楚钰莹共同编写；第七章、第八章由李一鸣、关鑫共同编写；第九章、第十章由徐朱媛、李佳晨共同编写；第十一章、第十二章由葛舒梦、郑淑芬共同编写。主编负责章节结构的设计和安排，并在一定范围内征求意见拟定大纲；初稿完成后经过主编、副主编反复审阅修改，最后由主编总纂和定稿。

　　由于编者水平有限，书中难免存在不足之处，欢迎读者批评指正。

编　者

2024 年 9 月

目　录

第 一 章

走进"金融营销"

学习目标

1. 掌握金融营销的概念和特征。
2. 了解金融营销的演变过程。
3. 了解金融产品营销方式。

【章前导读】

金融学主要从宏观角度研究金融市场，不仅描述市场的基本类型和特性、各类金融产品，还参与研究市场交易卖方和买方的交易活动规律，这里卖方和买方是由千千万万个个体组成的群体。市场营销学对市场的研究是从中观和微观层面，站在卖方角度将买方作为市场，研究买方的需求及满足方式。金融营销学研究在金融市场和金融行业的营销活动，是各类金融机构以及交易参与者进入金融市场从事营销活动要具备的基础知识。进入20世纪90年代后，金融企业的业务范围不断扩大，机构数量大大增加，竞争日益激烈，客观上要求我国金融业必须不断调整经营策略，增强创新能力，为客户提供多样化的服务以满足不同的金融消费需求，力求在金融市场竞争中占据一席之地。

第一节 金融概述

一、金融的定义

金融，金是指金子，融是指融通，金融的字面解释也就是金子的融会贯通（融通）。金融，即资金的融通，它是商品经济发展的产物，只要存在商品货币关系，就必然会有金融产品为商品交易进行货币融通。古今中外，黄金因其不可毁灭性、高度可塑性、相对稀缺性、无限可分性、同质性及色泽明亮等特性，成为经济价值最理想的代表物、储存物、稳定器和交换媒介之一，并因此成为世人喜爱和追逐的对象。

在金本位经济时代，价值与财富是以实物资产也就是黄金为依据和标准的，这非常有利于全球经济的平稳发展。然而，作为价值流通的载体，黄金在使用过程中因受不便的物理条件限制，如搬运、携带、转换等，使它又让位于更为灵活的纸币（货币）。如今，货币经济不仅早已经取代了原始的易货经济，而且覆盖了金本位经济。

但是，货币经济在给人类带来空前经济自由的同时，也给人类带来了诸多问题，如世界贸易不平衡、价值不统一、通货膨胀、货币贬值、经济发展大起大落等。在货币多样化的今天，现代金融中的含"金"量越来越小，但其影响却越来越深入，带来的风险涵盖范围也越来越广，并已经渗透到社会的每个角落和每个人的生活中。

综上所述，金融就是价值的流通。离开了价值流通，金融就成为"一潭死水"，价值无法转换；而价值无法转换，经济就无法运转，新的价值也无法产生；新的价值无法产生，人类社会就无法发展。比如，金融危机发展到一定程度就会演变为经济危机，经济危机发展到一定程度就会演变为社会危机。世界大战的深层原因都是经济问题。

金融是现代经济的核心。随着社会主义市场经济的深入发展，金融与社会经济发展和人民群众日常生活的联系越来越紧密，现代意义上的金融是货币流通和信用活动以及与之相联系的经济活动的总称。广义的金融泛指一切与信用货币的发行、保管、兑换、结算、融通有关的经济活动；狭义的金融专指信用货币的融通。

金融是一个涵盖广泛的领域，其范围包括银行、保险、证券三个主要分类。简要地说，金融涉及货币的发行与回收，存款的吸收与支付，贷款的发放与偿还，金银、外汇的交易，有价证券的发行与交易，保险、信托，以及国内外的货币结算等。参与金融活动的机构众多，其中包括银行、信托投资公司、保险公司、证券公司，还有信用合作社、财务公司、投资信托公司、金融租赁公司以及证券、金银、外汇交易所等。

金融是商品货币关系发展的必然产物。在封建社会，金融活动主要是金银货币等形式的借贷，一般在借贷双方之间直接开展活动；到了封建社会后期，专门从事金融业务的机构开始出现，从而促使了资本主义萌芽的产生。在资本主义时期，金融活动得到了很大的发展，主要表现为：一是资本表现形式丰富，以信用为中心的货币和货币资金的金融活动迅速发展；二是间接金融的出现，各种专门从事金融中介活动的金融机构如银行、证券交易所、证券公司、保险公司等广泛建立，金融活动的形式也多种多样。而今，金融的深入发展已经从根本上改变了金融的职能和其在社会经济中的地位，金融成为国家宏观调控的重要手段，是现代经济的核心。金融是人们在不确定环境中进行资源跨期的最优配置决策行为。

二、金融的构成要素

（1）金融对象：货币（资金）。由货币制度所规范的货币流通具有垫支性、周转性和增值性。

（2）金融方式：以借贷为主的信用方式为代表，包括直接融资（无中介机构介入）、间接融资（通过中介机构的媒介作用来实现的金融）。

（3）金融机构：通常分为银行和非银行金融机构。

（4）金融场所：即金融市场，包括资本市场、货币市场、外汇市场、保险市场、衍生性金融工具市场等。

（5）制度和调控机制：对金融活动进行监督和调控等。

各要素之间的关系：总体上讲，各要素是既相对独立又相互关联的。金融对象、金融场所为金融体系的硬件要素，金融方式、制度和调控机制为金融体系的软件要素，金融机构为金融体系的综合要素。

第二节 金融机构概述

在一个发达的信用经济体系中，以中央银行为中心、商业银行为主体，各类银行和非银行的金融中介机构并存，构成现代世界各国的金融机构体系。

一、金融机构的含义

关于金融机构的含义，有广义和狭义之分。

一般将狭义的金融机构定义为金融活动的中介机构，即在间接融资领域中作为资金余缺双方交易的媒介，专门从事货币、信贷活动的机构，主要指银行和其他从事存款、贷款业务的金融机构。该类金融机构与货币的发行和信用的创造联系密切，主要是中央银行和商业银行等金融机构。

广义的金融机构则是指所有从事金融活动的机构，包括直接融资领域中的金融机构、间接融资领域中的金融机构和各种提供金融服务的机构。

直接融资领域中的金融机构的主要任务是充当投资者和筹资者之间的经纪人，即代理买卖证券，有时本身也参与证券交易，如证券公司和投资银行等。

理解金融机构的概念，随着金融机构在现代市场经济的架构下不断进化而日益加深。最初，这些机构（如银行）源自铸币兑换业务，主要提供货币兑换、储蓄和信贷服务。此后，随着金融市场的迅速发展，产生了直接融资领域中的金融机构。20世纪50年代，由于金融业的激烈竞争，产生了各种从事金融服务性业务的金融机构。因此，金融机构的含义也逐步拓宽，由简单的金融中介机构而变为广泛从事各种金融活动的机构。

二、商业银行

商业银行在欧美一些国家被归为"存款机构"。它是接受个人和机构存款并发放贷款的金融中介机构。这类金融机构在吸收存款的同时，通过信贷又创造贷款，成为货币供应的重要来源。因此，其经营行为在决定货币供应量方面发挥着至关重要的作用。在我国，只有商业银行才可以从事存款业务，商业银行与"存款机构"是同义语。由于商业银行在金融行业中占比较大，信贷规模成为政府宏观经济调控的重要工具，因此受政府监督与管理的约束较大。

截至2023年年末，根据国家金融监督管理总局许可证信息分类标准，银行业金融机构现分为十八大类，其中商业银行类共包含1 811家：国有大型银行6家，股份制商业银行12家，城市商业银行125家，住房储蓄银行1家，农业商业银行1 607家，民营银行19家，外资法人银行41家。

银行机构通常依赖活期存款、支票存款和定期存款等多种方式来积累资金资源。它们通过提供商业融资、个人融资、房产抵押贷款及投资债券等金融服务来运用这些资金，并作为资金流转的媒介来盈利。具体来说，商业银行的业务范围见表1-1。尽管中国的商业银行具备一定的市场准入门槛，行业竞争依旧不断加剧。这些银行正基于传统储蓄、贷款及汇兑服务，持续开发新的金融产品。当前的创新动向主要集中在两方面：一是对传统金融服务的改进，二是开发满足消费者财富管理需求的新理财产品。目前，后者在发展规模和速度上已经超越了前者，预计在未来将展现更加广阔的发展潜力。

表1-1　　　　　　　　　　　　**商业银行的主要业务**

业务类型	产品品种	服务对象
存款	储蓄存款（本外币、活期、定期、存款证明）	个人
	存款（本外币、活期、定期、约期、协议）	企业
贷款	个人贷款（住房、汽车、大额消费）	个人
	信用卡透支授信	个人
	融资贷款（短期、长期、信用、担保、质押）	企业
	银行汇票承兑与贴现、商业汇票贴现	企业
汇兑	境内外汇款、借记卡、支票、自主存、取、汇	个人
	网上银行、电话银行、手机银行、短信银行、ATM	个人
	银行汇票、银行本票、支票、汇款、托收承付	企业
	国际结算、结售汇	企业
	现金管理（含电子银行）	企业
投资理财	自由理财产品	个人
	代理理财产品（信托、保险、基金、债券、贵金属）	个人
	外汇买卖	个人、企业

三、保险公司

　　保险是通过聚集一群面临相似风险的个人和实体，通过公正的风险评估和资金分摊，为那些遭遇风险事件导致经济损失的成员提供经济援助的一种机制。它表现为互助共济、合作保障、商业保障和社会保障等多样化形式。在此背景下，商业保险通常是指狭义上的保险。

　　我国保险业起步较迟，但其发展速度极快，市场潜力大。2023年，保险业原保险保费收入51 247亿元，较2022年增长9.1%。其中，寿险业务原保险保费收入27 646亿元，健康险和意外伤害险业务原保险保费收入9 993亿元，财产险业务原保险保费收入13 607亿元，继续持正增长态势。2014年，我国保险系统机构数为180个，2023年，我国保险系统机构数增长为238个。

　　保险公司的主要财务支撑来自保险费的收取。为了增加价值并保护资产，公司会将这些资金投入到诸如银行储蓄、政府或企业债券，以及证券投资组合（这间接涉及股票市场的投资）等渠道中。

保险公司设计各种形式的保险产品，通过一定的营销方式，吸引人们购买从而获得保费收入。财产险公司的产品主要有（按产品收入份额由大到小排列）：机动车辆保险（产品收入占全部财产险产品收入的70%以上）、企业财产保险、意外伤害险、责任保险、农业保险、货物运输保险、工程保险、船舶保险等。人寿保险公司的主要产品就是寿险，此类产品收入占保费收入的比例可达90%左右，其余部分为健康险和人身意外伤害险。

四、证券公司

证券公司是资本市场上从事证券的发行、头寸买卖及相关业务的金融机构。它在金融市场上的作用是：一方面，充当股票和债券发行（一级市场）的承销商，为需要资金的单位，包括企业和政府部门，提供从资本市场筹集资金的服务；另一方面，充当投资者买卖有价证券（二级市场）的经纪人。本质上证券公司是资本市场为投融资双方提供服务的中介机构。因此，它的客户群体分为两大类：一类是一级市场的机构客户，最典型的营销活动是股票上市之前的"路演"；另一类是二级市场的投资客户，既包括机构客户，又包括大众客户，营销活动丰富多彩，包括佣金优惠、投资研究信息与咨询服务、各类讲座和投资者教育等。

目前我国有证券公司100多家，主要业务包括：投资银行业务——为企业提供上市服务；经纪业务——为机构和个人提供投资交易服务；代客理财业务——为非专业客户的资金或投资提供专业管理服务；自营业务——用自有资金从事以股票交易为主的投资业务。

合格境外机构投资者（Qualified Foreign Institutional Investors，QFII）在2003年进入中国市场，这是境外投资者能够投资中国境内上市A股以及交易所买卖债券的唯一渠道。中国证券监督管理委员会（以下简称"证监会"）数据显示，2023年共有81家机构获批合格境外机构投资者资格，范围覆盖全球15个国家、地区和国际组织，QFII获批数量的上升反映出境外投资者对我国宏观经济和资本市场发展前景充满信心，有利于我国资本市场实现高质量发展。截至2023年年底，已有802家境外机构获批合格境外投资者资格，主要为境外养老金、主权基金、公募基金、证券公司、保险公司和商业银行等，已成为我国资本市场重要的机构投资者之一。

目前，中国的金融市场以股票产品为核心，这一资产类别是证券业务的关键组成部分（欲深入了解，请参阅专业文献）。股票实质上是公司为筹集资金而分发给投资者的股权证明，它象征着持有者（股东）对公司的所有权利益。股票可以通过交易市场进行买卖，股东借此可以实现投资回报，但无权直接要求公司退款。股东与公司之间的关系不是借贷关系，股东作为公司的拥有者，仅对公司负有有限责任，其责任限于其出资额，同时承担风险并分享利润。股票与债券相比，具有以下特点：

（一）不可偿还性

股票属于无偿还期限的有价证券，投资者认购了股票后，就不能再要求退股，只能到二级市场卖给第三者。股票的转让只意味着公司股东的改变，并不减少公司资本。从期限上看，只要公司存在，它所发行的股票就存在，股票的期限等于公司存续的期限。

（二）参与性

股东有权出席股东会，选举公司董事会，参与公司重大决策。股票持有者的投资意志和享有的经济利益，通常是通过行使股东参与权来实现的。股东参与公司决策的权力大小，取决于其所持有的股份的多少。从实践中看，只要股东持有的股票数量达到左右决策结果所需的实际多数时，就能掌握公司的决策控制权。

（三）收益性

股东凭其持有的股票，有权从公司领取股息或红利，获取投资收益。股息或红利的大小，主要取决于公司的盈利水平和公司的盈利分配政策。股票的收益性，还表现在股票投资者可以获得价差收入或实现资产保值增值，通过低价买入和高价卖出股票，投资者可以赚取价差利润。

（四）流通性

股票的流通性是指股票在不同投资者之间的可交易性。流通性通常以可流通的股票数量、股票成交量以及股价对交易量的敏感程度来衡量。可流通股数越多，成交量越大，价格对成交量越不敏感（价格不会随着成交量同步变化），股票的流通性就越好，反之就越差。股票的流通，使投资者可以在市场上卖出所持有的股票，取得现金。通过股票的流通和股价的变动，可以看出人们对相关行业和上市公司的发展前景和盈利潜力的判断。那些在流通市场上吸引大量投资者、股价不断上涨的行业和公司，可以通过增发股票，不断吸收大量资本进入生产经营领域，从而达到优化资源配置的效果。

（五）价格波动性和风险性

股票在交易市场上作为交易对象，同商品一样，有自己的市场行情和市场价格。由于股票价格受到诸如公司经营状况、供求关系、银行利率、大众心理等多种因素的影响，因此，其波动具有很大的不确定性，正是基于这种不确定性，有可能使股票投资者遭受损失。股票价格波动的不确定性越大，投资风险也越高。因此股票属于一种高风险的金融产品。

除了股票之外，证券公司还为投资者提供债券（国债、企业可转债等）、权证等产品的服务，但业务总量占比还不是很大。

五、基金管理公司

基金是资本市场证券投资基金的简称，基金管理公司就是管理运作基金的专业机构。基金管理公司通过发行基金（基金股份或受益凭证），将投资者分散的资金集中起来，由专业管理人员分散投资于股票、债券和其他金融资产，并将投资收益分配给资金受益者。基金管理公司聘请优秀的投资人才管理旗下基金，收益主要来源于基金管理费，按基金净资产的固定比例提取。一家基金管理公司往往管理着许多不同风格的基金。证券投资基金在我国尽管问世不久，但发展迅猛。截至2024年4月，我国境内共有基金管理公司148家，其中，外商投资基金管理公司51家（包括中外合资公司和外商独资公司），内资基金管理公司97家；取得公募基金管理资格的证券公司或证券公司资产管理子公司13家、保险资产管理公司1家。以上机构所管理的股票基金、混合基金、债券基金、货币基金以及QDII基金资产净值合计全部迎来上涨，分别为3.18万亿元、3.72万亿元、6.14万亿元、13.43万亿元以及4 795.35亿元，分别同比增长2.78%、1.86%、8.19%、7.55%、1.23%。

作为一种大众型证券投资工具，基金在未来一段时期将保持增长势头。目前我国管理基金数目最多、资产规模最大的是华夏基金公司。

投资于共同基金已经逐渐变成中小型投资者进入资本市场的主要选择，这类金融产品构建于投资组合的理念之上。与资本市场上其他的金融工具相比，共同基金提供专业性的资产配置服务，具有相对较低的风险。另外，作为一种集体投资方式，共同基金享有了规模经济的优势，众多投资者的资金汇集在一起，分摊了投资相关的费用，从而有效减少了每位投资者的成本。同时，基金之间的相互竞争，使得基金的购买费用和管理费用大为降低，直接降低了投资者投资基金的成本。此外，很多国家对基金也给予一定的税收优惠政策。中小投资者既没有时间、专业知识及资讯去管理个人的资产，又没有足够的能力去聘请专业人才代为理财，那么就可以根据自己的投资偏好，购买不同风险收益组合的基金获得投资收益。

基金按是否可赎回分为开放基金和封闭式基金。开放式基金的基金份额总额和持份总数不固定，基金份额可以在基金合同约定的时间和场所申购或者赎回，并随时根据市场供求状况发行新份额或被投资者赎回。封闭式基金经核准的基金份额总额不变，基金份额持有人不得申请赎回基金（可以向第三者转让），基金资本总额及发行份额在发行之前已确定下来，不能被追加、认购或赎回。

投资者可以根据购买路径将基金客户划分为证券交易部门客户和商业银行服务窗口客户两大组。针对投资者各异的风险承受能力，基金产品设计成了多样的类型和投资风格，以便营销团队能够挑选出最符合投资者需求的基金。

第三节　　　　金融营销概述

一、金融营销的概念界定

金融营销是指金融机构以市场需求为指南，利用全面的营销策略向顾客提供金融服务和产品，旨在满足客户的需求并追求金融机构的目标的社会行为。这种营销策略在商业企业的营销之后出现，并在金融行业内得到了扩展。典型的市场营销包括市场研究、产品创新、信息传递、定价策略、分配渠道和客户支持等环节。在所有这些促销活动中，始终贯彻的是以客户需求为核心的经营理念，企业必须将客户需求置于首位，全力以赴地满足客户的需要，并采用全方位的营销方法来赢得客户对产品和服务的理解、接受和使用。企业应通过高品质的服务来获得客户的满意度，进而实现企业的长期利益。

在市场经济体系中，金融企业是一组专门为客户提供金融性服务以满足客户对金融产品消费需要的服务性企业（商业银行是这组服务性企业的主体），它的营销既与生产消费品、工业品等企业的营销有相似之处，同时又有自身的特点和规律。金融企业的营销目的是借助精心设计的金融工具以及相关金融服务以促销某种金融运作理念并获取一定收益。为了实现这样的营销目的，金融企业在其经营过程中所采取的营销行为可以是多种多样的，一般可以概括为以下四个方面：

（1）产品，主要是开发和提供市场所需要的各种金融产品。

（2）价格，包括价格设定与调整。

（3）渠道，包括营销路径设计、网点设置和中间商选择等。

（4）促销，包括形象定位、广告宣传、公共关系等。

上述营销行为并非随意的，而是金融企业在所处经营环境下的自觉选择，故企业会主动适应其所处的政治法律环境、经济技术环境、社会文化环境、国际市场环境、行业竞争环境以及自身资源与发展目标等要求，充分体现把握机会、应对挑战、扬长避短、趋利避害、适应环境的经营取向。

二、金融营销的核心概念

在客户需求导向的金融营销理念指引下，金融营销管理应当以客户需求为出发点，以科学化和系统化的方法策划和执行金融企业的营销活动。以下几个概念构成了现代金融实施营销管理的基础。

（一）需要、欲望与需求

需要是期望获得某种满足时所产生的一种主观状态，既包括显在的，又可能是潜在的。需要可以被刺激、诱发、引导和抑制，但不能被创造、出让、交易或消灭。

欲望是个体对满足需要的目标事物的心理渴求状态，即个体的内在需要在一定环境条件下因目标事物的刺激而形成的一种心理紧张与焦虑状态。需要转化为具体的欲望，必须满足两个基本条件：一是个体内心存有不足之感；二是个体有求足之愿，即当个体处于既感到缺乏又期待满足的状态时，我们便称该个体具有欲望。需要是原始的、自然的、本能的、一般的，而欲望则是有条件的、有指向的。主观的、具体的欲望具有以下四个特征：

（1）无限性，如荀子所言"欲不可尽""欲求不满"。

（2）差异性，不同的个体对满足相同的需要会有不同程度的欲望。

（3）反复性，欲望不是一次性满足，而是可以重复再生。

（4）竞争性，同一时间内不同欲望所具有的强弱程度不同，占据优势的欲望往往主导着人们的动机和行为。

需求是个体有能力满足的欲望，欲望是形成个体需求的前提，但个体仅有欲望还不能形成现实的需求，还必须具备满足这种欲望的相应能力。企业既要研究人们的需要与欲望，更要关心人们的需求，因为，只有需求才具有现实意义，也才是企业盈利的商机。可见，企业不仅要关心有多少人需要其产品与服务，而且要了解有多少人既需要产品与服务同时又具备支付能力。

金融企业的经营同样应以客户的需要、欲望和需求为基础。人类拥有财富的欲望自古有之，而通过金融运作获取更多财富（或使财富保值）的欲望则是随着社会经济货币化进程的推进而日益增强的。金融运作方式的多样性和金融市场的风险性，又使人们的财富增值保值欲呈现出极大的差异性，因而使金融企业拥有巨大的市场开发潜力。同样，金融企业更加关心具有金融运作欲望的金融客户所拥有的货币财富量，尤其是其可任意支配的收入量和闲置资金量。

【学思践悟】

金融创新引航，需求驱动发展

在贯彻党的二十大精神、推动金融高质量发展的时代背景下，中国金融机构积极响应市场需求，精准制定金融产品。以《中国金融政策报告2024》为指导，中国金融机构紧密结合国家战略和人民需求，推出多样化、个性化的金融产品。以近年来人民币国际地位提升为例，中国金融机构通过创新跨境金融服务，满足企业和个人日益增长的国际支付需求。同时，《2024年一季度银行业保险业主要监管指标数据情况》显示，商业银行在保障金融安全的前提下，不断优化金融服务，推出更具盈利性和流动性的金融产品，满足投资者对于风险和收益的双重需求。在这一过程中，金融机构通过深化改革开放，不断提高金融服务质量，为构建现代金融体系、推动经济高质量发展贡献力量。

（二）投资与融资

投资这一行为的核心目的是获取利润。在狭义的投资观念中，资金必须经过转化成为资本，才有可能带来预期的回报。这种传统的投资理念，将储蓄、借贷等行为排除在外，其范围仅限于个人购买股票或企业债券。而在发达的金融市场条件下，投资的概念则远远超出了这种区分方式的局限。事实上，所有以一定报偿为前提的资金投入方式都属于投资行为。其主要原因在于：（1）在市场经济条件下，对投资者而言，所有闲置资金的运作都有一个共同的本质特征，就是以获取收益为前提，所不同的是收益率不同，风险大小不同，有直接与间接之分；（2）无论是直接方式还是间接方式，投入金融市场中的资金都将运用于生产或流通领域；（3）与金融客户的需求相吻合；（4）在发达的金融市场中，各种不同的资金运作方式可以极为方便地相互转换，如股票可以在证券市场出售而转化为银行存款，银行存款亦可以用于购买股票和债券；（5）广义的投资概念有利于对不同的资金运作方式进行对比分析，便于金融企业摆脱观念束缚，优化营销方案；（6）在金融自由化浪潮的推动下，各国纷纷放松金融管制，鼓励金融企业依法竞争，金融企业相互渗透与混业经营现已成为一个重要的发展趋势（尽管我国市场经济起步较晚，金融市场尚不发达，还需要有一个加强管制、分业经营的发展过程，但这并不影响金融市场的总体发展趋势）。

融资是一个关键的经济活动，它涉及资金的提供者和需求者之间的互动。具体来说，它是指那些需要资金的个人或机构（我们称之为资金使用者）或者金融中介机构，通过建立一种信赖关系，向资金提供者承诺一定的回报，从而获得资金的使用权，以此来筹集他们所需的资金。同样，广义的融资概念也包括传统的各种资金集中方式。投资与融资是一个事物的两个方面，是分别相对于金融市场上资金的供应者和需求者而言的。金融客户既可以是投资者，又可以是融资者，而金融企业则发挥着投融资中介服务作用。

（三）金融产品

产品通常是指企业针对消费者需求所提供的满足物。产品既可以是有形的，又可以是无形的，还可以是有形与无形的某种组合。金融产品是金融运作理念、金融工具以及相关金融服务的有机体，是金融企业针对不同客户的不同金融需要而提供的。金融产品的形式多种多样，它既可以是某种财务安排或投资契约，又可以是某种承诺或信用保证，还可以是某种专门服务或市场运作委托代理。

金融产品的两个最基本属性是收益性和风险性。收益性是指一种金融产品可以向客户提供的预期收益大小，而风险性则是指该产品所蕴含的风险高低。在市场经济条件下，金融产品的收益性与风险性总是相对应的，收益高风险则高，风险低收益亦低。现代金融市场发展迅猛，金融营销者总是不断地开发出不同收益与风险相组合的金融新产品，以满足金融客户的不同需要，尤其是各种金融衍生工具的出现，使得金融客户面临着多样的选择。

根据收益的特征，金融产品具体可以划分为承诺收益的金融产品与不承诺收益的金融产品两大类。承诺收益的金融产品，诸如存款、债券等，是金融营销者以事先明确单位收益为前提，并以一定的信用保证形式而获得的在一定时期内对客户资金的使用权所提供的金融产品，其风险主要由金融产品提供者（或相关营销者）承担。不承诺收益的金融产品，如股票、期货合约、黄金等，营销者只在这类金融产品的营销过程中提供一定的服务，并收取一定的佣金，风险则主要由客户自身承担。

（四）机会、成本、风险、效用与满足

金融营销是一门复杂的艺术，它的成功不仅在于金融企业所提供的产品和服务，而且在于金融客户的决策方式。在金融市场中，机会、成本、风险、效用和满足是几个与客户决策紧密相关的关键因素。

机会是指金融市场的可选择性。一个发达的金融市场使得金融客户具有较大的选择权和较多的选择对象。由于客户资金的有限性，客户一般会根据自己的需要而做出有限的选择，或者以某种组合形式把有限的资金分散投资于多种金融产品，客户在享有这种选择权的同时，也必然会因此而放弃其他投资机会。

金融客户的成本不仅包括机会成本，而且包括在选购不同金融产品过程中所发生的各种费用，诸如信息收集费用、时间耗费、交通费用、所付佣金等。客户最终做出何种选择，不仅涉及机会损失和交易费用，而且涉及不同金融产品的风险与效用的大小。

风险是指金融市场的不确定性。在市场经济条件下，任何金融产品的实际收益都存在不同程度的不确定性，即使是作为传统保值工具的黄金，其未来的收益也具有一定的风险，这不仅包括黄金购买者的机会成本，而且包括受市场供求影响而发生黄金贬值的可能性。

效用是指某种产品满足消费者需求的能力，是消费者对产品所做的价值判断。金融产品的效用是指该产品所提供的预期收益及其风险对客户需求的满足程度。金融客户的满足取决于现实结果与预期需求目标之间相吻合的程度。

金融营销者应了解金融客户是如何做出投资选择的。假定某金融客户有笔闲置资金需要运作，他可能要求增值，也可能要求保值，或者兼而有之。金融市场所提供的金融产品有银行储蓄、股票、国债和黄金四种，该金融客户究竟选择哪一种产品，完全取决于这些产品对该客户的效用大小，或者说取决于金融客户对不同产品所做的价值判断。追求收益最大化的客户会选择股票，注重风险防范的客户则倾向于选择购买黄金或国债，而既怕承担风险又期望有较稳定收益的客户有可能把资金投向银行定期储蓄或购买国债。根据边际效用理论，客户的选择应使在每一种金融产品上最后一个单位的损失（机会成本和交易费用之和）所产生的效用相等。

（五）金融交易

货币经济的高度发达，不仅使人类的剩余产品可以运用货币这种一般等价物来表示，而且使得人类的各种市场交易简便易行，更使得以货币为符号表示的资金作为一种资源要素可以极其方便地投入生产与流通过程而产生增值。金融业是伴随着货币经济的发展而发展的，当货币增值日益成为社会性需求时，金融业也就日益发挥着经济中枢的重要作用。像产品买卖一样，金融业的运行仍然是以交换为基础，当然与物质产品交换相比，金融交易更为复杂。因为物质产品的交易是对等的所有权交易，而在金融交易中，除股票是一种所有权凭证之外，金融产品本身的所有权并不重要。作为一种金融运作方式或者债权债务关系凭证，金融产品的购买者并非是为了获得该产品的所有权，因此，金融交易大多是产品使用权交易。在金融企业作为资金供应者的金融交易中，金融企业凭出让资金的使用权向客户索取一定的回报；在金融企业作为资金需求者的金融交易中，金融企业以某种资金运作理念、信用和一定的回报而受让客户的资金使用权；而仅作为金融交易中介的金融企业，则以一定的服务换取一定的佣金，对于资金的所有权与使用权都不涉及。

金融交易，本质上是一种等价交换的表现，它建立在自由、互利和公平的基础上。在这种交易中，需求者和供应者能够借助多种互信的形式，进行多次具体的交易，以实现等价交换的目标。这种交换的需要，不仅推动了金融市场的发展，而且为金融营销提供了广阔的舞台。金融营销的核心目标，就是通过各种方式，不断推动金融交易的达成。

（六）金融市场

市场是人们进行交易的场所，诸如柜台、集市、商场、交易网络等。我国古代就有"日中为市，致天下之民，聚天下之货，交易而退，各得其所"的记载。在营销学中，市场被直接地表述为消费者的需要。金融市场是指具有特定金融需要、欲望以及金融交易能力，并愿意通过交易来满足其需要与欲望的一切可能的金融客户群。这一概念涉及客户量、金融交易能力、交易愿望、金融市场效率四个变量，它们是金融市场的四个基本要素。客户量是指期望获得某种金融产品与服务的客户数量，对于公众可以用人数来表示；对于企业、机构等则可以用户数来表示；金融交易能力是指可以用作金融交易的金融财富平均拥有量，金融财富包括可以任意支配的货币收入、闲置资金、各种有价证券，可以被出售抵押的各种不动产、黄金、珠宝、文物等；交易愿望是指金融客户愿意通过金融市场交易实现其金融需要；金融市场效率是指特定的金融市场存在着放大或抑制金融交易的特征，金融交易既可以因扩张而被若干倍地放大，又可以因限制而收缩到一定程度，影响金融市场效率的主要因素包括金融管制状况、宏观经济增长水平、金融市场价格水平、通货膨胀率、金融企业的运作能力、交易参与者的信心等。其中，客户量、金融交易能力、交易愿望是金融市场大小的基础，决定着金融市场的静态水平。不同的客户群因经济地位的差异、收入水平的不同而在金融财富的拥有量上存在着很大的差距。金融市场效率决定着金融市场交易的实际规模，也反映了金融市场的发达程度以及波动状况，不成熟的金融市场可以极大地推动泡沫的形成，并对金融市场的稳定和社会经济的发展产生明显的负面影响。

金融市场是一个多元化且复杂的体系，它可以基于四个核心要素的不同组合被划分为多种类型。这些类型对于金融机构在制定营销策略和挑选目标客户时提供了实质性的参考依据。

（七）金融消费、金融消费者与营销者

经济的发展和活跃离不开人们的金融消费。当你获得了申请的贷款，或者购买了一个上市公司的股票，那么不管金额大小、数量多少，事实上，你已经在进行金融消费了。然而，金融企业在描述金融服务对象时，很少提出"消费者"的概念，即使是在金融报刊上，对此也鲜有涉及，似乎金融企业的服务对象不是消费者。按照我国现行立法与原理及国际惯例来看，消费者是指为生活需要而购买、使用商品或接受服务的个人或单位。既然金融客户接受的是金融企业的各类金融服务，那么，他们当然就是不折不扣的消费者，并享有消费者应有的权利。但涉及储蓄、信贷、中间业务、投资和保险的金融消费者，又不

同于普通消费者，金融消费的特殊性决定了他们除了享有消费者的一般权利外，还享有与金融业特点相适应的一些特殊权利。根据我国有关法律、法规的规定，并结合在实践中已经出现的诉讼纠纷情况看，金融消费者主要有以下七种权利：

（1）金融信息知情权。金融消费者在接受一系列金融服务过程中，享有获得与金融相关的必要的知识，包括金融服务以及其他相关信息的权利，金融单位负有为金融消费者提供真实知识或信息的义务。例如，银行要及时将国家法定利率标准和利息、税率等告知储户或贷款户；金融单位不得擅自隐瞒、降低或提高存贷款利率；遇到不懂转账、开户、汇票等结算和票据业务的客户，金融单位有主动为客户提供信息咨询的义务，金融消费者有权知道这些相关内容。

（2）金融消费选择权。在遵循国家相关法律法规的前提下，金融消费者拥有完全的自主权，可以自由挑选金融机构、证券营业部和保险公司等，不受不合理的干预。他们可以自行决定消费的方式、时间和地点，这些选择都应得到充分尊重。

（3）金融公平交易权。金融单位、证券营业部和保险公司等在与消费者签订合同或形成法律关系时，应当遵循公正、平等、诚实、信用的原则，不得强行向消费者提供服务，不得在合同或法律关系中制定规避义务和违反公平的条款。金融单位或机构在收取工本费、服务费等费用时，必须严格遵守价格政策和收费标准。

（4）金融资产保密权。在金融交易过程中，确保存款、信用卡和股票等资产的安全保密尤为重要。诸如储户存款被冒领、信用卡保密信息被泄露、贷款被挪用、股票被低价卖出等都属于对金融消费者私人资产保密权的侵犯。在金融消费活动中，资产保密权不受侵犯是消费者最基本的权利。银行单位、证券机构和保险公司等有义务采取一切有效措施，包括按规章制度和操作程序办事，严防泄密事故发生，以保证提供安全高效优质的金融服务环境。

（5）金融消费求助权。金融消费者在消费活动中，如果发生私人财产被不法侵犯等事件，有权请求法律援助，有权聘请律师为自己代理诉讼，以维护消费者的合法权益。

（6）金融消费赔偿权。金融消费者在其合法权利受到侵犯时，有权依据合同规定事项（无合同的可依据有关法律）向对方要求赔偿，如得不到满足，则可向当地人民法院提起诉讼。

（7）金融服务享受权。金融消费者有权享受银行和信用社对破（损）币的无条件兑换服务，有权享受银行、证券和保险机构提供的休息、降温、保暖、茶水和咨询等文明优质的服务。

金融消费者的概念在国内金融业之所以鲜有提及，有以下三方面原因：其一，金融企业的官商意识尚未完全摆脱，商业化进程尚未完全到位；其二，金融从业人员的服务意识和服务水准都还未达到一个较高的水平；其三，金融消费者本身的自我保护意识未能明显增强，对目前在金融服务中存在的种种不足之处还没有形成强大的监督影响作用。

消费者在接受金融服务时没有被视作消费者，这对金融行业自身的发展极其不利。对于中国金融企业而言，现在正面临着外资金融企业的严峻挑战，由于外资金融企业在服务方面技高一筹，因而中国金融企业不能仅是"临渊羡鱼"而应"退而结网"，抓紧时间练好内功，打出服务这张王牌，重新审视自我。另外，在当前的经济环境中，金融零售已经成为银行业和保险业寻求效益增长的新动力。随着这一趋势的不断加强，金融企业与个人消费者的互动将变得更为频繁。因此，我国金融业有必要对金融消费者进行重新定位，从消费者的视角出发，建立一种基于信任和合作的和谐关系。

三、金融营销的主要特征

在市场经济体制中，金融企业扮演着一种特殊的角色，它们是以金融服务为核心的产品供应商，旨在通过多样化的金融产品来满足广大客户群的多元化需求。这些产品不仅是交易的对象，而且是连接企业与客户的桥梁，通过它们，金融企业能够实现自身价值创造和社会价值创造的双重目标。

广义的金融企业是指提供金融产品（服务）的一切企业，是在金融类企业中以经营为手段、以营利为目的的所有组织和机构，主要包括商业银行、保险公司、证券公司、投资银行、信托投资公司、财务公司、基金组织、金融期货公司、融资租赁公司、外汇经营企业以及与之相关的各种金融中介机构等。

从提供产品，通过交换而谋求企业的生存与发展这一过程来看，金融企业与其他工商企业一样，需要面对市场，参与竞争，确定明确的经营目标，寻求营销机会，通过提供适销对路的产品和服务以满足金融客户的不同需求，并获得良好的经济效益和社会效益。与其他商品生产企业不同，金融企业具有自身独特的产品和服务提供方式。由于金融业属于服务性行业，是专门为满足人们的各种金融服务需求而设立的，因而金融企业所经营的产品，既不同于一般的消费品和工业品，又不同于其他服务行业所提供的服务，它既可以通过某种金融工具提供相应的服务，诸如存单、债券等，又可以仅提供无形的金融服务，例如证券经纪、金融咨询等。因此，金融营销具有以下几个基本特征：

（1）无形性。由于金融服务多是无形的，因而金融客户在获取金融企业所提供的服务之前，对其服务是难以用视觉、触觉、听觉、味觉和嗅觉进行感知的。例如，金融企业经常向客户提供某种投资建议、某种财务安排方案或灌输某种理财观念，这些服务一般难以通过形象、直观、逼真的方式向客户展示，而只能运用抽象的数字、计算、分析和推测以表明其益处和功能，来招揽客户。由于金融营销的无形性，金融企业的营销方式和渠道安排一般与消费品和工业品有着很大的不同，因而尽量多设营销网点或者上门推销便成为金融企业主要的营销方式。尽管如此，金融客户仍然可以从地点、人员、设备、标识、符号、宣传材料等要素来了解并判别一个金融企业的营销质量。因此，金融企业要想将营销的无形性转变为有形性，就应当不断地提供各种有说服力的证据，以使金融营销有形化。

（2）非歧视性。除金融需求差异外，金融客户的其他各种判别对于金融营销并没有特殊的要求。因此，金融营销可以一视同仁地提供给各类金融客户，而不会因客户的种族、肤色、性别、长幼或宗教信仰等不同而有所不同，这使得金融企业可以面向社会大众提供广泛的无差异性服务。

（3）不可分性。金融产品与服务的供应和消费是同时进行且难以分开的。由于金融产品与服务不能贮存，因此必须在一定时间或场合下进行消费，并且会随着需求和供给状况的不同而发生变化。例如，对于需求者，错过一定的时间就可能不再需要；而对于供给者，错过一定的时间和场合就可能无法提供。因此，金融产品与服务提供的时间和场所是金融营销人员以及金融客户所共同关心的。当然，广泛应用的信用卡则突破了这一约束，由于信用卡的提供与服务的分配出现了分离，因此金融客户也有了更多的消费选择。

（4）易模仿性。经营相同业务的不同金融企业，尽管可以有不同的金融服务方式和程序，但由于内容大同小异，因而很难形成自身的特色。由于金融业务无专利可言，新业务以及金融工具的开发，极易被其他金融企业所模仿，这就使得金融企业在广大客户心目中往往仅有规模和信用之别，而无业务实质之分。以前，我国四大国有银行的主营业务有一定的专业分工，例如，中国工商银行主要为工商企业以及城镇居民提供金融服务，中国银行主要经营国际金融业务，中国农业银行的业务范围主要集中于广大农村，中国建设银行则主要负责国家基建项目的投融资。然而改革开放后，金融业出现了"工行下乡，农行进城，中行上岸"的可喜变化，20世纪90年代更是提出了专业银行商业化的改革思路，打破了银行之间业务范围的界限，各银行都可经营不同的金融业务。这对于客户而言就有了较大的选择空间，对于银行而言，则对营销管理提出了更高的要求。因为较之其他企业，由于金融业务的易模仿性导致了产品的功能和特点不突出，因此就更需要通过营销管理树立金融企业的整体形象。可见，易模仿性的存在使得金融业的竞争更趋激烈，并在一定程度上决定了金融产品的趋同性，因而要求金融企业在向顾客推销金融产品过程中具有自身鲜明的特色，以差异营销来吸引顾客、开拓市场，以优质服务来维系顾客、占领市场。金融企业必须注重提高从业人员素质，不断改进服务质量，并配以必要的形象宣传，从而赢得更多客户的信赖。

（5）专业性。金融客户的需求往往在具有多样性的同时，更强调专业性。要求金融营销人员具有广泛的专业知识，在营销服务过程中能够熟练处理各种问题，使客户满意，诸如解答客户的各种疑问，消除客户的种种顾虑，甚至充当客户的投资顾问，帮助客户分析、计算和谋划理财方案等。在当今激烈的市场竞争中，金融服务行业正面临着前所未有的挑战和机遇。为了在这样一个充满变数的领域中脱颖而出，金融机构必须不断地提高自身的服务质量，优化客户体验。这不仅是一个简单的承诺，而且需要通过实际行动来体现。在这个过程中，专业人才的引进和培养显得尤为关键。

（6）风险性。金融市场的风险无时不在，无论是对金融企业，还是对金融客户而言，防范和化解金融市场风险，保持收益与风险的均衡都是金融企业独具特色的重要任务之一。对于主要由金融企业承担风险的业务，金融企业应加强风险控制，以确保自身经营的安全性；对于主要由金融客户承担风险的业务，金融企业也应加强营销服务，以使客户所承担的风险与其所获得的收益相对称。

由于金融营销具有上述基本特征，因此它比一般工商企业营销更显复杂。金融营销人员既要以市场营销理论为指导，又要根据金融业自身的特点，积极开展营销管理活动。

【学思践悟】

风险防范，促进金融稳健发展

2024年4月，国务院颁布的《国务院关于加强监管防范风险 推动资本市场高质量发展的若干意见》（国发〔2024〕10号）指出："必须全面加强监管、有效防范化解风险，稳为基调、严字当头，确保监管'长牙带刺'、有棱有角。"近年来，中国金融市场持续加强了风险防范工作，通过多项政策和措施，有效提升了金融市场的稳定性和抗风险能力。

数据显示，截至2023年年底，中国金融监管部门加强了对金融机构的监管力度，严格控制金融风险的扩散和蔓延。例如，国家金融监督管理总局通过实施资产质量分类制度，加大了对不良资产的处置力度，促进了商业银行资产质量的提高。另外，证监会加强了对资本市场信息披露和市场准入的监管，维护了市场的公平、公正、透明。

这些举措有效防范了金融风险的发生，保障了金融体系的稳健运行。未来，中国将继续加强金融风险防范工作，建立健全风险监测预警机制，提高金融市场的抗风险能力，为金融稳定和经济发展提供坚实保障。

四、金融营销的基本任务

根据现代市场营销观念，金融企业不仅应当高度重视市场营销，而且应当系统地设计并安排好企业的营销职能，从而明确金融营销的任务。

产品供应者和产品需求者是市场营销活动的重要两端，因为交换活动主要是在这两者之间进行的。从产品交换过程来看，产品供应者以一定的产品和服务换取一定的经济收益，即供应者提供产品与服务，需求者提供货币进行交换，双方的需求可以在一次或者若干次交易中获得满足，双方一旦同意且达成交易，营销活动似乎也宣告结束。但是，供应方所提供的产品与服务是否一定能够在市场上得以交换？营销活动是否始于交易也终于交易？对这些问题的回答体现了现代营销观念与传统销售观念的根本差异。

现代营销观念认为，企业的营销活动在产品开发之前就已开始，交易达成并不是营销活动的最终目的。这就使得营销活动从开展销售向前延伸到了生产过程、生产前准备过程，甚至消费者的需求调查与分析等，同时，也从交易达成向后伸展到了对消费者的售后服务、用户信息反馈等。这样，市场营销就成为从研究消费者需求开始到以满足消费者需求为终结的一个循环往复的过程，这一循环过程被称为"营销循环"，营销活动不仅限于产品销售和交易达成，而且包括市场信息收集、消费者需求分析、产品开发设计、渠道选择、价格制定、宣传沟通、售后服务、信息反馈等各项活动。总之，消费者的需求既是营销管理的起始，又是营销管理的归宿。

在市场营销的循环过程中，核心目标始终是经济高效地满足消费者的需求。这一点在金融企业的营销活动中同样适用。金融营销不仅需要洞察市场、迎合市场需求，还必须在实现这一目标的同时，确保金融企业的盈利与成长。总体而言，金融营销管理的基本任务包括以下八个方面：

（1）金融信息管理。这是金融企业的一项基础工作。信息管理应为金融营销活动提供各种所需信息，包括客户信息、宏观经济信息、经济政策信息、法律信息、消费信息、产业发展信息、竞争者信息、国际金融市场信息、内部监管信息以及其他各种信息等。金融企业作为提供公众服务的组织，应重视信息的收集和管理，不断采用科学的手段，为营销工作提供快捷便利的服务。当今社会已步入信息时代，计算机管理、网络化服务已在各国的金融界得到广泛应用，这对于改进金融服务质量、提高金融营销效率发挥着极其重要的作用。我国金融企业也应适应时代的要求，加快金融信息管理现代化的步伐，不断提高企业的竞争能力。

（2）客户需求分析。金融企业要不断研究各类客户的金融服务需要及其动态变化情况，从中把握商机，寻求企业盈利和发展的机会。这就要求金融企业不仅要掌握老客户的需求，而且要善于掌握大量潜在客户的金融需求。为了及时把握商机，金融企业必须随时了解不同客户群的收入状况、可支配资金的数量、闲置资金状况、消费特征、金融服务偏好、投资倾向、风险意识，并结合宏观经济状况的变化，分析其金融需求的动态变化情况。同时，也应关注同业竞争者的经营行为，了解其目标市场的定位信息。当然，了解并掌握客户的金融需求并非易事，必须有大量的金融专业人士从事专门研究。

（3）开发金融产品。金融企业应在客户分析的基础上，针对不同目标市场的客户需求特征，开发出相应的金融产品以满足其需要。金融企业的产品可以多种多样，有些产品是长期提供的，有些产品是后继开发的。金融企业既要不断提高服务质量，拓展老产品的使用深度，又要根据市场需求的变化，适时开发新产品、发现新市场、开拓新业务。

（4）制定营销方略。为了确保金融营销的成功，金融企业必须根据自身的业务许可范围、资源状况以及所处的经营环境，系统制定营销方略，以达到扬长避短、趋利避害的目的。金融企业的营销方略具体包括目标定位战略、市场进入战略、形象战略、竞争战略以及产品组合策略、价格策略、促销策略、渠道与分销策略等，但对于不同类型的金融企业，则可以根据其业务的性质和特征，制定相应的营销方略，例如某些银行通常采取存款导向战略、大企业服务战略、批发业务战略等。

（5）提高服务质量。金融行业本质上是服务业，尽管它提供的是一些具体有形的金融产品，但这些产品背后却离不开大量服务的支撑。因此，不断提升服务品质成为金融市场营销的核心使命，同时也是确保金融企业声誉的重要手段。由于金融服务大多具有无差异性，因而在决定客户对某家金融企业是否认可的过程中，信誉往往发挥着主导作用。因此，金融企业要爱护自身的信誉和形象，树立"信誉至上""信誉就是市场""信誉就是企业生命"的观念。

（6）防范金融风险。金融市场的不确定性使得金融企业所经营的任何产品都存在不同程度的风险，因此金融企业应将风险防范作为营销管理的一项重要任务。不仅要将自身的经营风险控制在最低限度，以确保经营的安全性，同时也要使客户所承担的风险与其所获得的收益相符，降低客户不应有的损失。这就要求企业在金融产品的开发环节就要明确产品可能存在的风险，合理地安排收益与风险，并在营销过程的各个环节加强风险管理。同时，金融企业要加强对金融市场的风险预测，科学评估投资风险，扩展业务时必须量力而行，遵循金融市场的运行规律，防止因膨胀过快而形成资产泡沫，导致企业倒闭。对于开办离岸业务、从事跨国经营的金融企业，还必须密切防范汇率风险以及境外投资风险。

【学思践悟】

深入学习党的二十大精神，筑牢现代金融监管体系

党的二十大报告明确指出："加强和完善现代金融监管，强化金融稳定保障体系，依法将各类金融活动全部纳入监管，守住不发生系统性风险底线。"这一要求是对我国金融监管工作的一项重要指导。在过去的10年里，我国金融市场经历了快速发展的阶段，金融产品的种类日益丰富，金融服务的覆盖面不断扩大，金融业对经济发展的支撑作用不断增强。然而，随着金融市场的发展，也暴露出了一些问题和风险点，如影子银行、互联网金融、金融控股公司等领域的风险问题。这些问题如果得不到有效解决，可能会引发系统性风险，对经济发展产生重大影响。因此，加强和完善现代金融监管，强化金融稳定保障体系，是确保金融市场健康发展的关键。

（7）提高经营效益。金融企业在向金融客户提供服务的过程中，还必须注重自身的盈利与发展，正确处理好社会效益与经济效益的关系。具体而言，应该做到以下几方面：①充分发挥自身的资源优势，提高资源利用效率，减少浪费；②合理设计产品的价格体

系，确保适度的价格梯度；③注意降低营销成本，对于长期提供的一贯产品可以实行目标成本管理，增加收益；④正确处理价量关系，以确保企业在保本点以上经营；⑤科学安排短期亏损和长期盈利的业务组合，提升企业的整体经济效益；⑥依法建立呆坏账准备金，及时化解风险隐患。

（8）确保社会稳定。金融领域，作为一个风险丛生的专业领域，对于国家经济的影响之广泛和深远是其他领域难以企及的。这种影响力使得金融行业成为市场准入门槛极高的特殊领域。通常在市场经济国家中，金融业都扮演着极为重要的角色，发挥着特殊的作用，尤其表现在执行国家金融政策，发挥宏观调控作用方面。由于金融业影响面广，风险性高，因而各国政府对金融业的监管普遍十分重视。所以，金融企业必须认真遵守国家的法律法规，接受金融监管机构的监督管理，同时还应加强与金融同业公会的合作，开展健康有序的市场竞争，本着对社会负责、对国家负责、对股东负责、对企业发展负责的精神，尊重金融市场的运行规律，共同维护社会经济的繁荣和稳定。

五、金融营销的主要作用

市场营销是在市场经济条件下以满足市场需求为前提，以经营获利为目的的各类经济组织共同的社会行为，也是市场经济条件下社会经济运行和资源配置的重要环节和手段。市场营销作为企业管理的一项重要职能，其主要目的在于促进产品销售，是为了适应社会化大生产的需要而发展起来的，是社会分工和规模经济的必然产物，是市场经济条件下企业的基本行为之一。现代市场营销学是在总结企业营销经验、吸收相关学科理论的基础上逐步形成并日臻完善的。尤其是近年来，在以市场为导向、以消费者为中心的营销观念指导下，市场营销学不断吸收经济学、心理学、行为学、传播学以及管理学等学科的理论，逐渐成为一门综合性应用学科，并对金融企业的经营发挥着越来越重要的作用，具体表现为以下四个方面：

（1）金融企业重视营销管理既是金融市场发展的客观要求，又是金融企业面对竞争环境提高自身生存和发展能力的实际需要。金融业开始树立营销观念、运用营销管理的时间晚于制造企业，直至20世纪50年代末60年代初，随着零售银行业务的拓展，营销管理在金融业才开始受到重视。自20世纪70年代以来，在金融自由化浪潮的推动下，金融业内部相互渗透、竞争加剧，各金融企业纷纷把工作的重点转向市场，注重发挥优势、拓展业务、争夺客户，市场营销作为金融企业的一项管理职能也有了越来越重要的地位。与生产企业和其他服务性企业一样，金融企业也是以营利为目的的经济组织，它也必须以满足消费者的需求为导向。尽管金融企业和其他类型企业在营销方式上存在显著差异，但在面对市场竞争、寻找目标市场、满足消费者需求、扩大市场占有率以及获取盈利的营销观念、过程和模式上，它们的相似之处几乎到了完全一致的程度。此外，金融业大多数产品的供给和消费几乎是同时进行的，这就要求金融企业具有更高的营销效能。

（2）营销管理是金融企业管理的核心职能之一。相对于人事、财务、组织、会计、监控与综合管理等内部管理职能而言，营销更是现代金融企业管理的一项核心职能。一方面，随着金融业竞争的加剧，争取客户是金融企业开展业务的关键，因为无论是从事传统金融业务的企业，还是那些新兴的金融企业（如投资银行等），其绝大部分工作都是直接面向市场而展开的；另一方面，效益是企业经营的根本目的，金融企业最终能否取得好的经济效益，也主要取决于是否赢得了客户，提供了市场所需要的产品和服务。因此，市场既是金融营销管理的起始，又是其归宿。营销职能的发挥就是要在正确观念的引导下，合理运用企业的有限资源，采用科学的营销手段，在服务于市场的同时为企业赢得良好的经济效益。金融企业的营销管理职能主要包括市场调查分析、方案评估、产品开发与设计、营销网点与渠道选择、价格制定、广告宣传与沟通、柜台服务、公共关系、客户咨询、信息管理、市场开发与营销方略制定等。

（3）金融企业加强营销管理也是防范金融风险的需要。由于金融业是高风险性的特殊行业，易受经济政策、宏观经济波动、客户心理预期、国际收支状况、金融产品供求以及各种天灾人祸的影响，因而金融活动具有较大的不确定性。为了防范市场风险，金融企业必须强化营销管理职能，通过加强对市场的分析和研究，适时调整经营战略和营销策略，不断开发出能够规避风险的各种金融新产品，以实现企业经营的安全性和稳定性。

（4）我国金融业面对新的国际形势必须重视营销管理。目前，就国际经济形势而言，一是经济全球化进程加快，国际资本流动作为全球资源配置的重要形式，无论是在少数发达国家还是在广大发展中国家都受到了高度重视，而要想充分利用国内和国际两个市场、两种资源发展我国经济，国内金融业就必须抓住机遇，充分发挥中介作用，为我国经济建设服务。二是随着国际投资与贸易自由化的迅速发展，西方发达国家对我国开放金融市场、放松金融管制的呼声也越来越高，我国金融业正面临着越来越大的压力。三是国际资本尤其是国际短期资本的大规模流动，使得发展中国家脆弱的金融市场不可避免地会受到不同程度的影响甚至冲击，如果这些国家缺乏健全的金融体系抵御风险，就有可能发生金融动荡或者爆发金融危机，严重的甚至波及全球金融市场，从而影响世界经济与贸易的稳定增长。1997年发生的亚洲金融危机以及2008年发生的次贷危机便是典型例证。就国内经济形势而言，一是国民经济已经持续多年高速增长，这就要求国内金融业能够适应形势发展的需要，不断提供高效稳健的金融服务。二是随着改革的进一步深化，以公有制为主体、多种所有制形式并存的经济格局已基本形成，经济主体与投资主体正趋多元化，资金的供给与需求状况已经发生了根本性转变，这对投融资体制、金融企业的运作方式以及金融业的监管模式等都提出了新的要求。三是金融业内部结构的变化，使得传统金融业的垄断地位受到挑战，在效益机制的引导下，金融行业的内部竞争日趋激烈。

综上所述，我国金融业正面临着与以往任何时候相比都更大的机遇和挑战，这也大大地增强了国内金融企业强化营销功能、提高管理水平的必要性和紧迫感。

第四节　　全球金融营销发展状况

一、金融营销的发展过程

市场营销观念的诞生，有着历史渊源。在买方市场的背景下，营销观念的产生和存在变得至关重要。这是因为只有在产品供应过剩的情况下，企业才会将满足顾客需求作为其经营活动的核心。这就决定了市场营销活动首先产生于一般工商企业（尤其是生产消费品的制造商），而金融业的主要经营对象是资金，即使在西方发达国家，这也始终是最稀缺的资源之一。这一情况使得金融业长期处于卖方市场，因而与一般工商企业相比，金融企业对营销的认识是比较晚的，银行等金融企业长期以来一直处于"皇帝的女儿不愁嫁"的市场优势地位。市场营销学家菲利普·科特勒曾这样描述早些年银行的经营活动："主管贷款的银行高级职员面容呆板地把客户安排在大写字台前比自己低得多的凳子上，居高临下，颐指气使。阳光透过窗子照在孤立无援的贷款申请者身上，他正努力地诉说着自己借款的理由，而冰冷的银行大楼则宛如希腊神殿般让人不寒而栗。"直至20世纪50年代初期，营销观念还未能进入金融业。因为银行长期处于卖方市场，人们需要它们提供金融产品和服务，即使银行不主动去促销其存贷款与保管箱业务，顾客也会主动上门。这时，金融业给人以冷峻的形象，从业人员很少微笑，直到20世纪50年代末期，随着银行之间吸收储蓄的竞争加剧，营销观念才开始进入金融领域。

从发展过程来看，金融营销迄今为止可以分为7个阶段：（1）排斥阶段；（2）引入阶段；（3）广告与促销阶段；（4）友好服务阶段；（5）金融创新阶段；（6）服务定位阶段；（7）系统营销阶段。在各个阶段，人们对金融营销管理的理解、评价以及运用等都存在着明显的认识差异。

（一）排斥阶段

20世纪50年代中期以前，营销对金融业而言还是相当陌生的。当时，客户需要银行为他们提供基本的金融服务，金融产品经常出现供不应求的情况，银行完全处于卖方市场，完全掌握着自己的经营与产品的供应，根本没有必要去推销产品，而客户为了使自己的融资需求获得满足，则不得不向银行求助。因而在这一阶段，金融业完全排斥营销活动，无任何市场营销意识。

（二）引入阶段

进入20世纪50年代中后期，商业银行的市场优势地位发生了动摇，由于银行与其他金融机构在储蓄业务领域中展开了激烈竞争，极大地改变了原有的金融行业的垄断格局，于是，一些有远见的金融从业人员开始寻找解决企业经营困境的途径，并逐渐意识到金融业也需要开展营销管理。许多金融企业便开始借鉴工商企业的做法，使用广告和促销手段，而竞争对手也紧随其后纷纷仿效，从而进入了金融企业注重广告和销售促进的新阶段。

1958年举行的美国银行家协会（American Bankers Association，ABA）会议第一次公开提出了金融业应该树立市场营销的观念。这是一次具有划时代意义的金融盛会，其历史价值不容忽视。会议对银行运营的现实状况进行了深入剖析，打破了金融从业者对营销的成见，标志着金融营销管理理论的诞生，同时也预示着金融实践领域的新篇章即将开启。

（三）广告与促销阶段

20世纪50年代末，以商业银行为代表的金融企业开始注意在日常工作中运用营销管理改善经营业绩。但当时人们对金融营销的认识还十分肤浅，在多数人眼中，金融营销只不过是广告和促销而已。随着20世纪60年代西方各国金融零售业务的迅速发展，对储蓄客户的争抢不断加剧，一些银行吸取了消费品市场的营销经验，广泛应用广告与促销手段，并以此为营销活动的主要内容。有关人员的头衔内涵也从"公共关系"改为"营销管理"，但他们的主要任务仍是做好广告宣传，吸引更多的客户来到银行，以促进金融产品的销售。这种观念在当时具有很大的影响力，直到20世纪90年代仍有部分商业银行将金融营销等同于广告与促销。

广告与促销阶段是金融营销管理的起始阶段，这表明人们已开始将营销管理与企业经营相结合，但还没有充分认识到营销管理在金融活动中的重要作用。

（四）友好服务阶段

金融企业发现广告与促销所带来的优势并不长久，为了吸引忠诚的顾客，银行开始注意提高服务质量。例如，加强了对从业人员的职业培训，银行柜台后出现了微笑，甚至银行内外部的装修设计也受到重视，从而形成了一种温馨的气氛，于是，银行进入了友好服务阶段。然而，此时银行对"友好服务"的理解还是比较片面的，仅仅认为职员的微笑与友善的气氛就是"友好服务"。

率先实施以上措施的银行在吸引顾客方面捷足先登，但很快便为竞争者所觉察，于是金融业兴起了友好服务培训和人性空间装饰的热潮，结果家家银行都开始变得亲切近人，客户则很难依据服务态度进行选择，即服务态度失去了原有的特殊性，不再成为客户选择时的首要考虑因素。当然，这一阶段整个金融行业的整体服务水平比以前有了大幅度提升。

（五）金融创新阶段

由于金融行业的服务态度普遍改善，互相之间的差别又难以区分，因此一些银行开始意识到必须寻找一种新的方法以区分自己和竞争者。在深刻理解金融业务的核心在于满足客户需求的本质后，金融企业纷纷将创新置于战略核心，着手为顾客提供新颖且富有价值的产品与服务。这种转变不仅体现了企业对市场动态的敏锐洞察力，而且映射出对客户需求不断变化的尊重和回应。西方国家金融管制的放松以及各国金融业发展水平的不平衡，使得银行绕过金融管制、提供新的银行服务产品成为可能。为了获得差别优势、规避风险、寻求利润，金融企业开始在金融工具、金融市场以及金融服务项目方面进行创新，这就是金融创新（Financial Innovation）。

新的金融产品的出现改善了金融业内部的运作效率和经营成本。例如，保险公司推出了五花八门的险种，商业银行则提供信用卡服务、上门贷款、共同基金、国际保理、包买票据等。在这一阶段，大额可转让定期存单（CD）、可转让支付命令（NOWS）、自动转账服务（ATS）、超级可转让支付命令（Super Now）、共同基金（MF）及透支便利等各种新型金融工具纷纷出现，吸引了众多的个人储户与企业客户，扩大了银行的资金来源，提升了资金运作的灵活性。同时，商业银行还运用各种金融衍生工具（期货、期权、远期、互换等）为客户服务，以提高客户资产收益率，增强流动性，降低风险。

此外，在金融保值创新的手段方面，货币互换和利息互换是典型的例子。这一金融创新工具的核心思想是利用两个债务人在国际金融市场上的相对优势，通过金融中介服务，相互交换所借债务的货币种类和债务利率的种类。货币互换和利率互换以及其他互换方式组成了新的国际金融互换市场。许多商业银行都通过金融创新，拓展其金融产品的深度和广度，以满足客户更深层次的金融服务需求。

【学思践悟】

创新驱动金融发展，改革引领市场未来

在党的二十大精神的指引下，中国金融市场近年来取得了显著的创新进展，为实现高质量发展注入了强劲动力。党中央明确提出，要深化金融改革，增强金融服务实体经济的能力，推动绿色发展和科技创新。在政策推动下，金融科技迅速发展，截至2023年，中国金融科技市场规模达到2.6万亿元人民币，年均增长率超过20%。例如，支付宝和微信

支付的普及，不仅改变了人们的支付习惯，而且推动了普惠金融的发展。绿色金融也取得显著成就，截至2023年，绿色信贷余额达到14.5万亿元人民币，绿色债券发行规模超过6 000亿元人民币，已成为全球第二大绿色债券市场。此外，2019年设立的科创板试点注册制改革，为高科技企业提供了便捷的融资渠道，截至2023年，科创板上市公司超过400家，累计融资金额超过8 000亿元人民币。这些创新措施不仅提升了中国金融市场的国际竞争力，而且有效支持了实体经济发展。未来，中国金融市场将继续坚持创新驱动，深化改革，为实现中华民族伟大复兴的中国梦贡献金融力量。

（六）服务定位阶段

金融创新已经成为商业银行提升竞争力的重要手段，它不仅扩大了银行的影响力，而且显著提升了银行的盈利能力。在金融领域，创新产品的出现往往能开辟新的市场，吸引更多的客户，从而为银行带来更多的业务机会和收益。然而，与实体商品不同，它没有专利权。一项新型金融工具推出之后，很快就会被其他银行所模仿，开发新产品的银行便会失去原创优势。据西方银行界研究证实，一种创新的金融产品推出后，竞争对手在6个月内就可以模仿，因而金融产品缺乏专利性。于是，银行开始认识到必须发展属于自己的独特优势，即提供有竞争力的、有别于他人的差异化服务。因此，各金融企业应该有所选择，在本领域中寻找属于自己的最佳市场定位，将自己与竞争对手区别开来。

在这一阶段，许多银行纷纷确定自己的企业形象和服务对象。例如，有的银行选择以大公司为重点客户；有的银行的服务对象则仅限于中小企业；有的银行着重吸引富人；有的银行则以25～45岁的顾客群体为营销目标；有的银行偏重于稳健的投资银行业务，强调自己精通多种业务；有的银行则定位为大胆创新者，投资于风险高且收益高的产品；还有的银行利用高科技专门发展家庭银行（Home Bank），也有的银行把自己定位为"金融超级市场"（Financial Supermarket），这是因为所在国政府允许银行开展全面业务。这种全能银行除了可以向企业、国家和个人提供商业银行的传统业务之外，还可以提供保险业务、旅游业务、所得税安排业务、投资业务、遗产托管、国际贸易、财产代理等各种金融业务，因此被称作"金融超市"。服务定位的目的在于帮助客户了解相互竞争的各金融企业之间的差异，便于客户选择对他们最适宜的、能最大限度满足其需求的金融企业。

（七）系统营销阶段

进入20世纪80年代后，西方金融业的迅速发展，进一步推动了金融营销管理的发展与变革。随着金融行业竞争的加剧，人们逐渐认识到营销管理不再是单个的广告、促销、创新或定位，而必须把它们视为一个整体来看待。要使本企业的经营业务保持优势地位，获得持久的良好业绩，就必须加强对金融营销环境的调研和分析，制定适合本企业的战略目标和经营策略，制订中长期和短期的营销计划，也就是通过分析、计划、执行和控制，谋求建立和保持金融企业与目标客户之间互利的交换，以达到本企业的经营目标。换言之，为了充分了解市场并掌握客户需求，商业银行应对营销环境进行认真分析和有效预测。为使金融营销工作有条不紊地开展，银行应适时制定营销目标与营销战略，并编制出合理的营销计划，包括短期计划与中长期计划。有了营销战略与计划之后，银行应灵活运用产品、价格、促销与分销等组合策略来实施该计划。

同时，由于市场的不确定性及营销工作人员的能力所限，在营销计划的执行过程中难免会出现一些失误或差错，为了确保营销目标的实现，银行还必须对营销工作实施全面的控制。在我国金融领域，银行业作为资金流转的重要枢纽，其规范管理对于自身的生存与发展具有决定性的影响。尤其是那些历史深厚、资产庞大的大型银行，更应重视业务控制力的强化，以及管理连续性的保持。毕竟，银行业务的复杂性和风险性，要求其管理必须严谨细致，以确保金融市场的稳定和安全。例如，全球知名的花旗银行于1812年创立于美国，目前在全世界100多个国家和地区设有3 400多家分行或办事处，为全球逾1亿名的客户提供金融服务。1993年，花旗银行重新回到中国大陆市场，并于1996年成为第一家获准在上海浦东新区经营人民币业务的美资银行。

综上所述，金融营销管理经历了一个由低到高、由浅入深、由零碎到系统的发展过程。

二、金融营销在我国的兴起

我国金融营销管理是随着金融体制改革的深入以及市场化的推进而逐步确立和发展起来的。在1979年以前，我国金融业有三个基本特点：一是金融企业缺乏独立的市场地位，如银行隶属于财政，仅发挥着金库、货币发行局以及资金调拨机构的作用；二是金融需求受到高度抑制，根本没有金融市场可言；三是人民银行一统天下，没有真正意义上的金融企业。1979年以后，随着社会主义市场经济体制改革的深入，这种状况才逐步得以改变。各类金融机构从无到有，蓬勃发展；社会经济的货币化进程加快，金融市场不断扩大；各类金融中介机构迅速成长，金融法治意识不断增强，金融监管也日益重要。就金融机构的设置而言，人民银行获得了相对独立的地位，并逐渐发展成为中央银行，发挥着制定货币政策以及实施金融监管的重要作用；中国工商银行、中国农业银行、中国银行、中国建设银行四大专业银行的建立，股份制银行和一些地方银行的设立以及邮政储蓄业务的开展，使得国内银行的商业化架构初具规模。

金融营销管理大约是在20世纪90年代中期进入国内银行领域的。当时，国有专业银行开始向国有商业银行转轨，各银行争夺储户，致使存款市场份额竞争不断升级。一些银行开始在营业网点门前拉横幅广告，在营业大厅摆放印刷精美的金融产品宣传折页，设置大堂导储员、大堂经理等；随后，又陆续在广播、报刊、电视等大众传媒上做广告宣传；部分银行的分支行则开始设置与市场营销相关的机构，诸如市场拓展部、客户公关部、市场发展部等，各商业银行开展的市场营销活动日渐增多。

此外，保险公司、信托投资公司、金融租赁公司、证券公司、企业财务公司等机构的建立，促使各类金融企业分业经营的市场格局逐步形成，为满足不同客户的金融需求创造了有利条件。从我国金融市场的发展趋势来看，市场需求不断扩大，各种融资方式不断产生，在坚持以间接融资为主的同时，直接融资方式也获得了较快的发展。1981年，我国政府开始发行国库券；1983年，少数企业开始发行债券，而具有股票特征的证券也开始出现；1985年，中国工商银行、中国农业银行开始发行金融债券；1986年，各类证券的流通与转让获得允许，同时，银行同业拆借市场逐步发展起来；1989年，银行的票据承兑和贴现市场亦获得迅速发展，政府在实施外汇留成制度的同时，又适时开放了外汇调剂市场；1990年11月和1991年4月，深圳、上海两地先后成立了证券交易所，股票、债券的发行量和交易量迅速增长；1994年，外汇体制并轨，成立了全国外汇交易中心，实现了单一的管理浮动汇率制；2005年5月，股权分置改革试点工作开始，促进了我国股票市场的发展，揭开了证券市场发展的新篇章。2010年至今，我国直接融资市场体系建设取得重要进展，包括股票市场、债券市场、私募市场、股权融资等多种融资方式全面发展。同时，金融创新产品如可转债、资产支持证券等也不断涌现。从我国金融市场的规范运作来看，各种金融法规相继出台，中国人民银行、中国证监会、国家金融监督管理总局的金融监管职能不断加强，国家宏观金融政策调控方式也日益改进并趋于科学化。上述情况表明，我国金融业正全面摆脱计划经济的桎梏，向着市场经济所要求的现代金融体系方向稳步迈进，这一发展态势也使得各类金融企业具有了市场意识，树立了营销观念。目前，诸如企业宣传、公共关系、价格竞争、产品组合等营销手段已为相当多的金融企业所熟练掌握并运用。

我们应当看到，由于计划经济的长期影响，中国特色社会主义市场经济体制还未形成，各种体制性的约束大量存在，国民经济的货币化程度不高，传统金融行业具有高度垄断性等，我国金融营销管理的水平参差不齐，总体上尚处于初级阶段。这主要表现在以下六个方面：

（1）营销服务观念不强。尤其是一些大型金融企业，受传统卖方市场观念的影响，不注意及时转变观念、摆正自己的位置，官商意识浓厚，经营方式消极被动。

（2）风险防范意识薄弱。许多金融企业好大喜功，忽视资本金约束和成本因素，脱离资金和管理能力，盲目拓展业务，乱铺摊子，资产增长过快，不良资产比例过高，风险加大。

（3）不重视市场研发。金融企业应以市场为中心，不断分析和研究客户的消费心理和行为，掌握营销管理的主动权，不断开发新的金融产品，更新金融服务以满足市场的需求。目前，市场研究与开发尚未成为我国大多数金融企业的自觉行为。一些金融企业既不善于发现市场，又不注重发挥自身的特色和优势，而是盲目地模仿竞争对手，致使金融营销行为趋同。

（4）缺乏整体营销观念。在现代营销的世界里，一种全面而综合的思考方式是至关重要的，即整体营销思维，它强调不同职能部门之间的紧密合作，共同在产品设计、定价策略、分销渠道以及促销活动等方面发挥各自的优势，以实现经济效益的最大化。在我国，虽然许多金融机构已经开始重视这种营销理念，但是，现实中的各个部门之间往往是各自为战、条块分割，甚至出现相互竞争的现象。这种状况无疑与整体营销思维背道而驰，从而限制了企业的发展潜力。

（5）管理决策简单化。一些金融企业运用单一指标或不科学的业绩考核办法开展经营，甚至把营销策略简单地等同于价格竞争，致使恶性竞争事件时有发生。例如，高息揽储现象在金融系统尤为突出，在某一时期甚至愈演愈烈，最终自食其果。

（6）投机意识浓重。在金融领域，投资和投机往往难以从行为本身上加以界定，同时，我国金融体制和金融市场还不完善，一些金融企业有法不依、有章不循，不注重扎实经营，只关心政策动向，把经营的主要精力放在搜寻投机炒作题材上，违规拆借炒作现象时有发生，从而严重扰乱了正常的市场秩序。

第五节　我国金融营销的相关应用

一、金融营销的现状

1.市场营销观念陈旧。在金融业务活动中，大部分银行依然保持传统的经营观念，将重点放在金融产品的推销上。尤其是负责贷款业务的高级职员，常常以高高在上的姿态对待求助于他们的客户。这种以银行为中心的经营模式，显然已经无法满足现代金融市场的竞争需求。

2.市场营销认识不全面。有些银行在经营策略上虽也借用了营销的概念和手法，但往往又把推销当营销，只有在推销自己企业的产品时才零星地使用广告、宣传公关策略，各项宣传缺乏整体性和一致性，未能将银行产品和银行经营理念等形象宣传结合起来，更缺乏整体营销。有些银行在营销中虽新招频出，但所采取的营销组合策略常与企业所处的宏观环境相冲突，在业务活动中违规操作不断出现。

3.市场营销缺乏战略目标。营销策略出现盲目性和随机性，主要表现为：（1）普遍缺乏从长远角度来把握对市场的分析、定位与控制，而是简单地跟随金融市场竞争的潮流，被动零散地运用促销、创新等营销手段；（2）在提升服务态度、优化服务质量、提高服务水平等方面的工作尚未与营销战略目标和营销策略联系起来，从而缺乏针对性、主动性和创造性；（3）在营销策略上，业务的拓展以公关、促销为基本方式，没有形成多样化的营销策略的科学组合；（4）虽在渠道设计上利用了高新技术，但分销渠道的扩展策略仍以增设营业网点为主要方法，难以形成高效的营销渠道。

4.缺乏营销专业人员。员工的知识结构基本上都是金融专业，很少有营销专业人员进入企业，企业的招聘和培训也大多注重金融专业。专门负责金融产品市场推广的职员也多是从其他部门调来，开展简单的广告宣传和促销活动。目前在人员的专业构成中，精通市场营销理论、谙熟市场营销策略、策划和实施的专业人员凤毛麟角。

5.金融市场不成熟。金融产品的价格形成机制和交易机制单一，尚未形成市场化操作，使银行的价格策略和价格组合大打折扣。产权关系模糊，法人治理结构不健全，缺乏金融营销的内在驱动力。国有金融机构过多地承担了宏观调控职能，在进行市场细分、选择目标市场时，难免把政策因素作为最终制定和选择营销策略的重要参数。商业银行较普遍地存在高比例的不良资产。

二、金融营销的方法和策略

1.整合营销策略。金融营销，其核心应构建在整合营销的基础上，强调各部门在执行营销职能时，应处于一个统一的指挥体系之下。这个体系要求产品、价格、渠道、促销等关键要素之间的协同作战，确保每一步策略的实施都能相互呼应，形成合力，以此追求最大的经济效益。为此，金融企业要树立"大市场"观念，即突破传统的时空界限，提供全方位、全时点服务。从传统的同质化、大规模营销观念转变为个性化的营销理念。

2.新产品开发策略。金融新产品开发要找准"利基点"，以满足客户利益为倾向，设法多增加产品功能。具体可采取仿效法、组合法和创新法等不同方法。在这方面也可借鉴国外银行的成功经验。为满足客户的新需求和银行自身发展的需要，应注重产品的组合开发以及服务的更新。

3.促销策略。加入世界贸易组织以后，面对强大的竞争对手，我国金融企业在促销策略运用上一方面应加大投入，形成规模；另一方面则应把各种好的促销手段加以有机组合、统一策划，以便收到良好的整体效果。促销的主要策略有：一是广告促销。二是营销促进，国内外金融业常用的促销工具有有奖销售、赠品、配套优惠、免费服务、关系行销、联合促销等。三是人员推销。四是公共宣传与公共关系。

4.产品期限策略。在做好产品策略的同时，更要运用好金融产品期限策略，依据金融产品从入市到终市的时间长短来制定相关促销策略。一是根据金融市场的发达程度来确定金融产品的营销策略。金融市场发达地区，可适当多推销一些营销期限较长的金融产品；二是灵活地对金融产品期限进行适时调节。利用一些附加条件调节营销期限，分散货币支付负担，调整企业负债结构，提高企业产品竞争力，获得信誉上的提升。

5.知识营销策略。在以客户为中心的宗旨指导下，金融机构致力于研发蕴含深厚知识内涵的创新金融产品与服务，并主动引导消费者正确使用。为实现这一目标，金融机构必须实行知识营销战略，通过知识服务的提供，深化与客户的智慧沟通，让客户充分理解金融产品的运作方式及其带来的便捷，进而培养客户的忠诚度。

6.品牌营销策略。如何在保持金融企业整体形象、价值观念和企业文化的前提下，或者说在一个总品牌形象下，塑造品牌的各自特色，形成各自品牌的忠实消费群体，为金融企业赢得更为广阔的市场和生存空间，避免出现一个金融企业的品牌族群互相矛盾及冲突的尴尬局面。

7.网络营销策略。网络有着明显的优势，能够为客户提供更为方便和快捷的服务。网络打破了时空界限，可以24小时提供服务，而且不受地理位置的限制。同时，无论是广告宣传还是业务交易，都可以节约成本，这样也为进一步降低客户成本创造了条件。

8.服务营销策略。金融企业必须在加强核心服务创新的同时整合服务的优势，实现服务的差异化策略；只有建立"大服务"观念，强化"大服务"意识，积极改进并创新服务品种、服务手段和服务设施，才能向社会提供高质量、高效率、高层次的金融服务，从而赢得竞争优势，树立良好形象。服务产品的有形化可以通过三个方面来实现：金融服务产品的有形化，服务环境的有形化，服务提供者的"有形化"。

9.营销哲学转变的策略。在企业组织结构中设立客户经理。客户经理体现了营销导向的要求，其主要职责是发展客户；向客户提供业务咨询服务、资金支持及新的业务品种；与客户保持密切联系，及时发现和解决问题，向企业反馈客户的呼声和需求等；设立客户服务中心。

10.合作营销策略。我国金融业面对入世后全方位、多层次竞争的新形势，合作营销，合纵连横，比以往任何时候都显得更为重要和迫切。可以预见，在今后的金融市场竞争中，必将会有各种新的合作营销形式出现，这无疑会使金融企业在竞争中取得最佳综合效益，有利于促进金融市场的稳定，有利于维护金融消费者和投资者的利益。

11.内部营销策略。"内部营销"就是企业的决策层和领导层必须擅长管理人，帮助下属做好工作。这要求企业必须重视和抓好对内部雇员的培养和训练工作，同时通过制定企业工作准则、服务标准，以及一系列对内营销宣传、教育，使广大雇员树立营销服务观念，熟悉其提供的服务的特点，认识到与客户交流的过程对本企业经营业务成败的重要作用。

12.善变营销和快速营销策略。未来的金融企业必须训练员工的客户导向意识，首先，要充分了解客户不断更新的需求，捕捉新的市场机会，及时推出新产品、新概念，为客户提供新的服务。其次，在产品和服务市场上"快速出击"，比竞争对手先行一步。等到其他企业纷纷仿效之时，行动迅捷者又制造新的热点去了。市场经济好比竞技比赛，胜利者仅仅是抢先半步、脱颖而出者。

13.特色营销策略。金融企业应通过市场调研活动，在把握金融需求趋势的基础上，认清企业的经营环境和营销重点，适时适地确立企业经营发展的目标，针对不同的消费需求，提供不同的服务，采取不同的营销策略。各金融企业应在市场细分的基础上，找准自己的优势，突出自己的特色，选准目标市场，在服务内容、服务渠道和服务形象等方面有针对性地、创造性地开发服务项目，并采取优于他人的传递手段，迅速地将其传递到消费者手中，以满足目标客户的需要。

14.文化营销策略。金融企业必须不断地培育和壮大自己的品牌，并提高品牌的知识含量，出金融精品，创行业名牌，这样才能在国际、国内金融多元化竞争的格局下站稳脚跟，不被时代所淘汰。满足客户需求，超越客户需求，是营销文化发展的基石。要根据中国传统文化理念，强化企业文化精神，通过营造良好的文化氛围，增强银行员工的凝聚力、激励力、约束力、导向力、调节力和辐射力，培养员工共同的价值观念和行为准则，提高认同感，激发起员工的首创精神和敬业奉献精神。

【学思践悟】

金融产品融合文化，激发市场活力

2021年3月11日，十三届全国人大四次会议表决通过了《中华人民共和国国民经济和社会发展第十四个五年规划和2035年远景目标纲要》（以下简称《纲要》），《纲要》中提到"破除制约要素合理流动的堵点，矫正资源要素失衡错配，从源头上畅通国民经济循环。提高金融服务实体经济能力，健全实体经济中期长期资金供给制度安排，创新直达实体经济的金融产品和服务，增强多层次资本市场融资功能"。近年来，中国金融市场不断探索，结合本土文化元素，开展具有中国特色的金融产品文化营销，为金融市场带来了新的活力。

数据显示，截至2023年，中国银行业推出了一系列以传统文化为主题的金融产品。例如，某商业银行将中国传统的"五福临门"元素融入到信用卡设计中，吸引了大量客户的关注和使用。另外，某保险公司推出了"百家姓寿险计划"，通过结合中国古代百家姓文化，为客户提供了更加个性化的保险服务，获得了良好的市场反响。

这些文化融合的金融产品不仅提升了产品的市场竞争力，而且有助于传承和弘扬中华优秀传统文化。未来，随着金融供给侧结构性改革的不断推进，我们期待金融产品的文化融合能够进一步深化，为金融市场的发展注入新的活力，为中华文化的传承与发展贡献力量。

15.分销渠道策略。金融行业企业要进一步拓展其市场范围，增大其市场容量，应尽快建立起各类中间环节，包括各种代理网、经纪网等；要运用广阔顺畅的分销渠道，即有形的分销网点和无形的互联网，与消费者之间沟通相关信息，为自身节省更多的资金，使资金更有效地投入到技术开发和扩大服务规模上；要合理调整直接分销渠道、分支机构，按规模效益的原则，继续撤并一些亏损、无效益的支行和网点，积极调整网点布局，优化网点结构，提高网点运作效率，改变效益不佳的状况。在区域经济布局中，分销机构的设立应根据当地的经济实力和产业结构进行层级化配置。此外，为了适应市场变化和消费升级的趋势，我们必须积极拓展间接分销网络，快速推进新型分销渠道的发展。这其中包括利用现代科技手段，如电子商务、移动支付和大数据分析，来提高分销效率和客户体验。这样不仅使得产品销售更加便捷，也确保了供应链的流畅性。通过这些措施，我们可以有效地促进产品市场的渗透，加快市场反应速度，最终实现销售渠道的优化和升级。

16.市场定位策略。市场定位包括产品定位和企业形象定位。营销市场定位的步骤：（1）进行市场分析。其主要是对金融市场细分。市场细分可按不同标准进行，通过对市场细分，了解市场规模、位置和未来发展趋势，为选择目标市场找出依据。（2）评价内部条件。在评价内部条件时，既要看到自己的优势，又要找出自己的劣势，预测未来市场给本企业带来的机会和挑战。（3）竞争对手分析。其包括分析竞争对手的优劣势，并把本企业目前的定位状况与竞争对手进行比较，做到知己知彼。

17.企业形象战略。企业形象（CI）是公众对企业总体的、概括的认识和评价，是企业主体实态的一种理性再现，也是企业同公众进行信息沟通、联络思想的工具。企业形象识别系统（CIS）有三个子系统：企业理念识别（MI）、企业行为识别（BI）、企业视觉识别（VI）。商业银行在确立CIS战略时，应善于宣传和突出其自身的经营特色。具体要求成立"CIS战略领导小组"，由其负责CIS战略的开发和实施，该小组成员可由行长或分管行长、一线营销人员、营销方面的专家、CI策划专家等组成。

18.多元思维的大营销观念。金融企业要树立大营销观念，充分运用有限的人力、物力资源，全方位开展市场营销，形成以市场营销为龙头、以内部管理控制为保障的经营管理新体制，切实提高应对市场经济变化的反应能力和竞争能力。充分注重各个关系主体之间力量的匹配，协调、优化与同业、媒体等的关系，为自身的发展创造良好的外部环境。坚持创立精品、名牌营销战略。客户不仅可以从众多金融产品中去认定心目中的品牌，还可以从规模、质量、品种、数量、服务、信誉等方面，全方位选择其中的名牌企业。

19.整体营销战略，即在营销活动中将最终客户、竞争者、同盟者、政府部门、内部员工、大众传媒及其他社会公众等均作为自己的营销对象，全方位地开展营销活动。它要求主动去完善微观营销环境的各个方面，通过对内对外的公共关系活动来建立、改善与各方面的关系。改造单一的产权结构和分层授权代理制，实施股份制改革，完善法人治理结构，解决局限营销战略的体制问题。构建金融业务营销机制和金融产品创新机制，健全人力资源利用机制和约束激励机制，为银行实施营销战略提供完善的内部环境。与同业和其他金融机构建立战略、战术同盟，优势互补，节约交易成本，完善服务内容。

20.产品定价策略。产品定价应考虑的基本要素有需求和风险程度，同时还要考虑政府的金融法规和风险程度。金融企业必须在符合金融法规的前提下制定价格，此外还必须服从国家经济政策和宏观调控要求。可依据情况采取下列三种定价策略：第一，依据金融产品的不同生命周期采取不同的定价方法。在产品的创新阶段、进入市场的初期，采用撇脂定价法来定价，以便在最短的时间内获得最大的利润；在产品的发展期，运用渗透定价法调整产品价格，以形成规模经济，达到对市场垄断的目的。第二，依据金融产品的价格弹性定价。在深入理解企业经营战略和市场定位的基础上，企业可以实施一种精明的定价策略，即对同一种产品，根据不同消费者的购买动机和支付能力，制定差异化的价格体系。这种策略赋予销售团队根据市场变化和竞争态势的灵活性，使他们能够针对特定市场行情，调整产品的销售价格。通过这种方式，企业不仅能够更好地满足不同客户群体的需求，而且能在多变的市场环境中把握机遇，吸引更广泛的顾客群体，从而提升销售业绩和市场份额。第三，依据金融产品价格折扣和贴补定价。依据客户资金需求量的季节性变化，在不同的季节灵活调整金融产品价格，以适应市场的变化；根据对自身营销费用的分析以及客户的信用等级，对大宗交易或关系良好的客户给予付款上的宽限；还可以给予客户各种优惠。

21.金融营销组合管理战略。可以在地区分布政策下，采取制定与修改行业投向政策的模式。第一，根据各分支机构所在地区的各行业产值（销售额）所占的比例及其增长率、行业平均利润率、行业规模等指标对行业进行打分、排名，并按打分情况把各行业分为：成熟行业、成长性行业、衰退行业、不确定行业。按上述四类行业制定投向政策。对成熟行业可维持或扩大信贷规模；对成长性行业在控制风险的条件下扩大信贷规模；对衰退行业逐步缩小信贷规模，并关注这些行业的替代行业，将在衰退行业中缩小的信贷规模转移到这些行业；密切注意在不确定行业中蕴含的行业投资机会，为以后的信贷投向调整做准备。第二，要对不同地区的产业结构进行研究，商业银行的各个分支机构在这方面必须要注意地区间产业结构的雷同。尤其要注意的是，当时本地区的优势行业和支柱产业有可能从全国范围内看就变成了劣势行业而要淘汰或转移。要研究产业在不同地区之间转移的规律、形势和态势，以识别本地区的产业变化格局，选择变化中的优势行业。在地区范围内，根据地区分布政策，实施有差别的品种和信贷投向政策。第三，关注国际产业结构变化和产业转移对国内产业转移的影响，以此调整上述产业分类，进而修改地区分布政策和信贷投向政策，这一点在面临冲击时显得尤为重要。根据进入之后可能的产业结构变化提前调整资产的地区分布结构和行业分布结构，改变行业投向。

【学思践悟】

金融创新引领，营销服务升级——中国金融营销现状

在党的二十大精神的指引下，中国金融营销领域正经历着前所未有的变革与发展。

（一）金融科技创新

近年来，金融科技在中国金融营销中扮演了至关重要的角色。移动支付、云计算、大数据、区块链等技术的广泛应用，为金融营销带来了前所未有的机遇。例如，支付宝和微信支付通过提供便捷、安全的移动支付服务，极大地提升了用户体验，同时也为金融机构带来了大量的客户流量和交易数据。

金融机构利用大数据技术进行用户画像和精准营销，能够更准确地把握客户需求，提供个性化的金融产品和服务。这种精准营销的方式不仅提高了营销效率，而且增强了客户黏性。

（二）金融营销创新

在金融产品创新方面，金融机构不断推出符合市场需求的新产品，如智能投顾、互联网保险等。这些产品通过降低投资门槛、提高投资效率等方式，吸引了大量年轻投资者的关注。

在营销渠道创新方面，金融机构积极拥抱社交媒体、短视频等新媒体平台，通过线上直播、短视频营销等方式与年轻用户进行互动和交流。这种新型的营销方式不仅提高了品

牌的知名度和影响力，而且拉近了与年轻用户的距离。

（三）金融政策支持

中国政府近年来出台了一系列金融政策，支持金融机构进行营销创新和服务升级。例如，鼓励金融机构发展普惠金融、绿色金融等新型金融业务，推动金融资源向实体经济倾斜。

同时，政府还加强了对金融市场的监管和风险防范，为金融机构的稳健发展提供了有力保障。这种政策环境为金融营销的创新发展提供了良好的土壤。

（四）金融市场发展

近年来，中国金融市场取得了长足进步。金融市场规模不断扩大，金融产品日益丰富，金融市场的开放程度也在不断提高。这为金融营销提供了广阔的市场空间和丰富的营销资源。

特别是在国际金融市场上，人民币的地位不断提升，中国的金融市场与国际金融市场的联系也日益紧密。这为中国的金融机构提供了更多的国际营销机会和合作空间。

第六节　　　　　　　　　金融产品概述

一、金融产品的含义

金融产品是指金融机构为市场提供的有形产品和无形服务的综合体。狭义上的金融产品是指由金融机构创造的、可供客户选择的在金融市场进行交易的金融工具。广义上，金融机构向市场提供的，并可由客户取得、利用或消费的一切产品和服务都属于金融产品的范畴。

金融产品是各种经济价值的载体，如现金、股票、期货等。比如，我们说张三很有钱，不过他的3 000万元都买了股票，现在这些股票的市场价值还不到10万元。从这个例子中，我们看到价值在不同的载体中转换并存在。除极少数情况下，如金条、金砖等，这种载体往往以非实物的有价证券形式存在，因此也被称为金融资产。此外，由于金融产品能用来盈利，所以又被称为金融工具。上述张三用钱买股票就是想用股票这个金融工具去赚钱。很多金融产品都是由实物资产演变而来的，如微软公司的股票就是由公司的实际资产演变而来，而微软公司的股票期货和期权又是由微软公司的股票演变而来。又如，房屋抵押证券由房屋演变而来。好比树叶是由树枝而来的，树枝是由树干而来的，树干是由树根而来的，它们环环相扣、相互影响。

近二三十年来，华尔街的"精英们"更不甘落后，他们绞尽脑汁，不断翻新花样，创造出各种各样、缤纷凌乱、连自己都搞不懂、更不用说驾驭它们的金融产品，结果导致美国这棵金融大树不堪重负，严重失衡。这就是这次华尔街"自我毁灭"的系统和市场原因，这也是美国民众很不情愿救华尔街的原因之一。

二、金融产品的层次

金融产品不同于一般工商企业的产品，它由核心产品、形式产品与扩展产品（附加产品）三个基本层次组成。

1.核心产品，又称利益产品，是指客户购买到的基本服务或利益。核心金融产品是那些能够触及并解决客户深层次财务需求的产品。例如，储蓄账户不仅是一个存钱的地方，而且是对储户未来理财规划的承诺，更是一种安全稳定的财富增长方式。同样，贷款服务不仅是资金的提供，而且是企业运营流动性的保障，更是推动经济发展的重要力量。这些产品的设计和优化，始终围绕着客户的具体需求展开，以确保他们在不同的财务阶段都能得到恰到好处的支持。因此，核心产品在金融产品的三个层次中处于中心地位。如果核心产品不符合客户口味，那么形式产品和扩展产品再丰富也不会吸引客户。

金融产品的核心利益是多样的，包括利息、股息、分红、透支、保险、价值、地位、自尊和各种预期心理等。不同金融产品有不同的核心利益，金融企业应该注重开发具有多种核心利益、满足多种需要的金融产品。例如，银行信用卡应注重开发转账结算、存取现金、透支便利三种功能。

2.形式产品，又称特征产品，是金融产品的具体形式，用以展现产品的外部特征。金融产品的无形性，使其形式产品无法通过外形、颜色、式样、品牌、商标来展示，而主要通过质量和方式来表现。例如，存款分定期、活期等品种；具有季节性特征的产品有贺岁类存单、助学贷款等。随着消费水平和生活需求的不断提高，人们对金融产品外在形式的要求也越来越高，因此银行在营销时必须注意设计出不同表现形式的产品，提高产品对人们的吸引力。例如，广东发展银行信用卡部门为吸引女性顾客专门设计并推出了紫色透明的"女人卡"和可以做项链的"迷你卡"。

3.扩展产品，又称附加产品，是指在满足客户的基本需求之外，金融产品还可以为客户提供额外的服务，使其得到更多的利益。例如，储蓄存折的代缴费服务，优质客户的接送单服务，以及与投资、贷款等业务相配套的服务等。在金融领域内，各类产品看似琳琅满目，实则在本质上有许多共通之处。银行、证券公司、保险公司等金融机构提供的服务，尽管形式各异，但目的都是满足客户对于资金的管理、投资和保障的需求。在这样一个高度同质化的市场环境中，要想让自己的金融产品脱颖而出，赢得更多客户的青睐，金融机构就必须深刻理解到，扩展产品的作用不容小觑，它是区分自家产品与竞争对手的关键所在。

三、金融产品的特征

1.无形性。顾客在购买金融产品时经常无法看到，也无法感觉，只能通过文字、数据等方式进行交流。金融产品在自然形态上经常是无形的，不具备某些鲜明的物理特性，这使得金融产品在展示方面有比较广阔的想象空间。因此，如何发掘产品特性、明确产品优势，让金融产品具有吸引客户的强大魅力，是金融产品开发的关键因素。

2.不可分割性。金融产品的提供与服务的分配具有同时性，两者不能分开。比如，金融产品的销售过程与服务过程等联系起来，使得金融产品具有不可分割性，因此在整个营销过程中要注意各个环节的相互关联。

3.累加性。一般产品仅具有某种特殊的使用价值，如粮食可以充饥，衣服可以御寒，它们的使用价值往往比较单一。而获得金融产品的客户可以享受多种多样的金融服务。比如，某企业申请获得贷款后，银行可以为其提供汇划转账、提取现金、账户管理、不同币种兑换、期货交易、期权交易以及投资咨询等各种服务项目。

4.差异性。不同的金融企业甚至同企业的不同分支机构所提供的金融产品或服务亦不尽相同。例如，对于信用卡，中国银行的"长城系列万事达卡"除了境内外消费、储蓄等基本功能外，还提供开卡礼、消费礼、赠机票、预定礼和折扣礼等活动；招商银行的"一卡通"则具有消费、储蓄、异地汇兑、划转股票交易保证金甚至还有公交充值等功能；而上海浦东发展银行的"东方卡"还提供外汇买卖服务。

5.易模仿性。金融产品容易被模仿，且模仿速度快。金融产品作为一种特殊的无形服务，与工业产品有着本质的区别。工业产品可以是具体的、可以看到摸到的物品，而金融产品则是一种基于金融知识和信息的抽象服务。正因为如此，金融产品无法像工业产品一样申请专利，使得它们的生产者无法通过法律手段来保护自己的产品权益。

6.季节性。金融产品的需求因时间而异，体现出较强的季节性特征。例如，投入农业生产的季节性贷款、工商企业的生产贷款以及耐用消费品和旅游贷款等都表现出显著的季节性特征。

7.增值性。一般产品在使用过程中会逐渐消耗直到完全报废，而金融产品却能为客户带来比购买产品本身更大的价值，客户购买一般产品是为了获得产品的使用功能，购买金融产品，如存款、贷款、基金、保险，最主要的目的是获得产品的增值。在购买和使用金融产品的过程中，金融产品的价值并非随着使用而逐渐贬值，反而在适当的操作和管理下，它们能够持续保值甚至增值。更值得注意的是，这不仅局限于直接的收益，而且包括一系列间接的好处和难以量化的便利。例如，储蓄存款给客户带来利息，使存入银行的资金增值；住房贷款、汽车贷款则是使客户提前享受某种便利与幸福，日后再归还所使用的资金。

四、金融产品的种类

对金融产品可以从不同的角度加以分类。根据产品形态的不同可以分为有形产品和无形产品。按发行者的性质可以分为直接金融产品和间接金融产品。以信用关系存续的时间长短可以分为短期金融产品和长期金融产品。根据金融产品营销的目标群体不同可以分为个人金融产品、企业金融产品、机构金融产品。从提供者的角度可以分为银行类金融产品、政策性银行类金融产品、商业银行类金融产品、投资银行类金融产品。非银行产品可以分为保险类、证券类、信托投资类、租赁类以及财务类金融产品。

（一）银行产品

银行产品可分为储蓄存款产品、贷款业务产品、中间业务产品等。

储蓄是银行最重要的资金来源，也是银行发挥信用中介、支付中介、信用创造与资金转换等职能作用的基础。储蓄存款按不同的期限可以分为活期存款、定期存款、定活两便存款、通知存款等。活期存款是指不约定期限，存款人可以利用各种方式（如支票、汇票、自动柜员机等）随时提取的存款。对顾客来说这种存款十分方便，具有支付手段与流通手段职能。定期存款是指客户在银行存入一定金额的资金，并与银行约定一定的存期。在此期间，客户不能自由支取存款，必须等到约定的期限届满后才能提取。这种存款方式对银行来说，具有较高的稳定性，因为银行可以准确预测资金的期限和数量，便于银行对吸收的资金进行合理配置。同时，由于定期存款的客户在存款期限内不会频繁支取资金，因此银行对定期存款的营运成本相对较低。定活两便存款是指一种介于定期存款和活期存款之间的存款，存款期限不确定，利息随期限的长短而变化。通知存款是指存款人提前定好时间通知银行即可提取的存款。

贷款是银行最主要的资金运用业务，也是银行盈利的主要来源。按照不同的标准，银行贷款产品按期限可分为短期贷款产品和中长期贷款产品；按贷款保障程度可分为信用贷款产品、保证贷款产品、抵押贷款产品和质押贷款产品；按贷款质量可分为正常贷款产品与不良贷款产品；按贷款的风险等级可分为正常、关注、次级、可疑与损失贷款产品；按贷款的偿还方式可以分为一次性偿还贷款产品与分期偿还贷款产品。

银行基本上不动用自有资金为顾客提供各项服务。中间业务产品包括结算产品、信用卡产品、银行信托产品、银行租赁产品、银行咨询服务产品、代收代付业务产品。结算产品是指银行为经济主体之间因债务关系引起的货币收付提供便利的业务。由于各个经济主体在银行开立账户，因此，通过银行办理转账结算可以大大缩短结算的过程，加速资金的周转，节省流通费用，降低流通成本。信用卡产品作为"电子货币"，具有转账结算、存取款、信贷消费等功能。信用卡根据发卡机构、使用对象、物理性质以及持卡人资信状况可以分为许多种。银行信托产品是指银行作为信托人，根据委托人的指示代为管理、营运或处理其财产与事务，从而为受益人谋利的经济活动。它可以分为资金信托、动产信托、不动产信托等。银行租赁产品是指银行作为出租人，购买某一设备并与承租人签订合同，将设备的使用权出让给承租人，而银行定期得到租金。它可以分为经营式租赁、融资式租赁、杠杆租赁等。银行咨询服务产品是指银行利用自身得天独厚的条件为客户提供有效实用的经济信息，回答他们询问的业务。银行作为业务广泛的综合性金融机构，在人力、物资、技术等方面都有巨大的优势，通过与外界的联系，可以为客户提供具有一定权威性的信息资料。目前，银行咨询服务产品主要有资产信息调查、可行性研究、客户介绍、行情分析预测、财务分析、技术中介服务等。代收代付业务产品是指银行充分运用自身的优势代客户办理一些业务，发挥财务管理与信用服务的职能，帮助客户降低成本、提高效益。目前银行的代收代付业务包括代收代付公用事业费、代理清偿业务、代为保管、代理发行股票和有价证券、代理房地产事宜、代理会计事务、代理买卖外汇等。

（二）保险产品

保险是一种分散风险的手段。保险产品是一种劳务性商品，各个保险公司的保险险种以保险单的形式表现出来。它的特殊性在于保险产品仅仅是对保险消费者的一种承诺，而且这种承诺的履行只能在约定的事件发生或约定的期限届满时，而不像一般商品或服务能使消费者马上有实质性的获得感。保险是一种承诺的象征，乃是一种无法以视觉、听觉、触觉、嗅觉或味觉所感知的无形保障。然而，正因为其无形，保险往往难以激发潜在顾客的兴趣使其主动购买。

自从18世纪保险业务产生以来，用于保险业务的金融工具层出不穷。保险产品的主要类型有：

1. 企业财产保险。企业财产保险是我国财产保险的主要险种，它以企业的固定资产和流动资产为保险标的，以企业存放在固定地点的财产为对象，即保险财产的存放地点相对固定且处于相对静止的状态。

2. 家庭财产保险。家庭财产保险作为财产保险的险种之一，是在火灾保险的基础上发展而来的。家庭财产保险是使城乡居民的家庭财产，如房屋及其附属物、家庭日用品、衣服、行李、家具等，在遭受保险责任范围内的自然灾害或意外事故造成的损失后得到经济补偿的保险。家庭财产保险产品主要有普通家庭财产保险产品、家庭财产两全保险产品、投资保障型家庭财产保险产品和个人贷款抵押房屋保险产品。

3.工程保险。工程保险是指以各种工程项目为主要保险标的的保险，保险人对一切工程项目在工程期间及工程结束以后一定时期，因自然灾害和意外事故造成的物质财产损失和对第三者造成的人身伤亡或财产损失承担赔偿责任。工程保险包括建筑工程险、安装工程险、机器损坏险、科技工程险等。

4.运输工具保险。运输工具保险是指保险人承保运输工具因遭受自然灾害和意外事故造成运输工具本身的损失和第三者责任。险种主要有机动车辆保险、船舶保险、飞机保险、其他运输工具保险。

5.货物运输保险。货物运输保险就是以运输货物为保险标的，保险公司承担赔偿在运输过程中因自然灾害和意外事故所造成损失的一种保险。根据运输方式不同，货物运输保险可分为水上货物运输保险、陆上货物运输保险、航空货物运输保险和邮包保险、联合货物运输保险等。

6.农业保险。农业是国民经济的基础，也是社会发展的基础。农业发展是国民经济健康发展的重要保证，农民收入是全面建成小康社会的基石。然而由于农业自身的弱质性和生产过程的特殊性，农民始终承担着源于自然和市场的双重风险，从而导致收入的极不稳定。农业保险就是为农民在从事农业生产过程中，遭受自然灾害或意外事故所造成的损失提供经济补偿的保险保障制度。

7.责任保险。在日常生活和经营活动中，任何企业或个人都会面临种种责任风险。例如，注册会计师的计算错误会导致委托人的经济损失，医师的手术操作失误会造成医疗事故，厂家的产品存在缺陷会对消费者的人身或财产造成损害。面对这些风险，责任保险应运而生。责任保险是在被保险人由于过失行为造成他人损害或虽无过错但根据法律规定需对受害人承担赔偿责任时，由保险人根据事先签订的合同对此承担保险责任的一种保险。从这个角度看，责任保险具有分散风险、及时弥补受害人损失的职能。责任保险可分为产品责任保险、雇主责任保险、职业责任保险、公众责任保险。产品责任保险是指由保险人承保的产品制造者、销售者、维修者等因产品缺陷导致消费者的财产损失和人身伤害，且依法应由其负责的经济赔偿责任。雇主责任保险是以被保险人即雇主的雇员在受雇期间从事业务时因遭受意外导致伤、残、死亡或患有与职业有关的职业性疾病而依法或根据雇用合同应由被保险人承担的经济赔偿责任为承保风险的一种责任保险。职业责任保险是指承保各种专业技术人员因在从事职业技术工作时的疏忽或过失造成合同对方或他人的人身伤害或财产损失的经济赔偿责任的责任保险。通常这类保险是由提供各种专业技术服务的单位投保的团体业务，个体职业技术工作的职业责任保险一般由专门的个人责任保险承保。公众责任保险又称普通责任保险或综合责任保险，它以被保险人的公众责任为承保对象，是在责任保险中独立的、适用范围最为广泛的保险类别。公众责任，是指在公共场所，如果因为某人的过失行为，导致他人遭受身体伤害或财产损失，那么根据我国法律规定，该责任人应当承担相应的经济赔偿责任。

8.人寿保险。人寿保险是以被保险人的寿命作为保险标的，以被保险人的生存或死亡作为保险事故的一种人身保险业务。其承保的风险可以是生存、死亡，也可是生死两全。其相应的基本形态包括：生存保险、死亡保险和生死两全保险。人寿保险的保险有效期一般较长，是在人身保险中最主要和基本的险种。从历史上看，寿险的典型形式是定期寿险、两全寿险和终身寿险，此外还有年金保险、团体保险和简易人寿险。这些产品计划缺乏灵活性，在经济环境变动较大的时期不能为客户提供更好的保障，于是寿险产品逐步发展成为灵活性很强的产品，如变额寿险、分红寿险、万能寿险等，作为寿险产品的补充种类。

9.人身意外伤害保险。人身意外伤害保险又称意外伤害保险或意外险，是指被保险人在保险有效期间，因遭遇非本意的、外来的、突然的意外事故，致使其身体遭受伤害而残疾或死亡时，保险人依照合同约定给付保险金的保险。根据保险责任的不同，意外伤害保险产品可分为意外伤害死亡残疾保险、意外伤害医疗保险、综合意外伤害保险、意外伤害误工保险。意外伤害死亡残疾保险只保障被保险人因意外事故伤害所致的死亡和残疾，满足被保险人对意外伤害的保险需求。保障项目只包括意外伤害造成的死亡和残疾两类。这种保险通常作为附加条款加在主险上，有时也可以作为单独险种投保。意外伤害医疗保险是指以被保险人因遭受意外伤害导致死亡或残疾需要就医治疗而发生的医疗费用支出为保险金给付条件的人身保险。综合意外伤害保险是一种集意外伤害和医疗保障于一身的保险产品。这种保险不仅为被保险人提供因遭受意外伤害或残疾而产生的保险金给付责任，同时也负责支付被保险人因住院治疗而产生的医疗费用。这类保险产品通常独立承保，使得投保人可以更灵活地进行选择。意外伤害误工保险是指被保险人因遭受意外伤害暂时丧失劳动能力而无法工作，保险人给付保险金的人身保险。

10.健康保险。健康保险以被保险人的身体为保险标的，是对被保险人在因疾病或意外事故所致伤害时发生的费用或损失进行补偿的一种保险。健康保险按照承保内容的不同分为医疗保险、疾病保险和收入损失保险。医疗保险是指以约定的医疗费用为给付保险金条件的保险，即提供医疗费用保障的保险。医疗费用是指病人为了治病而发生的各种费用，包括医疗费、手术费、住院费、护理费等。疾病保险是指当被保险人罹患合同约定的疾病时，按定额给付保险金以补偿被保险人由此带来的损失的一种健康保险。收入损失保险是指对被保险人因疾病致残后，不能正常工作造成收入损失进行补偿的一种健康保险。

【学思践悟】

保险产品助力风险防范，金融安全护航未来

2024年9月，《国务院关于加强监管防范风推动保险业高质量发展的若干意见》中提到必须坚持深化改革，做好科技金融、绿色金融、普惠金融、养老金融、数字金融五篇大文章，统筹好开放和安全，提升保险业服务实体经济质效。近年来，中国保险业在政策引导和市场需求下，不断创新保险产品，为经济社会发展提供了有效保障。政府支持下的保险业务逐步多元化，满足了不同群体和行业的风险防范需求。例如，人身保险产品包括寿险、意外险等不断推陈出新，提供全方位的保障服务。财产保险产品则涵盖了汽车保险、财产损失险等，保障了个人和企业财产安全。数据显示，截至2023年，中国保险业总资产规模已达到45.5万亿元人民币，保费收入持续增长，为经济稳健运行提供了重要支持。此外，随着科技的发展，保险科技逐渐成为保险业的新动能，智能化、数字化的保险产品日益受到市场欢迎。例如，保险公司利用大数据技术开发了智能保险产品，根据客户需求和风险情况定制个性化的保险方案，提高了产品的精准性和适用性。这些举措充分展示了保险产品的创新和多样化，为金融安全提供了坚实保障。未来，中国保险业将继续秉持服

务实体经济的理念，加强产品创新和风险管理，为经济社会的发展和金融稳定做出更大贡献。

（三）证券产品

证券产品主要包括股票、债券、基金和金融衍生产品。

股票是代表股权的一种有价证券。股票是股份证书的简称，是股份公司为筹集资金而发行给股东作为持股凭证并借以取得股息和红利的一种有价证券。每股股票都代表股东对企业拥有一个基本单位的所有权。股票作为股份公司资本结构中不可或缺的组成部分，拥有着转让、交易以及作为抵押物等重要功能。在资本市场中，它扮演着一种长期信用工具的角色，为投资者提供了参与公司成长的途径。股票产品具有不偿还性、参与性、收益性、流通性、价格波动性和风险性等基本特征。

债券是债务人为筹集资金而向债权人承诺按期交付利息和偿还本金的有价证券。它只是种虚拟资本，其本质是一种债权债务证书。它具有偿还性、流动性、安全性、收益性四个基本特征。

证券投资基金是一种利益共享、风险共担的投资于证券的集合投资理财方式，即通过发行基金单位，集中投资者的资金，由基金托管人托管（一般是信誉卓著的银行），由基金管理人（即基金管理公司）管理和运用资金，从事股票、债券等金融工具的投资。基金投资人享受证券投资的收益，也承担因投资亏损而产生的风险。我国基金暂时都是契约型基金，是一种信托投资方式。

金融衍生产品是指依赖基础资产价值变动的合约。这种合约可以是标准化的，也可以是非标准化的。国际上金融衍生产品种类繁多，活跃的金融创新活动接连不断地推出新的衍生产品。

五、金融产品营销及其特点

（一）金融产品营销

金融产品营销是营销管理与金融产品相结合的产物，是营销管理理论在金融产品上的全过程运用，包括金融业务市场细分、选择目标市场、价值定位、开发特定产品、确立价格和分销、品牌经营直至促销推广的全过程。

具体来说，金融产品营销是指金融企业以金融市场为导向，对用户按照人文、心理以及行为上的差异进行细分，选择对自身最有利可图的目标市场，设计出"合适的"金融产品和服务，运用整体营销手段传递并提供给目标客户，以获得、保持、增加顾客，在满足客户需要和欲望的过程中实现自身利益目标的过程。

（二）金融产品营销的特征

金融产品营销作为金融企业在其产品层面上所进行的一系列营销管理活动，构成了金融企业营销战略中的不可或缺的一环，其特征表现在：

1.金融产品营销注重企业形象

金融产品具有特殊性，其不是实体的，是无形的，客户的购买行为建立在对金融企业的信任基础上。客户对金融产品及其知名度的认识首先是从对其提供者——金融企业的认识开始的，客户如何在众多具有相同性质的金融产品中做出选择，在很大程度上取决于他对金融机构的信任程度与好感程度，因而，在金融产品营销中，商业银行、保险公司等金融机构都非常注重自身形象。

2.金融产品营销注重人性化、注重情感

金融产品营销要求所有营销人员面对不同的客户，能迅速判断、识别出客户的个性化需求，有选择地将本企业的金融产品推荐给客户，并将产品的相关特性与客户的需求匹配起来传递给客户，最大限度地满足客户的需求，为客户提供更人性化的服务。金融机构在进行金融产品营销时，必须注重加强人性方面的情感价值，通过附加某种特定的文化，使之与目标客户群体的价值观、信仰等产生共鸣。

3.金融产品营销注重品牌营销

由于金融产品的同质性，不同的金融机构提供的同一类型的金融产品在功能上差别不大，客户在选择金融产品或服务的时候，往往首先不是被金融产品功能所带来的服务、盈利或便利所吸引，而是首先被其所熟知的满意的品牌所吸引。

4.金融产品营销注重全员营销

金融产品营销涉及众多部门，需要全员的共同协作进行整体营销。金融企业在做好对顾客的外部营销的同时，必须把一线员工作为内部客户，对其做好内部营销，包括工作设计、员工招聘、员工培训、相互沟通以及激励等。

（三）金融产品营销发展的动因

任何事物的产生、发展和兴盛都有其深刻的内在动因，推动金融产品营销管理的发展有三方面的动因，包括：

1.内部动因：金融市场的激烈竞争

一是银行同业之间的业务竞争。由于商业银行、专业银行、合作银行等各类银行机构的原有专业分工界限被打破，导致彼此业务交叉，新的综合性多功能银行出现。同时，原有银行竞相扩张经营规模，导致银行同业之间在争夺市场份额、扩展经营地域范围、扩大金融产品和服务种类以及提高服务质量等方面的竞争不断加剧。

二是银行与非银行金融机构之间的竞争。20世纪70年代之前，美国银行业、证券业、保险业基本上各行其是、各谋其利。进入20世纪70年代后，证券公司和保险公司等非银行金融机构不再受金融法规的限制，利用无须缴纳准备金、可以跨州经营业务等有利条件，竞相推出了一些新的金融产品，诸如货币市场共同基金（MMMF）、现金管理账户（CMA）等。这些金融创新产品的涌现，引得广大储户将资金从银行定期账户中提取，再投资于以市场浮动利率计息的金融新产品。这一现象导致银行存款大量流失，信用收缩，盈利减少。与此同时，各类非银行金融机构纷纷涌现，它们通过直接或间接的方式抢占了不少银行业务。

三是非金融企业的发展。以美国为例，美国三大汽车公司（通用、福特、克莱斯勒）纷纷涉足金融业，分别成立了附属财务公司，为汽车消费者提供融资服务。又如，美国最大的百货零售商西尔斯公司，把业务扩展到投资银行业、保险业等，建立了自己的金融营销网络，使之与其所属的零售商店连接起来，向零售顾客提供多样化的金融服务，具体包括融资、保险、抵押以及各种经济业务，因此，西尔斯公司有了"零售金融集团"之称。

四是金融业务的全球化趋势。20世纪70年代以来，随着西方各国经济的发展、生产社会化程度的提高，各国之间在经济、技术、资金和人员上的联系不断加强，生产、经营和资本的全球化趋势显著。随着全球化的浪潮席卷而来，跨国公司如雨后春笋般涌现，它

们在全球范围内统一组织生产、销售，形成了一个强大的经济体系。这些公司不再受限于一个国家或地区，而是通过跨国经营，充分利用不同地区的优势资源，以实现最大化的利益。这一方面使得跨国大企业逐渐摆脱了对本国金融业的依赖，另一方面也促进了本国金融业向海外的发展。由于外国银行或金融机构的进入，双向、交叉经营金融业务开始发展，从而有效地促进了金融业务的全球化。

可见，竞争的加剧、非银行金融机构的介入，对金融机构的营销方式、经营技术以及经营作风产生了深刻的影响，金融营销观念应运而生。

2.外部动因：顾客需求的多样化

金融客户主要包括组织客户（如工商企业、事业机关、社会团体等）和个人客户两类，不同客户的需求存在差异。组织客户一般有行业、规模和所有制之分；个人客户则有收入水平、职业身份、受教育程度和地区习俗之分。虽然所有客户对金融产品都有相同的基本要求（如安全、方便、收益等），但不同类型客户的行为方式往往是不同的，他们对金融产品的种类、服务形式以及手段的需求往往存在着显著差异。

随着金融知识的不断普及，人们的文化素质日益提高，客户的金融意识日趋增强，他们要求金融机构为其提供形式多样、灵活方便且能融安全性、流动性和盈利性于一体的金融产品和服务。这种变化对金融企业的经营提出了更高的要求，企业必须掌握客户需求的变化，开发出适用的金融产品以满足客户的需求，努力拓展分销渠道，加强促销工作以实现企业的经营目标。

光大银行"全程通，通全程"营销案例解析

3.物质动因：科技的进步

电子商务领域的迅猛进步和广泛渗透，为金融创新铺就了坚实的技术基础。依托于此，金融行业得以不断推出新颖的金融服务。这些现代信息科技，不仅深刻地重塑了金融业的经营模式和操作手段，而且显著提升了金融机构在日常工作中的业务处理效率，使其能够超越传统的业务界限，从而实现金融创新。

可见，金融市场竞争的加剧、客户需求的多样化以及科技的进步成为推动金融产品营销管理的三大动因。

章后习题

一、练习题

1.（单选）金融营销的主体是（　　　）。

A.金融产品　　　　　B.金融市场　　　　　C.金融机构　　　　　D.金融营销

2.（单选）信托业务的关系人有（　　　）。

A.委托人、代理人、受益人　　　　　　　　B.委托人、受托人、受益人

C.代理人、受托人、受益人　　　　　　　　D.委托人、代理人、受托人

3.（单选）金融服务产品不具有的特征包括（　　　）。

A.无形性　　　　　B.可分割性　　　　　C.广泛性　　　　　D.增值性

二、思考题

1.什么是金融营销？

2.金融营销的主要特征是什么？

3.金融营销的发展过程可以分为哪几个阶段？

4.金融产品的种类有哪些？

章后习题参考答案

第 二 章

金融营销环境分析

学习目标

1.了解对金融营销产生影响的主要宏观因素，以及它们在我国的具体表现。
2.了解影响金融营销的微观和竞争环境因素。
3.熟悉当今金融市场发展变化的推力。

【章前导读】

营销环境是除金融机构营销活动之外，能够影响营销部门建立并保持与目标客户良好关系的能力的各种因素和力量。由于环境的外在性、动态性，其间既可能有机遇又可能有威胁，因而对营销环境的研究成为营销部门一项必备的基础工作。成功的企业通常将持续不断地观察并适应变化着的环境作为非常重要的战略。

金融企业与其他企业一样，都是在一定的营销环境下开展营销活动，以求得生存和发展。金融营销环境影响着金融企业的经营决策、营销方略及其结果。它既会给企业的营销活动带来制约和威胁，又能为企业的发展创造机会。金融企业的营销计划能否适应客观环境的要求，以成功地避开威胁、有效地把握和利用商机，对其发展而言是至关重要的。因此，认真分析研究金融营销环境，既是金融企业制定营销方略的前提条件，又是金融营销管理的基础性工作。本章将从宏观、微观与竞争三个层面对金融营销环境进行具体分析。

第一节　　宏观环境分析

金融营销的宏观环境是各种因素和力量的集合，这些因素和力量对包括金融机构在内的各行各业都产生影响。这个环境通常由政治、法律、经济、科技、社会等因素构成。宏观环境的变化、发展对企业来说是相对不可控制的，它会对金融机构的营销和经营产生巨大的潜在作用，也会影响金融机构中长期计划和发展战略的选择。因此，企业必须关注它，并做出适当的反应，通过企业内部的制度、营销战略的调整来适应宏观环境的变化。研究金融机构所面临的宏观环境，不仅可以对营销活动进行指导，而且可以为研究微观环境打好基础。对金融企业来说，影响最大的是政治与法律、经济、科学技术和社会四大要素。

一、政治与法律环境

（一）政治环境分析

政治环境是指政治形势和状况给金融机构市场营销可能带来的影响。对国内政治环境的分析要了解党和政府的各项方针、路线、政策的制定及调整对金融机构市场营销的影响。金融机构的特殊性质决定了它受国家政治环境影响的程度是相当高的。以银行业为例，政治环境是否稳定是银行经营成败的保障性条件，政局不稳会导致社会动荡、经济混乱和低迷，对银行的业务相当不利。政局的不稳还会导致国家在世界舞台上地位下降，造成货币大幅贬值，加重银行的资金负担。例如，政治活动和突发的政治事件可能使银行遭受巨大的违约风险与挤兑风险。因此，银行必须高度重视并密切关注政治环境的变化，以便及时采取防范和应变措施。

此外，对发展国外业务、进军海外的金融机构而言，需要分析的则不仅仅是本国的政治环境，国际政治环境同样应该成为考虑的重点。对国际政治环境的分析要了解"政治权力"与"政治冲突"对企业营销的影响。政治权力是一国政府通过正式手段对外来企业的权利予以约束的力量。在市场营销活动中，政治权力的影响往往经历了一个发展过程。在这个过程中，有些变化是企业可以通过认真的研究分析预测到的。政治冲突是指国际上重大事件和突发性事件对企业营销活动的影响，包括直接冲突与间接冲突两种。直接冲突是指战争、暴力事件、罢工等给金融机构营销活动带来的损失和影响；间接冲突是指政治冲突、国际上重大政治事件带来的经济政策的变化，国与国、地区与地区观点的对立或缓和常常影响其经济政策的变化，进而使企业的营销活动或受威胁，或得到机会。

（二）法律与制度环境分析

随着经济体制的改革以及市场经济的深入发展，我国政府一直致力于逐步建立和完善法律制度，建设社会主义法治社会。金融法治有两层含义：一是法治下的金融；二是对金融实行法治。

进行金融机构市场营销法律环境分析的目的在于：一方面，凭借国家制定的各项法律、法规来维护金融机构的正当权益；另一方面，法律是评判金融机构市场营销活动的基本准则，在开展市场营销活动的过程中，金融机构应知法、懂法，依法行事，不至于因自身违法或客户的违法活动而受到法律制裁。同时，还要对不断变化的政治、经济形势以及相应出台的各项规定与措施，如刺激消费、控制经济过热、鼓励中小企业发展等政策措施做出迅速反应。

我国金融机构的国内市场营销法律环境分析，主要内容包括国家主管部门及各省、自治区、直辖市颁布的各项法规、法令、条例等。金融机构了解法律、熟悉法律环境，既可以保证自身严格按法律规定办事，不违反各项法律规定，有自己的行动规范，同时又能够用法律手段保障自身的权益。与金融行业关系密切的重要法律规定有《中华人民共和国公司法》《中华人民共和国民法典》《中华人民共和国广告法》《中华人民共和国商标法》《中华人民共和国反不正当竞争法》《中华人民共和国商业银行法》《中华人民共和国证券法》《中华人民共和国票据法》《金融机构反洗钱规定》等。在中国，金融市场遵循着分业经营的原则，这是一项旨在明确银行、证券和保险业务界限的监管制度。这一制度规定，各金融机构必须在其许可证规定的范围内经营，禁止不同金融业务之间的交叉操作。具体来说，这意味着一家银行不能同时提供证券交易服务或保险产品，反之亦然。例如，眼见着股市"牛气冲天"，银行也不能进入，否则赚了钱也要受处罚。

由于国家的法律、法规对金融营销活动产生重大影响，因此金融企业应当对法律、法规进行研究分析，以便凭借法律武器维护自己的正当权益，积极开展营销活动。当然，目前我国的金融立法还不是很完善，在一定程度上抑制了金融机构的营销活动。但是我国目前政治稳定，同时也正在加大力度为金融机构创造一个良好的外部环境，这都给金融机构的发展带来了大好机遇。

【学思践悟】

征信系统建设助力金融创新，服务实体经济

中国金融市场近年来积极推进征信体系建设，以深化金融供给侧结构性改革为指导，加快了征信市场的健全发展。根据中国人民银行发布的数据，截至2023年，中国个人征信系统已经覆盖全国范围，并在不断完善企业征信体系，为金融市场提供了全面、准确的信用信息服务。个人信用报告覆盖率逐步提升至90%，企业信用信息数据库建设也逐步完善，为金融机构提供了更准确、全面的风险评估和信贷决策支持。

近年来，随着征信体系的完善，金融机构积极探索利用征信数据创新金融产品和服务，服务实体经济。例如，一些银行通过征信数据对小微企业信用情况进行评估，为其提供更为精准的信贷支持，促进了小微企业的发展壮大。同时，征信数据也被用于支持金融科技创新，如个人征信数据被应用于普惠金融领域，为更多人群提供贷款和信用服务。

中国金融市场的这一进展体现了金融供给侧结构性改革的成果，也为金融市场的健康发展提供了坚实基础。征信系统的健全不仅有助于降低金融机构的风险，提高金融服务的效率，而且能够促进金融创新，为实体经济发展注入新动力。

（三）道德和社会责任的重视

法律和规则条文不可能覆盖所有市场活动，已制定的法律也很难全面落实。因此，金融机构面对的同行和客户是否遵守社会规范和职业道德，也是一个影响市场环境健康发展的重要因素。一方面充斥虚假欺诈的市场，给一个坚持诚信的金融机构增加了许多不确定性因素，提高了经营风险；另一方面有虚假欺诈行为的金融机构将被市场抛弃。在社会转型阶段，对我国公民和企业的社会道德和责任感的培养还有一段较长的路要走。

中国人民银行原行长周小川十分重视金融生态环境的建设，多次强调要改善金融环境，许多专家为此展开了一系列研究。代表作之一是2005年11月中国社会科学院金融研究所首次发布的《中国城市金融生态环境评价》，其中提出了金融生态环境的概念与衡量指标，根据报告的分析框架确定了9项用以评价城市金融生态环境的因素，它们分别是：经济基础、企业诚信、地方金融发展、法制环境、诚信文化、金融部门独立性、社会中介发展、社会保障程度和地方政府公共服务。以此9个方面为投入，以城市金融生态现实表征为产出，通过数据包络分析，我们得到了对50个大中城市金融生态环境的等级评定，见表2-1。

表 2-1 　　　　　　　　　　50个大中城市金融生态环境的等级评定

金融生态环境等级	城市
Ⅰ级	上海 宁波 温州 杭州 深圳
Ⅱ级	台州 苏州 绍兴 嘉兴 北京 无锡 东莞 南京 厦门 泉州 广州 天津
Ⅲ级	济南 合肥 常州 福州 大连 青岛 成都 扬州 烟台 珠海 南通 佛山 重庆 秦皇岛 长沙 呼和浩特
Ⅳ级	武汉 中山 石家庄 芜湖 昆明 南昌 郑州 海口 长春 哈尔滨 西安 沈阳
Ⅴ级	威海 惠州 淄博 潍坊 徐州

资料来源：李扬，等.中国城市金融生态环境评价总报告［N］.上海证券报，2005-10-15.

专家们的分析研究成果，促使各地政府重视改善本地金融环境。以华南重镇广州为例，近年来，广州着力将新城区珠江新城开发打造成珠三角金融中心，从硬件来看已见雏形，但要形成对周边地区的积聚力和辐射力还需要继续努力。

二、经济环境

经济环境是金融市场营销活动所面临的外部社会条件及一定范围内的经济情况，涵盖了经济增长速度、发展周期、市场现状和潜力、物价水平、投资和消费趋向、进出口贸易以及政府的各项经济政策，如财政税收政策、产业政策等。经济环境是对金融机构市场营销活动影响最大的环境因素，是整合经营活动的基础。

（一）经济发展速度分析

经济发展速度对金融企业的营销活动有着直接影响。在经济高速增长阶段，企业生产和商品流通规模扩大，对于货币资金的需求量增加，金融业务量随之增加，利息率会上扬；反之，当经济发展速度趋向或处于停滞状态时，企业生产和商品流通规模缩小，对货币资金的需求量减少，则金融业务量亦随之减少，利息率会下降。因此，金融企业面对经济发展速度不同的情况时，应在冷静分析客观环境的基础上采取适当的营销方略。

（二）经济周期与货币财政政策分析

经济波动，亦即经济周期，是金融市场景气的关键宏观影响因素。这一周期又被称作商业周期或景气循环，标志着经济活动中的扩张与收缩的周期性变化。具体而言，它体现了国民经济总产出的波动，总收入和总就业的起伏，以及国民收入或整体经济活动的周期性扩张与紧缩。它一般分为衰退、萧条、复苏和繁荣四个阶段。

经济学家研究认为，中国经济以增长型周期为主，如图2-1所示，形态逐渐从过去的短周期向中周期过渡，周期持续时间不断延长，波动幅度减缓，波峰和波谷的位势从"高位型"向"中位型"转变，即高谷底、低峰值、长平台。政府宏观调控的指导思想、方式、力度等也随之发生转变。

在经济扩张期，金融市场繁荣，表现为存贷业务两旺，市场信用良好，即使利率在上升通道，人们也敢于贷款购房买车，对按期还本付息充满信心。固定利率型的贷款产品，由于具有锁定借款成本的作用而特别受欢迎。在储蓄市场则是短期的固定利率产品，如通知存款、货币基金、信托产品等受到欢迎。而经济收缩期的情形则相反。股票市场对经济周期的变化更敏感，通常会提前做出一定反应，故谓之国民经济"晴雨表"。

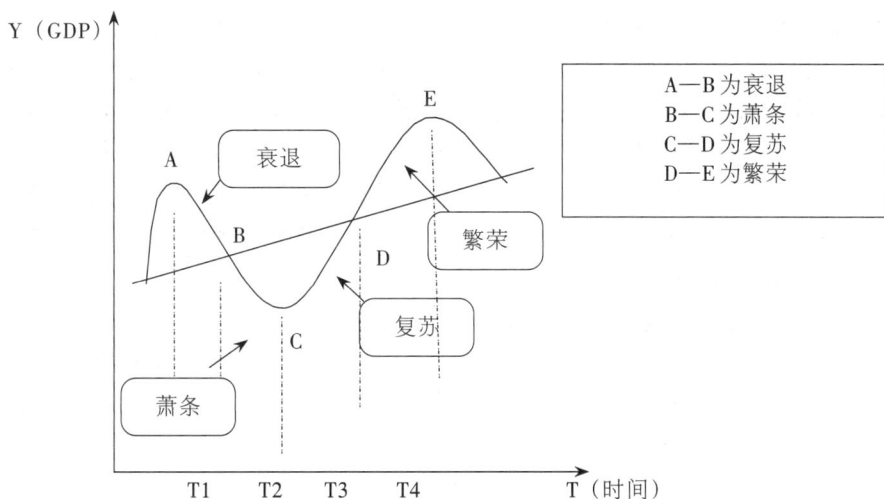

图 2-1　经济周期

在经济的起伏波动中，政府扮演着至关重要的角色。面对通货膨胀或是通货紧缩等经济周期的挑战，通常会积极地运用其手中的货币政策与财政政策工具，力求在波动中稳定经济。例如，2008 年美国一场百年一遇的金融危机，使全球经济步入萧条，许多国家经济出现低迷，消费不振、出口萎缩、失业率高涨。为了挽救经济，各国政府采取了空前宽松的货币与财政政策。美国采取了从"零利率"到"定量宽松"再到美联储出手购买"有毒资产"等超常措施。中国政府也及时调整宏观经济政策，实施积极的财政政策和适度宽松的货币政策，2008 年年底密集推出一揽子经济刺激计划，包括 4 万亿元投资计划、十大产业振兴规划、家电下乡等，银行信贷增量节节攀升，2009 年 6 月达到历史天量 1.2 万亿元。在投资如此高涨的拉动下，经济增长高达 8.7%。由此，金融市场中的债市股市也表现"亮丽"，与经济刺激相关的金融产品，如债券、基建类股票等，给人们带来了丰厚的收益。对于金融营销人员，洞察经济发展趋势和对政策走向的预见性是其需要长期培养的基本技能，要关注并能够准确解读各种宏观经济和金融指标，包括关键行业指数和市场指数。通过深入分析这些指标和数据的变化及其相互之间的关联，发掘投资机会或规避风险。

（三）收入因素分析

收入因素也是影响金融市场的一个因素，分析收入因素要理解和掌握以下概念和变量：国内生产总值（GDP）是指一个经济社会在一定时期（通常为一年）内生产的以货币表示的物品和劳务的总和，体现为经济总量和经济增长率等数字指标，是用来衡量一国或一地区经济发展水平的主要宏观经济变量。对于发展中国家，增长率比总量更重要。我国改革开放以来，GDP 增长率长期居全球之首，吸引了大量发达国家的投资者。从经济增长看，2023 年我国 GDP 超过 126 万亿元，增速比 2022 年加快 2.2 个百分点。按照可比价计算，2023 年经济增量超过 6 万亿元，相当于一个中等国家一年的经济总量。

而 GDP 除以总人口就是人均 GDP，它比较客观地反映了一定国家社会的发展水平和发展程度。根据消费经济学理论和国际经验，人均 GDP 的提升会引起居民消费结构从生存型向享受、发展型转变，而消费结构的升级将促进经济结构和社会结构的转变。

我国经济发展不平衡，还要关注不同地区不同层次的收入分配情况。衡量指标通常采用基尼系数，它的经济学含义是：在全部居民收入中用于不平均分配的百分比。实际的基尼系数介于0和1之间，分配不均程度越大，系数值就越大。国际上通常将0.4作为警戒线。专家估计我国目前的基尼系数在0.5左右，形势不容乐观。收入不均衡的宏观表现有：

（1）城乡居民收入差距不断扩大。2000年城乡居民收入差距为2.79倍，2008年达到改革开放以来的差距最大值，也是世界上差距最大的3.31倍，而2023年城乡居民收入差距缩小到2.39倍，较以往相比有了些改善，但是乡村不富仍然制约我国消费市场的发展。

（2）地区间收入差距较大——东高西低。以居民可支配收入指标为例，2023年位居全国前5位的省（区、市）集中在东部地区，分别是上海（84 834元）、北京（81 752元）、浙江（63 830元）、江苏（52 674元）、天津（51 271元）；位居最后5位的省（区、市）集中在中西部，分别是新疆（28 947元）、青海（28 587元）、云南（28 421元）、贵州（27 098元）和甘肃（25 011元）。

高收入地区的市场广度和深度比低收入地区强，发展潜力大。国有大银行除中国农业银行外，其他几家即中国工商银行、中国银行、中国建设银行和交通银行的业务中心逐步移向经济较为发达的沿海地区和大中城市。

（3）不同经济类型、职业和行业的收入差距。根据2023年国家统计局数据，城镇非私营单位分行业门类就业人员平均工资显示，信息传输、软件和信息技术服务业平均工资最高，金融业居其次。收入前10位的另外8种职业是：科学研究和技术服务业，卫生和社会工作，电力、热力、燃气及水生产和供应业，采矿业，文化、体育和娱乐业，批发和零售业，教育，交通运输、仓储和邮政业等。农林牧渔业，住宿和餐饮业等从业人员收入列后几位。而在针对私营单位的统计中，平均工资排序与非私营单位统计基本类似。

高收入者的消费受经济形势的影响较小，而且是大宗消费品和奢侈品的主要消费者。中产阶层虽对花销会有所算计，但仍有能力追求高品质的生活。这两个层次是商业银行住房和汽车贷款产品的主要交易对象。中下层的主要消费限于食品、服装、住房，并尽量存钱，他们是银行储蓄类产品和本外币小额汇兑的主要客户。

在我国这样一个人口众多的大国中，金融机构的个人业务占据相当大的比重，而这些个人金融业务完全依赖于消费者的收入，但消费者也并非把全部收入都用来购买金融商品和接受金融服务，金融支出只占他们收入的一部分。因此，当研究消费收入时，我们要注意以下五点：

（1）国民收入，是指一个国家物质生产部门的劳动者在一定时期内（通常为一年）新创造的价值的总和。

（2）人均国民收入，是指用国民收入总量除以总人口。这个指标大体上反映一个国家的经济发展水平。根据人均国民收入，可以推测不同的人均国民收入相应地消费哪一类金融产品或服务，在什么样的经济水平下会形成怎样的金融消费水平和结构，以及会呈现出的一般规律性。

（3）个人收入，是指所有个人从多种来源中所得到的收入，对其可进行不同方面的研究，一个地区个人收入的总和除以总人口，就是每人平均收入。该指标可以用来衡量当地消费者市场容量的大小和对金融产品吸引力的高低。

（4）个人可支配收入，是指在个人收入中扣除税款和非税性负担后所得的余额。它是在个人收入中可以用于投资、购买保险等金融产品和服务的部分。

目前，消费信贷市场启动的时机已基本成熟，其原因如下：首先，我国有越来越多的年轻人开始接受贷款消费、分期付款消费、信用卡透支消费等观念，特别是刚刚参加工作不久，有稳定收入又有消费欲望的年轻人，他们对住房和高档次的耐用消费品有着较高的要求，这为个人消费信贷发展提供了广阔的前景。其次，城乡居民收入稳定增长，生活水平得到提高，购买力发生了变化。与前几年相比，居民购买力大大提高。最后，新的中产阶层正在出现。多种所有制结构催生了我国一个日益壮大的中产阶层，这个阶层包括了高级白领、企业家、企业主等群体。随着他们财富的迅速积累，对个人理财服务的需求也随之增长，从而为理财业务的发展创造了广阔的市场前景。

（5）个人可任意支配收入，是指在个人可支配收入中减去用于维持个人与家庭生存不可缺少的费用（如房租、水电、食物、燃料、衣着等项开支）后剩余的部分。这部分收入是在消费需求变化中最活跃的因素，也是金融机构研究营销活动时所要考虑的主要对象。因为从个人可以支配的收入中开支的维持生存所必需的基本生活资料部分，一般变动较小、相对稳定，即需求弹性小；而满足人们基本生活需要之外的这部分收入所形成的需求弹性较大，可用于购买保险、金融投资产品等，所以是影响金融产品营销的主要因素。

（四）储存倾向分析

可支配收入没有消费掉的剩余部分就是储蓄。高消费意味着低储蓄，低消费意味着高储蓄，两者互补，此消彼长。金融营销不仅关心居民的消费方式，而且要关心储蓄倾向。前者涉及与消费品生产有直接或间接关系的公司客户，后者涉及居民储蓄水平和个人理财等零售业务。不同国家、不同收入、不同文化都会影响储蓄水平。从国际比较看，美国是比较典型的低储蓄率国家，而中国是典型的具有东方色彩的高储蓄率国家。根据中国人民银行的统计数据，我国城乡居民人民币储蓄存款余额增长速度均超过15%，呈现高速增长的态势。2023年我国城乡居民人民币储蓄存款余额突破284.26万亿元，同比增长10%。产生高储蓄现象的主要原因是：（1）具有勤俭储蓄的传统；（2）社会保障水平较低，存在防病、老、灾的储蓄动机；（3）为教育进行储蓄的动机非常强烈；（4）经济持续快速发展，使居民工资收入增长较快；（5）缺乏多样化的投资工具。

居民储蓄存款的高速增长对于经济有两面性的影响。一方面，它为我国的经济发展提供了充裕的资金。一般而言，高储蓄率如果产生高投资率，则是理想的经济形态。因为高投资率扩大了需求，通过需求拉动经济增长，同时又形成新的生产能力，从供给方面推动经济增长。另一方面，对于金融行业而言，居民手中的充裕资金，通过储蓄行为，无形中为银行提供了丰富的"生产原料"，这为银行的扩大经营规模、开展各类业务提供了坚实的基础。因此，金融行业的从业者肩负着将这部分储蓄有效转化为投资和消费的社会使命。

三、科学技术环境

科学技术环境是指技术的变革、发展和应用状况。科技环境不仅直接影响金融企业的经营，而且和其他环境因素相互作用，共同影响金融企业的营销活动。金融机构营销人员应注意下列技术发展趋势：

（一）科技高速发展，新兴行业出现

今天常见的许多产品在一百年前还未出现。科学家们正致力于广泛的新技术研究，这些研究将革新我们的产品和生产方式，每项新技术都会取代一项旧技术。例如晶体管取代真空管、复印机取代复写纸等。现在正发生的网络购买规模越来越大，对于传统商场购买模式提出严峻挑战，相应的第三方支付方式向传统银行支付方式提出挑战。每当旧的行业对抗和忽略新技术时，该行业就会衰落。跟不上科技进步步伐的公司会发现自己的产品过时了，会失去新的市场机会。电子化虚拟化程度很高的金融业更是如此，很难有长盛不衰的金融产品，利用新技术不断进行创新，才是金融产品创新的真谛。

（二）向节能、环保、低碳经济发展模式转变

在各国遏制全球变暖的共同努力中，2009年12月哥本哈根世界气候大会被喻为"拯救人类的最后一次机会"。2020年9月22日，国家主席习近平在第75届联合国大会一般性辩论上做出我国将力争于2030年前实现碳达峰、努力争取于2060年前实现"碳中和"的重大宣示。2022年党的二十大报告中指出："到二〇三五年，我国发展的整体目标是……广泛形成绿色生产生活方式，碳排放达峰后稳中有降。"我国低碳经济发展模式由此更大规模地展开。

【学思践悟】

深入学习党的二十大精神，以绿色金融助力高质量发展

2024年8月，《中共中央国务院关于加快经济社会发展全面绿色转型的意见》提出："坚持以习近平新时代中国特色社会主义思想为指导，深入贯彻党的二十大和二十届二中、三中全会精神，全面贯彻习近平经济思想、习近平生态文明思想，完整准确全面贯彻新发展理念，加快构建发展格局，坚定不移走生态优先、节约集约、绿色低碳高质量发展道路，以碳达峰碳中和工作为引领，协同推进降碳、减污、扩绿、增长，深化生态文明体制改革，健全绿色低碳发展机制，加快经济社会发展全面绿色转型，形成节约资源和保护环境的空间格局、产业结构、生产方式、生活方式，全面推进美丽中国建设，加快推进人与自然和谐共生的现代化。"绿色金融作为实现绿色发展的重要手段，日益受到广泛关注。我国政府高度重视绿色金融发展，将其纳入国家发展战略，逐步完善绿色金融政策体系，推动绿色金融市场发展。一是完善绿色金融政策体系。近年来，我国政府出台了一系列绿色金融政策，包括绿色信贷、绿色债券、绿色保险等，旨在鼓励金融机构和市场主体投向绿色产业，支持绿色经济发展。二是发展绿色金融市场。我国绿色金融市场取得了显著成果，绿色债券发行规模居全球前列，绿色贷款和绿色保险业务规模持续扩大。三是加强绿色金融监管。为防范绿色金融风险，应建立健全绿色金融监管体系，确保绿色金融政策落地生根。

在向低碳经济转型的过程中有大批传统产业改造、大量新兴产业成长，如新能源产业——风能、太阳能、核能和生物质能等最具发展潜力的可再生能源；智能电网改造与建设；新能源汽车；清洁煤和碳捕捉技术；节能技术；绿色家居与交通；环保技术等。随之而来的"低碳金融"将成为中国金融业新的"兴奋点"，将产生巨大的"绿色信贷"需求，银行可提供信用咨询、理财产品、低碳项目融资等服务新产品，还可以直接参与低碳交易市场。资本市场通过创业板可以推出许多低碳、绿色、环保、新能源等新兴行业公司，加速其发展步伐，通过并购重组改造和淘汰落后产能。

（三）注重微小技术改进

由于研发新技术成本过高，许多金融机构现在一般只做一些小的技术改进而不冒险去

开发新技术。许多金融机构的研究经费主要用于模仿竞争对手的产品，并做一些形式上的微小改进，可提供现有品牌的简单延伸。因此，许多研究尽管只是防御性的而不是进攻性的，也能够在一定时间内取得较好的市场效果。

（四）管制的加强

美国次贷危机就是一个因金融创新缺乏适当的风险管理和风险监管，从而演变为金融风险的典型事例。由于金融产品的衍生变得越来越复杂，公众需要了解这些产品是否安全。因此，政府机构会对存有不安全因素的产品进行调查，决定是否禁止销售。这些管制使金融机构研究成本增加，并使产品从制造到面市的周期变长，可能对金融创新产生压制作用。金融发展一方面需要金融创新作为动力，另一方面又需要加强金融监管以维护金融安全，金融创新与金融监管既存在矛盾的一面，又存在相辅相成的一面，二者互相作用，因此金融创新与金融监管的关系本身是动态"博弈"。对于金融机构而言，创新是生存竞争之道，一般发生在监管或制度的模糊地带。营销人员在研究开发新产品时应对这些管制有所了解，并把握好创新与监管的关系。

四、社会环境

（一）社会文化环境

社会文化环境是一个深奥且广泛的概念，它涵盖了民族特征、人口分布与构成、受教育程度、风俗习惯、道德信仰、价值观念、消费模式和习惯等诸多方面。这些因素共同构成了一个特定社会群体共同遵守的行为规范和生活方式。

受教育程度。教育水平的高低影响着金融市场营销组织策略的选取，决定着市场营销方式方法的选择，如对教育水平较低的地区采取直观形式（电视、广播方式）比文字性的广告宣传要好得多。同时，处于不同教育水平的国家或地区的居民，对金融商品和服务的需求也会存在较大差别，采取的营销方式和手段也不相同。

风俗习惯。风俗习惯是指人们根据自己的生活内容、生活方式和自然环境，世代相袭固化而成的一种风尚和行为方式。不同的国家、不同的民族有着不同的风俗习惯，而不同的风俗习惯对人们的投资行为和消费行为都带来很大影响。金融企业在开展市场营销时，应研究客户所属群体及地区的风俗习惯，了解目标市场客户的禁忌、习俗、避讳、信仰、伦理等，做到"入境随俗"，设计和推广适合特定客户需求的金融商品和服务，做好宣传工作，以获取最大的社会效益和经济效益。

价值观念。价值观念是指人们对社会生活中各种事物的态度、评价和看法。在不同的社会生活环境下，人们的价值观念是不同的，如美国人崇尚生活上的舒适和享受，追求超前消费；中国人普遍遵循勤俭节约、量入为出的生活准则，因而消费贷款的规模和质量都不同，同样，不同价值观念的人群对金融企业所提供的商品和服务的要求也是千差万别的，这就要求金融市场营销人员针对不同的客户采取差异化营销策略，从而提高营销效率。例如，对价值观念较前卫的年轻一代，金融营销的重点要强调产品和服务的新颖性，以及即时的收益和享受。与此同时，中老年顾客群体相对保守，他们更加注重实际效益，对未来有更深的思考和规划。针对这部分顾客，金融营销应当侧重展现产品和服务的安全性、稳定性以及长远的盈利潜力。

（二）人口环境

人是构成市场的首要因素。营销部门之所以对人口十分关注，是因为它与市场规模或容量有关。研究市场人口环境，主要关注人口的数量（包括密度、分布）、构成（包括年龄、性别、种族）、增长率（包括出生率、死亡率）等数据，它们通常可以从政府统计部门获得。

全球人口正以爆炸式的速度增长，我国是世界人口大国。我国的人口特征是：基数大、密度分布不均、流动频繁、受教育程度不高，将进入老龄化社会。金融业对于人口的变化与发展同样十分关注，例如中国保险业的研究表明，在影响保险业发展的人口因素中，主要是人口结构因素在发挥作用，如城乡结构、收入结构、年龄结构、教育结构等。

金融市场同普通的消费品市场一样，是由具有购买欲望与购买能力的人所组成的，因而，人口的数量、分布、构成、受教育程度以及在地区间的移动等人口统计因素，就构成金融营销中的人口环境。人口状况将直接影响金融机构的营销战略和营销管理，其中，保险公司的市场营销与一国人口环境的联系可能更为密切。市场需求是受人口环境及其变化影响的，这种影响既深远又复杂，它影响着金融机构在市场中寻找和把握营销机会的能力，也影响着它们在众多市场细分中做出选择时的决策过程。因此，多角度、多侧面地正确认识人口环境与金融营销之间所存在的不可避免的深刻联系，把握住人口环境的发展变化，是金融机构把握自己的行业特点和资源条件、正确选择目标市场、成功开展市场营销活动的重要决策依据之一。

人口环境对于金融营销的影响主要体现在人口规模和人口结构两个方面。人口规模即人口数量，指总人口的多少、人口绝对量的增减（即人口规模的大小），虽说只是从数量上影响金融机构的业务量，但由于人口数量的增减会导致社会总体消费的增减，进而促进或者阻碍消费品生产企业的业务，因此最终还是体现在这些企业的金融业务量的增减。作为世界上的人口大国，我国金融市场的发展有极为广阔的前景，目前，世界著名的金融机构也已经认识到我国的市场巨大，已接踵而来并且扩展其相应的业务，值得引起我国金融业的关注。

【学思践悟】

创新营销促发展，社会环境添动力

2024年1月，习近平总书记在省部级主要领导干部推动金融高质量发展专题研讨班开班式上发表重要讲话，习近平总书记在讲话中以"八个坚持"对中国特色金融发展之路作出精辟概括，其中"坚持深化金融供给侧结构性改革"是重要内容之一。金融是国民经济的血脉，是国家核心竞争力的重要组成部分。深化金融供给侧结构性改革，是推动金融高质量发展的关键举措，旨在通过优化金融供给体系，为经济发展提供更高质量、更有效率、更为安全的金融服务。近年来，中国金融市场在营销策略上不断调整，以适应不断变化的社会环境。首先，消费升级趋势明显，金融机构需要推出多样化、个性化的金融产品。例如，招商银行在2022年推出的"智慧理财"平台，通过智能算法为客户提供个性化投资建议，显著提升了客户体验。其次，数字化技术的广泛应用改变了人们的消费习惯，金融机构加大了对互联网和移动端的投入。中国建设银行推出的"建行生活"App，整合了支付、理财、贷款等多种服务，用户数已突破1亿人，成为数字化营销的成功案例。此外，政府积极推动绿色金融发展，要求金融机构推出更多符合环保标准的金融产品。截至 2023 年，中国农业银行的绿色贷款余额达到 5 000 亿元人民币，为环保项目提供了有力支持。这些案例和数据表明，中国金融市场的营销策略在不断创新，以适应社会环境的变化，为金融服务的高质量发展提供了强大动力。

第二节　　　　　微观环境分析

金融市场营销微观环境是在营销过程中所面临的个体环境，它直接对金融机构的营销活动产生重要的影响，并决定金融机构的生存和发展。因此，金融机构在开展营销活动时必须对其加以重点关注，主要包括供客户、公众以及金融机构内部参与营销决策的各部门。

一、客　户

俗话说："谁赢得了客户，谁就赢得了市场。"客户是金融机构营销活动服务的对象，是企业一切活动的出发点和归宿，也是金融机构的目标市场。因此，客户是企业营销活动中的最重要的环境力量。金融机构的客户包括集体性客户（企事业单位、组织和社会团体）和个体性客户（城乡居民）两类。其中，集体性客户可根据行业、规模、所有制性质和经营状况的不同进行细分；个体性客户可依据收入水平、职业、年龄、受教育程度和社会阶层等的不同划分为不同的层次。

（一）客户需求和行为分析

客户对金融营销的影响往往通过其需求和行为的变化发生作用。金融机构应根据客户的需求，以及影响客户行为的因素、购买过程、收益、信誉度和特征等，制定相应的营销决策，并根据客户的变化来调整营销策略。

（1）客户需求分析。客户环境分析的核心是需求分析。金融机构的营销策略需要根据客户的需求在不同的时间和空间条件下进行调整。由于客户需求存在差异，金融机构应当采取差异化的营销策略。随着我国经济的快速发展，客户对金融产品和服务的需求也发生了巨大的变化。现在，衡量市场需求的基本要素包括：金融产品和服务的种类与范围、客户对金融产品和服务的潜在需求、客户对金融产品和服务的现时需求、大市场客户群体与目标市场客户群体、地理区域、特定需求的时间跨度（时期）、营销环境（不可控因素）和营销方案（可控因素）等。金融机构根据不同的需求要素，配置不同的营销策略，从而实现企业的营销战略目标。

（2）影响客户行为的因素分析。影响客户行为的因素可分为外部因素和内部因素。外部因素包括文化、社会阶层、相关群体、家庭、声望和地位等。内部因素关系到客户的思维过程，即客户本人心理活动的各个方面，包括客户的心理因素和个人特征，如生命周期、品格、职业等，个人特征对客户行为的影响作用大些。金融机构可以通过对影响某一类客户群或某个客户行为的内外因素进行分析，研究出更适合客户的金融产品和服务或营销策略，让客户更满意于金融机构的服务。

（3）客户购买过程分析。在客户购买行为过程中，金融机构可以通过营销活动对客户产生影响。因此，金融机构对这一过程进行分析，有助于机构自身向客户提供有针对性的产品和服务。

（4）客户收益分析。金融机构扮演着中介服务的重要角色，其业务活动涵盖了投资与融资的多个方面。在这些活动中，客户的财务实力是金融机构生存和发展的基石。金融机构依赖客户的资金实力，以维持其运营和增长。客户的经济状况直接影响着金融机构的繁荣程度。因此，进行必要的客户收益分析有利于金融机构抓住关键客户，从而实现金融机构整体资源配置的提升。

（5）客户信誉度分析。客户是金融机构的"上帝"，讲究信用、遵纪守法的优质客户群体会有利于金融机构各项业务的顺利开展，从而能够有效降低经营风险。反之，如果客户的信誉度较低甚至不讲信用，金融机构将面临极高的经营风险。

（6）客户特征分析。客户可分为个体性客户和集体性客户。其中，个体性客户特征包括年龄、职业、受教育程度、收入以及种族成分；集体性客户特征包括环境因素（国家政治制度、领导制度与所在地区的经济状况、法治状况、社会发展趋势与舆论导向、上级政策与管理水平）、组织因素（组织目标、内部政策、决定程序、工作程序、组织结构、系统特征以及资金来源与成本、需求水平、技术变化、人事制度和管理规章）和人际因素（决策人职权、地位、形象、影响力、法人或业务主管及业务员的个人因素等）。

（二）金融机构的一切营销活动都以满足客户的需要为中心

客户的差异性和易变性，一方面导致了金融机构营销的不确定性，另一方面也为金融机构改善经营、注重营销、开发新产品、培育新客户、提高竞争力和实现健康稳定发展提供了原动力。因此，金融机构应在产品开发前进行必要的客户意愿和信息分析，以帮助其更好地进入或发展某一市场。但金融机构应注意这些调查问卷是否真实反映了被调查者内心的需求，所以，这还有待于金融机构做进一步的分析和研究。

二、公众

公众是指对一个组织完成其目标的能力有着实际或潜在兴趣的群体。这个群体具有某种共同点，其共同之处会影响企业实现目标的能力。在追求企业营销目标的道路上，一个企业不仅要专注于自身的成长，更要具备洞察力，针对周遭各种各样的公众的需求和期望做出恰当的反应。同时，企业还需要关注公众对自身的看法，了解企业自身在公众心目中的形象，并积极回应这些看法。金融机构的公众可分为七类（如图2-2所示）。

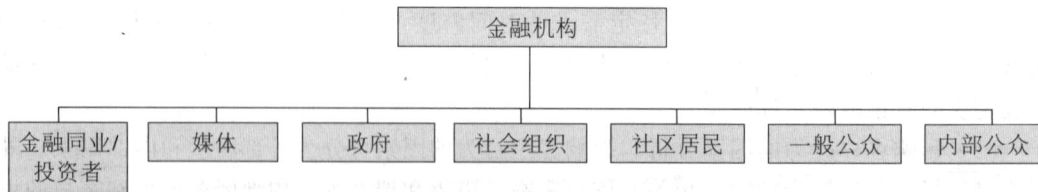

图2-2　金融机构的公众分类

（1）金融同业是其他金融机构如银行、证券公司、保险公司、投资公司、财务公司等的统称，它们影响一个金融机构从外部获得资金的能力。股东作为公司的投资者，是金融机构内部资金的重要来源。

（2）媒体由发表新闻、特写和社论的机构组成，主要包括报纸、杂志、网络、电台和电视台等。

（3）政府的活动是金融机构管理层必须关注的。营销人员必须经常就金融产品的风险性、广告的真实性及其他事项，向金融机构律师咨询合规性和合法性。

（4）社会组织包括消费者组织、环境组织、少数民族组织等维护某一类人权益的民间团体，它们可能对金融机构的营销战略提出质疑。此外，还有行业协会性质的社会组织。金融机构的公关部门应专门负责搞好与这些组织的关系。

（5）社区居民是在每个金融机构附近生活、工作的居民。大型金融机构通常会安排一位专职的社区关系负责人，负责与社区进行沟通交流。这项工作包括但不限于出席社区会议、解答居民疑问以及向公益事业提供资金支持。英国壳牌石油公司在惠州的石化项目中开展的社区关怀活动，给我国的金融企业提供了一个值得效仿的典范。

（6）一般公众。金融机构需要关心他们对其产品和活动的态度，应注意自身的公众形象对产品销售的影响。

（7）内部公众包括员工、经理和董事会。大型金融机构往往用内部通信或其他手段给内部公众传递信息，鼓舞其斗志。当员工对自己就职的机构感觉良好时，他们的积极态度会传递给外部公众。

金融机构在制订针对顾客的营销计划的同时，也应制订对其主要公众群体的营销计划，尽管他们可能不是直接的购买者。如果金融机构希望从某个特定的公众那里得到特别的回应，如信任、赞扬、时间和金钱的帮助，就需要针对这个公众团体制订一个具有吸引力的计划以实现其目标（例如捐资助学计划、环保行动计划、体育赞助计划等），塑造自身的社会责任形象，以获取公众的信任和好感。

三、内部环境

随着行业竞争的加剧，金融机构的营销活动日趋繁复，在提升了营销部门在这些机构中的重要性的同时，不免激化了不同部门之间的矛盾。因此，分析企业面临的内部环境、处理好各部门之间的关系、提高协调合作的能力是金融机构开展营销活动的关键。

以银行为例，由于营销部门和其他部门之间是相互作用的，营销计划的执行要依赖银行中的每一个部门，尤其是数据处理、系统与操作、人力资源或人事、财务会计、银行投资、法律服务、审计等部门。各个职能部门的相互配合情况决定了银行各部门之间的关系及协调合作对营销活动的影响。

以银行为代表的金融机构在实际运行过程中可能会产生很多矛盾，这些矛盾的来源有多种多样的因素，主要的原因有以下几个方面：

（一）不同部门对一些问题的不同看法

不同部门面对的具体工作不同，它们的视角存在较大差异，对自己的认识及对别人的评价也不同。金融机构虽然可以使各个部门都按照企业的总体目标而运作，却很难保证部门之间都能做到协调合作。例如，营销部门要求在有利可图的情况下尽量满足客户，因此它们往往希望为广告、推销等活动提供预算，而认为财务部门将资金管得太紧、过分保守、不敢冒险，使银行丧失了许多机会；财务部门则认为营销人员很难具体说明营销预算的增加能给银行带来多少销售额的增长，只是一种对机会的预测，与金融机构中的财务部门所追求的风格不一致。这样两者之间便产生了冲突。

（二）各部门的权力之争

有的部门在业务过程中倾向于强调本部门的重要性，提高本部门的地位，甚至想成为业务活动的领导者，控制其他部门。而其他部门则不甘心受制于人，从而会产生争夺领导权与控制权的斗争。

（三）不同部门的利益不同

为了争夺本部门的利益，不同部门之间可能会出现矛盾与摩擦。例如，操作部门，它们最关心的是日常工作是否能够顺利、精确、及时地完成（如票据处理要准确、账户要平衡等），避免因失误或其他问题而引起检查人员的注意，客户的满意程度则往往排在次要位置；但营销部门要求的不仅是顺利与及时，而且要使银行产品能在最大限度上满足客户的需求，从而追求利益的最大化。

（四）个别部门行为不当

在银行运作过程中，如果有一个或几个部门采取了不当行为，使其他部门受到损害，则势必会引起其他部门的报复行为。

（五）部门内部也存在一定的冲突

我们同样也不能忽视营销部门内部的各种冲突和矛盾，部门内斗必然会耗费许多时间与精力，使金融机构丧失更好的发展机会，从而削弱企业的竞争能力，影响其战略目标的实现。

因此，从分析中可以看到，在金融领域，成功的营销活动并非仅靠设立专门的营销部门和增加推广活动频率来达成。尽管这些措施是策略的一部分，但更为关键的是要在整个组织内部根植营销的理念，并确保各部门之间协同一致地工作。只有所有部门的所有人都认识到营销对企业发展的重要作用，各自出力，在企业中营造有利于开展营销活动的环境，才能保证营销活动整体规划的正常进行。银行可以从以下几个方面来开展营销活动：

（1）开展内部营销，提升服务理念。银行一方面通过真正树立"以服务为向导，以客户为中心"的服务营销理念，把以客户导向、利润、全员努力和社会责任为基础的全面的市场营销观念作为商业银行市场营销的指导思想。另一方面要通过内部评估的方式，检查内部支持系统的有效性，并且通过强化管理，建立有效的激励机制等来充分调动员工的积极性，增强员工的客户导向服务意识，这样通过对内部员工的培养使其对银行外部客户产生影响，从而实现客户满意。

（2）缩小差距，提高服务质量。银行服务质量主要是由客户预期和管理人员对客户期望的感知之间存在的差距，管理人员对客户预期的感知与所界定的服务规范之间存在的差距，所界定的服务规范与实践交付的服务之间存在的差距，以及所交付的服务与沟通承诺的服务之间存在的差距这四项差距来界定的。因此，通过缩小这四项差距，往往可以大大提高服务质量。对于这四项差距的缩小，银行可以从一线员工入手，通过事先制定并完善人力资源管理系统、确保员工愿意提供优质服务，同时激励他们保持以客户为导向、以优质服务为理念的服务行为，这样内部员工满意度、忠诚度就提高了，就会通过规范、有效的操作，与客户进行良好的沟通，将优质的服务提供给客户，来缩小上述各项差距，进而提高服务质量。

（3）加大网络银行业务的创新力度。一方面，在操作界面和页面结构方面加强人性化设计，充分考虑客户的思维和操作习惯，增强对客户的吸引力；另一方面，将银行在信息咨询、投资顾问、家庭理财等方面具有的丰富经验与网络信息交流的快捷性相结合，为客户提供全面的在线理财服务。要加强与外资金融服务公司的合作。管理理念的更新需要在网站设计理念和技术上，以及在后台整体管理技术及流程再造等方面，进行深入的改革和创新。然而在这些方面，我国的中小商业银行与外资银行相比还存在很大的差距。通过借鉴和吸收外资金融服务公司在构建网络银行系统的技术上已具备的丰富的管理经验来提高竞争力，是我国中小商业银行实现网络管理和技术水平跨越式发展的重要手段。

【学思践悟】

创新引领，网络银行服务升级

2022年1月，为深入贯彻落实以习近平同志为核心的党中央决策部署，加快数字经济建设，全面推进银行业和保险业数字化转型，推动金融高质量发展，更好服务实体经济和满足人民群众需要，中国银保监会印发了《关于银行业保险业数字化转型的指导意见》（以下简称《指导意见》）。《指导意见》强调，"银行保险机构要加强顶层设计和统筹规划，科学制定数字化转型战略，统筹推进工作。要大力推进业务经营管理数字化转型，积极发展产业数字金融，推进个人金融服务数字化转型，加强金融市场业务数字化建设，全面深入推进数字化场景运营体系建设，构建安全高效、合作共赢的金融服务生态，强化数字化风控能力建设。要从健全数据治理体系、增强数据管理能力、加强数据质量控制、提高数据应用能力等四个方面提升数据治理与应用能力。要加强自身科技能力建设，加大数据中心基础设施弹性供给，提高科技架构支撑能力，推动科技管理敏捷转型，提高新技术应用和自主可控能力。"近年来，中国金融市场积极响应国家政策，网络银行业务创新力度不断加大，为金融服务的提升和普惠发展注入了新动力。相关数据显示，截至2023年年底，中国网络银行用户总量已超过10亿人，网上交易总额达到30万亿元人民币，网络银行业务规模不断扩大。

近年来，中国各大银行纷纷推出了一系列创新的网络银行产品和服务，以满足客户日益多样化的金融需求。例如，中国工商银行推出了"智慧理财"产品，结合人工智能和大数据技术，为客户提供个性化的理财规划和投资建议；中国建设银行推出了"智能客服"系统，通过语音识别和自然语言处理技术，实现了24小时在线客服，提高了客户服务的便利性和效率。

这些创新举措不仅提升了金融科技水平，而且为广大客户提供了更加便捷、高效的金融服务，从而推动了金融服务的数字化转型。未来，随着技术的不断进步和政策的持续支持，网络银行业务将继续发挥其在金融普惠和经济发展中的重要作用，为建设现代化金融体系和实现经济高质量发展贡献更大力量。

（4）发展中间业务，创新服务产品。银行应加快个人金融产品和公司业务产品创新，满足居民和企业多元化的金融服务需求，如在个人金融业务产品的创新方面，银行应重视对以网上银行、个人电子汇款、手机银行、电视银行等为代表的网络金融产品的推广和完善。一方面，要积极研究和开发储蓄理财新产品，以及稳步发展新的消费信贷产品；另一方面，加强房地产金融业务产品的创新，银行可以个人住房贷款为主体，逐步推出住房装修、耐用品消费、汽车消费等多种消费信贷品组合的系列产品，从而形成独具特色的住房金融产品系列和服务组合。在公司业务方面，其一，在研究和开发各种新产品方面，应重点对应收账款、质押贷款、信贷资产证券化以及与结算业务有关的各种新产品进行研究和开发；其二，在业务推广方面，应重视对贸易融资、人民币银团贷款、票据贴现、股票质押贷款等业务的推广。此外，在资本市场上，要积极拓展业务新领域，不断加强与券商的合作，进而发展证券市场的银行中间业务。

（六）最终客户

最终客户对金融机构营销活动的影响远远超过其他因素。金融机构应当仔细研究其顾客市场。金融机构面对的最终客户市场可大体分为五类，如图2-3所示。

图2-3　金融机构面对的最终客户市场分类

（1）个人市场由个人和家庭组成，它们仅为自身货币资产的保值增值而购买金融产品。

（2）在生产商市场，厂商购买金融产品和服务是为了提高资金运作效率，通过市场方式融通资金、利用金融工具锁定原材料或产品价格以规避风险。

（3）在商贸市场，贸易商购买金融产品是为了得到资金、获取便利和快捷的支付方式，加速贸易物流周转，从买卖价差中获取利润。周转次数越多，获取的利润越大。

（4）政府市场由政府机构构成，金融机构为其提供专项资金管理与支付，或者为公共产品提供柜台收费便利性服务。例如，居民通过银行支付税费及通信、交通、水电费用，保险公司代替政府收取交通事故强制保险等。

（5）国际市场由其他国家的购买者构成，包括消费者、生产商、经销商和政府。

每类市场不仅有国别的差异，而且有各自不同的特点，因此，销售人员需要对各类市场进行深入研究。

【学思践悟】

银行部门协调促发展，营销创新助实体

增强服务功能、转变服务方式、创新服务产品，是丰富和创新小微企业金融服务方式的重点内容。进一步引导金融机构增强支小助微的服务理念，动员更多营业网点参与小微企业金融服务，扩大业务范围，加大创新力度，增强服务功能；牢固树立以客户为中心的经营理念，针对不同类型、不同发展阶段小微企业的特点，不断开发特色产品，为小微企业提供量身定做的金融产品和服务。积极鼓励金融机构为小微企业全面提供开户、结算、理财、咨询等基础性、综合性金融服务；大力发展产业链融资、商业圈融资和企业群融资，积极开展知识产权质押、应收账款质押、动产质押、股权质押、订单质押、仓单质押、保单质押等抵质押贷款业务；推动开办商业保理、金融租赁和定向信托等融资服务。鼓励保险机构创新资金运用安排，通过投资企业股权、基金、债权、资产支持计划等多种形式，为小微企业发展提供资金支持。充分利用互联网等新技术、新工具，不断创新网络金融服务模式。近年来，中国银行业通过加强部门间的协调合作，极大地促进了金融营销活动的创新和效率提升。例如，早在2015年，税务、银保监部门和银行业金融机构合作推出的"银税互动"项目，通过税务信息共享，为中小企业提供便捷的信贷服务。随着金融服务体系的深化完善，金融服务实体经济的能力得到了切实提高，根据相关数据，截至2023年，该项目已累计为超过50万家中小企业提供了信贷支

华夏银行依托电商化大环境，推出银行"电商快线"产品

持，总金额超过1万亿元人民币。这一合作不仅提升了银行间的业务协同效率，而且优化了金融资源的配置，助力实体经济发展。2021年，中国人民银行发布的《关于进一步深化金融改革的意见》进一步强调了银行部门间协调合作的重要性，要求各银行机构通过信息共享和资源整合，提高金融服务的精准度和覆盖面。在实践中，这种协同合作显著降低了信贷风险，提升了营销活动的效果。例如，中国建设银行与邮储银行联合开发的"乡村振兴贷"产品，通过数据整合和协同营销，为农村地区提供了有针对性的金融服务，推动了农村经济的振兴和发展。通过这些措施，中国银行业不仅提升了自身的竞争力，也为国家经济的高质量发展贡献了重要力量。

第三节　　　　　　　　　竞争环境分析

随着社会主义市场经济的发展，金融企业之间的竞争是不可避免的。竞争既是一种压力，又是一种动力，要促使压力转化为动力，关键在于全面深入地了解并掌握竞争对手的情况，尤其是其经营目标和发展方向，这样才能更好地发挥自身优势，及时抓住市场空隙，获得更多的市场机会。

用营销学的观念来看，一个金融机构要想获得成功，就必须比竞争对手做得更好，使顾客更满意。因此，营销部门不仅要考虑目标顾客的满意度，而且要在顾客心中留下比竞争对手更有优势的印象，以赢得战略上的优势。

不存在对所有竞争对手都适用的战无不胜的营销战略。在金融领域中，每家机构都必须确立自己的市场定位，这不仅关系到生存，更关乎发展。金融机构的市场规模大小，是其对外竞争的有力武器，也是其内部管理的坚实基础。然而，市场的多样性决定了没有一种策略可以一劳永逸地适用于所有金融机构。但仅靠规模优势是不够的，有些战略可以使大型金融机构制胜，但有些战略也可以使大型金融机构惨败。小型金融机构也可以采用大型金融机构无法采用的高回报营销战略。

市场是由许许多多的行业竞争者组成的，从宏观的角度来看，我们可以分析竞争者的数量以及它们所占的市场份额；而从微观的角度来看，每一个竞争企业的营销战略和策略同样是我们需要分析的重点。一般来说，我们可以从以下三个方面对竞争市场以及竞争者进行分析：

一、竞争者的数量

随着经济的飞速发展，我国目前已形成一个开放度高、竞争性强、多种金融机构并存的多元化金融格局，金融机构面临着严峻的挑战。我国庞大的市场吸引了众多竞争者，其中一个重要原因就是这里既有机遇又充满挑战。对于市场上的每一个金融机构来说，竞争既是检验自身实力的机会，又是面临严峻考验的时刻。此外，越来越多的外资金融机构的进入，使得我国金融机构的竞争结构发生了变化：外资金融机构的进入，既带来了资金，又带来了先进的经营理念、经营技术和管理手段，这对国内的金融机构来说是一种挑战；但是从另一个角度来看，在带给国内金融机构巨大压力的同时，也给了这些企业发展的动力，有利于它们增强自身的实力，在竞争中提高自己。当然，作为营销环境的分析对象之一，竞争对手的数量还是相当关键的，这有利于判断市场中的竞激烈程度。

尤其，外资金融机构的进入，带来了资金、营销技术、融资工具和管理手段，同时也强化了金融行业竞争。这就要求国内金融企业积极参与竞争，通过加强营销管理、提高服务质量、降低经营成本，加快国内金融业的国际化进程。

二、竞争者的市场份额

衡量市场份额大小的指标主要是市场占有率和市场集中度，而市场集中度又是市场结构的衡量指标。市场占有率是一个关键的业绩指标，它衡量了企业在特定时间段内，其生产的商品在相应市场中的销售表现。具体来说，它是指企业产品的销售量或销售额与同类产品整个市场销售总量或销售总额之间的比例。通过市场占有率我们可以对竞争对手和自己的实力进行比较，它能够较为客观地评价每一个对手在市场中的地位。在具体的分析过程中，我们可以对市场份额进行细分。在一般情况下，每个金融机构在分析它的竞争者的市场占有率时，必须分析三个变量：①市场份额。这是指竞争者在有关金融市场上所拥有的销售份额。②心理份额。这是指在回答"举出金融行业比如保险公司中你首先想到的一家公司"这一问题时，答案所反映的是竞争者的客户在全部客户中所占的比例。③情感份额。这是指在回答"举出你喜欢接受其业务和服务的金融机构"这一问题时，答案反映了竞争者的客户在全部客户中所占的比例。

如果心理份额和情感份额下降，即使市场份额再高，那么它最终也会呈现出下降的趋势。事实证明：在心理份额和情感份额方面稳步进取的企业最终将获得较高的市场份额和利润。

而市场集中度则是指市场份额的集中程度，即领先、具有较强竞争力的金融机构的数量，从中我们可以判断市场的结构以及进入的难易程度。若市场集中程度高，则意味着市场份额被少数实力强的金融机构瓜分，进入难度较大；若市场集中程度低，则意味着虽然市场中的竞争对手众多，但是并不具有实力超强的企业，市场进入难度相对较低。

通过近几年各类银行资产的对比，我们可以看出，金融市场上银行间的业务量和市场占有率发生了较大的变化，每年资产数额都在不断提升，但整体来看外资银行在我国市场资产总额中虽有明显增长但占比较低。

2023年年末，我国银行业金融机构本外币资产达417.3万亿元，同比增长9.9%。其中，大型商业银行本外币资产176.8万亿元，占比42.4%，资产总额同比增长13.1%；股份制商业银行本外币资产70.9万亿元，占比17%，资产总额同比增长6.7%。保险公司总资产29.96万亿元，较年初增长10.4%。其中，产险公司总资产2.8万亿元，较年初增长3.3%；人身险公司总资产25.9万亿元，较年初增长10.9%；再保险公司总资产7 471亿元，较年初增长11.2%；保险资产管理公司总资产1 052亿元，较年初增长1.6%。其中，国有商业银行盈利状况仍排在前列，其他金融机构的盈利水平也在逐年提高。2023年国有商业银行归母净利润/同比变化见表2-2。

表2-2　　　　　　　2023年国有商业银行归母净利润/同比变化（亿元/%）

商业银行	归母净利润	商业银行	归母净利润
中国工商银行	3 639.93/0.8	中国银行	2319.04/2.38
中国建设银行	3 326.53/2.44	中国交通银行	927.28/0.68
中国农业银行	2 693.56/3.9	中国邮政储蓄银行	826.70/1.23

三、竞争者的营销策略

对金融机构来说，确认自己的竞争对手并不困难，而一旦确定竞争对手，就要分析它们的战略、目标、优势与劣势以及运行模式。当进行金融营销时，研究竞争者就不能不分析其金融营销策略。

竞争者的营销策略和具体的营销活动会直接影响到其对客户的吸引力，而对客户的吸引力正是所有金融机构争夺的焦点。在竞争分析过程中，金融机构需要对竞争对手的营销战略和营销策略进行整体研究，虽然竞争者的营销战略并不能简单地从调查分析中得到，但是通过对竞争者具体营销策略（如定价策略、产品策略、促销策略和网点设置的分布策略）的分析，金融机构还是可以从中得到许多有用的信息，如竞争对手的定价策略是什么，提供的产品或服务的数量与品种有哪些，运用什么促销手段，通过何种渠道和如何进行网点设置进入市场，如何通过广告等宣传方式树立竞争者在客户心目中的形象、信誉以及进行品牌推广等。

在对竞争者营销活动全面分析的基础上，根据自身的特点和优势，选择和实施营销策略，才能知己知彼、百战不殆。

总之，只有在对竞争者的营销活动进行全面分析的基础上，根据企业自身的特点和优势，选择并实施营销方略，才能获得经营上的成功。

【学思践悟】

金融营销激发竞争，创新驱动高质量发展

2023年10月21日，在第十四届全国人民代表大会常务委员会第六次会议上，中国人民银行行长潘功胜做了《国务院关于金融工作情况的报告》，潘行长提到"金融系统坚决贯彻落实党中央、国务院决策部署，精准有力实施稳健的货币政策，进一步加大对实体经济的支持力度，加强和完善现代金融监管，有效防控金融风险，稳步推进金融改革，持续深化对外开放，切实改进金融服务，金融行业整体稳健，金融市场平稳运行，金融风险总体可控，金融工作取得新进展"。近年来，中国金融市场在政策推动下竞争日益加剧，金融机构纷纷通过创新营销策略提升市场竞争力。政策方面，政府大力支持数字化转型和普惠金融发展，鼓励金融机构运用先进技术优化服务。例如，交通银行推出了基于区块链技术的供应链金融服务平台，帮助中小企业解决融资难题。截至2023年，平台累计交易额超过500亿元人民币，显著提升了供应链效率。同时，互联网金融的发展也为市场竞争注入新的活力。微众银行作为中国首家互联网银行，通过精准的大数据分析和个性化服务，吸引了大量客户。数据显示，截至2023年年底，微众银行的注册用户已超过2亿人，贷款余额突破1万亿元人民币。这些数据和案例表明，金融机构通过创新营销策略，在激烈的

市场竞争中不断提升服务质量和效率。未来，中国金融市场将在政策支持和技术驱动下，继续推动营销创新，提升竞争力，从而实现高质量发展，助力中华民族伟大复兴。

第四节　　　　　　　变化中的环境与机会

营销环境和机会是企业成功的重要元素，它们源于外部环境的变化，为企业的营销管理创造了有吸引力的领域。这些领域为企业提供了竞争优势，使它们能够将市场机会转化为营销机会，并通过利用这些营销机会取得成功。

一、金融监管面临改革

天津滨海农商行在天津城外设立首家村镇银行

历史上的金融行业一直受到高度管制。监管机构制定市场准入规则，核准市场进入者，管制利率和汇率，对网点分支机构的发展予以限制，在某些情况下还规定产品的特性。但20世纪80年代初，以美国为首的发达国家开始实施金融自由化并放松管制，鼓励金融创新、混业经营，新金融机构的进入使监管全面降低，金融机构有更自由的利率定价空间，以利于展开价格竞争。放松的结果是出现了"四化"：全球化（地理边界的消失）、一体化（产品或行业边界的消失）、创新化（服务方式的革命）和集中化（少数机构高度占有全球市场）。金融行业一片繁荣，直至2007年美国次贷危机爆发，并进一步演化为席卷全球的金融海啸。人们开始重新审视以往的监管模式，变革的大幕正在徐徐开启。以下用几个简单的事实来勾勒变革前景：

（一）金融机构体系是金融改革的基础性内容

提到金融改革，本能地就会想到金融机构，这个金融机构在做什么、是否安全。

20世纪80年代，中国推进经济体制改革的时候就存在价格改革和企业改革的争论。今天中国的金融业仍然面临法人治理变革，其中的关键还是"预算软约束"和"道德风险"问题。改革早期"放、乱、收、死"的恶性循环在当前金融创新、综合跨界经营和资本补充等领域的一定程度上仍然存在。只是在现代金融市场环境下，上述现象更多地体现在如何管理系统风险，本质仍然是"新瓶子里的旧酒"。因此，这一领域的改革任务仍然十分艰巨。金融机构的现状或者运行特征决定了上述改革的难度。

金融机构的行为往往具有不完美的特质。为了确保资金的健康流动，利差必须足够涵盖潜在的风险。如果做不到这一点，资金就可能陷入僵化的内部循环，从而阻碍金融系统的正常运作。简单来说，就是金融机构吸收存款、发放贷款的基本策略一定是净收益能够覆盖风险。如果做不到，它就会发展更多同业业务。这就是为什么金融支持实体经济在经济下行期会是关键问题，而在经济上行期往往不会成为一个问题。因为在上行期经济好、有收益，但在下行期就会成为问题。我们的风险演化为：一方面是货币传导机制因风险溢价而效果不好，另一方面是金融机构顺周期制造泡沫现象在很多领域会出现。

（二）金融改革的必要条件是开放

除了金融机构改革，开放是金融改革的另一必要条件。改革有时候会缺乏内生动力，需要通过开放倒逼改革。开放的基本含义：一是引进规则，二是引进制度，三是引进竞争。

在整个金融改革的流程中，我们可以清晰地看到市场规则和经济规律的指引。这个过程是渐进的，它体现了我国根据自身实际情况，兼顾市场原则，不断探索、完善金融法律体系、制度规则、计量标准和实践准则的坚定决心。有了这样一套规则体系，改革进程才更加规范。

从商业银行看，自身消化不良、贷款能力较低导致不良贷款快速累积，我们通过实施《巴塞尔协议》保证商业银行拥有较大空间应对金融风险，资本金多少决定了银行的实力，不仅可以保证银行金融活动正常进行，而且可以维护存款人的正当权益。

国际上发生过多起商业银行在经营过程中由于资本金不足且承担高金融风险导致资不抵债，最终使广大存款人受害的案例，这就需要进行自我约束，而资本充足率正是这样一种约束手段。我们对金融业特别是银行业的经营约束比其他行业要严格得多。

在引进制度方面，制度指的是产权和治理。可以看到，21世纪初叶中资银行引进了境外机构投资者推动银行业的改革，建行、中行、交行在改革过程中引进境外投资者并成功上市，是中国金融业改革与开放相互促进的成功案例。国有银行改革经历艰难的探索，先是办成专业银行，然后是成立政策性银行，把政策性业务剥离给政策性银行，把国有银行办成真正的商业银行。

（三）金融机构在资源配置中发挥作用问题

金融改革表面上是防控系统性风险，实际上是金融资源配置主体和渠道是否进一步优化的问题，就是谁来配置金融资源，谁来保证有效且适度防范风险。40多年的改革经验或许可供未来金融改革设计做参考。

第一点，货币是总闸门，但货币当局不是金融资源的直接配置者。这是自1978年改革开放以来被反复证明的真理。但是，我们实际上很容易在经济运行过程当中，特别是2008年全球金融危机之后赋予中央银行过多职能。

第二点，杠杆率是风险的总源头，解决杠杆问题应该从机构的资本约束出发，而不是从总资本出发。中国金融改革缺乏真正的金融资源配置形式，降低杠杆率与提高服务实体经济效率必须依靠发展直接融资和股权投资机构。一方面我们看到要降低杠杆率，另一方面要服务实体经济，如果依靠间接融资和以银行为主导的体系，恐怕这两个目标很难兼顾。

在金融市场高度关联的今天，我们试图建立更为规范的制度。高效率的金融资源配置是一个经济体能够走向现代化中高端的标准，这就是金融是现代经济核心的基本含义，同时也意味着金融改革包括金融机构的改革是进行时，而不是完成时。

二、计算机化和技术革命

新技术正以前所未有的力量改变金融机构和客户的交易方式。特别是计算机和电子通信的集成，正带来一场交易模式的革新风暴。金融机构作为信息服务的核心提供者，正经历着根本性的转变。它们的业务模式、服务边界，随着全国乃至全球电子传输系统的建立，尤其是互联网的普及，已经被彻底改写。

（一）服务方式创新

在计算机和电信技术进步的共同推动下，以信息为基础的远程服务领域迅速扩张。银行服务方式被"信息高速公路"所改变。很多人将难以想象，如果没有电子邮件和互联网提供的越来越多的服务，日子该怎么过。

（二）顾客参与更多的自助服务业务

例如，自动取款机每天24小时提供服务。

（三）建立专门的顾客服务部门

这是以计算机化的文件系统为支撑，顾客通过免费电话得到的服务。例如，银行的电话银行、网络银行及信用卡消费和信息沟通。服务部门在提供信息、预约、处理问题和投诉方面，可以使更多业务保持较高的运作标准。

（四）在数据库中记录并保存客户资料

这种方法有几个重要意义：对顾客使用产品类型的了解可以给金融机构提供进行不同的顾客市场细分的依据，以便改进价格决策，更好地针对目标市场开展销售和广告工作。数据库营销正日益成为产品和服务营销人员的得力助手。这种营销手段赋予营销人员与顾客之间沟通的灵活性，使他们能够根据每位顾客的特点和需求，量身打造个性化的沟通方式。不仅如此，数据库营销还能让营销人员对机器与顾客之间的互动进行更加人性化的设计。

三、金融业迎来绿色变革

（一）推动绿色金融发展

2024年，中国人民银行、国家发展改革委等七部门联合发布《关于进一步强化金融支持绿色低碳发展的指导意见》，做好绿色金融大文章，积极支持绿色低碳发展。要求金融业需进一步强化金融对绿色低碳发展的支持，坚定不移走生态优先、节约集约、绿色低碳的高质量发展道路，为确保国家能源安全、助力碳达峰碳中和形成有力支撑。绿色金融发展目标设定为，到2035年，各类经济金融绿色低碳政策协同高效推进，金融支持绿色低碳发展的标准体系和政策支持体系更加成熟，资源配置、风险管理和市场定价功能得到更好发挥。

（二）开展金融系统碳核算

在绿色金融推进过程中，各部门积极推动金融系统逐步开展碳核算。建立健全金融机构碳核算方法和数据库，着力推动成熟的碳核算方法和成果在金融系统应用，制定出台统一的金融机构和金融业务碳核算标准，推动金融机构加强自身及其投融资相关业务碳排放数据的管理和统计。提升金融机构碳核算的规范性、权威性和透明度。鼓励金融机构和企业运用大数据、金融科技等技术手段为碳核算工作提供技术支撑。

（三）完善金融标准体系

为制定统一的绿色金融标准体系，我国持续优化绿色债券标准，统一绿色债券募集资金用途、信息披露和监管要求，完善绿色债券评估认证标准。进一步优化绿色公司债券申报受理及审核注册"绿色通道"制度安排，提升企业发行绿色债券的便利度。研究制定《绿色债券支持项目目录》低碳项目推荐性指引、绿色债券碳核算方法和披露标准，要求债券发行人核算并披露募集资金所支持项目的碳减排量和碳排放量。完善绿色债券统计，逐步构建可衡量碳减排效果的绿色金融统计体系，全面反映金融支持生态文明建设成效，进一步完善绿色信贷标准体系，建立健全绿色保险标准。研究制定绿色股票标准，统一绿色股票业务规则。适时推动温室气体分项核算、披露和统计。加快研究制定工业绿色发展指导目录和项目库，大力支持绿色技术创新。

（四）提高绿色信息披露

分步分类探索建立覆盖不同类型金融机构的环境信息披露制度，推动相关上市公司、发债主体依法披露环境信息。制定完善上市公司可持续发展信息披露指引，引导上市公司披露可持续发展信息。健全碳排放信息披露框架，鼓励金融机构披露高碳资产敞口和建立气候变化相关风险突发事件应急披露机制。定期披露绿色金融统计数据。

（五）优化绿色信贷支持

在依法合规、风险可控和商业可持续的前提下，鼓励金融机构利用绿色金融标准或转型金融标准，加大对能源、工业、交通、建筑等领域绿色发展和低碳转型的信贷支持力度，优化绿色信贷流程、产品和服务。探索采取市场化方式为境内主体境外融资提供增信服务，降低海外金融活动风险。加强供应链金融配套基础设施建设，推动绿色供应链创新与应用。

【学思践悟】

征信体系建设进步大，信贷市场发展更高效

2023年11月，中国人民银行征信管理局发布专栏文章《构建覆盖全社会征信体系 推动征信行业高质量发展》，文章中提到"中国人民银行坚守金融工作的政治性、人民性，贯彻落实党中央关于建设覆盖全社会征信体系的重大战略决策，遵循法治化、市场化、科技化原则，推动征信体系建设取得积极进展。……中国人民银行征信中心建设运维的金融信用信息基础数据库已成为全球覆盖人口最多、收集借贷信息最全的征信系统"。中国人民银行发布的数据显示，截至2023年年底，全国已建成包括个人和企业信用信息在内的覆盖广泛的征信系统，为金融市场的健康发展提供了坚实保障。以国家公共信用信息中心为例，通过数据共享和信息整合，已经累计记录了超过10亿人的信用信息，这使得信用评估更为精准、融资更加便捷。国家在政策层面也不断加码，2022年发布的《征信业管理条例（草案）》进一步规范了信用信息的采集、处理和使用，提升了征信体系的透明度和公信力。在实际应用中，征信体系的完善显著降低了金融风险，推动了普惠金融的发展。比如，蚂蚁集团的"芝麻信用"系统，通过征信数据的广泛应用，帮助大量中小微企业和个人获得了信用贷款，降低了融资成本，提高了金融市场的效率和包容性。这一系列措施不仅促进了金融市场的稳定和发展，而且促进了绿色信贷理念落地，为社会经济的高质量发展提供了坚实支撑，体现了中国金融体系改革的重大成果。

（六）规范银行业金融机构从业人员行为

为进一步规范银行业金融机构从业人员行为，加强对银行业金融机构从业人员行为管理，银监会发布了《银行业金融机构从业人员行为管理指引》（银监发〔2018〕9号，以下简称《指引》）。前期征询意见期间共收到22份意见，大部分均已吸收采纳。《指引》包括总则、从业人员行为管理的治理架构、从业人员行为管理的制度建设、从业人员行为管理的监管和附则共五章二十八条。

招商银行立足宏观，同舟共济助企业促贸发展

四、环境威胁应对策略

一般来说，金融企业对环境威胁可选择的对策主要有以下三种：

（一）干预策略

干预策略，即试图限制或扭转不利因素的发展势头。例如，某企业经营不善，亏损日益严重，拖欠银行贷款无力偿还，面临破产危险。放款银行面对这一情况，应尽快采取措施力争多索回一些贷款，或争取一旦该企业破产能多获得一些资产作为抵偿，从而减轻银行的经济损失；或者放款银行经过慎重分析，再追加一些对该企业的贷款，使其能更新设备，开发新产品，改善经营管理，从而扭亏为盈，最终能如数偿还银行贷款本息，使银行获得更多的经济效益。在金融行业中，公司不仅需要应对市场波动和监管变化，而且可能面临来自环境的挑战。然而，这些企业有时可以通过多种策略来影响政府行为，以期改变对自己不利的环境威胁。在国际金融营销的背景下，这样的影响力策略有时会产生显著的效果。

（二）改变策略

改变策略，即金融企业改变营销方略，以减轻环境威胁的程度。例如，推出新的金融产品、调整目标市场、改善营销组合、变更营销渠道、加强广告宣传等。营销方略的改变，一般既可以减轻环境威胁的程度，又能将环境威胁转变为有利的商机，其关键在于方略运用得及时恰当。例如，近几年，工商企业的效益普遍不好，行政事业单位的经费也较为紧张，受此影响，原来保险公司的人身险业务主要向企事业单位"分散业务集中做"的方法已行不通了。保险公司于是把人身险业务拓展的重点转移到千千万万个家庭，结果，业务量不但没有减少，还使散户成为公司业务拓展的主战场，"蛋糕越做越大"。

（三）转移策略

转移策略，即将金融产品和服务转移到其他市场或盈利更多的金融部门，开展多元化经营。例如，将银行资金抽出一部分转移到保险、信托投资、证券交易等部门，这样就可以分散或转移风险，以得补失、变害为利。在这个日新月异的时代，金融行业面临着无数挑战与机遇，如何在激烈的市场竞争中立足，成为了每个金融企业必须面对的问题。而其中的关键，就在于对环境变化的敏感度，以及在此基础上进行的精准环境分析。

章后习题

一、练习题

1.（多选）本章主要从（　　）方面分析了金融营销环境。

A.宏观环境　　　　　　　　　　　　B.中观环境

C.竞争环境　　　　　　　　　　　　D.微观环境

2.（单选）下列不属于金融营销环境分析中的宏观因素的是（　　）。

A.政治与法律环境　　　　　　　　　B.经济环境

C.竞争对手环境　　　　　　　　　　D.科学技术环境

3.（多选）以下（　　）属于通过微观环境分析金融营销环境。

A.客户　　　　　　　　　　　　　　B.公众

C.人口环境　　　　　　　　　　　　D.竞争对手

4.（多选）从微观环境的最终客户来看，金融机构包括（　　）。

A.个人市场　　　　　　B.社会组织

C.媒体　　　　　　　　D.政府市场

5.（单选）进行金融产品营销调研，第一步是（　　）。

A.分析信息　　　　　B.调研目标与确定问题

C.收集信息　　　　　D.拟订调研计划

二、思考题

1.影响金融营销的宏观因素有哪些？

2.社会文化如何影响金融营销？

3.金融改革的三个观点是什么？

实训一　　金融产品营销调研

【能力目标】

1.能根据金融产品营销调研程序进行内外部环境分析。

2.能较好地运用调研方法。

3.能熟练地利用网络收集各种信息。

4.能根据调研资料撰写金融产品调研报告。

【知识目标】

1.金融产品营销调研的程序、内容、方法。

2.调研资料的整理与分析。

3.调研报告的撰写。

一、营销调研的步骤

营销调研的步骤如图2-4所示。

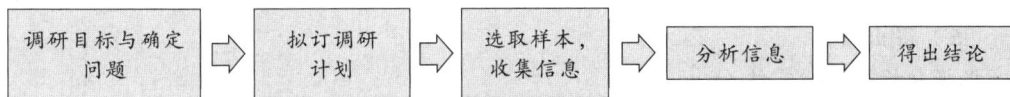

调研目标与确定问题 ⇒ 拟订调研计划 ⇒ 选取样本，收集信息 ⇒ 分析信息 ⇒ 得出结论

图2-4　营销调研的步骤

（一）调研目标与确定问题

在正式调研之前，调研人员首先需要确定开展该项调研的目的、所涉及的调研活动范围，并将需要解决的问题形成比较具体的调研目标。

（二）拟订调研计划

以建议书的形式拟订调研计划，要求包括以下几个方面的内容：

（1）摘要；

（2）调研目的；

（3）调研内容和范围；

（4）调研方针与方法；

（5）调研人员、进度安排；

（6）经费预算。

调研人员进度安排及经费预算的内容包括：

（1）该项调研的时间进度安排；

（2）所需的经费预算；

（3）目前已有第二手资料的情况；

（4）还需要进一步收集哪些资料；

（5）收集第一手资料时拟采用的调研方法；

（6）该项调研是由本组织、本企业自己来做，还是委托外部机构代理等。

（三）选取样本，收集信息

选取样本的方法如图2-5所示。

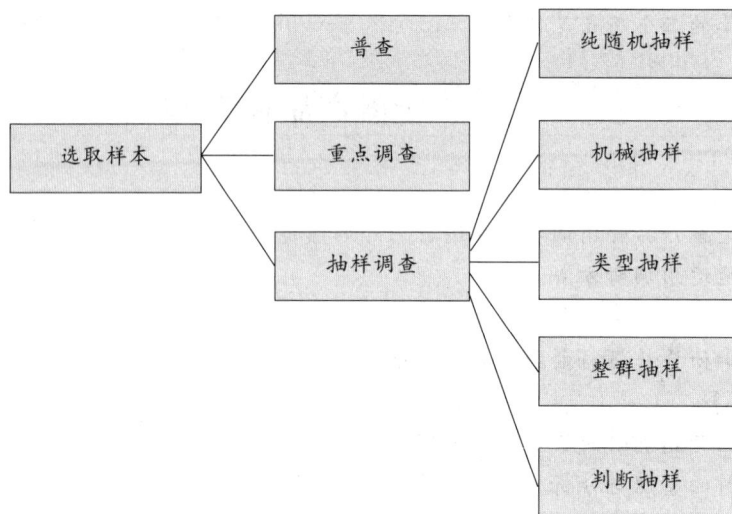

图2-5　选取样本的方法

（四）分析信息

对收集所得信息进行分析。

（五）得出结论

根据分析得出所需结论。

二、金融产品市场调研的方法

金融产品市场调研的方法包括文献调研法、访问调研法、问卷调研法、特殊调研法等。

三、金融产品营销调研资料的整理与分析

对收集到的金融产品营销调研资料进行整理、核实、归类、汇总，使其系统化、条理化，以便于分析研究。一般来说，对资料的分析有定性分析和定量分析两种，即从研究对象的质和量两个方面揭示问题的真相。

四、金融产品营销调研报告的撰写

1.明确金融产品营销调研的目标。

2.设计调研方案。

3.制订调研工作计划。

4.组织实地调研。

5.调研资料的整理和分析。

6.撰写调研报告。

五、情景训练

项目：根据调研信息，学以致用，制订短期营销计划。

内容：选择某一金融产品，自行设计一个短期营销计划，包括五个部分：活动主题、活动时间、活动目的、活动内容、活动目标。将自拟的计划打印稿提交给老师，稿件在两页纸以上。

实训一 市场调查计划书

第 三 章

营销的市场分析

学习目标

1. 了解金融市场概述，认识金融市场的定义、功能、分类、特点。
2. 学习金融市场的定位与细分。
3. 目标市场的选择。
4. 学习掌握市场调研的相关方法。

【章前导读】

在现代，营销者面对的市场广阔而复杂，无法获得整个市场，也无法用一种产品和销售模式应对所有客户，更无法为所有的客户提供各自所需要的产品，因为客户太多、太分散，彼此的需要和购买习惯千差万别。同时，营销者满足不同市场的能力和可用资源也不同。每个营销者都必须找到他最了解、最能满足的市场部分，而不能无视整个市场内的竞争，甚至置身于竞争之外。这就是运用目标市场营销理论的现实基础。

目标市场营销就是营销者在市场调研的基础上，识别不同消费者群体的差别，发现并选择若干最有价值并能为之提供最有效服务的消费群体作为自己的目标市场，满足其需要，建立自己竞争优势的品牌。目标市场营销包括三大内容：市场细分（Segmentation）、目标选择（Targeting）、市场定位（Positioning），简称为STP战略，它是市场营销中的一项具有战略意义的重大决策。

目标市场策略是金融机构最早借鉴和采纳的市场营销概念之一。在此之前，银行和保险公司一直运用单纯的金融分析来研究和区分它的客户，尤其侧重在对贷款种类、金额、还款能力、信用、保险等经济财务指标的分析上。这是资金短缺时代的营销理念。它们只能说明问题的一部分，而且仅仅是表面的部分，没有深入考察这些经济财务指标背后的顾客购买行为特征。当金融产品和服务进入买方市场时代，以前分析工具的缺陷就凸显出来。它无法描述建立在社会、文化、心理、个性等基础上的需求差异，更像是金融行业的"营销近视症"。

当今成功企业的经验证明，目标市场营销是营销管理的重要工具。它的意义在于能够更好地帮助营销者找到市场机会，通过细分可以发现市场的空白点，并以此为目标市场。通过开发适销对路的产品，调整产品价格、销售渠道和广告宣传，产品可以迅速进入市场。营销者可以将注意力集中在有较大购买兴趣的顾客身上，而不至于被一些"无效客户"分散精力。

第一节　金融市场概述

一、金融市场的定义

金融市场是金融领域各种市场的总称。金融市场是一种以各种交易方式为供求双方提供货物，即货物买卖的地方。换言之，就是运用市场机制，在金融产品的供求关系中，实现融资的一个过程。

资金融通是通过金融产品来进行的。金融产品，是指资金融通过程中的各种载体，它包括货币、黄金、外汇、有价证券及其衍生产品等。这些金融市场的买卖对象，通过供求双方市场竞争机制，如利率或收益率产生价格，最终完成交易，达到融通资金的目的。

就市场场所而言，一个金融市场既可以是某一特定的"地方"，如证券交易所，又可以是某些特定的虚拟场所，如计算机网络。金融市场的本质是一种关系，一种交换的关系，一种资产的交换关系。因此，金融市场重要的不是其地理位置和场地，而是在其中交换的资产数量和质量。随着通信技术的发展，金融市场的区域空间的分布，已经意义不大。

二、金融市场的要素和功能

（一）金融市场及其要素

金融市场的基本功能是使资源得到合理配置，这里的资源就是资金，一个有效率的金融市场能够把资金从那些由于支出少于收入而积蓄了盈余资金的人（储蓄者）那里，引导到那些由于支出超过收入而资金短缺的人（借款者）那里，使资金得到最合理的配置。

用一个现实的例子来说明资金融通的过程。某大学计算机系四年级学生小李颇有发明天赋，他设计了一种能清扫房屋、控制家用电器开关的机器人，但是他没有钱去生产这个发明物。老张靠多年积累，退休时有了一笔数目不小的存款。假如老张和小李合作，由老张向小李提供资金，小李的机器人得以生产，使得人们的生活水平得以改善：有更加清洁的住宅和汽车，智能化管理家庭电器节省了时间，提高了生活质量。金融市场的基本功能，就是创造小李和老张相互合作的条件，即把那些拥有多余资金的人的资金转移给缺乏资金的人。

更多类似的例子是：联想公司设计了新一代的电子计算机，准备进入商业运作，需要投入启动资金；一个地方政府可能需要资金来修造公路或桥梁；一个贫困家庭的大学生需要钱来交纳大学四年的学习生活费等等，他们都是资金的需求者。而社会上也一定存在很多拥有剩余资金的人，他们的财富需要保值和增值，由此产生资金供应的基本源泉。金融市场的中介机构，通过开发各种金融产品以满足这两种人群的需要。联想公司可以通过发行股票对新项目进行筹资；地方政府可以通过发行债券来建设公路或桥梁；贫困家庭的大学生可以通过助学贷款来完成学业。资金的供给者通过购买这些金融产品（股票、债券、储蓄存款等）得到一定的投资回报，从而实现了财富保值或增值的目的。这样，资源就通过金融市场完成了合理配置。可见，金融市场对于增进社会经济福利和经济健康运转至关重要。

一个完备的金融市场，应包括三个基本要素：

（1）资金供应者和资金需求者。这二者包括政府、金融机构、企事业单位、居民、外商等，既能向金融市场提供资金，又需要从金融市场筹措资金。这是金融市场得以形成和发展的基础因素。

（2）信用工具。这是借贷资本在金融市场上交易的对象，如各种债券、股票、票据、可转让存单、借款合同、抵押契约等，都是金融市场上实现投资、融资活动所依赖的标的。

（3）信用中介。这是一些位于资金供求双方之间的中介人，主要是起着联系、媒介和代理作用的机构，如银行、投资公司、证券交易所、证券商和经纪人等。

（二）金融市场的功能

（1）提升资金配置效率。

①金融市场的拓展为资金的供需双方提供了更多的接触机会，使得金融交易变得更加便捷，不仅降低了融资的成本，而且提升了资金的使用效率；

②金融市场为筹资人和投资人开辟了更多的融资途径；

③金融市场为各种期限、内容不同的金融工具互相转换提供了必要的条件。

（2）定价功能，金融市场价格的波动和变化是经济活动的"晴雨表"。

①金融资产均有票面金额；

②企业资产的内在价值包括企业债务的价值和股东权益的价值，只有通过金融市场交易中买卖双方相互博弈才能"发现"，而不是简单地以会计报表的账面数字作为计算依据；

③金融市场的定价功能依存于市场的完善程度和市场的效率；

④金融市场的定价功能有助于市场资源配置功能的实现。

（3）金融市场为政府金融管理部门进行金融间接调控提供了条件。

①金融间接调控体系必须依靠金融市场传导中央银行的政策信号，金融市场的价格波动能够直接影响到各类微观经济主体的决策行为，从而有效传递中央银行的政策意图；

②发达的金融市场体系内部，各个子市场之间存在高度相关性；

③随着各类金融资产在金融机构的储备头寸和流动性准备金比率的提高，金融机构会更加广泛地介入金融市场运行之中，中央银行间接调控的范围和力度将会伴随金融市场的发展而不断得到加大。

（4）金融市场的发展可以促进金融工具的创新。

①金融工具是一组预期收益和风险相结合的标准化契约；

②多样化的金融工具通过对经济中的各种投资所固有的风险进行更精细的划分，使得对风险和收益具有不同偏好的投资者能够寻求到最符合其需要的投资；

③多样化的金融工具也可以使融资者的多样化需求得到尽可能大的满足。

（5）金融市场帮助实现风险分散和风险转移。

①金融市场的发展促使居民金融资产多样化和金融风险分散化；

②发展金融市场为居民投资多样化、金融资产多样化和银行风险分散化开辟了道路，为经济持续、稳定发展提供了条件；

③居民通过选择多种金融资产、灵活调整剩余货币的保存形式，增强了投资意识和风险意识。

（6）金融市场可以降低交易的搜寻成本和信息成本。

①搜寻成本是指为寻找合适的交易对象所产生的成本；

②信息成本是在评价金融资产价值的过程中所发生的成本；

③金融市场帮助降低搜寻成本与信息成本的功能主要是通过专业金融机构和咨询机构发挥的。

简单概括起来，对于政府的宏观经济促进与监管，金融市场的功能包括资源配置功能、调节功能、"晴雨表"功能。对于企业和居民个人，金融市场的功能包括资源聚集功能、财富增值功能、避险减损功能、交易便利功能。

【学思践悟】

中国金融市场调节：政策引导与市场共振

在中国金融市场的发展中，调节功能日益凸显。近年来，随着金融领域相关政策的落地实施，中国金融市场展现出强大的调节能力。党的二十大报告强调，"确保粮食、能源、产业链供应链可靠安全和防范金融风险还须解决许多重大问题"，因此要加强金融市场监管，确保金融稳定与发展。以债券市场为例，中国债券市场规模持续扩大，市场参与者众多，为宏观经济调控提供了有力工具。通过调节债券发行规模和利率水平，金融市场有效引导了资金流向，促进了经济结构的优化和升级。中国金融市场的调节功能在政策引导下不断完善，为经济社会发展提供了坚实的金融支撑。

三、金融市场的特点

金融市场与通常的商品市场的区别体现在以下方面：

（一）交易市场的虚拟性

与商品交易市场有固定场所不同，金融市场大多是由电话、电报、电传、电脑等通信工具形成的无形市场，其覆盖范围之大，交易速度之快，是商品交易市场无法比拟的。例如，股票等证券的转手并不涉及发行企业相应份额资产的变动，即使有"纸张"作为代表的资产交易也不一定发生实物转手，而是表现为结算和保管中心有关双方账户上的证券数量和现金储备额的变动。金融市场的虚拟性使得金融交易可以完全"凭空"进行，买空卖空活动在金融市场上司空见惯，这是在以实物为基础的商品市场上难以想象的。尽管这种虚拟性在一定程度上加大了市场的投机性，但同时也提高了金融产品的流动性，而这正是现代金融市场生命力旺盛的原因之一。

金融市场的虚拟性，归根结底，是由金融产品本身所固有的虚拟性所决定的。这种虚拟性，是金融产品的一个至关重要的特性。它涉及的实质上就是资金或财产的使用权与所有权之间的一种暂时性的分离，或者说是这些权利的有条件转让。参与者之间的关系主要是资金借贷关系或财产的委托代理关系，而维系这些关系的基础是信用。信用是看不见摸不着的社会关系，是金融业须臾不离的"氧气"。

"虚拟"的市场和产品之所以能够存在，就在于它们信息功能的强大。金融市场信息的发布、传递、收集、处理和运用，成为所有参与者都不能回避的竞争焦点。信息在金融市场中的特殊地位，不仅表现在已经实际发生了的事实的信息，更重要的还体现在对于未来的还没有发生甚至不知道会不会发生的事件的预期信息。因此，金融是信息技术应用最广、最深、最前沿的领域之一。仔细观察可以发现，无论什么金融产品都不外乎是有着特定意义的一堆数据，金融数据处理是电子技术最得心应手的"活"。金融市场和金融产品的信息化程度越高，虚拟性就越强。

（二）产品"使用价值"的普遍性

商品本身含有一定的价值和使用价值。一经交易就进入消费，由使用价值发挥作用，直至消耗殆尽。金融市场的交易对象是金融产品，"使用价值"具有收益、避险等普遍性功能，价值具有多重的决定方式。金融产品表现为货币及其相关价值形式，而价值的一般性，使不同金融机构的金融产品往往具有同质性。

（三）交易活动的延滞性

在商品的交易中，等价交换的原则一直是市场经济中的基石。从最初的议价，到最终的付款和交货，整个交易过程都严格遵循这一原则。在这个过程中，双方都在寻求最大的利益，并通过协商达成一致。金融市场的交易是信用、投资关系的建立和转移过程，交易完成之后，信用双方、投融资双方的关系并未结束，还存在本息的偿付和收益分配等行为。因此，金融市场上的交易，尽管金融产品的交易已经结束，但相关的信用或者投资关系却往往延后结束。

（四）交易动机的多样性

一般商品交易的卖者为实现价值取得货币，买者则为取得使用价值满足消费的需求。在金融市场的交易环节中，买卖双方的动机常常存在显著的差异。卖家通常是出于获取资金的需求而参与交易，他们通过出售资产或证券来获取所需的资金。而买家参与交易则是为了获取投融资所带来的利息、控股等权益，他们希望通过购买资产或证券来获取未来的收益。

（五）市场的竞争性

由于各种各样的金融产品在本质上都代表着一定量的价值或财富，它们之间存在着相互替代性，因此各种不同的金融产品的供给与需求在很大程度上是相通的，它们之间具有很强的竞争性。与一般商品市场相比，金融市场更全面、更完整、更迅速地体现供求竞争规律，这在被称为国民经济"晴雨表"的股票市场表现得尤为充分。

尽管金融市场非常独特，也不能脱离商品市场独立运行。金融市场同商品市场之间的关联性表现在：一是金融市场为商品市场提供交易媒介，使商品交换能得以顺利进行；二是金融市场可以有力地推动商品市场的发展，在外延的广度上促进商品市场的发展；三是通过金融市场的带动和调节，使商品市场加速流动和组合，从而实现对资源的重新配置；四是商品市场从根本上决定金融产品的需求和定价。

四、金融市场的分类

金融市场是由许多分类金融市场组成的，表现为金融活动参与者交易金融产品的场所，而实质是交易关系和交易规则的总和。金融市场的多样性，体现在它们各自独特的交易规则和交易产品上，是金融交易参与者经过长时间的实践、竞争与创新而形成的。如何对市场进行分类，营销学与金融学有不同的角度。营销学通常从客户角度分类，而金融学则采用产品、期限、流动性等金融特性分类。金融营销要在金融市场的框架中研究客户市场，遵循先金融后人群的逻辑对市场结构进行分析。因此，从金融学的角度认识金融市场，是金融营销者认识客户市场属性的必要基础和背景。

了解金融市场应主要了解各类金融子市场的规模及比重结构，它们的主要业务、产品、参与者以及市场运行规则。

（一）按业务或产品的类型划分

按业务或产品的类型可将金融市场划分为货币市场、资本市场、外汇市场、黄金市场和其他市场，如衍生金融工具、租赁、典当等市场。

（1）货币市场，又称短期资本市场或短期资金市场，是1年以内的短期资金交易活动的市场。在货币市场上，金融产品包括国库券、商业票据、银行承兑汇票、大额可转让定期存单、回购协议等，通过某些交易方式，如贴现和拆借业务，实现资金的短期借贷，以满足金融市场上供求双方对短期资金的需求。货币市场又细分为票据市场、同业拆借市场等，参与者通常是有准入资格的金融机构。

【学思践悟】

中国货币市场腾飞起，金融创新改革来

2024年7月19日，中国人民银行党委书记、行长潘功胜主持召开党委会议，传达学习党的二十届三中全会精神，研究部署贯彻落实举措。会议明确，要"始终保持货币政策稳健性，充实货币政策工具箱，完善货币政策传导机制，提高资金使用效率，为经济持续回升向好和高质量发展营造良好的货币金融环境。完善以市场供求为基础、参考一篮子货币进行调节、有管理的浮动汇率制度，增强汇率弹性，保持人民币汇率在合理均衡水平上的基本稳定。健全货币政策沟通机制，有效稳定和引导市场预期"。根据中国人民银行的数据，截至2022年年底，中国银行间市场交易金额已超过1 200万亿元，显著增长。这一增长得益于一系列政策的实施，包括创新货币政策工具和完善金融监管体系。《中华人民共和国金融稳定法（草案二次审议稿）》已于2024年6月28日发布，明确了金融风险防控的机制，为货币市场稳定发展提供了法律保障。此外，数字人民币的推出也是一大亮点。2020年，中国人民银行在深圳、苏州等地启动数字人民币试点，至2023年，试点范围已扩展至包括上海在内的多个城市，累计交易额超过1 000亿元，展示了中国在数字金融领域的前瞻布局与技术实力。另一个显著案例是货币市场基金的发展，以天弘余额宝为代表的货币市场基金在短短数年内规模突破万亿元，有效地满足了居民和企业的流动性需求。中国货币市场的发展不仅体现了金融市场的成熟和创新能力，而且反映了中国经济的韧性与活力，为实现高质量发展奠定了坚实基础。

（2）资本市场，又称长期资本市场或长期资金市场，是1年以上的长期资本交易活动的市场，其职能是为资金需求者筹措长期资金。资本市场的交易活动方式通常分成两类：一是资本的需求者发放和交易各种证券，包括债券和股票等；二是资本的需求者直接从银行获得长期贷款。由于证券市场是最重要的资本市场，在没有特别指明的情况下，本书所指的资本市场就是股票市场、基金市场和债券市场的统称。

（3）外汇市场是指各种短期金融产品的交易市场。不同于货币市场是以同一种货币或以同一种货币计价的票据的交易，外汇市场是以不同货币计价的票据及有价证券的交易。狭义地讲，外汇市场是指从事外汇买卖的交易场所，或者说是各种不同货币相互之间进行交换的场所。

（4）黄金市场是专门进行黄金等贵金属买卖的交易市场。由于黄金是具有商品和货币双重属性的物品，历史上常常出现非货币化趋势，但在金融危机时，它的货币化属性便重新显现。尽管金融市场的构成和运作方式不断演变，但黄金始终占据着国际储备工具的重要地位。这主要是因为黄金具有一系列其他资产所不具备的独特属性，使其在金融市场中扮演着不可或缺的角色。

（5）衍生金融工具市场是进行衍生金融产品（工具）交易的市场。该市场交易的金融衍生品包括各种金融期货、金融期权、金融远期和金融互换，这些金融衍生品是在传统金融产品基础上派生出来的，最初的用途是对冲传统金融产品的交易风险。进入20世纪70年代以来，它代表金融创新的主流而风靡世界金融市场。不过，衍生金融产品包含的风险远远高于派生它们的传统金融产品，具有很高的杠杆效应，是一种以小博大的投机工具。

（二）按产品的交易方式划分

按产品的交易方式划分，金融市场可分为发行市场和交易市场。

（1）发行市场，又称初级市场或一级市场，是资金需求者将金融资产首次出售给公众时所形成的市场，通常是以证券产品的形式出现。该市场以投资银行、经纪人和证券商为主要参与者，承担政府和公司新发行债券、股票的承购和分销业务。由于证券的发行者不容易与众多分散的货币持有者进行直接的交易，因此包销是证券发行的主要行销方式。

发行方式主要有两种：一是公募发行，即事先没有特定的发行对象，向社会广大投资者公开推销金融产品的方式。这些金融产品发行之后就会流入二级市场在社会公众之间买卖流通。二是私募发行，即发行者只对特定的发行对象推销金融产品，这样发行的股票、债券等只在少数投资者之间流通，不会流到二级市场。

（2）交易市场，又称流通市场或二级市场，是证券发行以后在不同投资者之间买卖流通所形成的，即证券转手买卖交易的市场。

该市场主要金融机构是证券商和证券经纪人，它们对已上市的各类证券，包括股票、债券和基金等产品提供中介服务。二级市场按有无固定的交易场所又可分为交易所交易和场外交易两个市场。在现代金融市场中，交易所交易以其特有的规则和组织形式，为投资者提供了一个正规化的交易平台。这个平台设定了明确的交易时间和场地，确保了交易的有序性和公正性。在这样的机制下，所有交易活动都严格遵循国家法律法规的相关规定，为证券的上市交易提供了坚实的法律基础。场外交易，俗称柜台交易，相对交易所交易而言，这是一种非正式的交易组织形式，没有固定的场地，也没有会员制度，而是由很多独立经营的证券公司个别进行的。在证券转让的柜台上，绝大多数交易都是在投资人和证券公司之间进行的，证券价格由双方协商形成。

二级市场的作用以及与一级市场的关系：一是实现资产变现的流动性功能，较为容易地交易股票、债券等，而流动性增强又促进了一级市场的发行销售。二是对一级市场产品定价的价格发现机制。一级市场的投资者购买发行企业股票或债券的价格预期，受二级市场价格影响很大。二级市场股票价格越高，购买发行股票的价格预期就越高，发行企业在一级市场上出售的股票价格就越高，筹措到的资本量也就越大。

（三）按交易方式划分

按交易方式划分，金融市场可分为证券市场和借贷市场。

证券市场是证券发行和流通买卖的市场，它是以购买某种资产或权益为内容，以股票、债券、票据、权证、合约等为形式的交易。而借贷市场则是直接以货币作为交易对象的市场，其交易内容实质上就是货币使用权的转让，具有偿还回收性。

【学思践悟】

证券市场谱新篇，高质量发展稳步行

近年来，中国证券市场实现了跨越式发展，充分体现了党的二十大报告中关于健全资本市场功能，提高直接融资比重的要求。根据中国证监会的数据，截至2023年年底，沪深两市共有超过4 800家上市公司，总市值约为82万亿元人民币，较2020年显著增长。这一成就得益于一系列政策的实施，包括科创板和创业板注册制改革的深入推进，为创新型企业提供了更加便捷的融资渠道。2020年，新修订的《证券法》正式实施，进一步加强了市场法治化建设，提升了信息披露质量，保护了投资者权益。此外，2021年设立的北京证券交易所专注于服务创新型中小企业，已成为我国多层次资本市场的重要组成部分。宁德时代作为典型案例，自2018年在创业板上市以来，凭借其在新能源领域的领先地位，市值已突破1.5万亿元，成为全球新能源产业的重要推动力量。中国证券市场的发展不仅反映了资本市场的成熟与创新能力，而且展示了中国经济的韧性和活力，为实现高质量发展和"两个一百年"奋斗目标提供了有力支撑。

（四）按交易是否存在固定场所划分

按交易是否存在固定场所，金融市场可分为有形市场和无形市场。

有形市场是指有固定的交易场所、专门的组织机构和人员以及专门设备的组织化市场。而无形市场则是指无固定的交易场所，其交易是通过电传、电话、电报等手段联系，协商达成交易的市场。英国、美国、加拿大、瑞士等国的外汇市场均采取这种柜台市场的组织方式，谓之"有市无场"。随着信息技术的进步，金融市场无形化作为一个重要的发展趋势，正深刻影响金融行业未来的经营方式。金融电子化将使分散于市场网络的各个节点不再以有形的固定场所作为其集散地，具体的地理概念变得模糊。这一点对于金融机构制定渠道策略具有特别的意义。

（五）按所交易的金融产品的交割时间划分

按所交易的金融产品的交割时间，金融市场可分为现货市场和期货市场。

现货市场是现金交易市场，即买者付出现款，收进证券或票据；卖者交付证券或票据，收进现款。这种交易一般是当天成交当天交割，最多不超过3天。

期货交易是指交易双方达成协议后，不立即交割，而是在一定时间后进行交割。期货市场产生于大宗商品为规避市场价格大起大落带来的风险所进行的套期保值活动。其功能表现为：回避价格风险，发现并稳定价格，节约交易成本，作为投资工具。当作为投资工具时，它是一个高收益同时伴有高风险的金融产品。

（六）按地域范围划分

按地域范围，金融市场可分为国内金融市场和国际金融市场。

在国际金融舞台上，国内金融市场之间的相互关系日益紧密，这种联系并非一蹴而

就，而是随着商品经济的发展逐渐深化。自古以来，金融市场便是商品交换的重要媒介，随着贸易的不断扩大，国内金融市场应运而生，并在各自国家经济体系中扮演着举足轻重的角色。或者说，国际金融市场的形成是以国内金融市场发展到一定高度为基础的。同时，国际金融市场的形成又进一步推动了国内金融市场的发展。当国内国际金融市场紧密联系时，就形成了一个没有休息的 24 小时交易市场，如通过伦敦、纽约、东京三地的金融市场，可以不受时差影响不间断地进行交易。

在经济全球化、经济金融化、金融电子化的今天，金融行业是最容易实现全球化的行业之一。事实上，金融全球化的过程最明显最迅速，表现为：资金跨境流动，"热钱"更是以电子般的速度"横冲直撞"；企业境外购并；投资者在全球范围寻求投资或套利机会；金融机构跨境设立机构；金融人才国际化跨境就业等。

当今世界，任何一个地方发生的金融事件，其影响都可能是全球性的，由美国金融危机带来的全球经济下滑，以及金融市场剧烈波动，就是最好的例证。

五、我国金融市场体系与特点

（一）金融体系中的银行主导地位

改革开放以来我国的金融业发生了巨大变化，但相对国际上发达国家和地区的金融市场，在我国金融市场体系中很多子市场还不完善，市场交易品种较少，各类金融产品的交易量也较小，公司债券市场、股票市场、票据市场、外汇市场、衍生金融工具市场都还有很大的发展空间。在三大金融业务领域中，银行业仍然占据主导地位，证券业和保险业发展虽然迅速，但比重仍然较小。在居民金融资产构成中，银行存款平均占 75%，以银行为主导的金融体系是最显著的中国特色。在这样一种金融体系中，银行不仅是资金的储蓄和贷款机构，还承担着经济调控和社会服务的功能。随着金融改革的深化和金融市场的扩大，银行的角色和功能也在不断演变和扩展。

（二）多层次金融市场不断发展并完善

改革开放以来，我国金融市场规模迅速扩大，以不同交易工具和产品为对象的不同类型的市场渐次出现，市场结构层次以及交易产品不断丰富。目前已形成了一个由货币市场、债券市场、股票市场、外汇市场、黄金市场和期货市场等构成的，具有交易场所多层次、交易品种多样化和交易机制多元化等特征的金融市场体系。该体系主要分为货币、资本、期货三大市场系列。

1.货币市场体系

货币市场体系，主要由拆借市场、票据市场、银行间债券市场、外汇市场和黄金市场组成。

货币市场是指以期限在一年以内的金融资产进行交易的市场。该市场的主要功能是保持金融资产的流动性，以便随时转换成可以流通的货币。它的存在，一方面满足了借款者的短期资金需求，另一方面为暂时闲置的资金找到了出路。

（1）拆借市场。同业拆借是指具有法人资格的金融机构及经法人授权的非法人的金融机构的分支机构之间，直接进行短期资金融通的行为。同业拆借不需要借助债券、票据等产品媒介，而是凭借自身信用融资，目的在于调剂头寸和临时性资金余缺。中国外汇交易中心暨全国银行间同业拆借中心（以下简称"交易中心"）成立于 1994 年，有关市场规则见《同业拆借管理办法》（中国人民银行令〔2007〕第3号）、《银行业金融机构进入全国银行间同业拆借市场审核规则》（中国人民银行公告〔2005〕第3号）、《货币市场基金监督管理办法》等。

国际经验表明，作为金融市场上引导其他利率走向的核心利率即基准利率，比较容易在货币市场上形成。银行间同业拆借利率，长期以来，被认为是信贷资金充裕或紧张的一个重要指示器。在发达国家的中央银行货币政策制定过程中，它扮演着至关重要的角色，成为货币政策的关键中介。因此，确立一个合理的基准利率，是银行间同业拆借市场的一个核心职能。上海银行间同业拆放利率（SHIBOR）于2007年在上海同业市场推出，显现了我国市场化决定基础货币利率的雏形，是促进并完善利率市场定价和金融产品定价机制的根本性的改革。目前公布的SHIBOR品种包括隔夜、1周、2周、1个月、3个月、6个月、9个月及1年。

（2）票据市场，其资金融通特点是期限短、数额小、交易灵活、参与者众多、风险易于控制，可以说是一个古老、大众化、基础性的市场。它把"无形"的信用变为"有形"，把不能流动的挂账信用变为具有高度流动性的票据信用，是财务状况良好、信用等级较高的公司筹集资金的主渠道和调节短期资金供求的主要场所。

票据的基本功能是一种支付工具，由于支付的流转性而演变成为具有交易性质的融资工具。市场上交易的品种有本票、汇票、支票三种形式，按发行主体分为银行票据和商业票据两类，按交易方式分为票据发行、承兑和贴现。商业汇票的承兑、贴现、再贴现是目前我国票据业务的主要形式，数据表明，票据交易品种主要是银行承兑汇票，占整个市场交易量的95%以上。尽管票据市场还有待进一步发展和完善，但它已是我国金融市场中成长最快的子市场之一。近年来，中国商业汇票市场呈快速增长态势，2023年，商业汇票承兑发生额31.3万亿元，占GDP比例为24.83%；贴现发生额23.8万亿元，占GDP比例为18.88%。

商业汇票市场作为我国货币市场的重要组成部分，在我国实体经济服务共建"一带一路"倡议的同时，充分发挥了自身的优势，满足了企业资金支付、短期融资需要，带动了商业银行金融服务水平的提高，优化了资产负债结构，增强了盈利能力。

近年来在商业银行营销中最引人注目的中小企业融资业务，就是以物流为基础的票据业务。在现代物流领域，票据承载着至关重要的角色，它不仅是商品流转、资金流动、信息交换的关键载体，更是产权、资金权等权益转让的权威证明。因此，票据的融资功能奠定了物流金融服务的基础。

（3）银行间债券市场，成立于1997年6月6日，是依托交易中心和中央国债登记结算有限责任公司，包括商业银行、农村信用联社、保险公司、证券公司等金融机构进行债券买卖和回购的市场。经过近几年的快速发展，银行间债券市场已成为我国债券市场的主体部分（沪深证券交易所的交易量约占5%）。2023年，银行间债券市场现券成交307.3万亿元，日均成交12 341.6亿元；单笔成交量主要分布在500万～5 000万元和9 000万元以上，单笔平均成交量4 702.1万元。交易所债券市场现券成交46.4万亿元，日均成交1 919.3亿元。柜台债券市场累计成交105.1万笔，成交金额1 961.4亿元。2023年年末，开办柜台债券业务的商业银行共30家，较2022年年末增加2家。

目前市场的交易品种包括国债和地方政府债券（2009年始发）、中央银行票据、政策性金融债及公司债券等；交易方式包括现券买卖、质押式回购和买断式回购。债券回购是交易双方以债券为权利质押的短期资金融通业务，是指资金融入方（正回购方）在将债券出售给资金融出方（逆回购方）融入资金的同时，双方约定在将来某一日期由正回购方按约定回购利率计算的资金额向逆回购方返还资金，逆回购方向正回购方返还原出质债券的融资行为。现券买卖是指交易双方以约定的价格转让债券所有权的交易行为。

金融机构依托票据和债券市场开发的理财产品被称为债券型产品，例如中国工商银行推出的"稳得利"理财产品等。

（4）外汇市场，成立于1994年，是货币市场的早期形式（后来在其基础上发展了同业市场和债券市场），主要职能是提供银行间外汇交易，办理外汇交易的资金清算、交割，提供外汇市场信息服务。目前，中国外汇市场成交量逐年攀升，2023年12月，中国外汇市场（不含外币对市场，下同）总计成交20.54万亿元人民币（等值2.89万亿美元）。其中，银行对客户市场成交3.36万亿元人民币（等值0.47万亿美元），银行间市场成交17.18万亿元人民币（等值2.42万亿美元）；即期市场累计成交7.07万亿元人民币（等值1.00万亿美元），衍生品市场累计成交13.47万亿元人民币（等值1.90万亿美元）。

人民币汇率是人民币对外币的官方牌价，其形成主要由汇率市场的供求状况决定。中国人民银行根据前一日银行间外汇市场上形成的美元对人民币的加权平均价，公布当日主要交易货币对人民币的基准汇率；外汇指定银行根据公布的基准价和国际主要外汇市场的行情，套算出人民币对其他货币的汇价，在规定的浮动范围内确定挂牌汇率，对客户买卖外汇。在全球化的经济开放时代，汇率不仅仅是两种货币之间的简单兑换率，它的作用远大于此。事实上，汇率与利率一同，构成了分析和解读宏观经济走势及金融市场动态的关键指标。这两个经济变量，共同塑造了国际贸易和资本跨境流动的格局，它们的变动常常预示着经济活动的趋势和变化。

银行间债券市场和外汇市场又是中央银行进行公开市场业务操作的场所，在这两个市场上，特约金融机构以国债、政策性金融债券等作为交易工具与中国人民银行开展公开市场业务。交易品种主要包括回购交易、现券交易和发行中央银行票据，其中回购交易分为正回购和逆回购两种。现在公开市场操作已成为中国人民银行货币政策日常操作的重要工具，起着调控货币供应量、调节商业银行流动性水平、引导货币市场利率走势的作用。公开市场是货币市场的核心，是政策意图表现的平台，人们可以通过观察中央银行的市场交易动向，在相当程度上把握金融政策是从紧、宽松还是中性等趋势，为投资决策提供政策依据。

（5）黄金市场，是我国货币市场中最年轻的子市场。以2002年12月上海黄金交易所成立为标志，结束了1949年以来我国黄金不能自由买卖的历史，封闭了50余年的中国黄金市场踏上了全面开放的进程。2003年上海黄金交易所正式运营，目前已发展成了包括上海黄金交易所黄金现货市场和上海期货交易所黄金期货场内市场，以及以商业银行为主体的场外交易市场这种"两个交易所，一个做市商"并存的市场格局，形成了一个集套期保值、投资、避险等多种金融功能于一体的、现代化的黄金市场体系。

【学思践悟】

黄金市场谱新章，金融改革促发展

近年来，中国黄金市场实现了显著发展，充分体现了党的二十大报告中关于"深化金融体制改革"的要求。根据中国黄金协会的数据，2022年中国黄金产量达到372.048吨，连续14年位居全球第一，黄金消费量达到1 120.9吨，同比增长36.53%。这一成就得益于一系列政策和市场机制的创新。上海黄金交易所（SGE）自成立以来，逐步完善市场规则，推出了以人民币计价的黄金定盘价机制，使中国在国际黄金市场上的影响力不断提升。2020年，《中国人民银行 中国银行保险监督管理委员会 中国证券监督管理委员会 国家外汇管理局关于金融支持粤港澳大湾区建设的意见》，进一步鼓励黄金市场的创新与发展，推动粤港澳大湾区成为黄金产业发展的重要区域。典型案例如山东黄金集团，通过实施"走出去"战略，成功在全球范围内开展矿产资源开发，提升了国际竞争力。此外，数字人民币在黄金交易中的应用探索也取得了积极进展，标志着中国在黄金市场的数字化和智能化方面迈出了重要步伐。中国黄金市场的发展不仅体现了金融市场的成熟与创新能力，而且展示了中国经济的韧性和活力，为实现高质量发展和"两个一百年"奋斗目标提供了有力支撑。

交易所的交易品种为黄金、白银、铂等贵金属，但黄金交易占了绝大部分。参与者主要是金融机构和与黄金生产、消费、投资有关的企业。2008年11月首次开放了个人投资产品，但要求一次性提货必须是3千克的倍数，因此限制其只能是少数富人参与的市场。目前大众化的个人黄金投资交易的渠道是商业银行代理交易柜台，产品主要有实物金、品牌金和纸黄金。

在金融风暴的猛烈冲击下，黄金的货币属性使其避险功能愈发显著。作为一种理财手段，黄金市场正面临空前的繁荣。众多商业银行都在竞相开发针对个人投资者的新产品，目的是扩大自己在市场中的份额。

2.资本市场体系

资本市场体系，主要由证券发行一级市场、证券交易二级市场组成。

资本市场是现代金融体系的核心。资本市场的发展壮大是我国改革开放以来经济建设和经济体制改革中最重要的成果之一，目前处于"新兴+转轨"阶段，这是其重要特点。

（1）一级市场，又称发行市场或初级市场，是资本需求者将证券首次出售给公众时形成的市场。它是新证券和票据等金融工具的买卖市场。该市场的主要经营者是投资银行、经纪人和证券自营商（在我国这三种业务统一于证券公司）。它们承销政府、公司新发行的债券以及承购或分销股票。投资银行通常采用承购包销的方式承销证券，承销期结束后发行人可以获得预订的全部资金。在金融市场方面的一级市场（Primary Market / New Issue Market）是筹集资金的公司或政府机构将其新发行的股票和债券等证券销售给最初购买者的金融市场。

不以公开方式发行股票的市场称为股权投资市场，即与公募股票发行对应的私募股权（PE）市场。私募股权投资（包括创业投资）在发达国家资本市场中占有重要地位，在我国近几年政府和业界的大力推动下开始起步，且发展迅速。普通民众参与PE投资的途径主要是通过信托方式投资，主要形式是PE基金，它被业内认为将是"在全球经济中影响力增长最快"的行业之一。与美国PE投资额为我国的34.69倍相比，我国PE市场的发展更是前途无量。

（2）二级市场，即上市公司股票发行后的交易市场。在我国，规模最大、影响最广的是以人民币结算的A股市场和以美元、港币结算的B股市场。此外，分布在各个省、市、地方的场外交易市场和非上市公司产权交易市场，也是我国多层次资本市场的构成部分，虽然目前规模不大，但受政府支持和鼓励，交易日趋活跃。

除股票外，在二级市场交易的品种还有基金（开放式、封闭式）、债券（国债、公司债、可转债）、债券回购、权证等。

市场交易参与者分为机构和个人。由于沪深交易所规定只有会员才能进入交易所交易大厅进行交易，非会员投资者必须通过经纪人才能在交易所买卖股票，因此，以交易所交易为证券市场的一级交易，交易对手主要是具有交易所会员资格的证券公司经纪业务营业部。在证券交易市场中，为了满足广大投资者的需求，证券公司通常会派遣专业的坐席代表前往交易所。这些代表肩负着代理客户进行证券交易的重要任务，他们通过熟练的操作和专业的知识，帮助客户实现证券的买卖。由此可见，证券公司营业部是争夺二级市场大众客户的前沿阵地。

3.期货市场体系

期货市场是现代金融市场体系不可或缺的部分。期货市场是进行期货交易的场所，是在现货市场基础上，按照"公开、公平、公正"原则发展起来的高度组织化和高度规范化的市场形式。它由现货市场延伸，形成了一个高级的市场发展阶段。多年来，我国期货市场发展迅猛，黄金期货和股指期货的推出是标志性事件。

期货市场参与者，根据交易的目的分为两类：套期保值者和投机者。套期保值者一般是生产经营者、贸易者等，他们利用期货市场进行保值交易，以减少商品价格波动带来的风险，确保生产和经营的正常利润。投机者参加期货交易的目的与套期保值者相反，他们愿意承担价格波动的风险，希望以少量的资金来博取较多的利润。在期货市场上，如果没有投机者参与，其回避风险和发现价格两大功能就不能实现。投机者多参与交易可增加市场的流动性，从而起到"润滑剂"的作用。

我国的期货市场分为商品期货市场和金融期货市场两类。商品期货市场已经经历了几十年的发展，贵金属品种黄金期货挂牌交易是2008年的大事。目前商品期货品种已涵盖农产品、金属、能源和化工等领域。国际市场主要的大宗商品期货交易品种基本上都已在中国市场上市交易。金融期货市场则经过多年酝酿，在2010年4月推出重要的金融衍生产品——沪深300股指期货，从此A股市场进入"做空时代"，这对完善我国资本市场体系具有重要而深远的意义。它有利于形成股票市场的"内在稳定器"机制，增加市场弹性；有利于形成市场化的资产价格形成机制；有利于培育成熟的机构投资者队伍；有利于完善风险管理的内在机制；有利于完善期货市场体系，深化市场功能。金融期货市场与商品期货市场一样，是一个保值套利市场，不同之处在于它的小众性和专业性。

第二节　　金融市场的细分

一、金融市场细分的概念和作用

（一）金融市场细分的概念

市场细分是营销学中的一个极为重要的基本概念，也是极为重要的营销策略和营销工具。它适用于任何行业、任何企业的营销活动。因此，金融市场细分的定义实际上也就是市场细分的定义。市场细分是商品经济发展到一定阶段的产物。剖析西方商品经济发展的历史，可见市场细分的产生经历了"大量市场营销—产品差异市场营销—目标市场营销"三个阶段。

市场细分的客观依据是消费者需求的差异，这是因为市场需要某种商品的消费者的集合。每个人所处的家庭环境、经济条件、教育水平以及个性特点，如同独特的坐标，定位出他们对商品的偏好。这种偏好体现在对商品规格的精细要求、外观设计的独到审美、价格的敏感度以及售后服务的期待值等方面，绘就了消费者多元化的需求图谱。也就是说，市场是由不同的需求构成的，人们可以运用一定的因素与方法将整体市场分解成具有不同需求的细分市场。因此可以说，消费者的需求差异是市场细分的客观基础。需要指出的是，这并不意味着根据需求差异可以将整体市场无限制地分解成数不清的细分市场。因为从营销角度来说，这种做法一则违反规模经济原则；二则消费者在社会中以一定群体而存在，群体对个体行为有影响，同一群体的消费需求类似。

金融市场细分是金融机构采用一定的标准，运用一定的方法，在金融整体市场中识别不同金融需求的客户，将需求大致相同的金融客户予以归类，组成若干个金融市场的活动。金融市场细分的依据是金融客户的需求差异。

（二）金融市场细分的作用

金融市场细分有以下作用：

（1）便于发现市场机会。市场机会是指市场上客观存在的未被满足或未被充分满足的消费需求。通过市场细分，根据竞争者的市场占有情况来分析市场被充分满足的程度；根据市场的现状和已经上市的产品，在比较中寻求新的市场机会，开拓新的市场，夺取市场优势地位。

（2）是制定营销组合策略的基础。不同的细分市场对金融产品的需求存在差异性，金融机构只有针对特定的细分市场，才能更好地提供符合客户要求的金融产品。

（3）有利于发挥企业自身优势，提高经济效益。企业可能在特定领域具有某一方面的优势，在进行市场细分之后，就可以选择一个能充分发挥自身优势的细分市场来满足其需求，从而做到企业内部资源的优化配置，以最小的投入获取最大的产出。

二、金融市场细分的原则和标准

（一）金融市场细分的原则

金融市场的细分对于金融机构来说至关重要，它不仅有助于制定高效的营销战略，从而实现最优的经济效益，而且还能够满足客户多元化的需求，使营销活动更具针对性。因此，金融市场细分应遵循以下原则：

（1）可量性原则，即各细分市场的规模、效益以及可能带来的业务量的增加是可以被具体测量的，各考核指标可以量化。

（2）可入性原则，即市场细分后，能通过合理的市场营销组合战略打入细分市场。如果细分后的目标市场不能进入，可望而不可及，这对金融机构是一种浪费，从而也失去了其细分的意义。

（3）差异性原则，即每个细分市场的差别是明显的，每个细分市场应对不同的促销活动有不同的反应。

（4）经济性原则，即所选定的细分市场对于金融机构来说必定是有利可图的。

（二）金融市场细分的标准

市场细分是选择目标市场的基础。为了保证市场细分的效果，需要明确市场细分的标准。市场细分的标准，就是根据何种因素来细分市场。由于需求差异是市场细分的客观基础，因此凡是能影响消费者需求差异的因素都是市场细分的标准。

由于金融客户可以分为个人与机构两大类，因此金融市场细分标准也应分别阐述。

1.个人客户市场细分标准

影响个人客户需求差异性的因素错综复杂，在不同时期、不同区域、不同社会经济环境下，区分的标准和重点不尽相同。但从总体上讲，人口标准、地理标准、心理标准和行为标准是个人客户市场细分的主要依据。

（1）人口标准。人口标准是指根据人口统计项目来细分市场。它之所以成为市场细分标准，是因为客户的金融交易欲望、对金融产品的爱好、使用金融产品的频率与人口统计项目有直接的因果关系。人口统计项目比其他任何标准都容易掌握。

金融机构可以根据客户的年龄、收入、职业、受教育程度等具体因素来细分市场。比如，按年龄划分，可将市场划分为18岁以下客户群，这个细分市场不是现实的，但它是潜在的；18~23岁客户群，这个细分市场中的客户比较容易接受新生事物，具有强烈的现代消费意识，通常是消费新的金融产品的领头羊；24~28岁客户群，这个细分市场中的客户处于成家年龄，是储蓄和个人消费信贷的主要客户；29~45岁客户群，这个细分市场中的客户处于家庭生命周期中的满巢期，需要较多品种的金融产品，如信用卡、储蓄、消费信贷、个人理财等；46岁至退休前客户群，这个细分市场中的客户通常关注退休后的生活质量，已着手准备退休后的生活安排，他们会更多地关心积蓄及其他金融产品可能带来的利益；退休后客户群，这个细分市场中的客户会根据自己的财富与健康情况有选择地接受某些金融产品，同时对金融机构服务质量有较高的要求。

（2）地理标准。地理标准是一种市场细分的策略，它依据客户所在的地理位置来进行分类。这种方法被广泛采用，因为它基于一个简单的现实：不同地区的消费者，由于他们独特的生活方式、文化习俗和购买力，会展现出差异化的需求和偏好。地理位置资料比较容易收集与分析。

金融机构可以根据国别、地理位置，区域发展、城市规模等因素来细分个人客户市场。比如，根据地理位置可将国内的客户细分为沿海地区客户群、中部地区客户群、西部地区客户群。金融意识在这些地区呈现出明显差异，呈由东向西逐步减弱态势，客户对金融产品与服务需求的强度也是由东向西逐渐减弱。

（3）心理标准。心理标准是指根据客户的生活方式（人们对工作、消费、业余爱好的态度）、个性、价值观念等因素来细分市场。它之所以成为市场细分标准，是因为消费需求差异不仅是由人口统计所致的，而且也会受心理因素的影响。随着商品经济的逐步发展，心理因素对客户需求的影响将越来越大，它更能解释人们难以理解的超出常理的购买行为。

金融机构可以根据客户的个性、生活方式等因素来细分个人客户市场。以银行业为例，个性为保守型的客户选择银行产品时总是注重安全、可靠、风险低的品种，对收益大、风险高的金融产品往往不是很关心甚至拒绝接受。激进型客户的行为恰恰与其相反，他们注重收益大、风险高的投资产品。

（4）行为标准。行为标准是指根据客户的购买时期、地点、所追求的利益，使用频率、对某种品牌的忠诚度等因素来细分市场。它之所以成为市场细分标准，是因为这些因素反映的消费需求差异容易被企业掌握，而且能明确地帮助企业规划可行的营销方案。

金融机构可以通过分析客户参与金融活动的目的、对金融产品的忠诚度、使用频率以及购买频率等多个维度，将个人客户市场进行细致的划分。这样的细分有助于金融机构更精准地满足不同客户群体的需求，从而提供个性化的金融产品和服务。比如，按参与金融交易的目的划分，个人客户可以被细分为利益型客户、方便型客户、安全型客户、身份型客户。利益型客户较看重金融产品所能带来的实际收益，诸如利息率的高低等；方便型客户在购买金融产品时看重服务态度和质量；安全型客户则多选择信誉好、实力强、经营稳健的金融机构及其产品，以保证财产安全；身份型客户则会选择在著名金融机构购买能体现自身社会地位与身份的金融产品。

2.机构客户市场细分标准

机构客户（又称企业客户）是金融机构批发金融产品和金融业务的主要对象。就目前我国金融机构的现状而言，信贷业务、中间业务的主要客户为机构客户，其业务量占九成之多；而机构客户的存款对于金融机构而言，其筹资成本较储蓄成本要低，因而优良的机构客户已成为金融机构竞相追逐的对象。重视机构客户市场细分的研究，为其提供所需要的特色服务，是维系机构客户、建立良好关系的基础。

影响机构客户市场细分的标准主要包括：

（1）机构客户规模。通过机构客户年度营业额、总产值、固定资产总值、资本总额、资产规模、职工人数等因素评估机构客户规模，根据其规模大小，可将机构客户细分为大型企业、中型企业与小型企业。不同规模的企业有不同的金融需求。例如，英国以年营业额为标准将企业客户分为大、中、小三种不同规模，并揭示了它们对金融产品与服务的需求。

（2）机构客户性质。根据机构客户性质，可以将机构客户分为工商（含交通、建筑业）企业客户、政府机构客户、中介机构客户等。它们对资金供应及需求、对金融产品与服务的需求是不尽相同的。以工商企业客户群与政府机构客户群比较而言，在经济转轨过程中，工商企业客户群一方面由于历史包袱沉重，另一方面由于产业结构调整困难大、时间长、资金短缺，需要金融机构提供信贷资金予以支持，是资金需求者；政府机构客户群资金相对富裕，是资金提供者，二者对金融产品与服务有不同的需求。

（3）机构客户产业类别。产业类别是指第一、第二、第三产业。随着产业结构优化调整，第一、第二产业产值在国内生产总值中的比例逐年下降，这两类企业的数量占企业总数的比例也逐年下降；第三产业产值在国内生产总值中的比例逐年上升，这类企业的数量占企业总数的比例也逐年上升。这三类企业在发展过程中遇到的机遇和挑战不同，对金融产品与服务的需求也不同。金融机构可以据此对机构客户进行细分。

（4）机构经营范围。根据机构经营范围的差异，可将机构分为以内贸为主的客户（以下简称"内贸企业"）与以外贸为主的客户（以下简称"外贸企业"）。内贸企业是指所生产的产品主要在国内销售，其经营范围局限于国内。内贸企业对金融机构的主要需求是国内结算业务。外贸企业主要从事进出口贸易，其生产与经营的产品主要销往国外，外贸企业对金融产品和服务的需求较内贸企业更为多元化，包括诸如国际信贷、融资租赁、信用证结算、银行保函、信息咨询等业务。因此，外贸企业对金融产品和服务的要求较内贸企业要高。

三、影响目标市场选择策略的因素

金融市场细分策略是指金融机构根据客户需求的差异，将市场划分为具有相似需求的客户群体，并针对这些不同的客户群体采取特定的营销策略。通过对各个细分市场的潜在价值进行评估和比较，金融机构能够明确各个市场的"前景"，据此选择进入目标市场并制定相应的营销活动。目标市场不同，营销策略也就不同。营销策略的制定是以目标市场为基础的。三种不同的目标营销策略有自己的特点，企业在选择时应考虑下列因素：

（一）企业营销能力

企业营销能力包括企业内部的人力、物力、财力、信息资源、企业声誉等因素。企业营销能力的强弱制约着企业对目标市场的选择。强者选择的自由度较大；反之，弱者通常采用集中市场营销策略。无差异市场营销策略与差异市场营销策略通常适应于有较强营销能力的企业。

（二）消费需求特点

消费需求差异明显与否也制约着目标市场的选择。倘若需求差异显著，适宜采用差异或集中市场营销策略；反之，应采用无差异市场营销策略。

（三）产品所处寿命周期阶段

在市场销售过程中，产品的销售量会经历由少而慢的增长至多而快的增长、稳定销售直到减少的过程。它体现了消费需求的变化：注重共同需求—差异需求—新的需求。因此，企业在选择目标市场时必须把握这个特点。最初，企业可先采用无差异市场营销策略；而后，就应采用差异市场营销策略或集中市场营销策略。

（四）竞争者市场策略

企业还需要比较竞争双方的营销能力来确定营销策略。竞争者采用无差异市场营销策略，本企业宜采用差异或集中市场营销策略。如果竞争者已采用差异市场营销策略，则本企业应进一步细分市场，采用差异市场营销策略或集中市场营销策略。

第三节　　　目标市场的选择

细分市场向金融机构揭示了市场机会。通过市场细分研究，金融机构有了选择客户和开发金融产品的方向，可以在市场划分的格局中选择适合自己的目标市场，有效动员和分配资源，展开特色经营服务，使目标客户群满意直至忠诚。

在金融领域，如果说细分市场是对客观世界的深刻洞察，那么接下来的目标市场选择便是金融机构对自我优势的深刻把握，是从众多细分市场中寻找到与自身特点最为契合的那个市场。因此，面对一样的细分市场，目标市场会因为不同金融机构、不同外部环境而不同。有的银行将中高收入者作为目标市场，有的银行则把老年人作为目标市场，还有的银行把房地产企业作为目标市场等。证券公司以账户交易量和总资产将客户分成若干不同级别的细分市场，然后根据自身资源和能力确定目标客户群。保险公司有的做寿险，有的做财产险，有的做人身意外险等。金融机构能否正确选择适合自己的目标市场，对经营活动的影响将是根本性的。

为了正确地选择并进入一个或若干个目标市场，首先要以市场细分为基础，对各类细分市场进行评估，然后确定哪些可以成为目标市场。

一、细分市场的评估要点

（一）细分市场的规模和增长潜力

收集和分析各类细分市场潜在客户数量和购买力、已发生的市场交易量、增长率和预期利润水平是否保持稳定。金融机构适合选择规模和增长适度的市场，不一定是销售量最大、增长最快的市场。

（二）整体的一致性

在金融领域，随着目标市场需求的不断演变，金融机构需要调整自身的产品开发和创新策略。为了实现这一目标，金融机构应确保其调整方向与市场需求的变化一致。在满足核心客户群需求的同时，金融机构不应忽视其他相关细分市场的客户。这是因为每个细分市场都可能为金融机构带来新的机遇和收益。此外，金融机构在调整产品和服务时，需要保持自身品牌形象的一致性和统一性，以便在激烈的市场竞争中脱颖而出。

（三）细分市场结构的吸引力

细分市场可能具备理想的规模和增长速度，但能否获得预期利润还可能存在问题，需要分析市场结构与市场利益关联者的情况。主要的利益关联者是竞争者、存款和贷款客户、同业合作者，它们之间的关系可用迈克尔·波特的竞争力量模型来表示，如图3-1所示。

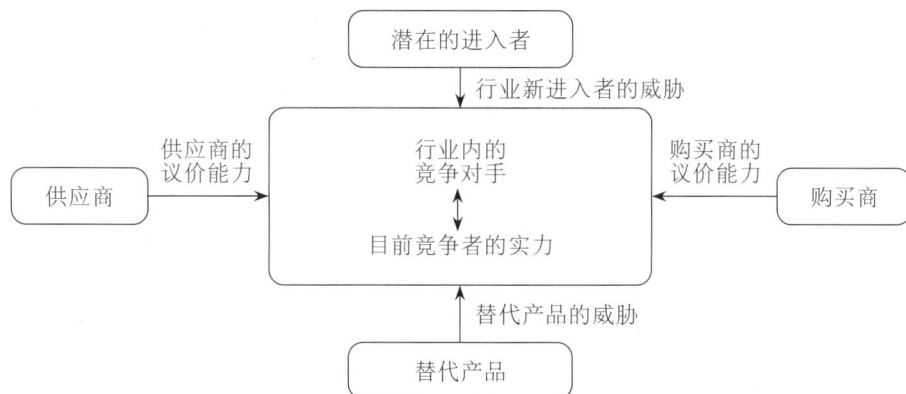

图3-1　竞争力量模型图

（四）金融机构自身目标、资源和技能

要有超过竞争者的技能和资源，建立有效获得市场信息的网点，还要在地理区位上合理布置分支机构和网点，或者有强有力的电子化远程支持系统并保持通畅，使产品和服务能够顺利进入市场。

麦当劳的市场
细分和市场
定位

二、目标市场选择

目标市场涉及金融机构针对特定的交易者群体，这些群体具备相似的需求和购买特

点。在深入研究和评估各种市场细分之后，金融机构将面临一个关键决策点：确定要进入哪些细分市场，以及决定在这些市场中投入的资源数量。通常选择目标市场有两种策略类型：

（一）无差异性目标市场策略

该策略是把整个金融市场视作一个大目标市场，推行单一营销组合计划与营销战略。它以整个市场共同的金融需求为目标，在营销活动中强调客户需求的相似性或共同点，而忽视不同客户需求的差异性。就像可口可乐公司的广告词一样："请喝可乐"，希望能适合所有人的需要。

当采取这种目标市场策略时，企业只需推出单一的产品和标准化服务，设计一种营销组合策略即可。例如，银行推销功能单一的借记卡，只要设计密码系统、ATM布置、发展广泛的特约商户，以单一产品、单一价格、单一促销方式和单一分销渠道就可满足需要。由于这种策略经营品种少、批量大、市场调研费用低，可降低管理成本和营销支出，因此，有利于用低价格争取客户，具有规模优势。金融产品同质性与生俱来，无差异目标市场属于"被"选择。事实上，很多金融机构从事无差异产品的营销，努力通过大众传媒活动，在客户的心目中树立区别于竞争者的自身形象。而要取得成功的条件是，金融机构应有资源优势，具有进行大规模经营与销售的能力。

这种市场策略的缺点是忽略了同一顾客群不同层次的需求差异，提供的产品与营销手段过于单一，不一定能适应复杂多变的市场需要。由于客观事实上交易群体的需求差异，无差异性策略只是适合了细分市场某一最大需要而已。如果同时有数家公司选择同样的策略，就将提高这个市场的竞争程度。而市场上另一些较小的客户群体的需求仍无法得到满足。并且，这种策略缺乏弹性，难以适应市场的频繁变化。

通常，这种大细分市场的竞争日益激烈之后，许多公司转而追求市场中其他较小的细分市场，不再采取无差异性的营销策略。例如，银行从借记卡到信用卡、联名卡以及各种各样的个性化的卡，就是一个不断从无差异大众市场逐步细化为小众市场的过程。同样，保险市场也在发生类似变化。

（二）差异性目标市场策略

差异性目标市场策略，也就是多重细分策略，其核心在于根据客户多样化的需求和特点，在至少两个以上的细分市场开展经营活动。这种策略要求为每一个独特的细分市场量身定制产品和营销计划。简而言之，企业不仅要识别并服务于不同的消费者群体，而且要确保在各自的细分市场中提供专门针对性的产品和服务。金融业借鉴制造业的经验，如通用汽车公司"为每一个钱包、目的和人格，分别生产一种汽车"，针对客户投资理财的不同需求，设计了名目繁多的金融产品和服务。证券公司对客户实行差异性目标市场策略，按客户收入高低、风险偏好、交易总量和频率等，将客户分为VIP、中档、普通等不同级别，分别享受不同的交易渠道、不同的设备、不同的信息内容和咨询建议。少数高级客户甚至可以享受研究专家的特别服务。

这种策略注重客户需求的差异性。实施多种产品、多种促销方式、多种分销渠道的营销组合策略，力图在每个细分市场占据举足轻重的地位，加强客户的认同感，促使客户不断重复购买。

差异性营销策略是目前制造业普遍采用的策略。现在可口可乐公司针对市场的变化，调整了目标市场策略，实施了差异化营销。它不仅继续生产销售可口可乐，而且针对不喜欢可乐型的消费者推出了芬达、雪碧等不同口味的饮料。产品包装不仅有塑料瓶装，而且有玻璃瓶装以及罐装，不仅有小瓶装，而且有大瓶装，甚至还推出水壶式的包装，迎合儿童的需要。

差异化营销战略，其核心在于针对不同的细分市场推出多样化的产品和服务，这种策略显著地提升了金融机构对特定市场的渗透力。它不仅能够细致入微地满足客户多元化的需求，而且有助于金融机构在竞争激烈的市场中赢得并扩大其目标客户群体，从而有效地增加市场份额。但由于经营品种较多，对客户需求的调研、产品的开发促销等费用大，营销成本会增加，还可能分散经营注意力。因此，实施此策略的银行应加强对收益成本比率的分析研究，一旦出现得不偿失的情况，应减少经营品种，集中资源于优势市场。

三、目标市场选择的影响因素

金融机构在做出目标市场决策时，要根据自己的资源、产品差异性、产品生命周期、市场特点、竞争策略等方面的因素综合考虑决定。

（一）自身资源

如果金融机构的人力、财力、物力资源充足，实力强大，则可以采用无差异性营销策略。如果金融机构的资源有限，则最好采用差异性或集中性营销策略。

（二）产品特点

对于需求弹性比较小，或高度同质性的产品和服务，可以采取无差异性策略。信用卡结算业务的差异程度小，由专业公司——中国银联代理清算业务；同样，低差异程度的汇兑业务，通常由总行统一办理或让专门机构代理，如西联汇款一类的公司办理；常规储蓄存取统一用 ATM 操作等。上述这些产品都是采取无差异性市场策略。而对于产品差异较大的贷款业务、财务咨询等产品，或者需求弹性较大的产品和服务，则以采取另两种市场策略为宜。

（三）市场特点

如果大多数交易者的需求比较接近，而且每个时期内购买金融产品的数量或交易额变化不大，对营销的刺激反应不明显，或者有比较趋同的反应，则应选择无差异性营销策略。如果市场内顾客群体差异比较大，则应采取差异性或密集营销的策略。

（四）产品在其生命周期所处的阶段

当推出一项新产品或服务时，由于处于投入期，主要解决客户初次拥有产生的满足，而不是多样化、差异化的需求，推出一种规格、型号、式样就可以，因为一开始推出多种产品，金融机构的连续开发能力有限，客户也不容易全部接受。但如果产品和服务趋于成熟、定型，客户也较熟悉，需求有了进一步深化发展的必要，同时竞争也空前激烈，则应该采取差异性或集中性营销策略。

（五）竞争者的市场策略

一般而言，金融机构在市场竞争中可采取的竞争策略大致有两种：针锋相对和避实就虚。如果竞争者采用差异性或集中性的营销策略，企业仍然采取无差异性营销策略，则无异于自杀。应该避其锋芒，采取与其类似的策略，寻找适合自己的细分市场，或抢先深度发展。当竞争者采用无差异性营销时，金融机构既可以采用无差异性营销策略去抢地盘、争份额，又可以采用差异性或集中性营销策略，向市场深度发展，在更高层次上满足客户需求。

第四节　　　　　　　　　　市场调查

一、市场调查的方法

市场调查有许多方法，企业市场调查人员可根据具体情况选择不同的方法。

市场调查方法可分为两大类：第一类按选择调查对象来划分，有全面普查、重点调查、随机抽样、非随机抽样等；第二类是按调查对象所采用的具体方法来划分，有访问法、答卷法、谈话法、电话调查法、观察法、实际痕迹测量法、行为记录法、实验法等。下面简要分析每一种调查方法的特征。

(一) 按调查对象划分

1. 全面普查

全面普查是指对调查对象总体所包含的全部个体都进行调查。可以说，对市场进行全面普查可以获得非常全面的数据，能正确反映客观实际情况，效果明显。如果把一个城市的人口、年龄、家庭结构、职业、收入分布情况进行系统调查了解后，对房地产开发将是十分有利的。由于全面普查工作量大，要耗费大量的人力、物力、财力，调查周期较长，因此，一般只在较小范围内采用。当然，有些资料可以借用国家权威机关的普查结果，如可以借用全国人口普查所得到的有关数据资料等。

2. 重点调查

重点调查其核心在于选取总体中具有代表性的个体或消费者群体，并以此为依据，进而得出普适性的结论。得益于这种调研方法，其优势在于样本数量相对较少，使得企业能够投入较少量的人力、物力和财力，在相对较短的时间内完成整个调研过程。例如，调查高档住宅需求情况，可选择一些购买大户作为调查对象，往往这些大户对住宅需求量占整个高档商品住宅需求量的绝大多数，从而推断出整个市场对高档住宅的需求量。当然由于所选对象并非全部，调查结果难免存在一定误差，市场调查人员应高度重视，特别是当外部环境发生较大变化时，所选择的重点对象可能不具有代表性了。例如，1993年国家加强了宏观调控，一些房地产公司的贷款受到限制，资金不足、开工不正常、水泥等材料需求量急剧减少。在这种情况下，房地产公司应及时调整，重新选取调查对象，并对调查结果认真分析，只有这样的市场调查结果才能为企业制定策略提供有用的依据。

3. 随机抽样

随机抽样调查是在总体中随机任意抽取个体作为样本进行调查，并根据样本推断出一定概率下的总体的情况。随机抽样在市场调查中占有重要地位，在实际工作中应用广泛。随机抽样的核心在于公平性，它确保每个个体都有平等的机会被选中成为样本。这种方法的精髓在于，通过随机抽取的样本，我们可以构建起对整个市场的公正且全面的视角。它又可分为三种：一是简单随机抽样，即在整体中所有个体都有相等的机会被选作样本；二是分层随机抽样，即对总体按某种特征（如年龄、性别、职业等）分组（分层），然后从各组中随机抽取一定数量的样本；三是分群随机抽样，即将总体按一定特征分成若干群体，随机抽样是将部分作为样本。分群抽样与分层抽样是有区别的：分群抽样是将样本总体划分为若干不同群体，这些群体间的性质相同，然后将每个群体进行随机抽样，这样每个群体内部存在性质不同的样本；而分层抽样是将样本总体划分为几大类，这几大类间是有差别的，而每一类则是由性质相同的样本构成的。

4.非随机抽样

非随机抽样是指市场调查人员在选取样本时并不是随机选取，而是先确定某个标准，然后再选取样本数。这样每个样本被选择的机会并不是相等的。非随机抽样也分为三种具体方法。①就便抽样，又称随意抽样调查法，即市场调查人员根据最方便的时间、地点任意选择样本，如在街头任意找一些行人询问其对某产品的看法和印象。这在商圈调查中是常用的方法。②判断抽样，即通过市场调查人员以往经验来判断由哪些个体来作为样本的一种方法。当样本数目不多，样本间的差异又较为明显时，采用此方法能起到一定效果。③配额抽样，即市场调查人员通过一些控制特征，对样本空间进行分类，然后由调查人员从各组中任意抽取一定数量的样本。例如，某房地产公司需要调查消费者购买房屋的潜力，特别要了解中、低收入的消费者购房的欲望，以便企业把握机遇，做好投资的准备。再如，根据收入与年龄将消费者进行分类，按收入分为高、中、低档，年龄根据中国国情划定为27岁以下和28～35岁、36～55岁、55岁以上4组，调查人数为300人，在对每个标准分配不同比例后，得出每个类别的样数。

（二）按照调查方法划分

1.访问法

这是最常用的市场调查方法。科学设计调查表，有效地运用个人访问技巧是此方法成功的关键。

调查表是企业决策思维的直接映射，它承载着营销部门翘首以盼的关键信息，是获取洞察力的宝贵源泉。所以，要想让调查发挥其应有的作用，精心设计调查表便是不可或缺的一环。

设计调查表的步骤：

①根据整个研究计划的目的，明确列出调查表所需收集的信息是什么。例如，对房地产公司来说，它需要得到在它所投资地区的消费者对购房的兴趣、消费者的收入以及购房的承受能力，以及消费者对住房的标准要求等信息。

②按照所需收集的信息，写出一连串问题，并确定每个问题的类型。房地产公司要想占领市场，既要了解目前该城市的人口分布、年龄情况、家庭结构、住房面积、消费者拥有房子的情况，又要了解居民的收入水平（基本工资、奖金收入、消费者在购买生活必需品和一些耐用消费品以后剩下的可支配的货币有多少），还要了解消费者目前是否有存款，并要了解消费者对购房的兴趣、欲望以及了解消费者对住房的最低要求（设计方案、四周环境、建筑套型等）和当地政府的房地产政策，银行金融系统对消费者购房的有关政策等。

③按照问题的类型、难易程度，设计好题型（单选，多选，是非判断等）并安排好询问问题的次序。

④选择一些调查者做调查表的初步测试，请他们做题，然后召开座谈会或通过个别谈话征求意见。

⑤按照测试结果，再对调查表进行修改，最后得出正式调查表。设计调查表应注意的事项：第一，问题要短。因为较长的问题容易被调查者混淆。第二，调查表上每一个问题只能包含一项内容。第三，在问题中不要使用专门术语，比如容积率、框架结构、剪力墙结构、筒中筒结构等。一般消费者是搞不清楚这些专门术语的。第四，问题答案不宜过多，问题的内容不要模棱两可，一个问题只代表一件事。第五，要注意提问题的方式。有时直接提问题并不见得是最好的，而采用间接方法反而会得到更好的答案。例如，最近房地产公司为了销售某一处商品房做了不少广告，当调查员想知道、想了解这些广告效果时，与其直接询问被调查者的看法如何，还不如用迂回方式去了解他们有多少人知道该处的房产情况。

2. 答卷法

调查人员将被调查人员集中在一起，要求每人答一份卷，在规定时间内答完，这样被调查人员不能彼此交换意见，却能充分表达个人意见。

3. 谈话法

市场调查人员与被调查者进行面对面谈话，如召开座谈会，大家畅所欲言。然后还可针对某些重点调查问题进行个别谈话，深入调查。这种方法的最大特点是十分灵活，可以调查许多问题，包括一些看上去与事先准备好的问题不太相关的问题，可以弥补调查表所漏掉的一些重要问题，谈话气氛好，不受拘束。

4. 电话调查法

电话调查法是市场调查人员借助电话来了解消费者的意见的一种方法。例如，定期询问重点住户对房产的设计、设备、功能、环境、质量、服务的感觉如何，有什么想法，并请他们提出一些改进措施等。

5. 观察法

观察法是指调查人员不与被调查者正面接触，而是在旁边观察。这样被调查者无压力，表现得自然，因此调查效果也较理想。

6. 实际痕迹测量法

实际痕迹测量法是指调查人员不是亲自观察购买者的行为，而是观察行为发生后的痕迹。例如，要比较在不同报纸杂志上刊登广告的效果哪种好。

7. 行为记录法

行为记录法是指在取得被调查者同意之后，用一定装置记录调查对象某一行为的方法。例如，在某些家庭电视机里装上一个监听器，可以记录电视机什么时候开，什么时候关，收看哪一家电视台的节目，收看了多长时间等。这样可以帮助营销管理人员今后选择哪一家电视台，在什么时间播广告效果最好。

8. 实验法

实验法是指将调查范围缩小到一个比较小的规模上，进行试验后取得一定结果，然后再推断出总体可能的结果。例如，当调查广告效果时，可选定一名消费者作为调查对象，对他进行广告宣传，然后根据该消费者接受的效果来改进广告词语、声像等。实验法是研究因果关系的一种重要方法。例如，研究广告对销售的影响，在其他因素不变的情况下，销售量增加就可以看成完全是广告的影响造成的。当然，市场情况受多种因素的影响。在实验过程中，消费者的喜好和竞争者的策略可能会发生变化，这些变化可能会对实验结果产生影响。尽管如此，实验法在研究因果关系方面具有独特的优势，它能够提供访问法和观察法无法提供的实证材料，且其应用范围相对较广。

二、市场调查的调查规模

作为一项了解消费者期望和购买行为的调查，其规模越大，结果也就越令人信服。但是由于受到人力、物力、调查技术条件的限制，我们不得不从以下四个方面来考虑调查的规模。

（一）样本的数量

一般而言，一个调查样本越大越好，因为依据统计学上的大数定理，大样本可以降低误差。但是，大样本不可避免地要大量增加调查成本，而且在调查实务中，大样本也引进了额外的误差因素，诸如调查员的疲乏、统计上的错误、回收率难以控制等。

（二）样本涵盖面的广度

样本涵盖面与样本数是相依存的，抽样涵盖面越广，所需样本数也就越大，虽然在整体上样本具有代表性，但对于各抽样样本来说，仍然不具有代表性。

（三）问题涵盖面的广度

如果调查内容太少，挂一漏万，就会失去调查的本意；反之，如果尽量增加调查的内容，问卷太长，会使得调查者失去耐心，从而降低整个调查的可信度。此外，极可能由于一部分调查者失去耐心、拒绝合作，降低整个调查的可信度或造成严重的抽样偏差。这两个方面都会使调查结果因量变引发质变，从而使调查失去意义。

汤臣一品的
差异化营销
"失败"

（四）调查的深度

在通常情况下，深度和广度在调查研究中就好比是鱼和熊掌，很难同时获得。深入的调查需要调查人员具有高水平的专业能力，耗时更长，而且需要更多的经费支持。

章后习题

一、练习题

1.（单选）金融产品不包括（　　　）。

A.货币　　　　　　　　　　　　　　B.黄金

C.信用卡　　　　　　　　　　　　　D.有价证券及衍生产品等

2.（单选）一个完备的金融市场的基本要素不包括（　　　）。

A.资金供应者和资金需求者　　　　　B.信用工具

C.信用中介　　　　　　　　　　　　D.资金的转移

3.（单选）对于政府的宏观经济促进与监管，金融市场的功能包括（　　　）。

A.财富增值功能　　　　　　　　　　B.资源配置功能

C.调节功能　　　　　　　　　　　　D."晴雨表"功能

4.（单选）下面不是金融市场特点的是（　　　）。

A.产品"使用价值"的普遍性　　　　B.交易市场的真实性

C.交易活动的延滞性　　　　　　　　D.交易动机的多样性

5.（单选）以下不是目标市场选择的因素是（　　　）。

  A.自身资源　　　　　　　　　　　　　B.产品价格

  C.产品特点　　　　　　D.产品在其生命周期所处的阶段

二、思考题

1.简述金融市场的功能。

2.简述金融市场细分的原则和标准。

章后习题参考答案

实训二　金融产品营销目标市场选择

【能力目标】

1.能根据金融产品市场调研程序进行金融产品营销内外部环境分析。

2.能较好地运用调研方法进行金融产品市场调研。

3.能针对金融产品进行多种类型的市场细分。

4.能根据金融产品的特征、市场细分的情况选择目标市场。

【知识目标】

1.掌握金融产品市场调研的程序和内外部环境分析的内容。

2.掌握金融产品市场调研报告的撰写要领。

3.掌握市场细分的标准、步骤、原则。

4.掌握目标市场的选择方法和进入方式。

一、引例

日本丰田汽车公司为了打入美国市场，对美国以及世界经济做了多年的调查研究，预测到未来能源日趋紧张、通货膨胀加剧、城市交通更加重视环保等因素，从而研制出节能、廉价、安全可靠、具有一流限制排气系统的小汽车，打入美国市场之后取得极大成功。

二、市场调研的程序

市场调研的程序如图3-2所示。

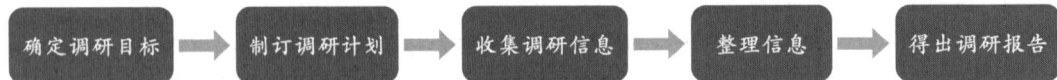

确定调研目标 → 制订调研计划 → 收集调研信息 → 整理信息 → 得出调研报告

图3-2　市场调研的程序

三、市场调研实操

1.人员走访

进行入户调查，调查一定范围内的消费者需求，获得市场信息；

通过街头采访的方式获得自己想得到的信息。

2.电话访问

选择较高素养的电话访问人员；

注意自己的言语，要讲究礼貌以及询问的技巧。

3.问卷调查法

了解问卷调查的注意事项、主要组成部分，提高问卷的准确度。

四、市场细分流程说明

1.调查阶段

运用各种方法，收集充足的资料。

2.分析阶段

采用多种分析工具，划分出差别最大的细分市场。

3.细分阶段

根据顾客不同的变量划分每个集群，并进行命名。

五、选择目标市场

选择目标市场的依据如下：

（1）不同潜在市场的特征。

（2）各个市场结构的吸引力。

（3）金融企业的资源与竞争优势。

六、情景训练

1.根据所学内容，学生以小组为单位，挑选角度，为所选的金融产品制订调研方案。

要求：按照调研的程序制订方案，通过各种方法为调研做好全面的安排，包括调查经费预算、调研人员、调研分工和日程安排等。根据调研得到的内容制作调研报告，总结对自己有用的信息，进行课堂汇报。

2.根据所学的知识，解决问题。

（1）假设自己是某金融产品的销售负责人，请负责挑选金融产品然后分析该金融产品的优点、缺点。

（2）挑选金融产品，运用市场细分的有关知识，为其进行产品的推广策划。

（3）挑选金融产品，为该金融产品挑选目标市场，找出该产品的卖点。

七、实训目标

通过实训，使学生能够熟练运用金融产品目标市场细分的方法，学会目标市场选择策略，并且能够找准金融产品的定位。

八、实训考核

通过小组分工合作，总结结果，进行课堂汇报，并根据汇报情况打分。

实训二　华为目标市场营销的巧妙

第 四 章

金融服务营销

学习目标

1. 了解金融服务营销的发展趋势。
2. 理解商业银行金融服务营销策划的流程。
3. 掌握金融服务营销的基本知识及各类型服务营销。

【章前导读】

随着金融体系的发展，金融机构间的竞争日趋激烈。金融机构的营销内容不再局限于金融产品的绝对交换，更多地涉及服务以及精神的交流，通过服务营销来获取客户终身的价值认同。金融机构服务理念和服务方式的改变，不仅仅是把顾客重新定义为客户，更对自身的调整提出了严格的要求。金融服务营销是金融业和服务业的结合，对金融业这一特殊的行业而言，所寻求的不仅仅是对客户暂时价值的获取，更是获取客户终生的价值，这也是金融服务营销的最高境界。而要想达成这一目标，对金融服务机构以及服务人员进行明确的角色定位十分必要，因为这直接或间接地决定了银行的商誉，进而影响到金融机构的价值。本章将讲述在服务营销中金融机构所需具备的理念。

第一节　　　　金融服务营销的兴起与发展

一、服务营销理论的兴起

服务营销理论于20世纪60年代兴起于西方，80年代进入高潮。该理论兴起的主要原因是西方发达国家进入了注重知识的服务型社会，不仅服务机构而且工商企业对有形产品提升服务附加值的活动，都需要新理论来指导。服务营销学，是在市场营销学的基础上，针对服务行业进行的一系列适应性变革和创新。这一学科的形成，是市场发展的必然趋势，也是学术界对服务行业特性的深入研究的产物。

著名营销学者菲利普·科特勒曾经指出，服务代表了未来市场营销管理和市场营销学研究的主要领域之一。事实上，服务营销学已经在欧美国家蓬勃发展。进入21世纪，随着世界服务业的进一步发展，服务业将继续成为国际市场营销界重点关注的领域之一。近10年来，服务营销学理论发展加速，学科的独立性趋势日渐显现。现在营销学者们也不会像以前那样，不关注服务，只在工业营销学或国际营销学的最后一章才提及服务营销点缀一下。在知识经济迅猛发展、信息技术不断进步、服务型社会逐步形成的背景下，人们对服务的需求愈发旺盛。这种趋势激发了服务营销领域的活力，引起了众多学者的浓厚兴趣。

服务营销学理论研究起步较晚，回顾其发展历程，学者们大致将其归纳为三个阶段，每个发展阶段都有关注和研究的重点问题。

第一阶段（20世纪60—70年代）是服务营销学的脱胎阶段，服务营销学刚从市场营销学中脱胎而出。这一阶段主要研究的问题是：

（1）服务与有形实物产品的异同；

（2）服务的特征；

（3）服务营销学与市场营销学研究角度的差异。

第二阶段（20世纪80年代初—80年代中期）是服务营销学的理论探索阶段。其间深入探讨了服务特性如何塑造消费者的购买行为，集中分析了消费者在评估服务时的心理过程，以及他们如何权衡服务的特质、优势和潜在风险。这一阶段具有代表性的学术研究课题主要是：

（1）顾客评估服务如何有别于评估有形产品；

（2）如何依据服务的特征将服务划分为不同的种类；

（3）可感知性与不可感知性差异序列理论；

（4）顾客在服务生产过程中的高参与和低参与模式；

（5）服务营销学如何跳出传统市场营销学的范畴而采取新的营销手段。

第三阶段（20世纪80年代后期至今）是理论突破及实践阶段。在第二阶段取得对服务基本特征的共识基础上，营销学者集中研究了用传统的"4P"组合要素来推广服务产品的缺陷及其对策，究竟要增加哪些新的组合变量的问题。这一阶段代表性的学术观点是：

（1）服务营销应包括七种变量组合，即在传统的产品、价格、渠道和促销"4P"要素之外，还要增加人员、过程和有形展示三个要素，从而形成"7P"组合，如图4-1所示。

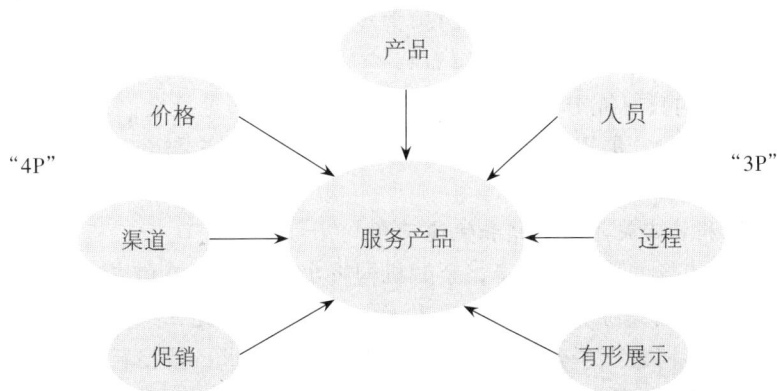

图4-1　服务营销要素

（2）由人员（包括顾客和企业员工）在服务推广以及服务生产过程中所扮演的角色，衍生出两大研究领域，即关系营销和服务系统设计。

（3）服务质量的新解释，确认服务质量由结果质量和过程质量组成，前者与服务的硬件要素关系密切，后者是服务的软件要素。服务质量的标准以可靠性、反应性、保证性、关怀性和有形性为基本内容。

（4）提出服务接触的系列观点，服务接触是服务行业中的一个至关重要的概念，它涉及企业一线员工与顾客之间的沟通行为和心理变化，对整体服务感受产生深远影响，如何利用一线员工及顾客双方的"控制欲""角色"和对投入服务生产过程的期望等因素来提高服务质量等问题。

（5）从对"7P"研究的深化，到强调加强跨学科研究的至关重要性。服务营销学强调从人事管理学、生产管理学、社会学以及心理学等学科领域观察、分析和理解在服务行业中存在的各种市场关系。

美国西南航空公司人员、过程和有形展示

（6）特殊的服务营销问题，如服务价格测定理论、服务的国际化营销战略、资讯技术对服务的生产管理及市场营销过程的影响等。

二、金融服务营销的发展趋势

随着社会的进步，金融业的营销也在不断发展，各个金融机构一直都在创造新的营销策略和竞争方法，尤其是西方发达国家金融业营销的竞争愈演愈烈。借鉴其历史进程与社会发展和市场营销的发展方向，今后金融服务营销将表现出以下特点：

（一）营销将渗透到金融机构活动的各个方面

营销将渗透到金融机构活动的各个方面，尤其要突出搞好"内部营销"，了解消费者需求，设计出适合这种需求的国字号产品，并以符合消费者心理的方式传递给消费者。随着经济的发展，我国金融业面临良好的发展前景，消费者需求广阔。因此，对金融机构来说，不仅要注重解决"外部营销"问题，"内部营销"问题更是至关重要。要充分了解并满足消费者的需求，将服务渗透到各方面，走进全面营销时代。

（二）金融机构将创新一套独特的行业实务营销模式

金融行业的服务特性要求其营销策略不能简单模仿传统的工商企业营销模式，或是仅仅追随它们的步伐。相反，金融机构必须依据自身行业的独特性，开发出具有自身特色的营销手段。这不仅仅要求金融企业提供超越常规的服务水平，更要在市场中形成鲜明的个性，以此在激烈的竞争中脱颖而出。作为第三产业的金融服务业，其营销特点就是"服务+服务"。金融机构只有充分树立服务意识才能更好地满足社会高质量的服务需求并以此提高自身的竞争优势，展现良好形象。此外，还可通过塑造与众不同的品牌形象、品牌内涵等途径赢得消费者的信赖。

（三）金融机构将实施善变营销和快速营销

为了适应金融市场的变化和节奏，金融机构将实施善变营销和快速营销。当今的时代是一个飞速发展的时代，对于营销来说，本无定律而言。因此，一方面，未来的金融业必须训练员工的客户导向意识，充分了解客户不断更新的需求，捕捉新的市场机会。及时推出新产品、新概念，为客户提供新的服务。另一方面，在产品和服务市场上"快速出击"，比竞争对手先行一步，善于制造新热点，这样的金融机构往往能够在激烈的市场竞争中脱颖而出。

（四）金融机构将更注重市场定位、客户选择等技术性营销操作

1997年5月，美国财政秘书正式提交国会金融改革方案，原则是取消银行与其他金融机构之间的法律界限，向欧洲"全能银行"看齐，银行、证券、保险和房地产企业之间，允许业务交叉，互相兼并。但是，这并不意味着在实际操作中，每个企业都是"全能"的，而必须突出本企业的定位。

（五）金融机构将掀起国际营销和网络营销的热潮

随着经济全球化的深入发展，金融机构进行各项活动所依靠的主要因素——资本能够比较方便地在全球范围内进行流通。处于这样的环境背景下，各个金融机构也就不再满足于仅仅局限在一个地区或国家中提供金融服务产品，而是试图在更大范围的国际市场上寻找新的机会，获取新的顾客，得到更快的增长，于是金融服务营销又出现了新的发展趋势，国际营销应运而生。在这个日新月异的金融时代，市场竞争的深度和广度都发生了根本性的变化。金融机构若想在这场竞争中脱颖而出，就必须进行深刻的变革，积极探索并运用创新的营销策略来吸引客户。其中，金融服务网络营销因其标准化、个性化、低成本、受众广泛和交流便捷等特点，深受营销人员的喜爱，并已成为金融机构拓展市场的重要手段。从目前的趋势来看，发展金融服务网络营销，是国际金融行业新的竞争力角逐，现代网络技术的发展进一步打破了经济金融活动的地域边界，加快了经济金融的国际化和全球化进程，给各国金融机构提供了一个全新的竞争平台。

【学思践悟】

国际布局展宏图，金融机构创佳绩

2024年1月16日，习近平总书记在省部级主要领导干部推动金融高质量发展专题研讨班上再次强调，要通过扩大对外开放，提高我国金融资源配置效率和能力，增强国际竞争力和规则影响力。近年来，中国金融机构积极开展国际营销，推动国际化发展，取得了举世瞩目的成绩。中国银行业协会数据显示，截至2022年年底，中国主要银行在全球范围内设立了超过1 400家分支机构，显著提升了国际市场竞争力。中国工商银行通过在"一带一路"共建国家和地区的布局，成为全球网络最广、服务最全的中资银行之一。截至2022年，中国工商银行在海外的资产规模已超过4 000亿美元，占总资产的近10%。另一个典型案例是中国建设银行，其在伦敦、法兰克福等金融中心设立分行，积极参与国际金融市场，提供全方位的金融服务。政策层面，2019年发布的《中华人民共和国外资银行管理条例》和《中华人民共和国外资保险公司管理条例》进一步放宽了外资准入限制，鼓励中资金融机构"走出去"。此外，中国人民银行与多个国家的央行签署双边本币互换协议，促进跨境人民币业务的发展。中国金融机构的国际营销不仅提升了自身国际化水平，而且为全球金融市场注入了新的活力，助力中国经济高质量发展和全球经济治理体系的完善。

第二节　　金融服务营销认知

一、金融服务

金融服务可以被定义为："金融机构运用货币交易手段融通有价物品向金融活动参与

者和顾客提供的共同受益、获取满足的活动。"新时期，党和国家对服务业提出了更高的要求，要推动构建优质高效的服务业新体系，健全金融服务体系。

金融服务主要具有以下特征：

（一）不可感知性

和其他所有的服务一样，金融服务具有不可感知性。这可以从三个不同的层次来理解：首先，金融服务的很多元素看不见，摸不着，无形无质；其次，顾客在购买服务之前，往往不能肯定他能得到什么样的服务，因为大多数金融服务都比较抽象；最后，顾客在接受金融服务后通常难以察觉或立即感受到服务的利益，也难以对服务的质量做出非常客观的评价。当然，"不可感知性"并非指所有的金融服务产品都完完全全是不可感知的，它的意义在于提供一个视角，将金融服务产品与无形的消费品或工业品区分开来。

（二）不可分性

有形的工业品或消费品从生产、流通到最终消费的过程中，往往要经过一系列的中间环节，生产和消费过程具有一定的时间间隔。而金融服务则与之不同，其具有不可分性，即金融服务的生产过程与消费过程同时进行。也就是说，金融服务人员在向顾客提供服务时，也正是顾客消费服务的时刻，二者在时间上不可分。金融服务的这一特性表明，顾客只有加入而且必须加入到服务的生产过程中，才能最终消费到金融服务。因此，顾客通常关心的主要是其能否在适当的地点和适当的时间得到金融服务。

（三）易逝性

易逝性，又称不可贮存性。工业品和消费品都是有形的，因而可以贮存，而且有较长的使用寿命，而金融服务则无法贮存。金融服务所具有的融合特性，意味着其生产能力在一定程度上是固定的。这使得金融服务在应对需求变化时表现出一定的刚性，即当需求减少时，可能会出现生产能力过剩的情况，造成资源浪费；而当需求激增时，又可能面临供给不足或服务品质下降的问题。

（四）差异性

差异性是指金融服务无法像有形产品那样实现标准化，每次服务带给顾客的效用、顾客感知的服务质量都可能存在差异。这主要体现在三个方面：

（1）服务人员的原因：如心理状态、服务技能、努力程度等，即使同一服务人员提供的金融服务在质量上也可能会有差异。

（2）客户的原因：如知识水平、兴趣爱好等，这将直接影响其对服务质量的评价，正如福克斯所言，消费者的知识、经验、诚实和动机，影响着服务业的生产力。

（3）金融服务人员与顾客相互作用的原因：在服务的不同次数的购买和消费中，即使是同一服务人员向同一顾客提供的金融服务也可能会存在差异。

（五）缺少专门特性

在大多数人眼里，一项金融服务与另一项金融服务通常是没有差别的。他们选择某一特定的金融机构或分支机构的原因往往与"便利"这个因素有关。任何一个机构都必须找到一种方法建立自己的特色，并且使其根植于公众的脑海里。由于竞争的产品是相似的，因此重点应该在"包装"上而不是在产品上。"包装"包括金融机构的定位、职员、服务、声誉、广告等。而正是由于多数竞争者所提供的服务大同小异，因此金融机构更应当重视营销工作，而不是一味强调某项特定的金融服务的独特性。

（六）受委托责任

任何金融服务组织都有保护其顾客利益的义务，这一点不仅仅在银行和保险业是至关重要的，在其他金融服务部门也是如此。

（七）与顾客关系的持续性

在服务业的世界里，一次性消费的行为往往使得后续的再次消费充满不确定性。然而，在金融服务业中，与客户建立的关系却通常是长期的和持续的。例如，当一个客户在某一银行开设了账户或者办理了信用卡时，我们可以准确地预测到他们将会有一系列的资金存取行为，这也意味着这位客户将与该银行保持持续的业务往来。

另外，金融服务还具有服务范围广泛、地理相对分散、增长必须与风险相平衡、需求具有波动性以及劳动力密集等特点。总之，在众多的特点中，"不可感知性"大体可被认为是服务产品的最基本特征，其他特征可以从这一特征中派生出来。

二、金融服务营销的内涵及特征

金融服务营销出现在工商企业市场营销之后，是市场营销在金融服务领域的发展和延拓。依据营销大师菲利普·科特勒的阐述，金融服务营销是指金融机构以市场需求为核心，各金融机构采取整体营销的行为，通过交换、创造和销售满足人们需求的金融产品和服务价值，建立、维护和发展与各方面的关系，以实现各方利益的一种经营管理活动。

金融服务营销学是一门探讨金融机构如何围绕客户需求展开金融服务营销活动及其规律的学科。简单来说，它关注的是金融机构如何通过深入了解金融市场和顾客需求，以及分析竞争对手的动态，制定和执行相应的战略和策略，向市场提供比竞争对手更出色的服务，并建立多方合作关系，以实现各方收益最大化的过程及其规律性。金融服务营销不是一般意义上的概念，而是具有广泛内容的经营哲学，其出现是金融业经营发展上一种革命性的观念，它的形成对先前的以卖方市场为主的生产观念、服务观念和推销观念构成了巨大挑战，它第一次从以卖方为导向转变为以买方为导向，变"以企业为中心"为"以满足顾客需求为中心"，从而实现了一次质的飞跃。

与工商企业的市场营销相比，金融营销是一种服务营销，其活动的标的、主客体、目的要求以及实现方式都有其自身的特点。

（一）金融营销的标的

各种金融服务产品，即"金融活动中的与资金融通的具体形式相联系的载体"，是筹资者和投资者的工具，也是金融管理者在金融市场上买卖的对象，同时又是金融工程技术人员的劳动成果。其特征主要表现为以下几个方面：

（1）形式上的无形性。金融服务看不见、摸不着，不采取任何具体的物质形式来展示，而通常是采取账簿登记、契约文书等形式，消费者购买某种金融服务产品，并不一定非要持有具体的金融资产，而只需要保存代表该资产的某种凭证即可。

（2）质上的一致性和可替代性。金融服务产品与一般实物产品不同，其使用价值和价值是重合的，它是一种价值尺度的表现，谁持有它，就意味着持有该价值尺度之后的任何商品和劳务，使自己的需求得到满足。这种服务产品的一致性赋予了不同金融产品间的可替代性和极易被其他金融机构所仿效的特性，从而加大了竞争的难度。

（3）表现形式上的多样性。金融产品虽然在质的方面没有太大的差异，但是在形式上因期限、流动性、承担的风险、发行者的不同而有较大的区别。筹资者可利用不同金融产品的这些差异，吸引不同的金融投资者；投资者也可以利用这些差异进行合理的资金投向选择，实现自己参与金融活动的目的。

（二）金融营销的主客体

在金融领域中，金融机构扮演着至关重要的角色。作为金融服务的提供者，它们不仅需要在资金筹集方面满足各种投资品的需求，而且也要确保资金的需求者得到满足。在资金运用方面，金融机构需要针对不同的客户，保证资金的高效利用和金融服务产品的优质。此外，还要充分发挥其作为交易中介的地位和作用，积极为客户提供各种各样的金融中介服务。

从金融营销的客体——金融服务的消费者来看，随着市场经济的发展，金融市场发育日趋成熟，全方位、多功能、多渠道的资金融通、交易结算已成为现实，这也使参与金融活动的金融消费者数量日益增多，构成日趋复杂，这就又对金融服务的质量提出了更高的要求。

（三）金融营销的目的和要求

金融机构作为独立的经济实体，有着自身的经营目的和利益追求，它要求金融机构的经营必须遵循安全性、流动性和盈利性三者有效结合的原则，企业要以最低的成本取得足额的资本，以最小的成本取得尽可能高的收益。因此，处理好金融机构经营风险与收益的关系，实现收益最大化便成为企业提供金融服务的主要目的，企业为了实现这一目的，必须向消费者提供各种优质高效的金融服务。由于金融服务的提供和服务的消费过程往往是同步进行的，二者在时间和空间上具有不可分性，也就是说金融服务价值的形成和使用价值的创造过程与其价值的实现和使用价值的让渡过程及其使用价值的消费过程往往是在同一时间、同一地点完成的，如金融机构向客户提供"储蓄"服务的同时，储户也在"消费"储蓄服务。这种金融服务提供与消费的同步性，也要求金融机构不断提高自身业务素质，树立良好的企业形象，通过提供规范的服务赢得更多的顾客。

（四）金融营销的实现方式

在商品经济中，有形商品的市场营销通常被视作企业与消费者之间的外部交流。在这个过程中，生产企业的一线员工往往被定位为单纯的制造者，他们的角色被限定在生产流程的环节中，而不涉及营销活动。与此不同的是，在金融机构中，员工成为营销活动的主体，员工的状况直接决定着顾客的满足程度，因此，金融机构在做好企业与顾客外部营销的同时，必须把一线员工作为内部营销的主体。对金融机构来说，成功的内部营销是成功的外部营销的前提。

成功地开展金融营销，首先必须充分认识金融营销的特点，尊重金融营销的客观规律。其次，必须进行科学的市场定位和不断的产品创新。

第三节　　金融服务营销类型

一、银行业金融服务营销

银行被划分为服务型行业，它的产品就是提供各种金融服务，这种类型的金融产品是无形的，这些无形的东西具有低市场准入成本、上市速度快、缺少排他性等特点，且金融服务都是在一定时间内一次创造的，并进行批量生产和批量营销的；如果客户购买了银行产品，也就表明选择了银行的金融服务模式，银行就会针对客户提供自始至终的服务。

伴随着我国金融业正在向混业经营进行转变，商业银行的金融服务的本质也在发生变化，这是一个动态的过程，应结合服务角度对金融服务营销深入理解。随着银行传统业务利润空间的大幅度下滑，银行也应在金融服务方面寻找新的利润增长点。例如，特色性的金融服务，银行靠占有优势的金融服务吸引客户，积极扩张银行金融服务营销模式。

（一）银行金融服务的目标

银行金融服务的目标就是客户至上。随着金融市场的日益激烈竞争，各大银行纷纷寻找新的利润增长点，重新审视并定位服务营销的目标。它们以客户需求为导向，积极开展注重客户体验的服务模式，旨在提升自身在金融市场的竞争力，实现持续、稳定的发展。

银行制度专业化的目标，包括金融产品和金融服务方面。随着当今金融产品的日益更新迭代，金融产品和服务都发生了极大的改变，专业化的金融产品和服务成为当今金融业的重要技术依托，唯有提供专业化的金融服务，才能满足客户精准的需求。

在积极的金融市场的竞争中，特色化的金融服务才能有利于银行企业脱颖而出。银行应该对自身营销模式进行积极的改变、积极的创新，并树立金融品牌。而且，现在不仅生产者注重品牌研究，广大消费者也开始选择自己认可的品牌，所以银行应该从仅注重金融服务的质量转变到对企业形象和品牌价值的延伸。

在全球化的浪潮中，世界经济的发展趋势要求金融服务业不断扩大其国际视野。银行业作为金融体系的核心，必须逐步实现服务的国际化，以适应经济全球化的一系列变化和挑战。银行服务营销的国际化，不仅能够提升金融交易的专业性和效率，而且能在跨国交易中增加交易的数量和质量。通过提供更为多元和创新的金融服务，银行业将能更好地满足全球客户的需求，从而在激烈的国际金融竞争中占据有利地位。此外，银行的国际化步伐也将积极推动国家金融市场的国际化进程，为国家的金融发展和全球竞争力提升做出贡献。

（二）新时期银行金融服务的营销模式

1.加强个性化金融服务

在银行金融业务办理中，面对的客户类型具有多样性，有些客户要求个性化的金融服务；因此针对此现象，银行应该提前对客户进行有效的分类，从而高效率地为客户提供优质的金融服务，同时积极追踪客户的金融业务动态，并有针对性地提供满足客户需求的金融业务，尤其是一些优质客户，银行更应该加强对它们的个性化服务。比如，拥有大量资金量的客户，其资金业务往来更易发生信贷需求，对其可以开通专门的服务通道，甚至可以采用专车服务的方式，以满足优质客户的需求；针对有紧急业务情况的大客户设立 VIP柜台，帮助他们节省办理金融业务的时间，并积极开通上门服务、电话提醒服务，积极挖掘潜在客户。

2.精准金融服务市场定位

对于银行来说，精准金融服务市场定位是非常重要的。银行首先应该根据客户需求把市场划分成若干需求一致的消费者群，把金融市场细分，这样可以扬长避短，针对不同消费者群做到精准金融服务，可以充分展现银行的竞争力，也可以增强银行金融服务发展的潜力。例如，中国香港的花旗银行于1999年推出的银卡、金卡、白金卡的金融服务方式，至今一直被广大银行企业效仿，因此精准市场定位可以有利于银行有针对性地开展金融服务。

3. 金融产品服务定价灵活

银行金融服务受到多方面的影响，其价格变化对销售影响较小。银行对金融服务定价时，在守法的前提下，可以采取适当变化的方式来实现业务拓展，这样不仅可以实现收益的进一步增加，而且可以促进银行金融服务形象的提升，比如银行可以尝试采取低市场定价的方式来吸引潜在客户。

【学思践悟】

灵活定价促创新，金融服务惠民生

近年来，中国金融产品和服务的定价机制愈发灵活，中央全面深化改革委员会第二十五次会议审议通过了《"十四五"时期完善金融支持创新体系工作方案》，强调要"聚焦金融服务科技创新的短板弱项，完善金融支持创新体系"。2022年，银保监会发布了《中国银保监会关于规范银行服务市场调节价管理的指导意见》（银保监规〔2022〕2号），进一步规范和优化金融服务价格机制，提升了金融机构服务质量和定价灵活性。例如，中国工商银行推出了基于大数据分析的个性化贷款利率定价体系，根据借款人的信用状况和风险评估，灵活调整贷款利率，有效降低了小微企业的融资成本。2022年的数据显示，通过该定价体系，中国工商银行累计为超过50万家小微企业提供了利率优惠，平均贷款利率下降了0.5个百分点。政策层面，2019年中国人民银行发布的《金融科技（Fin Tech）发展规划（2019—2021年）》鼓励金融机构运用科技手段提升定价能力和服务水平，促进普惠金融发展。另一个典型案例是蚂蚁集团旗下的余额宝，通过灵活调整货币基金收益率和费率，为超过7亿名用户提供了便捷的理财服务。中国金融产品和服务定价的灵活性不仅提高了金融资源配置效率，而且促进了金融市场的健康发展，为实现高质量发展和共同富裕目标提供了有力支持。

4. 营销策略与方式的转变

在当前激烈的金融市场竞争中，银行机构面临着前所未有的挑战，这要求我们必须对传统的营销策略和方式进行革新。银行作为金融服务的提供者，其核心使命是满足客户的多元化金融需求，而实现这一目标的关键在于提供高品质的金融产品与服务。以优取胜，为顾客提供高质量、低成本、高收益的金融服务；以新取胜，新的具有特色的金融服务，有利于银行在激烈的金融市场竞争中脱颖而出，求新也可以保持银行的活力；以快取胜，在市场、产品、服务等多方面进行时间竞争，争取提前抢占金融业务市场份额；以多取胜，体现为金融产品和服务的种类多样，这样可以全方位地服务于广大消费者。

5. 创新金融服务理念，品牌营销

近几年，中国银行业发展极为迅速，全球金融市场的不断深化变革，也对我国银行金融体系提出了新的要求。银行企业要想增强自身的经济实力，只有树立金融服务创新理念，在创新中求生存，在创新中求发展。银行在金融服务创新中，需要以维护客户的利益为核心原则，不断创新，并提高金融服务质量，这样才能得到客户的信任；同时也对金融服务环境、职业道德方面进行提升，从而进一步保证服务质量。

中国银行业服务状况

6.完善银行客户经理制度

在金融领域，客户经理的角色无疑是至关重要的。他们是银行与客户之间的桥梁，负责推动金融服务的营销工作。因此，客户经理的专业素质和服务水平直接影响着银行金融业务的发展。由此可见，银行完善客户经理制度的重要性不言而喻。首先，应该选择具备金融知识和相关法律法规的专业人才，进而对相关人员进行金融服务营销工作的培训，并制定出考核制度，考核合格后上岗，这样可以培养出综合素质高的银行客户经理。同时，要求客户经理具有良好的沟通能力，还要有良好的心理素质，这样才有利于银行进一步拓展金融服务业务。

二、保险行业金融服务营销

保险服务营销，又称保险市场营销，是指参与保险市场活动的主体，在不断变化和日益复杂的保险市场环境中，以保险保障服务为商品，以保险市场交易为中心，以满足投保人或被保险人的保险保障需求为核心，逐步实现自身营业目标的一系列活动。

保险直接服务营销体系是指保险公司通过自己的营销及业务人员，利用各种媒介手段与方式直接向保险客户进行保险产品的服务营销。参与保险直接服务营销体系的营销及业务人员属于保险公司的直属员工，是在保险公司中领取固定薪金的正式雇员。

保险间接服务营销体系是一种独特的服务模式，它巧妙地避开了保险公司在保险销售过程中的直接介入。相反，这种体系依赖于一系列中间商的传递，将保险产品传递到客户手中。保险代理人和保险经纪人是在保险间接服务营销体系中最为主要的保险中介，它们不能真正代替保险公司承担保险责任，只是参与、代办、咨询或者提供专门技术服务等各种保险服务营销活动，从而促成保险商品销售的实现。间接服务营销体系与直接服务营销体系通常相互补充，能相互弥补不足。服务营销的分类如下：

（一）保险经纪人服务营销

保险经纪人是代表客户的利益，为客户拟订保险方案、挑选保险产品、选择保险公司，并从保险人处获得佣金的保险中介机构。保险经纪人服务营销是指保险公司通过保险经纪人与客户进行撮合并最终完成保险产品服务营销活动的营销方式。保险经纪人服务营销流程图如图4-2所示。

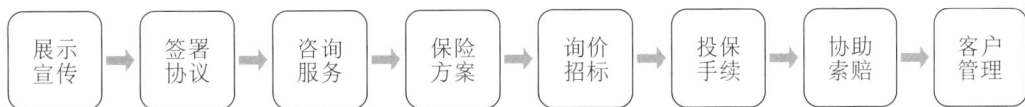

展示宣传 → 签署协议 → 咨询服务 → 保险方案 → 询价招标 → 投保手续 → 协助索赔 → 客户管理

图4-2 保险经纪人服务营销流程图

（二）保险专业代理机构服务营销

保险专业代理机构指的是指保险代理公司，即符合中国银保监会规定的资格条件，经中国银保监会批准取得经营保险代理业务许可证，根据保险公司的委托，向保险公司收取保险代理手续费，在保险公司授权的范围内专门代为办理保险业务的单位。

（三）个人保险代理服务营销

个人保险代理是指通过全国统一考试取得了保险代理人资格证书，与保险公司签订保险代理合同，根据保险公司的委托，向保险公司收取佣金，并在保险公司授权的范围内代为办理保险业务的个人。个人保险代理服务营销流程图如图4-3所示。

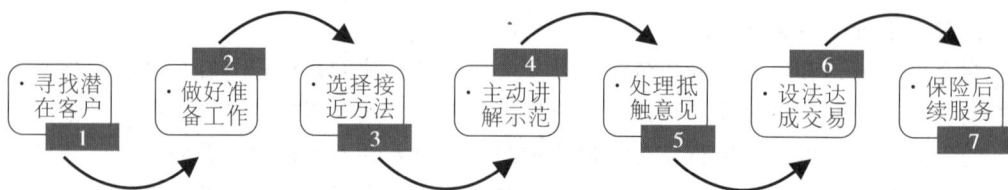

图4-3 个人保险代理服务营销流程图

（四）保险兼业代理机构服务营销

保险兼业代理机构是指在从事自身固有业务经营的同时，接受保险公司的委托，利用已有的设备和资源，为保险公司代办保险业务的单位。除此之外，还包括银行兼业代理机构服务营销、邮政兼业代理机构服务营销、行业兼业代理机构服务营销。

【学思践悟】

保险行业谋新篇，创新营销促发展

在2024年国务院印发的《关于加强监管防范风险推动保险业高质量发展的若干意见》中，明确了保险业在服务国家现代化建设、促进经济社会稳定中的关键作用，强调保险业的功能不仅限于经济补偿，而是作为经济减震器和社会稳定器，通过创新服务模式和加强风险管理，有效分散经济运行中的各种风险。根据中国银行保险监督管理委员会（银保监会）的数据，2022年中国保险市场保费收入达到4.5万亿元，同比增长8.2%。这一增长得益于一系列政策的实施和营销创新。2023年更新发布的《保险销售行为管理办法》为保险公司提供了规范化的营销指导，促进了行业的健康发展。例如，中国平安通过数字化转型和智能科技手段，推出了"平安金管家"App，用户可以在线完成保险咨询、投保和理赔等一站式服务，从而极大提升了客户体验。数据显示，截至2022年年底，"平安金管家"注册用户已超过1亿人。政策层面，2020年《健康中国2030规划纲要》的发布，为健康保险市场提供了广阔的发展空间，进一步推动了保险产品的创新与普及。另一个典型案例是泰康保险集团，通过整合健康、养老、保险等产业链资源，推出了"医养融合"的创新模式，得到了市场的广泛认可。中国保险行业营销的不断创新，不仅提升了保险服务质量和市场竞争力，而且为实现高质量发展和人民美好生活目标提供了有力支持。

三、证券行业金融服务营销

当今社会和经济的发展趋势，已经对传统的证券服务消费者产生了巨大的影响。如果证券公司希望吸引新的消费者并维持现有的客户，那么很有必要去了解消费者以及消费者对证券服务购买决策的影响因素。在人们的支出中用于证券服务的部分预计将持续上升，这一趋势的背后的原因有很多。首先，随着我国经济的稳步增长，国民的收入和储蓄都在不断增加。其次，越来越多的人开始意识到，在负利率的环境下，要想获得更高的投资回报，他们的投资策略需要更加精细和高效。然而，证券公司不应该只把注意力集中于产品种类的扩大，因为消费者对于服务要求也越来越高，所以需要证券公司提供更多优质的服务。

证券行业金融服务营销的实质和主流是关系营销。关系营销在我国证券服务业中的实践形式主要是正在推行的客户关系管理。但目前开展得远不够全面和深入。另外，由于扩大网点规模受证券公司实力及政策环境的限制，低价格竞争削减了证券公司的经营利润，技术创新也存在投入周期和技术条件的制约。因此，众多证券公司将服务营销策略作为提高市场占有率的首要选择，并逐步在经纪业务开展中加以推行。在我国，考虑到证券经纪业的政府管制性质和它属于金融服务业的特征，作为服务营销的证券经纪服务营销来说，其营销组合应包括六个要素：

（1）服务产品（服务内容）；

（2）有形展示；

（3）服务交付渠道和方式；

（4）对外沟通与促销；

（5）人员；

（6）客户服务。

而价格（佣金）这个一般营销组合中的重要因素，由于受国家监管部门限制，暂不列入其中。

我国证券服务业市场营销大体经历了三个阶段，即无营销阶段、粗放的大规模营销阶段和客户关系管理（CRM）阶段。前两个阶段尚未引入服务营销，而客户关系管理阶段已具服务营销的雏形。我国证券公司CRM大致始于1998年证券电子商务和网上交易的兴起，目前正在推广实行中。CRM是利用计算机软硬件和网络技术，为企业建立一个客户信息收集、管理、分析、利用的系统，这是企业从信息系统中分析和找出最有价值的客户的方法，并为之提供最有效的服务。CRM强调以客户为心，通过资料数据分析，寻找并留住重点客户，具有服务营销的雏形。但CRM不等同于服务营销，二者的内涵和外延都有很大不同。

服务营销是一种营销观念，在服务营销中需要协调的关系，是指与企业发生联系的所有利益相关者的关系，包括与顾客、供应商、中间商、竞争者、政府、雇员之间的关系；而CRM是一种营销管理方法和手段，CRM中的关系是指购买本企业产品的顾客关系。目前CRM在证券业应用的主要形式是开展网上交易和建立客户数据库，而且大多停留在CRM的技术和工具层面，虽然证券公司已经开始在业务流程和组织结构方面进行调整，但CRM还未深入到制度层面。结果，随着网上交易的开展，客户与证券公司的关系更远了，依赖更少了，忠诚度更低了。可见，目前我国证券服务营销虽然触及到了服务营销的侧面，但还不够全面和深入，且存在诸多现实的局限性。

在深入分析服务营销理论的基础上，特别是围绕"顾客满意—信任或承诺—忠诚"的一般模型，我们可以为证券企业构建一个具体而全面的服务营销应用模型。这个模型的核心目的是帮助我国的证券公司识别并抓住客户满意和忠诚的关键支撑点，通过实施全面的服务营销策略，从而获取竞争优势并提升经营绩效。

【学思践悟】

证券行业拓新路，市场营销助发展

2024年4月12日，国务院发布了《关于加强监管防范风险推动资本市场高质量发展的若干意见》（国发〔2024〕10号），该文件明确提出了一系列旨在完善资本市场基础制度、提升资本市场功能的措施。根据中国证券监督管理委员会（证监会）数据，截至2022年年底，中国证券市场总市值达91.6万亿元人民币，较2019年增长显著。这一增长得益于一系列政策的实施和营销创新。例如，华泰证券通过数字化转型和金融科技手段，推出了"涨乐财富通"App，用户可以在线完成证券咨询、交易和资产管理等一站式服务，极大提升了客户体验。数据显示，截至2022年年底，"涨乐财富通"注册用户已超过5 500万人。在政策层面，2020年《创业板改革并试点注册制总体实施方案》的发布，为科技创新企业提供了更为便捷的融资渠道，推动了资本市场的创新与活力。另一个典型案例是中信证券，通过整合投行、经纪和财富管理业务，推出了综合金融服务模式，得到了市场的广泛认可。中国证券行业营销的不断创新，不仅提升了证券服务质量和市场竞争力，而且为实现高质量发展和资本市场的健康稳定提供了有力支持。

第四节　　金融服务流程设计

加入世界贸易组织以后的中国金融业面临着前所未有的激烈挑战，可以预言，未来商业银行的竞争是人才的竞争、优质黄金客户的竞争，谁拥有了一批效益好、综合回报率高的优质客户，谁就求得了生存发展。因此，各商业银行开始采用西方的市场营销观念和策略。如何把握客户的金融需求，不同商业银行有不同理解、不同做法，但商业银行无论采取何种营销手段，其目的都是满足不同客户的金融需求，争揽优质客户。满足客户金融需求的市场营销是商业银行赖以生存发展的基础。对商业银行存款业务和贷款业务的市场营销流程进行设计，可以更好地满足客户的金融需求。

一、存款业务市场营销流程的设计

存款业务市场营销是指商业银行以客户金融需求为导向，以满足客户需要为己任，通过运用存款组合、优质服务等营销手段来吸引客户，引导客户来银行存款，从而扩大存款市场份额的一种经营管理活动。具有存款业务的企事业单位对金融需求有以下特性：（1）合规性；（2）增值性；（3）安全性；（4）方便性。

那么商业银行如何对存款业务进行市场营销？如何才能在激烈的同业竞争中保持并扩展原有的存款市场份额？那就是商业银行最大程度地满足不同客户对金融产品的不同需求。存款业务市场营销的流程为：

1.开展存款市场调研

在深入剖析客户需求的过程中，我们采纳了分组和按行业进行调查的方法，全面覆盖了客户需求调查、客户结构调查、产品市场情况调查以及文化习惯调查等多个方面。在这个过程中，我们尤其注重对客户的现实金融需求和潜在金融需求进行深入挖掘，以确保我们的市场细分和存款目标客户的确定更具科学性和准确性。

2.设计存款市场营销方案

（1）明确营销目的。一是传递信息，主要向网点周围的单位和居民传递有关存款品种、存款利率、存款方式、服务时间、服务手段等方面的信息，使得公司客户和个人客户对商业银行有所认同。二是塑造形象，商业银行基层营业网点通过临柜人员为顾客存取款及其他业务提供优质服务而赢得顾客的好感和口碑。三是满足客户需求，争取客户。四是满足银行需求，如吸收存款；促使存款客户成为其他金融产品的客户；降低成本，商业银行主要通过提高点均单产、人均单户，来降低筹资成本中的固定费用。

（2）明确营销内容。不同客户有不同的金融需求，营销方式、营销手段也应随之变化。在存款营销上应采取"因户制宜，一户一策"策略，营销内容具体包括：

①银行整体形象的营销。在遵循商业银行公平竞争的基本原则的前提下，我们需要向客户充分展示我们在经营体制、电算化、服务、授信业务种类、经营权限、经营业绩以及办理效率等方面的显著优势。

②对公司负责人的营销，可采取"兵对兵，将对将"等营销策略。

③结算账户的营销。在目前中国人民银行账户管理办法之下，积极争取存款人基本账户，特别是对预算内、预算外财政资金，积极争取代收业务，如养老基金、医疗基金、保险基金等。

④付款方式的营销。积极为企业提合理化建议，让企业树立起"降低成本就是提高效益，把成本降到最低，把效益提到最高"的经营理念，建议付款方式票据化，以延长付款期限，同时应"顺藤摸瓜"，找到其上家企业和下家企业，到商业银行开户。适时地为客户设计图文并茂、形象生动、言简意赅的成本比较方案，让客户一目了然。

⑤销售环节的营销。通过对销售环节的营销，增加结算量。

⑥表外科目业务的营销。表外科目业务包括信用卡、代发工资、信用证、保函、信贷证明、资信证明、银行承兑等。比如，银行承兑业务能带来70%左右的存款。

⑦综合业务品种的营销。存款与银行承兑组合、票据贴现与银行承兑组合、承兑拆分业务、存款与贷款的组合等，只要运作合适，都将会给银行带来大量存款。

（3）明确营销方式。一是开展广告宣传。广告中的每一句文案都是经过精心打磨的珍宝，它不仅要肩负起传递信息的重任，更要如同旋律般在消费者心中回响。二是赠送小礼品。向存款客户赠送价廉物美的小礼品，这种做法深受中老年客户，特别是女性客户欢迎，对维系网点与顾客的感情、增进友谊很有帮助。三是临柜人员做宣传。俗称"三尺柜台见真情"，临柜人员要向客户宣传商业银行新的服务项目、新的服务品种，且要善于察言观色，灵活运用。

3.谈判确立合作关系

双方本着"长期合作、双向选择、互惠互利、共同协商"的原则达成合作共识，到商业银行办理开户手续。

4.建立客户营销档案

客户营销档案内容包括单位（个人）全称、主要领导人及财务部门的基础信息（如生日、家庭成员等；生产经营性质及规模、产品市场、年结算量和付款方式、开户行、账号及余额情况）等。

5.关系维护

营销人员应及时收集存款客户的基础信息，分析信息，对客户现实需求和潜在需求等重大信息上报有关领导。关系维护可采取感情联络、相互支持的策略。

6.拟订客户需求服务计划

客户需求服务的主要形式有客户产品创新服务、理财服务、客户终端服务、咨询服务、结算服务、信贷服务、上门服务、承诺服务，临柜人员还要做到站立服务、限时服务、微笑服务等。

7.存款日常管理

建立存款台账、增补存款客户基础资料，通过定期回访、上门走访、银企互访等形式，了解客户信息和金融需求。

8.跟踪服务及效果

及时响应客户建议，积极开发满足客户潜在需求的服务，以实现客户满意度最大化。在此过程中，必须坚守诚信原则，严格遵守相关规定，确保不采取任何变相提高利率、违规迎合客户或降低标准为单位开立账户等不当行为。

二、贷款业务市场营销流程的设计

贷款业务市场营销是指商业银行以防范信贷风险、保全信贷资产为基点，通过市场调查和市场细分，确立信贷目标客户，依照客户的金融需求，将信贷资产流向引导到经过选择的贷款客户中的一种经营管理活动。贷款业务市场营销的流程为：

1.充分准备，开展市场调研

开展市场调研是做好贷款业务市场营销的前提和基础。主要调查了解贷款客户的现实需求和潜在需求。商业银行选定某个企业或公司作为自己的准客户后，先不要进入该企业或公司开展营销攻势，而是要了解该公司需要什么样的服务。别的银行尚不能提供，且尤为迫切的客户需求，才是商业银行拓展客户的切入点。

2.市场细分，确立目标客户

一是"双优"客户，即优秀的企业集团、中小企业，优秀的外商投资企业和绩优上市公司。争夺竞争对手的优良客户的同时，维护自己的优良客户。二是"双潜"客户，即有发展潜力和市场潜力的客户。三是"双营"客户，即民营和私营企业客户。四是"双高"客户，即拥有高科技含量产品的生产性企业和高知识含量的服务性企业客户。五是"双新"客户，即新兴产业、新兴市场客户。六是"双行"客户，即行业性集团客户、行业垄断客户。总之，要选定那些市场潜力巨大、具备强劲还款能力、综合回报率较高，以及在当地具有显著影响力的客户身上。

3.真诚谈判，确定合作关系

要坚持"巩固一批（指稳定存款）、发展一批（指立足于存款增量）、谈判一批（指意向客户）、调查一批（指保持存款的可持续发展）"。商业银行对大客户不要贸然接触，要寻求可以利用的关系，并通过这些关系的引荐、介绍，找到客户当事人，向他们推荐商业银行所提供的特色服务。在适当时候，拜见企业或公司负责人，争取达成合作意向。要以满足客户金融需求为切入点，然后通过自己的服务赢得客户。行长要积极参与，因为银行选择的贷款企业，在一定程度上是选择企业的"领头羊"；同样，企业在选择银行时，很看重商业银行的行长，通过与行长的接触和了解，加深对商业银行情况的了解和认识，进而推断商业银行的经营管理及其服务水平，再决定是否开户，是否成为该商业银行的贷款客户。

4.建立客户基础档案

客户基础档案的内容主要包括四部分：

①借款人基础资料，包括借款单位的全称、地址，法人代表的单位电话。

②负责人基础材料，包括主要领导人及财务部门人员的基础信息。

③客户生产经营材料，包括生产经营状况及规模、产品市场、银行结算量和付款方式等材料。

④借款人信息情况资料，如借款单位信贷基础资料，主要包括借款银行、借款余额、

到期日、担保单位、对外经营状况、基本账户所在行、账号等。

5.关系维护

维护客户关系，是营销工作的核心环节，它依赖对客户需求的精准把握和细致服务。这不仅包括对客户当前的金融需求的理解，而且要深入挖掘他们未来的潜在需求。根据客户要求改变服务决策，具体包括通过定期走访、回访、发放征求意见表、座谈等形式深入了解和满足客户的金融需求。

6.受理客户申请，拟订金融需求服务计划

贷款业务市场营销是对准客户较为有吸引力的一招，能提供特色产品和特色服务。在对客户所需的服务有准确了解的基础上，开发设计新的服务项目和产品。有能力开发哪些新的项目？开发这些特色服务投入多少，产出多少？经过综合平衡、比较，组织有关部门，共同为客户（公司）设计服务方案或服务手册，内容要具体，要有针对性。同时，客户经理提供全面、广泛、科学的理财服务，在客户资金的存放、资金筹措方式、投资风险的防范方面予以关注，从而为决策者提供参考依据。

7.加强贷款的日常管理

建立借贷台账，增补客户基础档案。

8.贷后监控

这一过程要求定期且系统地对借款人的财务状况进行审视，以便及时捕捉到可能违约的预警信号。通过细致的监控与分析，我们可以洞察借款人的最新动态，从而预见潜在的风险，并提出针对性的防范措施。

招商银行——
金融服务营销

9.跟踪服务推出改进意见

根据客户的金融需求，提出改进服务意见，开发客户需求的金融服务项目和产品。

章后习题

一、练习题

1.（单选）在服务营销4P要素发展到7P要素的过程中，以下选项属于7P要素的是（　　）。

A.人员　　　　　　　B.产品　　　　　　　C.价格　　　　　　　D.促销

2.（单选）金融服务营销是指金融机构要以（　　）为核心。

A.市场结构　　　　　B.市场环境　　　　　C.市场需求　　　　　D.市场供给

3.（单选）金融服务产品的特点是（　　）。

A.不可替代性　　　　B.有形性　　　　　　C.多样性　　　　　　D.易逝性

4.（多选）在服务营销的证券经纪服务营销中，其营销组合包括（　　）。

A.服务产品　　　　　B.有形展示　　　　　C.服务交付渠道和方式　　　D.客户服务

5.（多选）具有存款业务的企事业单位对金融需求有（　　）的特性。

A.合规性　　　　　　B.增值性　　　　　　C.流通性　　　　　　D.方便性

二、思考题

1.金融服务营销的标的、主客体分别是什么？

2.简述金融服务营销与普通商品营销的区别。

3.简述贷款业务市场营销流程的设计步骤。

章后习题参考答案

第 五 章

金融产品与定价

学习目标

1. 了解产品开发与推广。

2. 理解并掌握定价方法。

3. 熟悉常见价格营销策略，并深入学习、了解各类产品定价模式。

【章前导读】

价格是对产品或服务所收取的金钱。更广义地说，价格是指消费者用来交换拥有或使用产品和服务利益的全部价值量。价格在营销组合要素中有着特别的地位。其他要素如产品、促销、渠道等效用产品要素，以及人员、过程、有形展示等服务要素，虽然都创造价值，但在实现交易之前都形成企业成本，只有通过合理定价促成交易才可以实现成本补偿和盈利。因此，价格要素是唯一创造收益的要素。例如，银行提供贷款产品而获得利息收入，保险公司提供保险产品而获得保费，证券公司为企业上市融资提供服务而获得佣金。合理的定价带来了预期交易量，价、量共同构成了销售收入。

价格是买卖双方达成交易的重要因素，是客户选择产品的主要影响因素。随着社会经济繁荣和人们收入提高，非价格因素的作用越来越大，如服务、品牌、信任等。对于金融产品，这一趋势尤其明显。

与一般商品的价格不同，金融产品的价格变动与一国金融管制的程度密切相关。我国金融管制程度较高，尤其是利率、佣金、保费的定价机制没有完全市场化，金融机构对其产品的定价首先是遵循国家的有关规定，然后才是营销定价策略的运用。在金融市场非完全竞争的环境中，营销学中的那些精妙绝伦的定价策略也难免会遭遇一定的束缚，其应用范围和效果都会受到限制。但是，只要我国金融市场化改革的方向不变，随着时间的推移和竞争日趋激烈，定价策略的运用将越来越广泛，近几年金融企业的营销活动不断强化就是证明。因此，掌握更多的营销学定价策略知识是必要的。

| 第一节 | 产品开发与推广 |

一、金融新产品的概念

商业银行产品开发的形式多种多样。正如亚瑟·梅丹所说："在给'新型'服务下定义时，有一个概念性的困难，它来自'新的金融产品'与金融产品改进的区别。银行信用卡与健康险是新型金融服务，而通过邮寄或信用卡保险进行储蓄则只是服务产品的一种改进。""创新服务产品是基本性的新产品，比较典型的含义是指：新型的技术、适当的投资、可预见的风险和具有深远意义的潜在市场价值。这些服务对金融机构和客户同样都是新鲜的。新的产品系列是指该服务系列对金融机构来说是新的，但对市场来说却不是如此，事实上，只是这个金融机构进入了一个其他单位已经涉足的竞争领域。""另外，一项金融服务也可以被重新配套或改头换面。"基于上述基本认识，我们对商业银行金融新产品的开发，从广义以及狭义角度来加以定义。

（一）广义的金融产品

银行对其金融产品线进行调整、革新或改造的每一个举措，无论是对产品的某个部分还是对整体进行修改，都可以被视作是银行创新精神的体现，从而孕育出各式各样的新型银行产品。

1.全新金融产品

全新金融产品是指银行采用"新技术""新工艺""新材料"等推出的前所未有的产品。这类产品多是由于科学技术的进步或是为了满足消费者某种新的需求而发明的产品。这类新产品的开发、推广需要相当长的时间，同时它的市场生命周期也是相对较长的。例如，美国花旗银行在1961年推出的全新的存单——大额可转让定期存单（CD），在当时的金融市场上即为全新的金融产品；而同时期在美国市场上出现的住房抵押贷款的证券化，更成为20世纪70年代以来国际金融业务领域最重要的创新活动之一，其影响延续至今。

2.部分新金融产品

部分新金融产品是指银行部分采用"新技术""新工艺""新材料"对原有的金融产品在性能等方面进行革新和提高后推出的产品。这类产品基本上是利用科学技术的最新成果，对现有产品进行一些重大的革新而形成的。例如，目前世界上很多金融机构都大量采用了互联网技术，利用电子商务来开展其业务活动，人们可以通过网络进行各种投融资，金融机构的运营形式也出现了"水泥+鼠标"的模式，这就使得很多传统的金融产品打上了"电子化"的烙印，成为一种部分创新的金融产品。

3.改进型新金融产品

改良型新金融产品，这一概念源自银行对现行金融产品的深度审视与创新精神。它们是通过对现有产品的各项要素，如品质、特性、构造、风格和包装等方面进行细致的改良和调整，进而衍生出的全新产品。这类新产品的开发一般无须以新的科学技术为基础，只需在现有的技术水平下，对现有的产品进行适当改进。它与现有产品的差别不是非常大，但是具有一定的特色。这类产品的市场竞争一般比较激烈。例如，1983年1月，美国的金融机构在20世纪70年代开发出的可转让支付命令账户基础上开办的超级可转让支付命令账户（Super Now账户）就是这种类型的金融产品。再如，目前我国很多银行推出的信用卡，大多是在一种已经标准化的信用卡业务市场中，突出自己的某个特色，以吸引部分消费者，如华夏银行的"丽人卡"，中国建设银行的"大众龙卡——汽车卡"等，都可以看作改进型新金融产品。

4.仿制型新金融产品

仿制型新金融产品是指银行对现有金融产品只做较小的改进或修正，以突出产品某一方面的特点；或者直接仿造市场上已有的畅销金融产品，然后标以新的品牌或者冠以新的名称，在市场上推出。这类金融产品的开发无须新的技术，开发成本较低，但市场竞争会十分激烈，金融产品的市场生命周期相对也会较短。

【学思践悟】

绿色债券兴起，推动低碳发展

近年来，中国政府积极推动绿色金融，支持经济社会绿色转型。在这一精神指引下，绿色债券作为一种新型金融产品，在中国金融市场中迅速崛起。绿色债券是专门用于资助环保项目的债务工具，其目的是支持可再生能源、节能减排等环保项目的发展。自2015年中国人民银行和国家发改委联合发布《绿色债券发行指引》以来，绿色债券市场规模持续扩大。据中国银行间市场交易商协会统计，2022年中国绿色债券发行量达到6 000亿元人民币，位居全球第二，仅次于美国。例如，2021年，中国三峡集团成功发行100亿元人民币绿色债券，所筹资金全部用于长江经济带生态环境保护和清洁能源项目。此外，深圳市也在2022年推出了全国首个绿色金融改革创新试验区，通过政策优惠和金融支持，吸引了大量绿色投资。绿色债券的推广不仅有助于实现"双碳"目标，而且能为投资者提供稳定的回报，成为推动经济高质量发展的重要力量。随着中国金融市场的不断开放和绿色金融政策的深化，绿色债券将发挥更加重要的作用，助力中国走向可持续发展的未来。

（二）狭义的金融产品

金融产品开发，主要是指全新的金融产品创新，也就是打造前所未有的、区别于现有产品的金融工具。对此，我们已经在前面有所阐述，在此不再做重复说明。值得注意的是，从金融产品自身构成的角度看，每种金融产品实际上都是金融产品所具有的不同特征要素，如价格、收益、风险、流动性、可买卖性、数量、期限等不同组合的结果。任何金融产品的开发，无论是局部的、微小的改动或更新，还是整体的、全新的产品开发，均是金融产品自身各种特征要素的重新组合与配套，能够使金融机构适应变化的、竞争的环境需要，适应客户不同金融需求。例如，从满足客户基本金融活动需要的角度，金融产品的构成与要素组合可以是以下几种不同层次、门类的组合：

1.需求门类

需求门类是体现金融产品门类的核心要素，是比较笼统的金融产品门类。例如，人们投资某种金融产品，是侧重于该种产品所具有的安全保障，还是在其投资收益上能够满足自身的需要，或者是能适应其流动性要求等。需求不同，金融产品所体现出的具体特征就不同。

2.产品门类

产品门类是指能有效满足客户某一核心需要的金融产品种类。例如，主要用于满足人们保值和安全需要的银行储蓄业务种类，主要用于满足人们投资和增值需要的证券业务种类等。

3.产品种类

产品种类是指在金融产品门类中，被认为具有某些相同功能的一组产品。例如，各种不同利率期限、面值或收益率的金融债券，均可归属于金融债券的种类之下；活期储蓄、定期储蓄、定活两便储蓄等存款类型，均属于银行存款业务类型。

4.产品线

金融产品线是指那些在同一类别中紧密相连、功能相似、目标客户群一致、通过同种类型的金融机构销售、或在一定价格范围内调整的一组产品。这些产品线的构成，形成了一个完整的金融产品体系。例如，各种保险责任不同、保险利益不同、保障额度不同的人寿保险产品，即组成一条产品线。

5.品牌

品牌是与产品线上的一个或几个金融产品品目相联系的名称或标志，可以用来区别产品品目的来源和特点，树立独特的金融机构形象特征。例如，"金葵花"是我国招商银行发行并树立的、在国内具有相当知名度的金融产品品牌，其包含银行的储蓄业务、转账结算业务、国内外的汇兑业务等多种银行业务类型。

【学思践悟】

普惠金融先行，服务小微企业

2023年9月，《国务院关于推进普惠金融高质量发展的实施意见》（国发〔2023〕15号）颁布，其中提到了"近年来，各地区、各部门认真贯彻落实党中央、国务院决策部署，推动我国普惠金融发展取得长足进步，金融服务覆盖率、可得性、满意度明显提高，基本实现乡乡有机构、村村有服务、家家有账户，移动支付、数字信贷等业务迅速发展，小微企业、'三农'等领域金融服务水平不断提升"。作为普惠金融的代表，中国建设银行在这一领域表现突出。2018年，中国建设银行启动"云税贷"产品，通过税务大数据分析，为小微企业提供便捷贷款服务。截至2022年年底，"云税贷"已累计发放贷款超过5 000亿元人民币，服务企业超过200万家。此外，建设银行还推出了"小微快贷"，截至2023年年初，累计投放贷款突破2万亿元，服务小微企业数量超过300万家。为了支持这一战略，政府出台了一系列政策，如《中国人民银行 银保监会 发展改革委 工业和信息化部 财政部 市场监管总局 证监会 外汇局 关于进一步强化中小微企业金融服务的指导意见》（银发〔2020〕120号），要求金融机构加大对中小微企业的支持力度，优化贷款审批流程，降低融资成本。普惠金融的发展，不仅缓解了小微企业的融资难题，而且推动了地方经济的发展。随着数字技术的应用和金融政策的深化，普惠金融将继续助力中国经济高质量发展，实现共同富裕的目标。

6.产品品目

产品品目是指可以依据其价格、外观、利率等属性加以明确区分的具体金融产品类型。例如，在我国商业银行的定期储蓄存款中，整存整取、零存零取、整存零取、存本取息等储蓄类型都是一个个具体的金融产品类型。

　　显然，商业银行在金融产品的开发中，完全可以根据需要，将上述金融产品构成的各层次、门类重新组合与搭配，从而形成全新的或者部分创新的、富有挑战性与诱惑力的金融产品，以吸引客户。同时，如果新产品的开发是侧重于金融产品要素、特征的重新组合开发，则可以使银行利用一些其原已存在的产品特性，或者是原有金融产品的市场"号召力"，从而使得创新的金融产品更容易被客户接受，并且在使用过程中更为方便，交易成本更低。当然，银行也可以在现有的产品与服务范围内把若干种金融服务、金融产品集中在一起，形成一个新的服务类型或产品，即以市场细分为基础进行重新包装与定位，以获得一种新的金融产品，进而在客户心目中树立一个鲜明的金融机构形象。因此，我们可以从更广泛的意义或角度来看待金融新产品的开发；并且，由于金融产品的独有特征，更多的时候银行是从广义的角度来进行金融新产品开发的。

二、金融产品定义

　　金融产品，作为金融机构向市场提供的服务，旨在满足人们对货币财产的多元化需求。这些需求涵盖了财产的保管、支付、流通以及增值等方面，为人们提供了便利和安全感。金融产品不仅仅是一种工具，更满足了人们对财富管理和增值的渴望。注意，金融学对金融产品的定义不同：金融产品是由金融机构创造、可供资金需求者与供给者在金融市场上进行交易的各种金融工具，其形式是反映资金双方债权债务关系的所有权关系的合约与文件。显然，与前述营销角度的定义相比，金融学对金融产品的定义范围缩小了，没有了附加服务。金融产品与金融工具基本同义。"工具"具有物理属性，其特征是严谨和精确，可以用数理方法分析研究，因此衍生出现代金融工程高技术领域。

三、金融产品层次解析与属性

　　尽管现代金融学对金融产品的研究和运用越来越"工具化"，但金融产品从本源上看仍属于服务产品，为人们的货币财富提供服务，服务对象包括企业和个人，其广泛渗透到社会的每一个角落。如果借用营销学的产品层次观解析金融产品，通过分析核心产品、形式产品与扩展产品的内容，可以从市场的角度加深对金融产品的认识和理解。

　　核心产品是客户从产品中可得到的基本利益或效用。客户之所以购买产品，是为了满足其特定的某种需求，这是交易的实质。金融核心产品的核心利益主要包括：财富和财产的保管安全以及使用方便，以应对可能发生的风险和事故；以借贷、投资等管理运作方式增加财富价值；寻找、匹配各种财富需求，实现财富形式转换，使财富具有流动性。例如，存款产品具有简便保管的利益，贷款产品带来财富增加利益。

　　形式产品是金融产品的具体形态，用来展现核心产品特征的外在形式。不同形式产品可以满足不同顾客的需求。在当今时代，信息技术正以前所未有的速度发展，这股潮流同样深刻地改变了金融领域的面貌。金融交易和活动正逐渐从实体走向虚拟，这一转变意味着金融产品在很大程度上变得无形化。与那些具有明确物理形态的商品不同，金融产品无法通过外观、颜色或是包装来直观展示。金融产品的形式是权益凭证或交易契约，如存款单、票据、贷款合同、债券、股权证、保险单等。契约内详细记载了交易产品的标的价格、担保、交易双方的权利、义务和责任追究等，是客户保障自身利益的法律依据。这些体现产品形式的金融契约，传统的记载介质是纸张，有时口头约定也成立。在信息化时代，有些契约载体是电子形式的，典型的如上市公司股权证托管制度，股票二级市场的投资者无须拿着真实的股权证来回交换，股民拥有或放弃股东身份，通过电子登记系统就可以快速完成。电子记录的信息就是具有法律效力的契约。契约是核心产品的载体或表达，与核心产品天然一体。然而，记载契约条款的介质形式却并不重要。契约重在内容而非形式，故其法律意义大于营销意义。因此，第二层"有形产品"对于金融产品似无必要。这是金融产品与有形产品的一个重要区别。

第三层是给金融产品带来附加价值的金融服务，即在满足客户的核心需求之外，金融企业还可以为客户提供额外的服务，使其得到更多的利益。金融产品仅就一、二层次看，同质化程度很高。为了使自己的产品在众多同质化竞争中脱颖而出，赢得更多顾客的青睐，关键在于精心打造独特的附加服务。具体表现为：获得产品的便利、快速、安全；提供具有专业水平的信息、咨询意见；客户产生被尊重或愉悦的感受；前台工作人员素质、营业环境的品位较高等。

四、进行金融新产品开发和创新的流程

在银行理财市场中不乏这类现象：银行销售人员利用许多客户想跑赢 CPI 的急切心理，夸大收益，回避风险，忽略评估整体市场的潜在风险，有变相揽储之嫌。看似品种颇多的理财产品实则是简单模仿、殊途同归，同质化现象日益严重。究其原因，主要归咎于银行的创新能力缺乏，创新动力不足。由此可见，深入了解金融新产品开发和创新的流程对整个金融市场都是非常重要的。

（一）形成创意

金融新产品设计开发的第一步，即为产品创意，具体是指对能够满足现有客户和潜在客户某种需求的新产品所做的设想与构思。创意是新产品形成和推出的基础，但并不是每一个创意都能与真正的市场需求相吻合。金融新产品的创意是否能够最终成为现实，与产品创意过程的长短、难易程度及金融机构本身所拥有技术的先进程度、营销管理水平的高低，以及创意的来源渠道甚至创意数量的多少，存在着重要的关系。

（二）创意优选

产品创意是开发新产品不可或缺的元素，然而，仅仅拥有产品创意，并不能保证其得以实现，更不能保证这种金融产品能成为具有潜力的市场新宠。对此，金融机构可以根据其具体目标和经营能力进行创意优选，主要目的在于尽可能早地发现好的创意，并放弃不可行的甚至可能是错误的产品创意。金融机构在进行创意优选时可考虑以下因素：新产品的市场空间；新产品的技术先进性与开发可行性；新产品开发需要的资源条件与其配套服务的要求；新产品的上市促销、营销能力；新产品的获利能力和社会效益评价。

（三）具体分析

在对金融产品的创意进行优选后，金融机构会得到一些有初步可行性的创意，但这些创意是否真正可行，还应经过一些具体的分析：

（1）产品概念的形式与测试。产品概念是指已经成型的产品创意，可用一定的文字或模型来表示。对产品概念的测试是指金融机构对这种成型的金融产品创意进行一定范围的客户调查。在调查中，可以要求客户对产品概念的描述是否清楚、产品特点是否便于了解、上市后是否想购买、产品特征是否需要改进等提出意见和建议。

（2）营销分析。产品的营销分析是从市场需求出发，仔细分析产品概念的测试结果，主要为了确定目标市场，以确定产品价格及销售量。

（3）商业分析。商业分析主要是就新产品的适宜性与有益性，从经济效益和财务项目指标等方面来进行分析，包括市场调查分析、财务分析（如成本与销售额预测、现金流量分析、投资回报分析）等。

（四）产品开发

金融新产品的开发包括以下三个并列的相互关联的过程：

（1）产品样品的设计与开发。

（2）在宣传刊物、合同书、推销材料等中向潜在客户解释该金融新产品及其特点。

（3）进行金融新产品的设计、包装甚至商标注册。

（五）产品试销和使用调查

经过以上阶段的工作后，新产品基本设计完毕，但新产品在实践中是否可行仍不得而知，因此可以对其进行小规模、小范围的试销，即在选定的一定地区实际销售产品。

（六）正式推出

当一款新产品经历了一段试销期后，金融机构将根据收集到的信息反馈和试销结果来评估其市场表现。如果数据显示新产品的表现良好，满足了消费者的需求，并在市场上获得了积极的反馈，那么金融机构会认为这次的产品开发是成功的。在这种情况下，它们将决定大规模地进行新产品的商业生产，并将其推广到更广泛的市场中。

在此阶段，金融机构需要根据情况，适时适宜地做出以下决策：新产品的推出、销售时间；新产品的投放地区和扩散地区；目标市场的选择与新产品的最终定位；具体的市场营销策略。

比较理想的新产品开发程序是上述六个阶段循序渐进、逐步进行。但是金融机构也可以根据情况采取相应的步骤，不要过于呆板僵硬地实施以上各步骤。最后需要提醒的是，开发需要与客户之间不断的沟通。正如 Peggy 所说，最成功的开发者们都有一个共同点：运用特定的方式在整个开发阶段与客户（特别是领先客户）进行不断的沟通，而次成功者则仅仅专注于开发最后阶段的沟通。

【学思践悟】

创新金融产品多，服务实体经济强

近年来，中国金融机构积极开发创新金融产品，助力提升金融服务实体经济的能力。2022年1月，中国人民银行发布《金融科技发展规划（2022—2025年）》，推动金融机构加大科技投入，开发适应市场需求的新产品。例如，中国工商银行推出的"数字人民币"钱包应用，使用户能够方便快捷地进行电子支付，2022年年底注册用户数已超过1亿人。蚂蚁集团的"相互宝"是另一创新案例，通过区块链技术实现低成本、透明的互助保障服务，截至2022年，用户数突破1亿人。政策层面，2019年中共中央办公厅、国务院办公厅发布的《关于加强金融服务民营企业的若干意见》进一步明确了金融机构服务民营企业的方向，鼓励开发多样化的金融产品。恒丰银行响应政策号召，推出了"科创贷"，专门服务科技创新型中小企业，截至2022年年底，累计发放贷款超过200亿元。金融新产品的不断涌现，不仅提升了金融服务的效率和覆盖面，而且推动了金融市场的多元化发展，为实现高质量发展和创新驱动发展战略提供了有力支持。

五、新产品开发策略

金融新产品的开发方法即新产品的开发手段与途径是多种多样的。例如，可以通过新技术来开发新产品；可以通过对现有产品的不足进行改进与修正，进行新功能的挖掘和创造，从而改进与革新金融产品；还可以通过仿效与模拟或者进行重新组合和包装等来开发新产品。总体来说，金融机构在开发金融新产品时可根据需要采用以下不同的策略，或将几个策略交叉使用，以达到其开发新产品的目的：

（一）扩张型产品开发策略

金融机构在建立起一定的业务发展空间，提供了传统或主要的业务之后，通过扩展现有服务、增加交叉销售的方法，将其业务向更广阔的市场推进，使其业务类型、产品品种和服务向纵深方向发展，使客户能够在一家金融机构中获得所有的服务项目。扩张型开发策略的实施，不仅易于操作，而且能够为客户提供显著的吸引力，进而让他们享受到实实在在的利益。例如，目前很多金融机构对客户提供"一站式"金融服务，商业银行向全能式、综合式"金融百货公司"方向发展等，均可看作是扩张型开发策略的结果。

（二）差异型产品开发策略

由于金融产品的特性与金融营销的要求，金融新产品的开发永远以金融机构的市场细分为出发点，这意味着新产品开发者必须关注每一个重要的细分市场，明了哪里存在金融服务需求，确信它们所提供的金融产品和服务最适合这个细分市场，并可以使客户和金融机构的效用、效益获取程度达到最高。金融机构可以同时为几个细分市场服务，并且按照每个市场的不同需要，分别设计不同的产品并运用不同的市场营销组合。差异型产品开发策略就是指金融机构根据细分市场进行特殊产品开发的一种策略。金融机构采取这种策略，是以提高自己选定的目标市场占有率为目标的。在市场细分和市场定位的基础上，金融机构放弃不相关的或无竞争力的产品和服务，而把着眼点放在少数细分市场中有特色与竞争力的产品和服务上，这样既可以减少不相关的服务所带来的成本，又可通过垄断优势提高特色产品和服务的价格。差异化产品开发策略的核心在于针对金融市场的细分结果进行精心设计，其目标是确保每个产品能够贴合特定人群的特定需求，无论是单一的还是多样化的需求。因此金融机构需在经营特色上下功夫，并且在推销中注重特色宣传，以使新产品的特点突出、明确，易于被人们接受。

（三）卫星产品策略

卫星产品策略是指金融机构开发出一种独立的产品，它的购买者或使用者无须是该金融机构核心账户的持有者，或者可能根本就是该金融机构的非账户持有人。这种产品策略的实质是：创造一种脱离金融机构核心服务的独立产品，目标是增加对非开户客户的产品销售。卫星产品策略比较适合于没有庞大的分支机构网络和资金雄厚的大客户的小型金融机构。对一些大中型金融机构来说，这种产品策略也有一定的好处：一方面提高了金融机构对非账户持有人的产品销售额，增进了其对该金融机构的了解与认同；另一方面也有利于提高金融机构的总体服务水平，增加对账户持有人的产品交叉销售额。

第二节　定价方法

金融产品定价应该适中。价格太低，无法实现利润；价格太高，压抑需求。生产成本是定价底线，客户对产品价值的认知是价格上限。金融机构在制定价格时，必须仔细权衡各种因素，包括竞争对手的定价策略、市场环境、成本结构以及内部和外部的其他相关因素，以确保最终确定的价格既具有竞争力，又能充分反映金融机构的运营成本和服务价值。选择基本价格的方法通常有三类：成本导向定价法、需求导向定价法、竞争导向定价法。

一、成本导向定价法

成本导向定价法具体有三种，即成本加利润定价法、盈亏平衡定价法和目标贡献定价法。

（一）成本加利润定价法

这是在单位产品的完全成本上加预期的利润和应纳税金而制定的交易价，价格与成本之间的差额，就是利润。这是最传统的定价方法，体现了价格以其价值为基础的原理，是基本的、普遍的，也是最简单的定价方法，且计算准确性较高，买者和卖者都易于理解和操作。其计算公式是：

商品价格=（总成本+预期利润）÷商品数量=总成本×（1+成本利润率）÷商品数量

这种方法的主要缺点是忽视了竞争和市场需求弹性的影响，没有很好地考虑市场供求变化对价格的影响，也没有考虑产品经济寿命周期的不同阶段对价格的影响。因为金融产品的销售数量常常很难事先确定，当预期利润一定时，销量估计得越大，固定成本分摊额越低，价格越低，将丧失一部分应得利润；反之，销量估计得越小，固定成本分摊额越高，价格越高，将加剧交易的困难。因此，这种定价方法灵活性差。

（二）盈亏平衡定价法

这种方法是运用盈亏平衡的原理确定价格，即假定在企业生产的产品全部可销的条件下，保证企业既不亏损又不盈利的产品最低价格水平。其计算公式如下：

单位产品保本价格=企业固定成本÷损益平衡点产量+单位产品变动成本

损益平衡点产量=企业固定成本÷（单位产品价格–单位产品变动成本）

盈亏平衡定价法的主要优点是金融机构可以在较大范围内灵活掌握价格水平，且运用较简便。

（三）目标贡献定价法

它又称变动成本定价法，即以单位变动成本为定价基本依据，加入单位产品贡献，形成产品售价。其计算公式为：

单位产品价格=（变动总成本+预期边际贡献）÷预期产品产量

上述公式中的边际贡献就是销售收入减去变动成本后的收益。预期的边际贡献也就是固定成本费用补偿和企业的盈利。边际贡献会大于、等于或小于变动成本，导致出现盈利、保本或亏损三种情况。在激烈的市场竞争中，或者当产品已经步入成熟期，且固定成本的回收周期漫长，又或者企业在多条产品线上分散成本，使得固定成本在其他产品中得以分摊时，为了增强产品的市场竞争力，企业应当以变动成本作为定价的基准。在这样的情况下，产品的销售价格只要能够覆盖其变动成本，或者略高于变动成本，只要保证产品的贡献利润为正，即可认为是一个可行的价格策略。

二、需求导向定价法

需求导向定价法是在定价时，不仅要考虑成本，而且要注意顾客需求及其价格承受心理，并根据顾客理解的产品价值，或者说顾客的价值观念来决定产品价格。因此，需求导向定价法又称理解价值定价法。对于无形程度很高的金融服务产品，这是一种重要的定价方法。

需求导向定价法以顾客导向的营销哲学为基础。在需求日益更新和产品丰富繁多的时代，定价是否合理，判断权最终并不取决于产品的提供者，而是取决于客户。当市场需求较强时，可适当提高价格；而当市场需求较弱时，则应适当降低价格。这种定价原则需要综合考虑成本、产品寿命周期、市场购买力、销售地区、交易心理等多种因素。其具体有下述两种形式：

（一）理解价值定价法

理解价值就是"认知价值"或"感受价值"。基于定价理念"不是卖方的成本或实际价值，而是买方对价值的理解"，卖方可运用各种营销策略和手段，影响买方对产品的认知，使之形成对卖方有利的价值观念，然后再根据产品在买方心目中的价值来定价。

例如，中国人认为黄金有价玉无价。作为资源稀缺品，玉的价格涨幅远远高于黄金。同样，中国古代字画在拍卖市场屡屡创出天价，令人瞠目结舌。这些东西到底价值多少，只有卖家自己知道。

运用理解价值定价法的关键是，要把自己的产品同竞争者的产品进行比较，找到比较准确的理解价值。因此，在定价前必须进行市场调研，明确产品的市场定位，加深目标顾客对产品价值的理解程度，提高其愿意支付的价格限度，从而确定符合客户满意度的价格。

采用这种方法最重要的一点，是对顾客的购买价值意愿估测得准确。估测过高，造成定价过高不适销；估测过低，影响销售收益甚至可能亏本。

（二）差别定价法

差别定价法，即对同一产品采用两种以上的不同价格。这种价格上的差异，与成本不成比例，而是以购买对象、产品式样、地点和时间等条件变化所产生的需求差异为定价依据，在基础价格上决定加价还是减价。其具体又分如下几种：

（1）不同的产品功能采用不同的定价。

（2）不同的顾客采用不同的定价。

（3）不同的时间采用不同的定价。

（4）不同的服务方式/场所采用不同的定价。

实行差别定价法的前提是：市场细分是市场营销的基础，不同的细分市场有着不同的需求强度。在细分的市场中，产品或服务往往不会自发地从低价市场流向高价市场，这是由市场规律所决定的。在高价市场上，竞争者不会通过削价竞销的方式来争夺市场份额，因为这违背了市场规则和商业道德。同时，这种行为也不会引起顾客的不满，因为他们更关注的是产品或服务的质量和价值，而不是价格。

三、竞争导向定价法

事实上，顾客常常会在与某一金融机构达成交易的过程中，参照其竞争者同类产品的价格，作为判断将要交易产品价格的依据。竞争导向定价法就是金融机构依据竞争者的价格，结合自己产品的特点，选择有利于竞争胜出的定价方法。其特点是：只要竞争者的价格不变，即使自己的生产成本与市场需求发生变化，产品价格也保持不变；反之，即使成本与需求没有变化，由于竞争者价格发生变化，也跟随调整价格，以免被对手击败。这类定价法主要有如下三种：

（一）竞争参照定价法

竞争参照定价法是指制定价格时，参照竞争对手的价格并以其为基础，来考虑自身产品的定价方法。该方法一般采取三种定价形式：一是与竞争对手的价格相同。用这样的跟随策略，可以避免价格战。二是低于竞争对手的价格，旨在维持或提高产品的市场占有率，从而迅速扩大产品的销售量。这种方法的运用条件是：竞争对手不会实施价格报复或有能力抵御竞争对手可能实施的价格报复。三是高于竞争对手的价格。在竞争对手价格的基础上，提高本企业产品的价格水平，以高价格谋取高利润。其前提条件是：产品相对于竞争对手有较为显著的优势，买主愿意以高于竞争对手的价格来购买该产品。上述三种形式，不论采用哪一种，都必须认真地进行市场调查研究，全面地分析竞争对手、竞争环境和自身条件等情况，不能盲目或随意。

（二）随行就市定价法

随行就市定价法是一种简单的竞争导向定价策略，金融企业通过将自己的产品价格定于行业平均水平，以保持与市场同步。这一策略在竞争激烈的金融市场中广受欢迎，因为它能够确保企业在价格竞争中不至于落后。这种定价方法的好处是：①容易与同行业机构和平相处，保持友好的关系，避免激烈的竞争，防止有害的价格战；②可以避开为了另行定价需要准确估计和判断顾客、竞争者做出何种反应的困难，容易被顾客接受，便于促销，稳定获利；③当需求弹性很难衡量时，现行价格体现的是本行业的集体智慧，较准确地反映了产品和服务的价值和供求状况，可以保证获得合理的收益。这一策略对特色不太突出的产品比较合适。

这也是众多"跟随领先者"的小企业的定价策略。价格与其根据自己的需求变化或成本变化，不如依据市场领先者的价格变动。此外，在完全竞争或垄断的市场上，当销售与竞争者类似的产品时，定价的选择余地不大，一般也采用尾随的定价方式。

随行就市定价法，并不是说在任何情况下，产品的价格都和竞争者一致。有的产品可以把价格定得高于竞争者，要使顾客相信这种产品虽然价格高，但产品质量好、服务好，"物有所值"，使顾客满意、愿意购买。有的产品也可以将价格定得低于竞争对手，以薄利多销。对于中小金融机构，可用此方法在与大机构的竞争夹缝中求得生存和发展。

有些产品，在市场上销售时间较长，从而在顾客心目中形成一种难以变动的惰性价格，这时一般不要轻易改变价格。在市场经济中，某些商品的成本由于种种原因，如原材料价格波动、生产工艺复杂等，使得准确测算变得相当困难。面对这样的情形，我们可以借鉴市场上已有的流行价格作为参考基准。具体来说，当商品的需求量上升时，我们可以将价格定在流行价格之上，但需控制在一个合理的范围内，以确保消费者可以接受，同时也保证企业的利润空间。相反，如果市场需求减少，我们可以适当降低价格，保持在流行价格之下，以刺激消费者的购买欲望，从而扩大市场份额。

（三）密封投标定价法

密封投标定价法主要用于投标交易方式，常用于大型项目如国债发行、大宗采购等，一般流程是：卖方公开招标，买方竞争投标、密封递价，卖方择优选取，到期公布中标者名单，中标的企业与卖方签约成交。投标者递价主要以压倒竞争者可能的递价为原则，但不可低于边际成本，否则不能保证适当收益。

一般来说，递价高，利润大，但中标机会小，如果因价高而招致失败，则利润为零；反之，递价低，虽中标机会大，但利润低，其机会成本可能大于其他投资。因此，在报价时，既要考虑自己的目标利润，又要考虑得到合同的机会。

【学思践悟】

创新引领发展，监管保障公平

近年来，中国金融市场在创新和监管并重的发展方针下，涌现出大量具有国际竞争力的金融产品。各金融机构持续加大技术创新，推出更高效的金融产品。例如，蚂蚁集团的"余额宝"理财产品，通过创新的互联网金融模式，吸引了大量投资者，成为全球规模最大的货币市场基金之一，截至2023年年初，管理资产规模超过1.5万亿元人民币。同时，各大银行纷纷推出"智能投顾"服务，如中国工商银行的"AI投"在2022年累计服务用户超1 000万人，管理资产规模达5 000亿元人民币。此外，监管机构加强了对金融市场的监督管理，以确保市场竞争的有序进行。2021年《反垄断法（修正草案）》征求意见稿中，明确了对金融科技巨头的反垄断监管，促进了公平竞争。中国金融市场的正向、积极、健康竞争，不仅推动了金融产品的创新与发展，而且提高了金融服务的质量和效率，助力经济高质量发展。随着政策的不断完善和技术的持续进步，中国金融市场将继续繁荣，走向更为开放和成熟的未来。

第三节　　常见的价格营销策略

常见的价格营销策略可以归纳为五种：产品生命周期定价策略、折扣定价策略、心理定价策略、服务定价策略和价格调整策略。

一、产品生命周期定价策略

这一定价策略主要是根据金融产品（服务）所处市场生命周期的不同阶段，分析成本、供求关系、竞争情况等的变化特点，以及市场接受程度等，采取不同的定价策略，以增强产品的竞争能力，提高市场占有率，从而为企业争取尽可能大的利润。

（一）新产品定价策略

这时产品的生命周期处于导入期。新产品刚刚投入市场，顾客对其尚不熟悉，销量低，没有竞争者或竞争者很少。为了打开新产品的销路，在定价方面，可根据不同情况，在撇脂（高价）定价、渗透（低价）定价和适中定价之间做出选择。

（1）撇脂定价。它是一种高价策略，将新产品以尽可能高的价格投放市场，赚取高额利润，并在短时间内收回投资。因其类似于从牛奶中撇取最富营养的奶油而得名。

高价定价策略的基本依据是：客户中有部分收入较高者，对新产品有特别偏好，愿意出高价购买。一般对全新产品，或有专利权的新产品，采用此策略。在具体实施过程中，有快脱脂和慢脱脂两种方法。

快脱脂，是指金融机构配以大规模的广告或其他促销活动，强力推动新产品出售，以图更快收回投资。市场生命周期短、需求弹性小、应一时之需的产品，能引起顾客"求新心理"，使得其需求强度大增，实现高价出售。慢脱脂，是指金融机构在高定价的同时控制市场扩张速度，实行限量销售。例如，20世纪70年代，美国的富国银行采用这种策略推出了"金账户"，尽管当时有些人认为该产品一个月3美元的收费不值，但银行通过大量广告宣传，逐步吸引了不少重要的客户。

在金融领域，采用这种策略不仅有助于机构获得显著的经济收益，而且能使其在激烈的市场竞争中占据一席之地，同时对新产品开发保持领先。这种策略的精髓在于，通过提升产品的内在价值和附加服务，进而提高其市场定位。长远来看，这样的做法有助于塑造机构积极向上的品牌形象，从而吸引更多高质量客户，形成良性循环。缺点是不利于市场的拓展，容易使竞争加剧。因此，它适合新产品在最初投入市场时采用，不适合长期采用。

（2）渗透定价。它是一种低价格策略，即在新产品投入市场时，价格定得较低，以便顾客容易接受，使产品在市场上广为扩散渗透，从而提高市场占有率，然后随着份额提高再调整价格，降低成本，实现盈利目标。

这一策略曾经应用于美国20世纪80年代初推广NOW账户的活动中。20世纪80年代美国政府确认其合法地位以后，全国普遍开设此种账户。以前不能提供支票账户的储蓄银行与储蓄信贷协会等为了挤进市场，针对原有办理支票账户业务的银行，采取了渗透定价策略，以很低的余额或者不规定最低余额的方式来吸引客户、扩大销售量。又如，货币市场存款账户产品投放市场时，也大规模地采用了渗透定价策略。由于所有银行同时投放这一新产品，因此，争夺客户的竞争非常激烈。有些银行采用高于市场的利率来吸引客户，扩大市场份额，等到利率回归稳定，再采取非价格竞争策略，留住被高利率吸引来的客户。很多银行利用渗透定价策略获得了市场成功。

这一策略适用于需求弹性大的产品或服务。优点是薄利多销，以量取胜，不易诱发竞争，便于长期占领市场。缺点是本利回收期较长，价格变化的余地小，难以应对骤然出现的竞争和需求的较大变化。

（3）适中定价。其介于"撇脂"与"渗透"定价策略之间，以价格稳定和预期销售额的稳定增长为目标，力求将价格稳定在一个适中的水平上，因此又称稳定价格策略。一般是处于优势地位的金融机构为了树立良好的市场形象，主动放弃一部分利润，既保证自己获得一定的初期利润，又能为顾客所接受。适中定价主要适用于产量大、销量大、市场较稳定的产品。

（二）成长期定价策略

这一时期的主要特征是，产品大批量生产，成本大幅度下降，销售量急剧上升，利润增长较快，竞争开始激烈。因此，成长期定价策略，一般选择适合竞争条件，能保证企业实现目标利润或目标报酬率的目标定价策略。选择合适的时机实施降价策略，不仅能够刺激消费者的购买欲望，而且能够对竞争对手造成压力，甚至可能削弱他们的市场份额。

（三）成熟期定价策略

产品进入成熟期后，市场需求呈饱和状态，销量已达顶点，并开始呈下降趋势，市场竞争日趋尖锐激烈，仿制品和替代品日益增多，利润达到顶点。

这个阶段常用的手段是将产品价格定得低于同类产品，以排斥竞争者，维持销售额的稳定或进一步增大。此时，正确掌握降价的依据和降价幅度是非常重要的，一般应视具体情况而定。如果可以成功地使产品具有明显特色从而拥有忠诚的顾客，则仍可维持原价；如果产品无特色，则可采用降价方法进行竞争，但要小心，以免引起价格战或导致企业亏损。

（四）衰退期定价策略

这个时期常采用的定价策略有维持定价策略和驱逐定价策略。

（1）维持定价策略。这是指维持产品在成熟期的价格水平或将之稍作降低的策略。采取这种定价策略的目的：一是希望产品在顾客心目中继续留有好的印象；二是希望继续获得一定的利润。对于需求弹性较小的商品，多采用这种定价策略。在经济学的世界里，维持性价格的策略能否奏效，其命运牢牢掌握在新兴替代品的供给手中。当新的替代品无法满足市场的渴望时，金融机构便能够依托这一机会，稳定其在市场中的地位。然而，一旦这些替代品如雨后春笋般涌现，消费者的兴趣便会转移，他们更倾向于选择这些新生的替代品，这无疑会加速原有产品退出市场的步伐。

（2）驱逐定价策略。对于需求弹性大的产品，可采取驱逐定价策略，有意将价格降低到无利可图的水平，将竞争者逐出市场。要尽量提高市场占有率，以保证销量，回收投资。驱逐价格一般在成本水平之上，必要时，可降到等于产品的可变成本与税费之和的水平。

浦发银行的
"信贷工厂"
和"微小宝"

二、折扣定价策略

在基本价格的基础上，灵活运用折扣定价技巧，是金融机构争取顾客、扩大销售的重要方法。折扣定价策略一般有以下三种：

（一）现金折扣

现金折扣是指对按约定日期付款或提前付款的顾客给予一定的现金折扣。

几乎各家财产保险公司都有保费打折策略，依据是上年的事故率或赔付款额的大小，达到规定标准的给予保费折扣。

在某些证券经纪公司中，客户可以通过国债回购交易来增加资金的流动性。这种交易模式允许客户在出售国债的同时约定在未来某一时间以特定价格回购，从而获取即时资金。而证券经纪公司作为交易的媒介，为客户提供专业服务，并从中收取一定的佣金。通过表5-1可以看出，随着委托资金的增加，手续费折扣增加，超过1亿元后佣金为零，只收取应上缴交易所的经手费。

（二）数量折扣

数量折扣是卖方针对买方大量采购时提供的一种价格优惠。在通常情况下，这种折扣的金额应当与批量销售所能节省的成本相匹配。数量折扣有非累进折扣和累进折扣之分。非累进折扣，是规定顾客一次性购买一定数量或购买多种产品达到一定的数量所给予的价

表5-1　　　　　　　　　　　　　　　　手续费折扣标准

资金额度	手续费折扣标准
10万~100万元	对应回购品种标准佣金不打折：1.0
100万~1 000万元	对应回购品种标准佣金的5折：0.5
1 000万~1亿元	对应回购品种标准佣金的2.5折：0.25
1亿元以上	仅收交易经手费，对应回购品种标准佣金的0.05

格折扣。累进折扣是规定在一定时间内，购买总数超过一定数额时，按总量给予一定的折扣。例如信用卡的折扣优惠计划，累计刷卡金额达到一定数量，可以兑换一定的礼品。

数量折扣有利于顾客保持向特定的金融机构购买，而不是向多家金融机构购买。

（三）交易折扣

交易折扣又称功能折扣，是产品提供者根据代理商、中介在市场营销中担负的不同职能，给予不同的价格折扣，目的是用价格折扣刺激他们充分发挥其组织市场营销活动的功能。在金融市场中，证券和保险经纪人作为中间商，扮演着至关重要的角色。他们连接投资者和金融产品供应商，使得资金的流动更加顺畅。其中，证券和保险经纪人的提成是他们获得交易折扣的主要方式之一。

三、心理定价策略

心理定价策略主要有以下三种：

（一）尾数定价

尾数定价是指利用顾客对数字认知的某种心理，尽可能在价格数值上不进位，而保留零头。例如，信用卡挂失手续费是2.98元而不是3元，使顾客产生价格低廉以及卖家是经过认真核算才定价的感觉，从而产生信任感。这种方法主要用于弹性较大的大众零售商品的销售，名牌优质产品就不一定适宜。

（二）整数定价

对于档次较高的产品和服务，如服务于高端客户的私人银行产品，可在基础价格上凑成整数，使顾客形成高价高质的印象，从而吸引社会上的高收入阶层。整数定价会增强顾客的购买欲望。因为高收入者重视质量、品牌而不很计较价格，如果以尾数定价，就会给人以低价感，反而无人问津。

（三）声望定价

市场上不少产品在顾客心目中有较高的声誉，顾客对它们产生了信任感，购买时，不在乎钱的多少，而在乎产品能否显示其身份和地位。这是一种"价高质必优"的消费心理，即使该类产品成本下降，价格一般也不会下降，否则有损于这类产品的形象。招商银行的金葵花贵宾卡，事实上是给高收入人群提供的一个综合理财账户。拥有这个账户的条件是各项存款或理财资产合计3个月日均存款余额在50万元以上，或30万元以上同时各类贷款（无不良记录）30万元以上，或个人贷款70万元以上。持有这样一个账户卡无疑是尊贵身份的体现，迎合了一些人希望获得身份认同、获得尊重的心理。

四、服务定价策略

服务是无形的，不能试用和退货，存在较大的购买风险。顾客往往根据其他一些交易线索了解产品的价值，价格是一个重要的价值提示。金融营销人员在制定服务价格策略时，要通过定价，明确无误、令人信服地揭示并传达服务价值。

服务定价有三种方法：满意度定价法、关系定价法和效益定价法。它们各不相同，但密切相关，都揭示并传达了服务的价值。

(一) 满意度定价法

顾客在购买金融产品前可能都有某种疑虑，如理财产品的"预期回报率"，常常令客户不放心。满意度定价法旨在减轻顾客的疑虑。金融机构可采用多种方式来减少顾客的担心，如提供必要的信息，包括提供以往的业绩证明、中间过程或阶段性状况报告等，甚至提出给予补偿的保证——降价或退款，以显示对自己产品的自信，给顾客以强力定心丸。

服务保证是一项大胆的承诺，它要求企业在提供产品或服务时，承诺在一定期限内保证其性能或质量。这种策略在吸引顾客、增强品牌信任度方面具有显著优势，但同时也伴随着一定的风险和挑战。因此，在决定实施服务保证之前，企业需要对其进行深入的分析和评估。同时要考虑客户的反应，如果对客户说，提高价格是"为了帮助我们更好地为您服务"，则往往令顾客不悦。

美国第一银行是个成功的例子。1989年，它收购了得克萨斯州一家破产银行后，创建了信托部，该部的经理的信念是：只有定位在卓越服务上才能使自己初试啼声的业务具有竞争力。由于创业之初没有声誉，无法吸引潜在客户，因此，他们实行了服务保证策略，承诺顾客只要对服务不满，分文不收。结果，1989—1995年，在4 500位顾客中只有7位顾客对服务不满并获银行全额退款。显然，该行的服务保证策略减轻了顾客对其服务的疑虑，同时为员工平添了强劲动力，使他们努力满足顾客期望。美国第一银行得州信托行也因此获得了较高信誉，成为美国发展最快的信托银行之一。

这个例子说明，金融机构拥有高质量的产品和高水平的专业服务，有利于提升机构自身在目标市场上的整体形象，并收取比竞争对手稍高的手续费（或支付较低的利息）。客户感觉到金融机构的员工了解他们，服务态度亲切而又懂行，总是乐于助人，天长日久就成了忠诚客户。忠诚的客户不大可能为了节约支票账户的几美元，或为了稍高的存单利率而转去其他的银行。

(二) 关系定价法

根据客户与盈利的"二八定律"，发展持续交易的长期客户是金融机构重要的客户策略。在金融领域，与客户建立长期的合作关系至关重要。这不仅有助于巩固与现有顾客的联系，而且能吸引新的客户。通过签署长期合同，金融机构能够实现从单次交易向持续互动的转变，这样的模式转变将带来深远的影响。同时，这种稳定的收入使金融机构能够集中更多资源在自己的优势和特长上，与竞争对手拉开距离。

关系定价又称组合定价，即将两种或两种以上的服务"捆"在一起销售。这种价格激励方式，对顾客而言，有一起购买比分别购买便宜的好处；对金融机构而言，则能降低成本，因为提供一种附加服务通常比单独提供一种服务成本低，还能增强与顾客的联系。与顾客之间的联系越多，就能越多地掌握顾客的信息，发掘顾客的需求。

商业银行通过关系定价，鼓励客户在银行设立多个账户，使用多种服务。鼓励的形式可以是提供较低的手续费、较高的存款利率，或用多种账户提供较低的贷款利率。

（三）效益定价法

效益定价法以精确的成本计算为基础，通过明晰成本、管理成本和降低成本，将节省的成本部分或全部以低价形式转给顾客。这一定价法的好处是，一方面，这种有效的更精练的成本结构使得竞争对手在短期内难以模仿；另一方面，成本优势结合产品特性，能让顾客感受到产品独特的价值所在。

效益定价者往往是行业中某方面业务的领跑者或标新立异者。它们努力摒弃行业里传统的操作方式，寻求持续的成本优势。美国一家叫 Charles Schwab 的折扣证券交易行是这种定价方式的突出例子。该公司以往通过销售代理商发布投资咨询信息，后来它通过开发一个高度自动化的低成本信息系统，将原来通过代理商联系投资者的常规间接关系改变为直接关系，可以同一时间内以一对一的方式，有效地处理数以百万计的顾客交易请求。

五、价格调整策略

价格调整是金融机构针对基础价格进行的一系列调整。在市场环境日新月异的情况下，价格往往需要随着经济环境的变迁、产品生命周期的演变、竞争对手的新策略以及消费者消费心理的变化等因素灵活变动，以便金融机构能够实现其预期的营销目标。

银行调整价格时，需要考虑何时宣布、何时生效，是一种产品还是整个产品线（譬如是否涉及所有的银行卡），或是在更广的产品范围内（譬如对客户存款账户所有其他项目的收费）实行价格调整，一种产品的调价对其他产品影响如何等。比如，某家银行推出了储蓄替代产品——信托基金，其利率高于同期存款利率并免税，很多客户将其他账户的存款纷纷转到这个账户上。虽然该产品下的存款量有所增加，但低利率的活期存款下降，提高了银行的资金成本，对贷款利率及其收益产生了不利影响。因此，金融机构各种产品和服务的价格必须相互协调。价格调整应该基于必要和可行的原则，以下列举了可能需要调整价格的一些原因：

（1）账户数量或市场份额有所下降。

（2）与竞争者的价格相比，或与其产品的益处相比价格太高。

（3）由于成本增加或需求量太大，价格相对过低。

（4）未能提供满足低收入客户需求的定价而受到批评。

（5）产品线中的每个产品项目的价格差异不合适或令人费解。

（6）向客户提供太多的价格选择使客户感到无所适从。

（7）价格对客户来说似乎高于其真正所值。

（8）定价行为使客户对价格过分敏感，并不注重其质量上的差异。

（9）提高产品质量增加了经营成本或增加了对客户的价值。

第四节　　各类产品的定价模式

对金融业来说，不同的产品有不同的利润要求，其价格与成本的联系不如制造业那样紧密。金融产品有些是微利的，有些甚至是免费的，而有些产品如贷款则是高利的。许多产品价格构成中更多的是与产品相关的服务增加值。在金融产品定价中，风险程度是一个关键因素。对于风险较高的产品，即便其成本较低，定价也会相对较高。这是为了通过高利润来弥补潜在的风险损失。在我国，金融产品的定价有较大一部分受政府控制，金融企业自主定价的程度有限。

金融产品定价的标准是多方面的，除了风险程度，至少还要考虑下列因素：

（1）产品或服务对顾客的价值，以及顾客对该产品的认知价值。

（2）对目标市场或细分市场而言，产品或服务的市场容量。

（3）开发该新产品或服务所耗费的成本。

（4）产品或服务供应量增加或减少对成本的影响程度。

（5）为实施产品或服务是否需要有专门设备和专用基金。

（6）市场竞争者相似产品或服务的定价。

金融行业分为三大类：银行业、证券业和保险业。金融产品与服务的特性在不同行业的重要程度和表现方式不同。因此，对具体的金融产品定价的认识要以行业分类为基础，逐一了解分析。

一、存款定价

目前许多国家都采取两种定价方式制定存款利率：单一利率和分级利率。

单一利率是指不根据存款账户金额的大小而变化；分级利率则随存款金额的大小而变动。例如，规定个人存款账户在100~4 999美元利率为0.5%，在5 000~9 999美元利率为0.8%。同样方法也有用于服务收费。例如，花旗银行收取存款服务费，每月日均存款不足10万美元收取100美元或12美元的月服务费；低于5 000美元收取50美元或6美元的服务费；美元现金提现时收取0.25%的手续费。

目前我国的存款利率政府管制得比较严格。人民币存款，国有商业银行和股份制商业银行均执行规定的利率，可以向下浮动；农村信用社可以上浮30%。外币存款、大额存款即等额美元300万元以上的利率已经全部放开与国际接轨，等额美元300万元以下的小额存款执行规定利率。现在我国利率自由化的进程在加快，根据最近的资料，中国人民银行不再公布美元、欧元、日元、港币2年期小额存款利率上限，改由商业银行自行确定并公布2年期小额存款利率。因此，商业银行的存款定价决策能力，将成为一个现实的竞争因素。

【学思践悟】

定价机制改革，利率市场推进

2024年8月9日，中国人民银行发布《2024年第二季度中国货币政策执行报告》，提出"深入推进利率市场化改革，健全市场化利率形成、调控和传导机制，逐步理顺由短及长的传导关系"。近年来，中国金融市场经历了深刻的改革，特别是在存款产品定价方面取得了显著进展。2015年，中国人民银行全面取消了对银行存款利率的上限管制，允许银行自主确定存款利率。这一政策变革极大地促进了市场竞争，提高了银行的自主定价能力。例如，中国工商银行在近年来推出了多款灵活存款产品，其利率随市场变化进行动态调整，吸引了大量客户。浙江民泰商业银行等地方性银行也在定价上进行了创新，推出了定期存款利率浮动产品，积极应对市场变化。与此同时，监管机构加强了对存款利率市场化的监督管理，以确保市场秩序的稳定。存款产品定价机制的改革，不仅提升了银行的竞争力，而且为储户提供了更多选择，从而推动了整个金融市场的健康发展。随着政策的不断完善和市场环境的变化，中国的存款利率市场化将进一步深化，助力经济高质量发展。

二、贷款定价

贷款定价的目的是保证银行可以取得预期收益。贷款定价过程涉及制定放款的各项条件。贷款主管人员必须考虑所发放贷款的预期收入、资金成本、管理费用、借款期限、借款人的风险等级。贷款的收益主要来源于两部分：一是利息，二是手续费。其中，利息是贷款人支付给借款人的报酬，手续费则是借款人为获取贷款所支付的费用。在贷款过程中，贷款机构会进行信用调查、评估等一系列工作，这些工作所产生的费用也构成了贷款的一部分成本。其具体定价方法主要有两种。

（一）差额定价法

差额定价法以借入资金的成本加成来决定优惠利率，不考虑其他有关费用，因此简单易行，即：

目标收益=贷款利息收入+借入资金的边际成本

或：

目标利润加成或盈利率=贷款利率+借入资金的边际成本率

（二）优惠加数与优惠乘数

这是商业银行较普遍的做法，即在优惠利率的基础上，为不同风险等级的顾客制定不同的贷款利率。根据这一做法，贷款利率定价是以优惠利率乘以或加上风险系数。尽管两种方法在概念上有些近似，但一般计算所得的利率标价是不同的，只有优惠利率为10%时结果才相同。从表5-2可以看到优惠加数与优惠乘数贷款利率的计算以及差别。

表5-2　　优惠加数与优惠乘数优惠利率的计算以及差别（对借款人的利率标价）

优惠利率水平	优惠加数		优惠乘数	
	风险等级 A+1%	风险等级 B+2%	风险等级 A×1.1	风险等级 B×1.2
6%	7%	8%	6.6%	7.2%
8%	9%	10%	8.8%	9.6%
10%	11%	12%	11.0%	12.0%
12%	13%	14%	13.2%	14.4%

采取这种方法时，申请贷款超过某一最低限额的借款者，可在几种交易利率中选择，以决定该贷款的利率和展期期限。最通行的交易利率有国债利率、定期大额存单利率或同业拆借利率。这种方法也常常用于机构之间的大宗高额资金交易。

上述方法常见于利率自由程度较高的国家。我国目前对商业银行的人民币贷款利率仍有一定限制。但相对以前，利率决策的自主程度已经大大提高。

三、债券定价

从发行者来看，债券有政府债券、金融债券、企业债券以及特种债券之分。我国目前债券市场的主要产品为国债，金融债券和企业债券的占比很低。债券的价格分为发行价格和转让价格。

（一）债券的发行价格

对于筹资者，国债的发行者——财政部的定价方式，通常是通过市场招标竞价机制形成价格的。其他债券的发行价格通常以目标收益率为计算依据，即：

发行价格＝［面额×票面利率＋（面额−发行价）÷偿还价］÷目标收益率

市场上的投资者在参与国债投标竞价时，可以借助博弈理论，在游戏规则和自身能力允许的范围内，研究制定压倒竞争者的价格。如果投资于其他筹资者发行的债券，应该比较同期银行存款利率或其他风险相当的投资项目收益率，从而选择收益率较高的投资产品。

（二）债券的转让价格

债券的转让价格是指未到期债券在转让交易时的市场价格。转让债券的市场价格所隐含的收益率不能低于债券的到期利率，如果这一收益率低于债券的到期收益率，即债券持有到偿还时的年化收益率，那么投资者就有可能寻找其他更具有吸引力的投资渠道。由此计算转让价格的公式为：

转让价格＝［面额×票面利率＋（面额−购买价）÷剩余期限］÷市场利率

此外，债券出售时，实际支付的费用应低于债券的转让价格，因为证券公司、交易所等中间机构要收取手续费，而投资者购买债券时要在转让价格上增加一些费用。

（三）债券定价的影响因素

以上所述，只是债券定价的理论。事实上，发现并确定市场的真实利率，还要考虑很多因素，如中央银行的货币政策、发行者的资信、债券种类、税收、通货膨胀、投资者心理等。

四、股票发行定价

股票发行价格包括首发价格、配股价格、增发价格和转换价格等。为简单起见，这里仅说明首次发行股票即新股如何定价。

（一）股票价格理论公式

股票价格＝预期股票收益÷市场利率

（二）成熟市场股票定价方法

在现实经济中，股票价格并不能完全由上述理论公式确定，往往还要考虑许多实际情况。影响股票价格的因素一般分为基本因素和技术因素两大类。基本因素是指证券市场以外的政治、经济、企业自身等因素，包括经济景气度、政策法规、税制、货币供应及利率、公司资产和盈利状况等。技术因素是指证券市场内部的因素，主要与投机活动有关，包括股票供求、资金流向、投机与操纵、市场流动性与大众心理等。因此要在分析这些影响因素之后，借助一定方法来确定合理的股票价格。

在成熟的国际资本市场上，股票发行定价制度分为两种：一种是固定价格公开发行制度。通常做法是发行人（即公司）与其保荐人（通常是一家证券公司）协商确定一个具体的IPO价格。一旦价格确定，该公司将直接向公众公开募集资金，投资者可以根据这个固定价格购买股票。另一种是累计投标询价法。通常做法是由保荐人和发行人商定一个股票发行的市盈率区间后，通过路演询价，由机构投资者投标申购股票数额，再由保荐人或主承销商配售股票。前者一般适宜一只股票的发行，只需散户投资者来认购就可以完成发售。而后者通常在发售融资规模较大的上市项目时，更具有明显优势。

（三）我国现阶段股票发行定价方式

我国的证券市场是一个成长中的年轻市场，IPO定价的基本规则经历了多次改革，力图真实反映企业价值，抑制过度投机，保护投资者利益。目前股票发行的价格主要通过市场机制形成，接近国际上通行的做法。

市场竞争条件下的股票发行定价具有极大的挑战性。股价过低将使高价值企业遭受损失，并助长上市后价格操作的投机活动。但股价过高将使承销商承担可能出售困难的损失。这实际上是对证券公司研发能力的考验。在我国，新的股票定价机制在很大程度上体现了市场化的原则。主承销商在此过程中扮演着至关重要的角色，他们会对发行人所处的行业、竞争实力、发展前景等进行深入研究和全面分析。通过对企业的一系列关键指标进行细致的评估，主承销商可以构建出一个精确的模型，以估算出企业的真实价值。

五、银行产品价格构成

在金融机构中，商业银行（以下称"银行"）由于经营特殊商品——货币与信用，所以它所提供的产品价格具有特定的内容。银行产品定价的主要任务是确定存贷款利率水平和服务项目的收费标准。根据银行提供产品和服务的不同，银行产品价格构成主要包括四项内容：利率、汇率、手续费和创新业务费用。下面将以银行为主要对象，介绍其产品定价的主要原理。

（一）利率

利率是银行产品最主要的价格。它是利息额与借贷资金的预付价值之间的比率，可衡量借贷资金的增值度。银行主要从事的是信用业务，即通过吸收存款、借入款项等途径取得资金，再通过贷款与投资等活动进行资金运用。在这个过程中，一方面，银行需要支付利息给银行资金的提供者；另一方面，银行可通过资金的运用获得收益，如贷款收入或投资收益。因此，借款与贷款之间的利率差形成的利息收入构成了银行维持正常运转的收入。在我国，银行的各种长短期存贷款利率受到国家金融政策的限制，银行无权自行制定，而是实行统一利率。同时，银行的业务结构相对单一，利息收入构成银行的绝大部分盈利来源。因此，衡量利息水平的利率在银行产品价格体系中显得格外重要。

利率的种类有很多，如按照期限可以分成短期利率与长期利率，前者是指借贷期限在一年以内的利率，而后者则是指借贷期限在一年以上的利率；按照利率在借贷期内是否变化，可以分成固定利率与浮动利率；按照利率决定因素的不同，可以分成由市场上资金供求双方自行决定的市场利率与由政府决定的法定利率；按照是否扣除通货膨胀率，可以分成实际利率与名义利率。此外，还有其他一些种类，如优惠利率、差别利率等。在各种各样的利率中，与银行关系最密切的利率有以下三大类：

（1）法定利率。这是由一国政府通过中央银行确定的利率，如中央银行对（商业）银行使用的再贴现率与再贷款利率。法定利率的设定是政府实施宏观经济政策的关键手段之一，尤其在对银行业的监管中扮演着至关重要的角色。通过调整这一指标，政府能够在市场上施加影响，从而间接调控资金的成本和流动性。可以说，法定利率在整个利率体系中处于主导地位。作为基准利率，它的变动必然会引起其他各种利率发生相应的变动。

（2）银行同业拆借利率。同业拆借是银行为了解决短期资金余缺、调剂准备头寸不足等而进行相互融资的活动。该市场的参加者都是银行，所以其信用程度、流动性、时效性都很强。目前世界上较著名的银行同业拆借利率有伦敦同业拆借利率、香港同业拆借利率、新加坡同业拆借利率。我国于1996年成立了全国统一拆借市场，按交易加权平均得出同业拆借利率。

【学思践悟】

利率市场化改革，同业拆借透明

　　近年来，中国金融市场在利率市场化改革方面取得了显著进展，银行间同业拆借利率（SHIBOR）作为关键参考指标，其重要性日益突出。2013年，中国人民银行启动贷款基础利率（LPR）改革，逐步减少对贷款利率的行政干预，使SHIBOR在金融市场中发挥更大作用。根据数据显示，2022年年末SHIBOR隔夜利率保持在2.0%左右，反映了市场资金供需的真实状况。例如，2020年疫情期间，中国人民银行通过下调公开市场操作利率，带动SHIBOR下降，帮助企业降低融资成本，稳定经济运行。此外，监管机构加强了对SHIBOR的监测和管理，确保利率形成机制的透明和公正。2021年发布的《全国银行间同业拆借中心管理办法》进一步规范了同业拆借市场，促进了利率市场化的深化。随着市场化改革的深入，SHIBOR作为市场利率的风向标，进一步提升了金融市场的透明度和效率，有助于优化资源配置，推动经济高质量发展。中国利率市场化改革的不断推进，将为金融市场的稳定与繁荣奠定坚实基础。

　　（3）银行对客户的利率。这是指银行对一般客户所使用的利率，它是银行利息收入的主要来源。它又可分为存款利率与贷款利率。存款利率是银行为吸收存款人的存款而支付的利息额与存款本金之比，其高低决定了存款人的利息收入及银行的融资成本。贷款利率是银行向贷款人发放贷款所收取的利息与贷款本金之比，它也会直接影响到银行与贷款人的经济利益，其高低也因贷款的种类与期限不同而异。

（二）汇率

　　汇率是指两国货币间的兑换比率，即把一定单位的某国货币折算成另一国家货币的数量。二战结束后，全球经济开始呈现出一体化的趋势。国际资本的流动变得日益频繁。银行业的运营也开始展现出国际化的特征，在这样的背景下，汇率不再仅仅是一个经济学术语，而是变成了银行营销战略中的不可或缺的一环。目前，我国很多银行都开展了外汇业务，工、农、中、建、交五大国有银行及招商银行等大、中型商业银行还在海外设立了分支机构，全力开拓国际金融市场。

　　汇率从不同的角度出发有不同的分类，如按照汇率决定主体不同可以分为官方汇率与市场汇率；按照汇率是否变动可以分为固定汇率与浮动汇率；按照成交双方交割期不同可以分为即期汇率与远期汇率；从银行买卖外汇的角度出发可以分为买入汇率、卖出汇率与中间汇率；按照银行营业时间的不同可以分为开盘汇率与收盘汇率。

　　在银行的实际经营过程中，按照交易对象的不同，可以把汇率分为对客户的汇率与对银行的汇率，即商业汇率与银行同业汇率。常见的商业汇率有：

　　（1）电汇买入与卖出汇率。它是银行在买卖外汇时以电报或电传方式通知国外付款人解付所使用的汇率，一般不包括利息，因此是最低的对客户的汇率。

　　（2）即期汇票买入与卖出汇率。它是银行买卖客户的即期汇票时所使用的汇率，一般在电汇汇率的基础上折入汇票邮寄期间的利息而得出，故低于电汇汇率。

（3）远期汇票买入汇率。它是银行买入远期汇票所使用的汇率，其计算方法与即期汇票买入汇率类似，只不过利息计算除了要考虑邮寄期间的利息之外，还要考虑汇票的期限。

（4）承兑汇率。它是银行卖出远期汇票所使用的汇率，对进口银行来说基本上不包括任何利息，故与电汇卖出汇率较接近。

（5）信汇汇率。它是银行用信函方式通知国外付款人解付时所使用的汇率。

银行同业汇率则是指银行之间买卖外汇所采用的外汇兑换比率。它又可分为：

①内部外来汇率，是指同一银行的各个分支机构之间或分支机构与上级银行之间调剂外汇的价格，其成本十分低，效率较高。

②对外汇银行的汇率，是指不同外汇银行之间交易外汇所使用的汇率。

③对中央银行的汇率，是指在现代汇率制度下，中央银行参与外汇市场交易、对（商业）银行的活动进行调节所采用的汇率，它基本上接近于官方汇率。

（三）手续费

在金融领域，银行不仅是资金的调度者，还是一个多功能的服务平台。除了核心的负债和资产业务，银行凭借其在技术、信息、人才、资金管理、信誉以及机构网络等方面的综合优势，不断研发和运用各类金融工具。这些工具和服务不仅丰富了银行的经营业态，更为客户提供了多元化的金融解决方案。通过这些增值服务，银行得以收取手续费或佣金，这是其收入结构中的重要组成部分。这些服务的开展一般无须动用银行资金，只是代客户承办收付及多种委托事项，通过收取手续费获取收益，成本低、收益高、风险低。

一般来讲，银行的手续费收入主要来自以下几个方面：

（1）结算类业务。这是指银行为因商品交易和劳务供应、资金调拨而引起的货币收支提供服务。具体又可分为现金结算与转账结算、国内结算与国际结算（国内结算的方式有银行汇票、银行本票、信用卡、委托收款及托收承付等，而国际结算一般是指汇款、托收、信用证等几种方式）。

（2）担保类业务。这是指银行借助自身的强大资金实力与良好信誉为客户交易提供担保。银行担保业务的种类较多，如担保书、备用信用证、银行保函、贷款承诺等。由于银行在这些业务中承担一定的风险与责任，故应收取服务费。

（3）衍生工具类业务。衍生工具是指从利率、汇率、股票、债券、股票指数、黄金及外汇等基础金融工具中派生出来的金融产品，主要包括期货、期权、互换、远期协议等。当前，国外银行广泛开展该项业务，但我国银行受到政府的金融管制，刚开始涉足此类业务。

（4）其他服务。除了上面的三类业务之外，银行可以取得手续费的业务还有：咨询类（如资信调查、可行性研究、市场调研、财务分析、客户介绍与技术中介服务等）、代理类（如代付代收、代理清偿债权债务、代理发行有价证券、代理房地产事项、代办会计事务、代理黄金或外汇买卖等）、信托类（如金融信托、动产信托、不动产信托）、租赁类（如经营性租赁、融资性租赁与杠杆租赁）。

随着金融市场的发展，传统银行业务的份额正逐渐被新颖的金融产品和服务的创新所挤占。在这样一个充满变革的时代，银行的业务重心正悄然转移——从原本以储蓄和贷款为核心的功能，转向更加注重中间业务和其他业务收费。手续费收入已成为银行利润的一个重要来源。据统计，在美国大通曼哈顿银行1997年的总收入中，非利息收入占31%，是扣除利息支出后净利息收入的1.07倍。在其他非利息收入中，结算类服务占21%，咨询类服务占20%。在开展中间业务、收取手续费方面，我国银行与国外存在很大差距，但同时也显示出我国银行开拓和发展中间业务的巨大潜力。这是因为，一方面，金融服务竞争的加剧、居民投资意识的增强使银行获取存贷利差的机会减少；另一方面，我国政府对利率、汇率的严格管制使银行获取存贷利差的机会减少。基于上述两方面因素，我国银行必须大力发展中间业务，以增强盈利能力、实现经营目标。

（四）创新业务费用

20世纪60年代以来，国际金融界掀起金融创新高潮。尤其是在进入70年代、80年代以后，新的金融工具层出不穷，如远期外汇买卖、利率掉期交易、期权期货交易、投资银行的业务工具等，对整个世界经济、金融的发展产生了巨大影响。这些创新型金融工具主要具有以下特点：

（1）险惠并存性。由于创新型金融工具大多应用高新技术手段，并在世界金融市场上利用时间差、利率差、汇率差等获利，因而往往是高收益（实惠）、高风险并存，一旦管理不善或出现失误，就会导致严重的金融风险，甚至可能导致金融机构的破产倒闭。

（2）技术依赖性。为了从创新型金融工具，如各类金融衍生品中获利，金融机构依赖于尖端科技理论及方法的支持，这些工具的精准运用离不开现代化通信技术与电子设备的辅助。此外，高级金融分析师和管理者的专业判断与操作管理是不可或缺的。因此，金融机构必须具备高水平的人才储备和强大的经营管理实力。

（3）新旧结合性。金融创新业务大多是以现有业务为基础，并将二者有机结合在一起或重新组合，以利于金融机构获取收益。

（4）快速发展性。第一，创新业务的发展迅速，收益快速增长。例如，1985—1988年，美国的美洲银行、花旗银行等5家银行的表外业务量从占表内业务资产的11.3%上升到28.2%，平均年增长54.2%；日本银行从20世纪80年代中期起，表外业务以每年40%的速度递增。从整个世界金融界的情况来看，20世纪90年代以来，衍生金融工具约以每年40%的速度递增。第二，金融创新业务的出现与快速发展，促进了各类金融机构尤其是银行向业务的多样化与综合化方向发展，这对世界金融业的业务格局变化以及未来世界金融业的发展将产生重大影响。

各类金融机构在考虑创新业务的定价时，需要以上述特点为参考背景，并采用与传统金融产品不同的定价策略。例如，大型金融机构不仅掌握着庞大的资金资源，更是金融创新的先锋。然而，随着金融工具的日益复杂化，如何有效管理和控制这些创新工具带来的风险，同时确保成本控制在合理范围内，已经成为这些金融机构必须面对的重要课题。

六、银行产品定价目标

（一）明确定价目标

按照一般的定价程序，银行在制定产品价格之前首先需要明确定价目标，并以此作为制定价格的指导。定价目标，是指银行通过制定产品价格，在所处经营环境中需要达到的目标。明确切合实际的定价目标是价格决策的前提和首要内容，也是在价格决策中选择价格策略和方法、确定评价准则的主要依据。银行内部条件各异，金融产品所处的外部营销环境不同，因此形成了不同的定价目标。银行通常追求的定价目标有：

（1）以利润最大化为目标。企业利润最大化包括长期利润最大化和短期利润最大化。企业以短期利润最大化作为主要利润目标时，关注的是如何在眼前的这一段时间内，通过提高产品价格或者压缩成本等手段，尽可能地获取更多的利润。但是短期利润最大化往往是暂时的，随着市场供求状况的不断变化、竞争的日益激烈，富有远见的银行应把长期利润最大化作为自己的最终目标。需要指出的是，利润最大化目标并不适用于单一银行产品，而是作用于银行的整个产品领域。简而言之，利润最大化并不意味着对所有的银行产品制定最高价格，其侧重点是追求银行整体利润的最大化，低利或无利的产品价格损失可由高利润的产品来弥补。

（2）以一定的投资收益率为目标。投资收益率是银行获得的利润与投资额之比，它反映了银行的投资效益。银行投入的资金，总希望能在一定时期内全部收回，并能有较高的回报率。为了实现投资收益率目标，银行可以在估计营销活动开支数额与预期利润的基础上再加上成本来制定金融产品的价格。它的特点是不追求短期的高额利润，而是获取一定时期内的稳定收入，从而服务于银行的长期经营目标。银行的信用卡、通存通兑等电子化程度较高的许多具体产品都以这个目标作为定价基础。

（二）扩大市场份额的定价目标

在其他因素不变的情况下，银行增加利润的途径，一是增大价格与成本的差价，二是扩大销售量。而销售量的大小则取决于银行市场份额的大小。一个银行的市场份额受多种因素的影响，如银行的实力强弱、行业内竞争的激烈程度等，但价格始终是一个非常重要的影响因素。从价格和销售量的关系分析，以扩大市场份额为定价目标的银行，多采用低价策略吸引客户，这样虽然产品的单位利润水平会下降，但由于销售量增加，利润总量一般不减少，甚至还会增加。一些新成立的银行为了在众多金融巨头中占得一席之地，从而采取了一种积极主动的策略——大量开设分支机构。这样做不仅仅是为了增加自身的可见度，更重要的是，通过这种物理扩张，它们能够触及更广泛的客户群，从而扩大自己的市场份额。

（三）应对同业竞争的定价目标

这种定价目标是在同业竞争异常激烈的情况下，主要为适应竞争需要或避免竞争而制定的。在市场竞争中，价格是一个非常重要的因素，特别是当市场竞争处于初期阶段时，价格往往是最主要也是最有效的竞争手段。当银行面对来自竞争者的威胁时，应根据竞争者的情况和自身的条件采取相应的对策。一般来说，大型银行处于行业或区域"领先者"地位，为避免竞争一般都采取稳定价格的策略，以适当的低价主动防御现实和潜在的竞争者，当它遭到其他挑战者的价格攻击时，往往也会采取以更低价格反击的应对措施。中小银行一般属于行业中的"跟随者"，无力左右行业价格，其定价着眼点是适应竞争、保存实力，根据主导银行的价格进行抉择。无论是哪一种情况，银行都需要广泛收集其他银行尤其是竞争者有关产品价格的资料。

（四）树立品牌形象的定价目标

银行品牌形象是银行的无形资产，良好的品牌形象是银行综合运用合适的营销组合而取得的成果，也是银行借以拓展业务的一项重要财富。在银行产品日趋标准化和同质化的今天，银行的品牌形象成为客户的主要识别工具。客户在选择银行时，不再单纯地依据产品的服务功能进行评判，而是更加关注其品牌形象。以信用卡为例，国际知名品牌有三种：CitiCard，MasterCard，VISA，国内的知名品牌有招商银行的信用卡等。

在树立良好的品牌形象目标下，银行凭借良好的信誉和服务保障，可以制定高于其他一般银行的价格。采取这种定价目标的银行，可以利用已经培养出的特殊细分市场和专属知名度，有意识地营造出一种"高质量，高价格"的姿态，利用品牌形象形成价格杠杆，使其整体形象和具体产品通过定价凸显出来。例如，著名的投资银行摩根士丹利，被公认为是提供优质服务的投资银行。

总体上讲，银行定价的目标主要有以上几项。银行可以根据所处的竞争环境和自身条件选择其中一个或几个目标作为主要目标来确定金融产品的价格。

七、银行产品定价基本原理

价格水平的高低无疑会对银行产品的销售量和银行的收入状况产生直接影响。我们可以从弹性理论的角度来解释价格调整对银行产品销售的影响。具体来说，如果一种银行产品的市场需求是富有弹性的，则降低价格会明显增加销售量，从而吸引原来因价格因素被排斥在市场之外的潜在客户，进而使得销售量急剧增长、整体销售收入增加；反之，如果一种银行产品的市场需求是缺乏弹性的，则价格变化不会对销售量产生明显影响，所以提高价格一般能增加整体收入。因而，银行往往用提高非弹性产品价格和降低弹性产品价格的方法来增加整体收入。不同类型银行产品的价格弹性不一样，如保管箱、支票、汇票等的需求价格弹性相对较小，而商业贷款的价格弹性较大。在银行的经营实践中，为改变客户的消费需求，在价格敏感和需求弹性大的市场，银行往往采用低价格以扩大销售量。同时，我们应该看到，许多设计成功的银行产品正处于生命周期的成熟阶段，相对缺乏弹性，银行通过降低价格进而在短期内扩大业务规模的方法是可行的，但从长期来看，由于大多数银行都可以对影响销售量的重大价格变动及时做出反应，导致所有其他银行都可能降低价格，其结果是所有银行的销售量保持在降价前的同等水平上，但银行的整体收入反而下降了。

归纳起来，银行产品的定价主要有两类：集中定价和单独协商价格。前者是指集中制定金融服务中单一产品或系列产品的价格，如活期存款账户、定期存款账户；后者是指单独制定针对特殊客户的议价产品价格，如企业活期存款、透支、国际服务等。在后一种情况下，许多银行提供的产品都没有一个明确的价格或价格体系，而是确立一个收费标准，并以此为基准来增加或减少收费。其依据是利用需求的价格弹性原理，区分不同价格在不同细分市场中的灵敏度，对同一银行产品针对不同细分市场的客户采用不同价格，但该方法的实施前提是防止不同细分市场之间的交叉渗透。

宝洁公司的国际营销案例

章后习题

一、练习题

1.（单选）下列属于金融产品定价主要目标的是（　　　）。

A.利润最大化　　　　B.树立企业形象　　　C.优化金融服务　　　D.ABC皆可

2.（单选）在下列成本定价法中，计算公式正确的是（　　　）。

A.成本加成定价：单位产品价格=单位产品总成本×（1+成本加成率）

B.收支平衡定价法：单位产品价格=（固定成本+预期利润）÷产品销售量

C.目标收益定价法：单位产品价格=目标利润额÷预计销售量

D.收支平衡定价法：单位产品价格=预期利润÷盈亏平衡时销售量+单位可变成本

3.（单选）关于金融产品定价的方法，正确的是（　　　）。

A.定价方法可以分为三大类：成本导向定价、需求导向定价和竞争导向定价

B.随行就市定价法属于需求导向定价

C.价值判断定价法属于成本导向定价

D.需求差别定价法只需要考虑地域差别就可以了

4.（单选）市场定位战略不包括（　　　）。

A.无差异市场战略　　　　　　　　　B.差异市场战略

C.密集市场战略　　　　　　　　　　D.混合市场战略

5.（单选）不属于金融市场定位指标的是（　　　）。

A.属性定位　　　　　　　　　　　　B.客户定位

C.产品功能定位　　　　　　　　　　D.质量价格定位

二、思考题

1.简述金融产品定价的基本方法。

2.简述金融产品定价的目标。

3.金融产品定价的步骤是什么？

章后习题参考答案

实训三　　金融产品的设计与定价

【能力目标】

1.融入真实金融环境，掌握金融产品设计、金融产品定价、金融产品创新的流程。

2.能够对股票、债券、期货、期权以及其他多种金融衍生产品进行仿真设计和产品定价，熟悉和掌握各种金融工具的设计和定价。

【知识目标】

1.能够实现金融远期、股票、债券、存贷款定价模拟。

2.能够运用所学的定价方法与实际定价相结合。

3.能够通过软件平台进行证券、期货、外汇等金融产品的设计，通过金融产品设计来系统了解金融产品的基础知识，对金融产品进行相关的模拟操作和创新。

一、金融产品定价模拟

（一）知识

1.成本

（1）固定成本；

（2）变动成本；

（3）准变动成本。

2.客户需求

（1）需求的价格弹性（E）

E＝需求量变动的百分比÷价格变动的百分比

E＞1，表示富有弹性，需求量的变动幅度超过价格变动程度；

E＜1，表示缺乏弹性，客户对价格变化的反应不强烈；

E＝1，标准弹性。

（2）需求的交叉弹性

需求的交叉弹性＝需求量变动的百分比÷关联产品价格变动的百分比

3.营销组合情况

这包括产品策略、定价策略、销售策略、促销渠道等。

4.法律、法规

我国目前仍然实行比较严格的金融管制，对商业银行的产品价格——利率、汇率、服务收费尚未完全放开。

（二）定价步骤

1.数据收集

（1）估算成本；

（2）确认需求；

（3）收集竞争对手定价策略的相关资料；

（4）其他信息。

2.战略分析

（1）选择定价目标；

（2）测定需求的价格弹性；

（3）确定盈亏平衡点。

3.选择定价的方法与策略

4.确定产品的最终价格

5.灵活调整产品的价格

二、开发流程

（一）构思新产品

1.构思的外部来源

收集客户提出的非正式提议，合作伙伴提供的设想，政府提出的社会需求方向和竞争对手的反应、建议，以及现有的研究成果和其他文献资料。

2.构思的内部来源

收集金融机构中的研究开发部门的建议、金融机构中的市场营销部门的建议和有经验的高级管理人员和基层员工的建议。

（二）筛选构思

选出符合银行发展目标和长远利益，并与银行资源相协调的产品构思，遵循如下标准：

（1）市场成功条件；

（2）金融企业内部条件；

（3）销售条件；

（4）利润条件。

（三）形成产品概念

（四）进行商业分析

在初步拟定营销规划的基础上，从财务上对产品方案作进一步判断，研究其是否符合银行的预期目标。

具体步骤：预期销售额；推算成本与利润。

操作：拟订一项营销方案，主要内容包括：产品结构、目标市场、消费行为、新产品的市场形象和定位、产品定价、营销渠道、预计销量和预计销售费用、预计长期销量及利润目标。

三、情景再现

高度仿真现实社会金融生态圈的业务运作方式，实现线下金融产品设计、线上金融业务办理。

在金融实验室内实现社会金融岗位工作的再现与模拟。

四、市场竞争思考

如何避免竞争的伤害，以较小代价达到经营目的？

可供选择：

（1）如果公司已有或可通过低价策略创造绝对的成本优势，竞争者没有能力抗衡它的降价。

（2）如果公司的产品仅在相对较小的细分市场有吸引力，企业可以推断竞争者无法对自己的威胁做出反应。

（3）如果公司对价格战的承受能力比竞争者更强，则可以主动地以亏损价格销售某产品。

实训三 iPod的成功运用

第 六 章

金融产品营销——分销

学习目标

1. 了解金融分销的含义、功能、作用、特性。
2. 理解金融分销的各种类型以及在生活中的应用。
3. 掌握金融分销的策略及管理。

【章前导读】

金融分销的含义是建立销售渠道，即产品通过一定渠道销售给消费者。从这个角度来讲，任何一种销售方式我们都可以称为分销，亦即分销是产品由生产地点向销售地点运动的过程，产品必须通过某一种分销方式才能到达消费者手中。金融分销作为金融营销中的一部分，就像人体的血液循环系统，没有循环系统，人体组织器官得不到血液中的营养和氧气的供给，人将无法生存。同理，企业若没有金融分销渠道，即没有市场占有率，企业产品与消费者或顾客产生不了交易，企业将没有利润来源，也无法生存。因此，本章将对产品营销中的分销渠道的部分相关内容进行讲述。

第一节　　　　　　　　　金融分销概述

一、金融分销的含义

在西方经济学中，分销的含义是建立销售渠道。根据著名的营销大师菲利普·科特勒的定义，金融分销渠道又称金融营销渠道，是指某种商品或服务在从生产者向消费者转移的过程中，取得这种商品、服务的所有权或者帮助转移其所有权的所有企业和个人。但是，它不包括供应商、辅助商等。金融分销是金融机构把金融产品和服务推向目标客户的手段和途径。

二、金融分销的功能

金融分销的基本功能是实现产品从生产商向消费者的转移。但同时也有其他方面的功能。分销渠道的功能主要有：

1.调查研究

调查研究是指金融分销渠道的部分成员收集、整理有关当前消费者与潜在消费者、直接竞争者、替代品竞争者、其他参与者及营销环境其他方面的信息，并及时向分销渠道内的其他成员传递相关信息，实现渠道内的信息共享。

2.促销

渠道成员可以在金融机构的支持下，通过各种促销手段，以对消费者有吸引力的形式，把产品或服务的有关信息传递给消费者，激发消费者的消费欲望，促成交易。

3.谈判

谈判是指分销渠道的成员之间，为了转移金融产品的所有权，而就其价格及其他有关条件，通过谈判达成最后协议。

4.风险承担

风险承担是指分销渠道各成员在分享利益的同时，还要共同承担由市场波动等各种不可控因素所带来的各种风险。

三、金融分销的影响因素

1.市场因素

这包括目标市场范围：市场范围宽广，适用长、宽渠道；反之，适用短、窄渠道。顾客的集中程度：顾客集中，适用短、窄渠道；顾客分散，适用长、宽渠道。顾客的购买量、购买频率：购买量小，购买频率高，适用长、宽渠道；购买量大，购买频率低，适用短、窄渠道。

2.产品因素

比如，由于金融商品的不可分割性，将费时费力的工作委托给中间商（尤其是中间商、零售商），可以节省大量的人力物力。由于金融产品的风险高，因此，金融机构必须进行强大的产品宣传和业务宣传，利用广阔的营销网络，充分发挥经销商、经销商的宣传作用。

3.企业自身因素

这包括财务能力——财力雄厚的企业有能力选择短渠道；财力薄弱的企业只能依赖中间商。渠道的管理能力——管理能力较强、经验丰富，适宜短渠道；管理能力较弱，适宜长、宽渠道。控制渠道的愿望——愿望强烈，往往选择短、窄的渠道；愿望不强烈，则选择长而宽的渠道。

4.中间商因素

这包括合作的可能性——如果中间商不愿意合作，只能选择短、窄的渠道。费用——利用中间商分销的费用很高，只能采用短、窄的渠道。服务——中间商提供的服务优质，企业采用长、宽的渠道；反之，只能选择短、窄的渠道。

5.环境因素

这包括经济形势——当经济萧条、衰退时，企业往往采用短、窄渠道；当经济形势好时，企业可以考虑长、宽渠道。有关法规——如专卖制度、进出口规定、反垄断法、税法等。

四 、金融分销的特性

1.顾客特性

顾客数量、地域分布、购买频次、购买量和对各种营销手段的敏感度都会影响公司的销售渠道设计。如果顾客数量多，地域分布广，采购频繁，采购量大，则适合采用长与宽两种模式。

2.产品特性

鲜活易腐产品、技术性强的产品、单位体积大或重量大的产品、单价比较高或有特色的产品宜采用比较短的分销渠道，尽量不通过中间环节。

3.中间商特性

中间商在运输、储存、促销以及信用条件、退货特权、人员训练和送货频率等方面都具有不同的特点和要求，也影响着分销渠道的选择。

4.竞争特性

企业分销渠道的选择与竞争者的策略有一定关系，这与企业竞争策略的选择相关。

5.企业特性

企业的规模、能力和商誉影响着渠道的选择。这涉及生产者能否控制分销渠道以及中间商是否愿意承担分销职能。企业的产品组合和过去的渠道经验以及现行的市场营销政策也会影响渠道的选择。

6.环境特性

企业分销渠道的选择会受到宏观环境的影响。国家的政策、法律、经济环境的变化都会影响到企业的渠道设计。

第二节　　金融分销渠道

一 、金融分销渠道的层次

分销渠道，是指产品在从生产者到达最终用户的过程中所经过的个人或组织所构成的体系。分销渠道可根据中间商的数目来分类。商品在从生产者向消费者或用户转移的过程中，产品每经过一个直接或间接转移商品所有权的营销机构，就叫作一个中间层次。在商品分销过程中，经过的环节或层次越多，渠道越长；反之，渠道越短。零层渠道，又称直接分销渠道，是指商品在由生产者向消费者或用户转移的过程中不经过任何中间环节。一层渠道含有一层中间环节，如在消费者市场，通常是零售商；在产业市场，则通常是销售代理商和佣金商。二层渠道含有两层中间环节，在消费者市场，通常是批发商和零售商；在产业市场，则通常是销售代理商和批发商。三层渠道含有三层中间环节，依此类推。但较少见更长的渠道。因为渠道越长，将大大提升生产者控制分销过程和获得市场信息的难度，并可能导致流通过程中的加价过高。

二、金融分销渠道的宽度

金融分销渠道的宽度是指渠道中的每一层次使用同类型中间商数目的多少，即同一层次的中间商越多，则分销渠道越宽；反之，则分销渠道越窄。有关企业分销渠道的宽度策略通常有三种：密集分销、选择分销和独家分销。

密集分销，是指生产者运用尽可能多的中间商分销其产品，使渠道尽可能加宽。消费品中的便利品和工业用品中的标准品，适于采取这种分销形式，以提供购买上的最大便利。

选择分销，是指在某一地区有条件地选择少数几个中间商分销其产品。选择分销适合所有产品。但相对而言，消费品中的选购品和特殊品最宜采取选择分销。

独家分销，是指生产商在一个区域内只选择一家代理商经销自己的产品，从而形成了一种专营模式。独家分销是最窄的分销渠道，通常只针对某些技术性强的耐用消费品或名牌产品。当采用独家分销方式时，产销双方通常要签订独家经销合同，规定经销商不得经营竞争者的产品，生产企业可以控制中间商，提高其经营水平，加强产品形象。但这种形式存在一定的风险，如果这一家中间商出现经营不善或发生意外，则生产企业将蒙受损失。

三、金融分销渠道的类型

（一）直接分销渠道与间接分销渠道

按流通环节的多少，可将分销渠道划分为直接分销渠道与间接分销渠道；间接分销渠道又分为长渠道与短渠道等。

1.直接分销渠道

直接分销渠道又称零阶渠道，是指金融机构不通过任何中间商将产品直接销售给最终需求者。

直接分销渠道具有以下功能：

（1）金融机构自身网点或分支机构分布较广，体系较为完善，能够满足销售要求。

（2）金融产品专业化程度较高，通过其他渠道无法满足专业化的要求。

（3）一些金融产品的目标客户群较为集中、明确，需针对重点客户，提供点对点的专业服务。

直接分销渠道的类型包括：①分支机构；②人员推销；③电子渠道。

直接分销渠道的优点包括：①实现及时性；②降低营销费用；③便于了解信息；④增加产品销售。

2.间接分销渠道

间接配送方式是金融公司通过中介将商品卖给顾客的一种方式。

间接分销渠道具有以下功能：

（1）使客户更容易获得金融服务，或使金融服务更加方便；

（2）促使人们使用金融产品，或因金融服务提高了收益；

（3）帮助金融机构留存客户，促使现有客户提高使用金融服务的频率，或吸引新用户。

间接分销渠道的优点包括:

(1) 金融产品供给模式发生变化;

(2) 促进了理财产品的销售;

(3) 有利于获得更多的市场资讯;

(4) 有助于金融机构扩大经营范围;

(5) 为降低市场成本做出贡献。

(二) 长渠道与短渠道

1.长渠道

长渠道是指金融机构利用两个或两个以上的中间商来传递产品的方式。二阶段分销渠道、多阶段分销渠道分别如图6-1、图6-2所示。

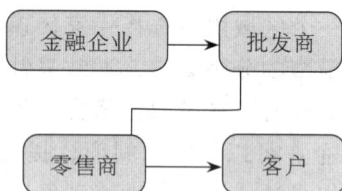

图6-1　二阶段分销渠道

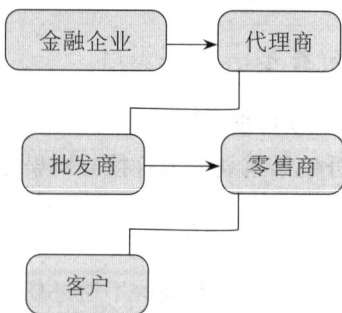

图6-2　多阶段分销渠道

2.短渠道

短渠道是指产品直接到达消费者或只经过一道中间环节的渠道。

传统的"厂商—总代理—区域总代理—二级代理—三级代理—小批发—零售"的经营方式,在物从卖方市场转向买方市场后,已不能满足市场竞争。特别是近几年来,由于整合营销方式的盛行,使得许多中间层的介入,使得整个行销计划的到达率与执行率都变得越来越低。减少了分销渠道,降低了中间商的物流成本,提高了终端产品的价格竞争能力。

(三) 宽渠道与窄渠道

渠道宽窄取决于在渠道的每个环节中使用同类型中间商数目的多少。

宽渠道分销策略,是指金融机构在同一地区设立多条分销渠道,或者选择同一层次或不同层次的多个中间商分销产品。

窄渠道分销策略,是指金融机构在同一地区只设一条分销渠道,选择某一特定中间商分销产品。

（四）单渠道与多渠道

企业全部产品都由自身直接设立门市部销售，或全部交给批发商经销，称为单渠道。多渠道则可能是在本地区采用直接渠道，在外地采用间接渠道；在有些地区独家经销，在另一些地区多家分销；对消费品市场用长渠道，对生产资料市场则采用短渠道。

四、金融分销渠道管理

（一）影响分销渠道选择的因素

影响分销渠道选择的因素有很多。生产企业在选择分销渠道时，必须对下列几方面的因素进行系统的分析和判断，才能做出合理的选择：

1.金融产品与需求因素

（1）金融产品性价比。众所周知，在金融市场中，安全性、流动性、盈利性是相互关联的，也是相互冲突的。流动性越高，安全性越好；但是，流动性和安全性与盈利能力呈负相关关系。安全是运营的先决条件，是运营管理的首要原则；流动性对于保证安全性是必不可少的；商业银行以营利为目的。在确保安全性与流动性的基础上，寻求最大化的收益，是每一家金融机构所追求的目标。

（2）人们的需求。随着经济水平的提高、生活观念的改变、理财意识的增强以及在生命周期中的不同需求，人们对金融产品产生了不同层次需求。金融需求层次由低到高逐级上升（参考马斯洛需求层次理论）。

（3）定制品和标准品。定制品一般是指根据特殊顾客的特殊要求而有针对性地提供的金融产品或投资组合，不宜经由中间商销售。标准品具有明确的质量标准、规格和式样，分销渠道可长可短，有的用户分散，宜由中间商间接销售；有的用户则可按样本或产品目录直接销售。

（4）创新金融产品。金融产品创新是一种高科技、高风险、高团队合作的创新形态，是金融企业获取、使用、转换和整合的重要表现。近年来，各级各类金融机构积极投入到金融产品创新的行列中，但其成效往往低于预期。造成金融创新产品不适用的原因在很大程度上是金融企业对投资者需求的了解不全面，金融创新过程脱离市场和消费者的需要，创新产品不能满足大多数投资者的需求。美国次贷危机也证明了金融危机的爆发一方面源于金融监管的不力，另一方面则是由于金融产品的创新脱离了市场需求及投资者的需要。

2.市场因素

（1）消费者的分布。某些商品消费地区分布比较集中，适合直接销售；反之，适合间接销售。在工业品销售中，本地用户产需联系方便，因而适合直接销售。外地用户较为分散，通过间接销售较为合适。

（2）潜在顾客的数量。若消费者的潜在需求多，市场范围大，需要中间商提供服务来满足消费者的需求，宜选择间接分销渠道。若潜在需求少，市场范围小，生产企业可直接销售。

（3）消费者的购买习惯。有的消费者喜欢到厂家买商品，有的消费者喜欢到商店买商品。所以，生产企业应既直接销售，又间接销售，满足不同消费者的需求，这样也会增加产品的销售量。

（4）消费者的购买数量。如果消费者购买的数量小、次数多，则可采用长渠道；反之，购买的数量大、次数少，则可采用短渠道。

（5）竞争者状况。当市场竞争不激烈时，可采用同竞争者类似的分销渠道；反之，则采用与竞争者不同的分销渠道。

【学思践悟】

中国消费者购买力增强，金融营销焕发新机

中国消费者的购买习惯日益多样化和复杂化，深刻影响了金融营销的策略制定。党的二十大报告指出，要构建全国统一大市场，深化要素市场化改革，建设高标准市场体系。完善产权保护、市场准入、公平竞争、社会信用等市场经济基础制度，优化营商环境。健全宏观经济治理体系，发挥国家发展规划的战略导向作用，加强财政政策和货币政策协调配合，着力扩大内需，增强消费对经济发展的基础性作用和投资对优化供给结构的关键作用。近年来，中国消费者在投资理财、保险产品及消费信贷等方面的需求显著增长。国家统计局数据显示，2023年第一季度，全国居民人均可支配收入同比实际增长5.1%，带动了居民消费和金融投资意愿的提升。金融市场也在快速发展，如中国证监会推出的科创板和北京证券交易所，为高科技企业融资提供了新渠道，吸引了大量个人投资者参与。中国人民银行发布的数据显示，截至2023年年末，中国社会融资规模存量达到了319.31万亿元人民币，同比增长10.3%。在政策方面，《关于进一步深化小微企业金融服务的意见》的发布，大力推动了金融机构创新服务模式，满足小微企业和个人消费者的融资需求。这些政策和市场发展趋势要求金融机构更加精准地了解消费者的需求和行为，通过大数据和人工智能等技术手段提供个性化的金融服务和产品，提升客户体验和忠诚度。从总体来看，中国消费者购买习惯的变化不仅推动了金融产品和服务的创新，而且对金融市场的健康发展起到了积极作用。

3.机构因素

（1）资金能力。企业本身资金雄厚，则可自由选择分销渠道，可建立自己的销售网点，采用产销合一的经营方式，也可以选择间接分销渠道；企业资金薄弱，则必须依赖中间商进行销售并提供服务，且只能选择间接分销渠道。

（2）销售能力。生产企业在销售力量、储存能力和销售经验等方面具备较好的条件，应选择直接分销渠道；反之，则必须借助中间商，选择间接分销渠道。另外，企业如能和中间商进行良好的合作，或对中间商能进行有效的控制，则可选择间接分销渠道。若中间商不能很好地合作或不可靠，将影响产品的市场开拓和经济效益，则不如进行直接销售。

（3）可能提供的服务水平。中介机构往往要求制造商尽量提供更多的广告、展示、维修、培训等服务，从而为商品的出售创造条件。如果制造商不愿意或者不能满足这种需求，那么很难签订合同，从而强迫制造商自己去卖商品；相反，如果制造商能为消费者提供更高水平的服务，那么中介机构就会更愿意将其出售给消费者。

4.成本与利润因素

不同分销途径经济收益的大小也是影响分销渠道选择的一个重要因素。对经济收益的分析，主要考虑的是成本、利润和销售量三个方面的因素。其具体分析如下：

（1）销售费用。销售费用是指金融产品在销售过程中发生的费用。它包括广告宣传费、陈列展览费、销售机构经费、代销网点和代销人员手续费、产品销售后的服务支出等。在一般情况下，减少流通环节可降低销售费用，但减少流通环节的程度要综合考虑，做到既节约销售费用，又有利于生产发展并体现经济合理的要求。

（2）价格。

①在价格相同的条件下，经济收益的比较。通常，许多生产企业都以同一价格将产品销售给中间商或最终消费者，若直接销售量等于或小于间接销售量，由于生产企业直接销售时要多占用资金，增加销售费用，因此，间接销售的经济收益高，对企业有利；若直接销售量大于间接销售量，而且所增加的销售利润大于所增加的销售费用，则选择直接销售有利。

②在价格不同的条件下，经济收益的比较。这主要是由销售量所决定，如果销售量相同，则以零售价居多，但是要付出更多的销售费用。间接销售采用出厂价，价格低，但支付的销售费用也少。究竟选择什么样的分销渠道？可以通过计算两种分销渠道的盈亏临界点作为选择的依据。当销售量大于盈亏临界点的数量时，选择直接分销渠道；反之，则选择间接分销渠道。当销售量不同时，则要分别计算直接分销渠道和间接分销渠道的利润，并进行比较，一般选择获利大的分销渠道。

5.中间商特性

各类中间商的实力、特点不同，诸如在广告、运输、储存、信用、培训人员、送货频率方面具有不同的特点，从而影响生产企业对分销渠道的选择。

（1）中间商的不同对生产企业分销渠道的影响。

（2）中间商数目不同的影响。按中间商的数目多少，可选择密集式分销、选择性分销和独家分销。

①密集式分销，是指生产企业同时选择较多的经销代理商销售产品。一般来说，日用品多采用这种分销形式。工业品中的一般原材料、小工具、标准件等也可用此分销形式。

②选择性分销，是指在同一目标市场上，选择几个中间商销售企业产品，而不是选择愿意经销本企业产品的所有中间商。这样做有利于提高企业的经营效益。一般来说，消费品中的选购品和特殊品、工业品中的零配件宜采用此分销形式。

③独家分销，是指企业在某一目标市场，在一定时间内，只选择一个中间商销售本企业的产品，双方签订合同，规定中间商不得经营竞争者的产品，制造商则只对选定的经销商供货。一般来说，此分销形式适用于消费品中的家用电器、工业品中的专用机械设备。这种形式有利于双方协作，以便更好地控制市场。

6.政策因素

财政政策是指由国家或央行通过的一系列货币和信贷政策。从狭隘的角度来看，央行实施的财政政策与调控货币供应的货币政策之间存在着很大的联系，即央行作为一家机构直接承担着发行货币的职能，将银行券发放给社会大众，而在各种货币当中，流动性最大的是存款货币，而存款货币的数量又取决于发行的银行券的数量。银行券在现金准备的条件下，其发行额以现金保留额的增减而自动伸缩，在保证准备下，其发行额往往由中央银行授信，在其发行的法定限度内自由调节。由于各国都实行纸币本位制，因此，中央银行的货币供给调节活动与金本位制度下的条件相比范围扩大。过去中央银行的金融政策在于以货币政策来调节货币供给量，稳定货币价值，以期调控国内的金融市场和外汇市场。金融政策除了上述目标之外，一般还必须考虑财政需要，以求创造有效需求，稳定物价，保持充分就业。

(二) 渠道管理的原则

金融分销渠道管理人员在选择具体的分销渠道模式时，无论出于何种考虑，从何处着手，一般都要遵循以下原则：

1.畅通高效

这是渠道选择的首要原则。任何正确的渠道决策都应符合物畅其流、经济高效的要求。商品的流通时间、流通速度、流通费用是衡量分销效率的重要标志。畅通的分销渠道应以消费者需求为导向，将产品尽快、尽好、尽早地通过最短的路线，以尽可能优惠的价格送达消费者方便购买的地点。顺畅有效的销售渠道方式，既要保证顾客在合适的时间、合适的地点、合适的价格购买到满意的产品，又要改善公司的配送效率，努力减少配送费用，以最低的配送成本，获取最大的经济效益，在时间、价格上取得竞争优势。

2.覆盖适度

企业在选择分销渠道模式时，仅仅考虑加快速度、降低费用是不够的。还应考虑及时准确地送达的商品能不能销售出去，是否有较高的市场占有率足以覆盖目标市场。因此，不能一味强调降低分销成本，这样可能导致销售量下降、市场覆盖率不足的后果。成本的降低应是规模效应和速度效应的结果。在分销渠道模式的选择中，也应避免扩张过度、分布范围过宽过广，以免造成沟通和服务的困难，从而导致无法控制和管理目标市场。

3.稳定可控

企业的分销渠道模式一经确定，便需花费相当大的人力、物力、财力去建立和巩固，整个过程往往是复杂而缓慢的。所以，企业轻易不会更换渠道成员，更不会随意转换渠道模式。只有保持渠道的相对稳定，才能进一步提高渠道的效益。畅通有序、覆盖适度是分销渠道稳固的基础。

由于影响分销渠道的各个因素总是不断变化的，因此，一些固有的分销渠道难免会出现某些不合理的问题，这时，就需要分销渠道具有一定的调整功能，以适应市场的新情况、新变化，随时保持渠道的适应力和生命力。调整渠道时，企业应综合考虑各个因素的协调，使渠道始终都在可控制的范围内并且保持基本的稳定状态。

4.协调平衡

企业在选择、管理分销渠道时，不能只追求自身的效益最大化而忽略其他渠道成员的局部利益，应合理分配各个成员间的利益。

渠道成员之间的合作、冲突、竞争关系，要求渠道的领导者对此有一定的控制能力——统一、协调、有效地引导渠道成员充分合作，鼓励渠道成员之间有益的竞争，降低冲突发生的可能性，解决矛盾，确保总体目标的实现。

5.发挥优势

企业要想在市场竞争中占据上风，就必须充分利用自身的各种优势，把销售渠道的设计与公司的产品战略、定价策略、促销策略相结合，从而提升其综合的优势。

(三) 金融分销管理的模式

1.业务模式

在分销管理中存在着很多种分销业务模式，其中包括：渠道结构、销售方式、结算方式、储运方式、培训系统、广告、促销手段等。人们往往很少强调业务模式，工作的重点就是想怎样把商品卖给经销商，结果就是把商品囤积给了经销商，从而阻塞了通路。经销商为了保住血本，只有甩货，这样一来势必会扰乱企业的价格体系。因此，商品要想长久地占领市场就必须考虑消费者、经销商、生产企业三方的利益，建设健全网络要从业务模式开始。分销业务的具体形态如图6-3所示。

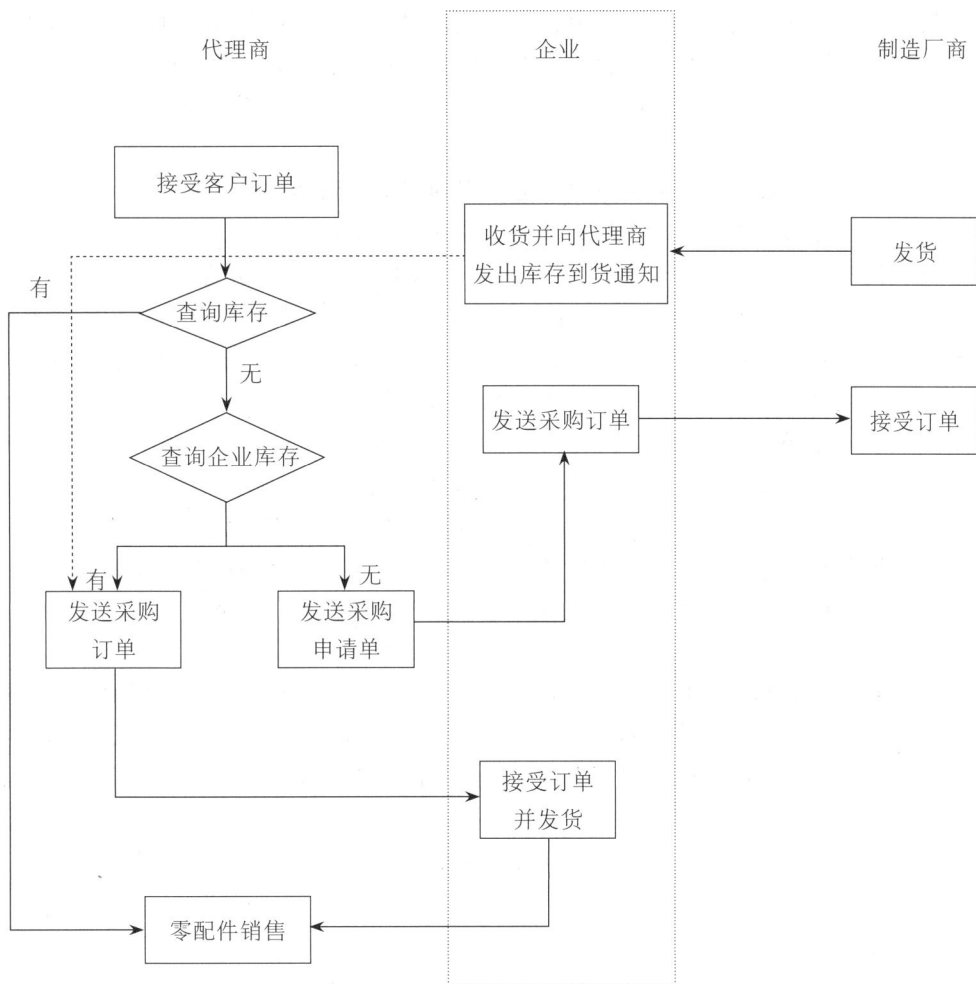

图6-3　分销业务的具体形态

2.电子信息化管理

电子信息化管理是以企业业务流程优化为基础，以销售与库存综合控制管理为核心的集采购、库存、销售、促销管理、财务以及企业决策分析功能于一体的高度智能化的企业分销业务解决方案。电子信息化管理适合具有多地分布式分销网络的各类型企业使用，其分公司与经销商为系统操作的主要执行者，具有跨区域管理需求的消费品企业将是该系统的最大受益者（如IT行业、通信行业、电器行业、日化行业、食品行业、服装行业等）。

3.深度分销

顾名思义，深度分销就是厂家对分销网络运作有很深的参与、占有主导地位的一种分销模式。在一个理想状态的消费品深度分销模式中，厂家负责业务人员的管理、网络的开发、终端的维护、陈列与促销的执行等主要工作，经销商只是负责部分物流和资金流。但是在现实中，这只是一种理想状况，没有任何一家企业能够完全达到这个目标。

4.关键客户管理

随着零售渠道的不断发展，一些零售巨头占有了更多的市场份额，在此背景下，厂商不得不投入大量的资源来支撑这些渠道，并给他们成立了一个专业的工作组，负责库存配送，终端管理，终端促销执行等，目的是在与这些终端中的品牌竞争中胜出，从而获得更多的优势。

【学思践悟】

私人银行迎来发展机遇，高端服务助推财富管理

中国私人银行业近年来发展迅速，为高净值人群提供定制化财富管理服务。党的二十大报告明确提出，"要构建高水平社会主义市场经济体制"，以此促进资本市场健康发展。受益于中国经济的稳健增长和居民财富的积累，私人银行业务成为金融机构的重要增长点。私人银行业务要以客户为中心，提供综合化、定制化的金融服务，增强客户黏性。中国工商银行、中国建设银行等大型商业银行纷纷拓展私人银行业务，并引入国际先进的财富管理模式。以中国工商银行为例，其私人银行客户数量2023年同比增长12%，管理资产规模达到2.1万亿元人民币。同时，数字化技术在私人银行业务中的应用也在不断深入，通过大数据和人工智能，私人银行能够更精准地分析客户需求，提供个性化的资产配置方案。总体来看，中国私人银行业的发展，不仅促进了金融市场的多元化发展，提高了金融市场的成熟度，而且为高净值人群的财富管理提供了高效、专业的服务。

5.分销率

分销率是企业销售部门最重要的能力指标。一个企业的销售部门最重要的绩效考核指标就是全国加权铺市率（Weighted Distribution，WTD）。加权铺市率和加权分销率是同一个概念，都反映了某种规格产品在不同重要程度的商店中的总体分销状况。但加权铺市率主要针对新产品推广期间的分销程度，而加权分销率是指产品在市场推出期过后的分销程度。具体来说就是销售部门要具备快速地大面积地将产品卖到各个商店的能力。

（四）金融分销管理的方法

渠道管理，其中心任务就是要解决在渠道中可能存在的冲突，提高渠道成员的满意度和营销积极性，增强渠道的协调性和提高效率。渠道管理工作主要包括以下内容：

1.协调和解决渠道冲突

渠道成员间的冲突是企业利益的体现，因此，如何最大限度地获得经济效益，是所有渠道成员共同追求的最根本和最重要的目标。但是，由于各成员间的利益存在着一种此消彼长的矛盾，从而产生了冲突，也就是冲突的不可避免性。但是，合作应当是各分销渠道的主旨，是大家能够结合在一起的基础，只有促进合作，才能使渠道的整体活动效率最大，促进合作也是解决冲突的基本方法。

2.评估

企业在建立了分销渠道并投入运作后，还需依据一定标准定期衡量、评估渠道成员的表现，检查其销售定额的完成情况、服务水平、市场覆盖、付款情况、促销上的合作程度、为顾客提供服务的质量等，目的是了解、掌握渠道成员的状况，随时对其加以调整，对达不到规定标准的成员应采取各种措施调动其积极性，或者将其从渠道中排除。

3.激励

金融产品提供者应密切关注渠道成员间的合作，并采取措施给予激励，以使渠道成员更好地与企业合作，共同致力于企业营销目标的实现。奖励方式包括物质奖励、精神奖励、人员培训等。

4.渠道的改进

同时，企业也应该根据企业的经营目标，市场环境，以及中间商的变动，对销售渠道进行适时的调整与修正，以适应环境的变化，从而达到最优的状态。需要指出的是，在对渠道进行调整和修正时，企业应该谨慎，权衡利弊，对得失进行全面的考量，才能做出决定，否则，对渠道进行调整或修正，很可能会造成"牵一发而动全身"的影响，因此，企业应该谨慎行事。

分销渠道的设计与管理是金融机构重要的营销策略，各金融机构应针对所选择的目标市场，综合运用产品、价格、分销、促销四种手段，并组合成一个系统化的整体策略，以实现利润最大化。

（五）分销管理的作用

在物流配送过程中，通过构建一个责权清晰、过程可控的物流配送体系，才能使物流企业真正的信息化。而且通过全面记录企业在经营活动中所产生的业务数据、往来单据、商品库存等信息，帮助企业实现：实时、准确地获得各地业务数据，使总部对分销网络的经营活动了如指掌，为企业经营管理者提供直接有用的决策支持；强化库存控制及补货能力，加快商品周转，提高资金周转率；及时分析顾客的意见，更有针对性地改进产品和服务，提高客户满意度；优化公司对内、对外业务管理流程；分销网点和总部通过信息沟通渠道高效、及时地进行互动式信息交流，低成本地实现分销网点与总部的协同工作目标，极大地提高信息沟通的效率和质量；加强与代理商的协同工作和管理能力等。

因此，进行分销管理可以使企业在供应链管理过程中具备强有力的宏观调控能力，可为客户方提供完整的交易、货物、资金、票据等信息综合管理服务。作为金融营销的一个主要部分，金融分销在减少手工业务处理、促进各个部门信息共享、实现以需定产、减少库存、提高竞争力等方面有着重要的意义。

分销管理

第三节　金融分销策略

一、分销策略的含义

分销策略，又称分销渠道策略，是指企业为了使产品迅速地转移到消费者手中，选择最佳的分销渠道，并适时对其进行调整与更新，以适应市场变化所采取的策略。

二、分销策略的种类

1.综合渠道网络策略

（1）消费者策略：进行网络营销，首先应找到目标消费者在哪里。毫无疑问，对于综合性网站和专业网站，其消费者的定义是不同的。然后需要进一步接近和了解消费者，并学会和他们一样进行思考，进而找到有效的、互动的沟通和传播途径。

（2）成本策略：人们在进行营销策略的传播过程中，不断地琢磨出新的营销怪招：价格的定位术、消费者行为理论、市场定位术、传播的一致性、非正式价值策略等。然而人们同时发现：消费者有时并不注重价格，甚至忽略成本，"实惠"有时并不是消费者唯一的要求。

（3）方便性策略：方便性策略是指不强调固定的分销渠道，而重视消费者购买商品和享受服务的方便性。一切以消费者的方便为中心开展网络营销工作。方便性是网络企业竞争力的又一关键点，是网络营销传播在品牌忠诚力经济下诠释"消费者就是企业上帝"的又一基本表现。

（4）沟通策略：当互联网公司一遍又一遍地尝试各种市场策略时，往往发现效果并不尽如人意。消费者常常一个"点"，一个"击"就没有后话了。怎么会这样？是他们的宣传方法有问题，还是他们的互动方式有问题？因此，最终应该提出一个交流战略，这是一个较高层面的市场交流，也就是真正意义上的双向交流。

综上所述，网络营销的产生为传统营销模式注入了一股新鲜血液，需要进一步接近和了解消费者，并学会和他们一样进行思考，进而找到有效的、互动的沟通和传播途径。

【学思践悟】

沟通互动促进金融服务升级，消费者反馈引领市场发展

中国金融市场持续推动金融营销向消费者需求和反馈倾斜，以提升服务质量和市场竞争力。党的二十大报告提出，"我们要坚持以推动高质量发展为主题，把实施扩大内需战略同深化供给侧结构性改革有机结合起来"，这为金融机构提供了转型升级的方向。近年来，中国金融业不断强调消费者体验和反馈的重要性。随着数字化技术的普及，金融机构积极利用大数据和人工智能技术，深度挖掘消费者行为数据，精准洞察消费者需求，从而优化产品设计和营销策略。中国银行业协会发布的数据显示，2023年，中国银行业金融消费者投诉量同比下降15%，反映了金融机构在服务质量和消费者权益保护方面的不断改善。同时，一些金融科技公司也通过互联网平台开展消费者满意度调查和产品反馈收集，进一步提升了金融服务的针对性和用户体验。总体而言，中国金融营销注重消费者的沟通和反馈已成为市场竞争的重要策略，这种互动模式不仅促进了金融服务的升级，而且推动了金融市场的健康发展。

2.组合分销渠道策略

市场营销组合是指企业在选定的目标市场上，综合考虑环境、能力、竞争状况及企业自身可以控制的因素，加以最佳组合和运用，以完成企业的目的与任务。

市场营销组合是制定企业营销战略的基础，做好市场营销组合工作可以保证企业从整体上满足消费者的需求。市场营销组合是企业对付竞争者强有力的手段，是合理分配企业营销预算的依据。

3.结合产品生命周期的分销策略

一般来说，产品生命周期可以分为导入期、成长期、成熟期、衰退期这样四个阶段。产品生命周期的不同阶段，有着不同的市场机会和市场风险。只有高瞻远瞩，选择与产品生命周期相一致的营销目标和营销策略，才能确保企业的生存和发展。熟悉产品销售的规律，把握产品生命的基本特征，理性地确立营销目标并且动态地制定营销策略，是延长产

品生命、实现产品价值及其增值的基本途径。

（1）导入期营销策略：在广告上，要着重介绍产品的性能及特性，以刺激顾客的购买欲；对于产品的营销，可以选择具有良好声誉的代理商，或者通过试用、上门推销、节日促销来增加品牌的知名度；在产品定价方面，可采取高价策略先声夺人，或采取低价渗透策略，以提高市场占有率；在产品生产方面，应进一步优化设计，以提高产品质量、改善产品性能并降低生产成本；在目标市场的选择上，可采取无差异性的市场策略，以降低营销成本并吸引潜在消费者。

（2）成长期营销策略：延长成长期，提高占有率。在产品销售方面，应不断开辟新市场，寻找新用户，以扩大产品市场份额；在广告宣传上，应从产品知觉广告转向产品偏好广告，以树立产品的市场形象；在产品定价方面，应采取降价策略，以吸引价格敏感的购买者；在产品生产上，努力改进产品质量，增加新的款式和规格，以满足潜在消费者的不同需求；在目标市场的选择上，宜采用差异性和密集型的市场策略，以满足不同细分市场的需求，巩固产品的市场地位。

（3）成熟期营销策略：改进营销组合，维护市场份额。成熟阶段包括成长中的成熟、稳定中的成熟和衰退中的成熟三个阶段。营销人员应该系统地考虑市场、产品和营销组合，以维护增长中的市场份额。①市场改进。通过差异性和密集型市场策略，进入新的细分市场，争取竞争对手的顾客并转变吸收非用户，宣传产品新的和更广泛的用途。②产品改进。其包括增加产品新功能（耐用性、可靠性、安全性等）、增加产品新特色（材料、尺寸、口味等）、增加产品美学诉求（颜色、结构、包装等）等。③营销组合改进。优化价格、分销、广告及服务组合，注重企业形象设计，增加服务项目，采用赠品等促销工具取代单纯的广告宣传，通过降低销售价格等手段拓展市场空间。

（4）衰退期营销策略：淡出市场，推陈出新。在经济萧条时期，市场营销战略的选择是由产业内的相关因素以及企业自身的竞争能力决定的。企业应该避免两种误区：一是匆忙撤退，造成新老产品的脱节；二是很难放弃，错过了最佳时机。因此，管理者要有远见地转向，有计划地撤出，有目的地进攻，有选择地减少投入的程度，抛弃那些没有前途的客户群体，把投资的焦点转移到其他地方，适时地把品牌价值榨干，然后从容地从产品市场中抽身出来。

分销策略

三、金融分销策略的原则

金融分销渠道评估的实质是从那些看起来似乎合理但又相互排斥的方案中选择最能满足企业长期目标的方案。因此，企业必须对各种可能的渠道选择方案进行评估。评估标准有三个，即经济性标准、控制性标准和适应性标准。

（一）经济性标准

经济性标准是最重要的标准，是企业营销的基本出发点。在分销渠道评估中，首先应该将分销渠道决策所可能引起的销售收入增加同实施这一渠道决策需要花费的成本作一比较，以评价分销渠道决策的合理性。这种比较可以从以下角度进行：

1.静态效益比较

分销渠道静态效益比较就是在同一时点对各种不同方案可能产生的经济效益进行比较，从中选择经济效益较好的方案。

某企业决定在某一地区销售产品，现有两种方案可供选择：

方案一是向该地区直接派出销售机构和销售人员进行直销。这一方案的优势是，本企业销售人员专心于推销本企业产品，在销售本企业产品方面受过专门训练，比较积极肯干，而且顾客一般喜欢与生产企业直接打交道。

方案二是利用该地区的代理商。该方案的优势是，代理商拥有几倍于生产商的推销员，代理商在当地建立了广泛的交际关系，利用代理商所花费的固定成本低。

通过评估两个方案实现某一销售额所花费的成本，该企业发现利用中间商更合算。

2.动态效益比较

流通渠道的动态利益对比，就是通过对比不同的营销策略在执行过程中所导致的成本与利益的改变，从而确定在不同的条件下，最适合采用的营销策略。

3.综合因素分析比较

对影响分销渠道的因素进行实际分析时，可能都会倾向于某一特定渠道，但也有可能某一因素分析倾向于直接销售，而其他因素分析可能得出应该使用中间商的结论。因此，企业必须对几种方案进行评估，以确定哪一种最适合企业。评估的方法很多，如计算机模拟法、数字模型等。

（二）控制性标准

企业对分销渠道的设计和选择不仅应考虑经济效益，而且应该考虑企业能否对其分销渠道进行有效的控制。因为分销渠道是否稳定对企业能否维持其市场份额、实现其长远目标是至关重要的。

企业对自销系统是最容易控制的，但是由于成本较高，市场覆盖面较窄，不可能完全利用这一系统来进行分销。而利用中间商分销，就应该充分考虑所选择的中间商的可控程度。一般来说，特许经营、独家代理方式相对好掌握，但是，企业也要做出相应的承诺，如：商标，技术，管理方式，以及在同一个区域内不能再使用其他的中介。在这种情况下，中间商的销售能力对企业影响很大，选择时必须十分慎重。如果利用多家中间商在同一地区进行销售，企业风险比较低，但对中间商的控制能力就会相应削弱。

然而，对分销渠道控制能力的要求并不是绝对的，并非所有企业、所有产品都必须对其分销渠道进行完全的控制，如市场面较广、购买频率较高、消费偏好不明显的一般日用消费品就无须过分强调控制；而购买频率低、消费偏好明显、市场竞争激烈的高级耐用消费品，对分销渠道的控制就十分重要。又如，当产品供过于求时往往比产品供不应求时更需强调对分销渠道的控制。总之，对分销渠道的控制应适度，应将控制的必要性与控制成本加以比较，以求达到最佳的控制效果。

（三）适应性标准

当评估各分销渠道方案时，评估者还有一个需要考虑的标准，那就是分销渠道是否具有地区、时间、中间商等适应性。

1.地区适应性

在某一地区建立产品的分销渠道，应充分考虑该地区的消费水平、购买习惯和市场环境。

2.时间适应性

企业可以根据产品在不同阶段的销售情况，选择相应的销售渠道。例如，季节性产品在非应季时，更适宜于借助中间商的吸纳与辐射能力来推销；而当季则是提升自营销售比例的好时机。

3.中间商适应性

企业应根据各个市场上中间商的不同状态采取不同的分销渠道。例如在某一市场有一两个销售能力特别强的中间商，渠道可以窄一点；若不存在突出的中间商，则可采取较宽的渠道。

四、金融分销方案

销售方式主要是指企业销售产品时所采取的形式，它主要包括店铺销售和无店铺销售两种。在现代市场条件下，销售方式正出现多元化趋势，因此，企业在选择终端销售点时，既可采取某一类销售方式，又可同时采用多种销售方式，并使它们相得益彰。

终端销售点密度的大小直接关系着企业市场整体布局的均衡状况，如果布点太稀疏，则不利于充分占领市场；如果布点太密集，则可能加大销售成本，而且销售效率可能大大下降，并加剧各销售点之间的冲突与矛盾。因此，如何维持终端销售点布点的适度，成了密度决策的关键所在和中心任务。

（一）终端销售点密度决策的任务

终端销售点密度决策的基本任务就是确定企业在目标市场利用多少渠道成员来销售产品，从而最大限度地提高产品分销的效率。评价一个企业终端销售点密度决策是否正确的主要依据就是企业产品的市场覆盖率与分销效率。

当一个地区的市场覆盖程度较高时，其终端销售点的分布也会比较密集，这是因为没有一定的覆盖范围，制造商很难达到自己的销售目的，应根据市场划分对市场占有率进行分析。有些时候，尽管某种商品的整体市场占有率很高，但是当它只针对一个具体的目标市场时，情况就不太好了。

分销效率主要是指企业产品从厂家到目标顾客手中的传递时间与速度。一个好的分销网络应该迅速将产品送到消费者手中，同时，输送和管理的成本应该尽可能低。如果企业建立的终端销售点网络能达到这一目标，就说明其密度是适度的；否则，就需要进一步改进。

具体说来，终端销售点密度决策的任务有以下三点：

1.保持企业各终端销售点的均衡发展。

2.促使各终端销售点协调，减少各销售点之间的冲突。

3.推动企业产品市场的有序扩张和可持续发展。这就要求在进行终端销售点密度决策时，应注意企业市场发展的短期战略与长期战略的结合。

（二）可选择的密度方案

企业可以依据终端零售网点密集程度的确定，结合其本身的状况与市场环境的变动趋势，采用不同的密度规划。

1.密集分销策略

在密集分销中，凡是符合生产商最低信用标准的渠道成员都可以参与其产品或服务的分销。密集分销意味着渠道成员之间的激烈竞争和很高的产品市场覆盖率。密集分销最适用于便利品。它通过最大限度地便利消费者而推动销量的提升。采用这种策略有利于企业广泛占领市场，便利消费者购买，及时销售产品。而其不足之处在于，在密集分销中能够提供服务的经销商数目总是有限的。生产商有时得对经销商的培训、分销支持系统、交易沟通网络等进行评价，以便及时发现其中的障碍。而在某一市场区域内，经销商之间的竞争会造成销售努力的浪费。由于密集分销加剧了经销商之间的竞争，因此，经销商对生产商的忠诚度便降低了，价格竞争激烈了，而且经销商也不再愿意合理地接待客户了。

2.选择分销策略

选择分销策略是指生产企业在特定的市场选择一部分中间商来推销本企业的产品。采用这种策略，生产企业不必花太多的精力联系为数众多的中间商，而且便于与中间商建立良好的合作关系，还可以使生产企业获得适当的市场覆盖率，通过分销效率的提高而不断降低成本。

3.市场覆盖率

除了那些在市场上刚起步的企业外，处于成长、扩张和成熟期的企业，在任何时候都不可能不考虑自己产品的市场覆盖率。可以说，市场覆盖率始终是企业密度决策时必须考虑的核心因素，因为它关系到企业的生存和发展。这就是说，企业在设计分销网络时，仅仅考虑降低分销网络成本是不够的。追求分销网络成本降低可能会导致销售量下降，而分销网络成本的适当增加也可能促进销售量的更大提高。因此，在一定条件下，企业为了提高销售额和市场覆盖率，甚至可能不惜加大成本，以实现自己的销售目标。这是因为每一个具体的分销网络总是针对具体的目标市场。市场覆盖率提高意味着某个分销网络的销售能力提高，从而意味着企业产品生存和发展空间的扩大，进而有利于企业长期战略目标的实现。

4.控制能力

企业能否对不断扩张的经销网络进行控制，是决定终端零售网点密度的关键因素之一。事实上，不少企业之所以走向衰败，都是由于自身对终端销售渠道的控制，这一行为所造成的结果，不但会降低企业的销售利润，甚至会摧毁整个产品市场。因此，无论采用哪种方式，企业都必须具备较好的销售网络控制力。

五、金融分销策略的作用

商品经济的高速发展使工商企业的经济协作和专业化分工水平不断提高，面对众多消费者群体，金融机构要创造或提供满足市场需要的金融产品和金融服务。从金融学的观点来看，分销在金融营销中的基本职能在于把各种不同的金融产品根据人们的需要转换成有意义的货物搭配。分销渠道对金融产品从金融机构传播给消费者所必须完成的工作加以组织，其目的在于消除产品或服务与使用者之间的差距，使客户得到适合自己的最大化的利益。

金融分销策略对金融机构来说有以下三点突出的影响：

（1）促进了各金融机构"引进来与走出去"的有机结合；

（2）促进了国内金融市场的竞争；

（3）改变了金融机构的销售方式。

正确的金融分销策略不仅为金融机构提供便利，而且对产品、客户等起到了促进的作用，如：

（1）正确的分销策略可以更有效地满足客户的需求；

（2）选择合适的分销策略可以简化流通渠道，方便客户购买；

（3）合理的分销策略有利于降低金融机构的营销费用。

另外，营销战略对产品的影响也日益增大，特别是在理财产品的营销中，大部分的营销战略不仅仅是为了推销，同时也是为了售后服务、品牌宣传。先有成熟的厂商，然后有成熟运作的渠道，最后才有成熟健康的市场经济环境。一旦制定好了策略，就可以通过该策略去建设这个市场，并最终赢得市场；凭借良好的市场环境，厂商会进一步做好渠道建设工作，这样就形成了市场的良性循环。

【学思践悟】

金融分销走向多元化，服务渠道拓展助力普惠金融

中国金融市场正迎来金融分销模式的多元发展，以满足不同客户群体的需求，推动普惠金融向纵深发展。党的二十大报告明确指出，要坚持全面深化改革，着力推动高质量发展，为实体经济提供更加优质的金融服务。近年来，中国金融分销领域不断创新，金融机构通过多样化的渠道和产品，提高了金融服务的覆盖面和便利性。例如，中国邮政储蓄银行积极发展邮储银行理财产品，通过邮政网点、手机银行等多种渠道，将理财产品推送给广大客户，实现金融服务的普惠化。国家金融监督管理总局的数据显示，2023年年底，邮储银行理财产品规模达到了10.8万亿元人民币，为广大客户提供了丰富的投资选择。同时，互联网金融平台也在金融分销领域崭露头角，通过线上渠道向个人和小微企业提供便捷的贷款、理财等金融服务。以蚂蚁集团为例，其数字银行等金融科技产品已经成为大众生活的一部分。在政策层面，中国政府也出台了一系列支持金融分销发展的政策，如促进金融科技创新、拓展金融服务渠道等。这些举措为金融分销的多元化发展提供了政策支持和市场空间。总体来看，中国金融分销走向多元化，服务渠道的拓展助力普惠金融的深入推进，为广大群众提供了更加便利和多样化的金融服务。

章后习题

一、练习题

1.（单选）分销渠道的基本功能是实现产品从生产商向消费者的转移。分销的主要功能不包括（   ）。

    A.促销   B.谈判   C.分类   D.物流

2.（单选）选择分销是指在某一地区有条件地选择少数几个中间商分销其产品。消费品中的（   ）和特殊品最易于采取选择分销。

    A.选购品   B.一般品   C.奢侈品   D.必需品

3.（单选）采用（   ）策略有利于企业广泛占领市场，便于消费者购买，及时销售产品。

    A.选择分销   B.密集分销   C.市场覆盖率   D.控制能力

4.（单选）根据分销商的业态模式与（   ）的不同，其可以分为零售商和批发商。

    A.业务模式   B.商业模式   C.分销模式   D.获利模式

5.（单选）厂家对分销网络运作有很深的参与、占有主导地位的一种分销模式是（   ）。

A.业务模式　　　　B.深度分销　　　　C.分销率　　　　D.关键客户管理

二、思考题

1.结合实例分析分销的特性。

2.分析分销的功能和作用。

章后习题参考答案

第 七 章

金融产品营销——促销

学习目标

1.了解金融促销的基本概念和影响因素。

2.掌握各种金融促销工具的主要特点和优缺点。

3.了解金融促销方式组合的意义和策略的制定。

【章前导读】

目前，我国的银行和保险公司等金融企业还不可能像西方金融企业那样，能在金融工具的种类、分支机构的设置和利率等方面展开充分的竞争。因此，金融促销在一定程度上成了同业竞争的焦点。促销是一种通过广告宣传、人员推销、公关和宣传报道、促进销售等方式，向目标消费者宣传产品的营销行为。在新的经济形势下，研究如何对这些促销手段进行选择、运用和搭配，对提高金融企业的竞争能力具有重要作用。而由于金融市场发展水平的差异以及金融机构目标市场的不同，对各种促销方式的偏好和选择不同，从而形成了不同的策略。

第一节　　　　　　　　　金融促销概述

促销是指企业通过各种形式和方式，以建立销售产品和服务或推广某种观念的信息渠道。促销策略对金融企业营销的重要性不言而喻。金融促销是金融机构通过向消费者传递有关本企业及相关金融产品的各种信息，说服或吸引消费者购买其金融产品，以达到扩大销售量的目的。金融促销实质上也是一种沟通活动，即金融机构（信息提供者或发送者）发出刺激消费的各种信息，将其传递给一个或更多的目标对象（即信息接收者），以影响其态度和行为。金融机构应采取各种有效的促销策略，实现金融产品的销售观念向营销观念的转变，从被动等待客户上门转向运用营销手段主动向客户提供金融产品特征、价格等方面的信息，以帮助客户了解和认识金融产品，激发其需求欲望，影响并促进客户的购买行为。

金融机构可以结合自身的实际状况和市场上的商品等，来选择其中一种或者几种。

促销的着眼点已不仅局限于开发优良的金融产品、提供有吸引力的价格，而且扩展到与金融机构的客户保持良好的关系与沟通方面。金融机构常用的促销策略包括广告、公共宣传、营业推广、人员推销等。

一、金融服务促销

（一）概念与实质

促销作为一种基本的营销战略，是指公司通过多种有效的手段将相关的信息传达到目标市场，从而启发、推动或创造消费者对公司的产品或服务的需要，进而激发消费者的购买意愿和购买行为。金融服务促销，即金融企业与现有的和潜在的顾客进行信息沟通，引发并刺激顾客的购买欲望，使其产生购买行为的活动和过程。

金融服务促销从本质上来说是一种卖方与买方的信息传递、沟通活动。金融企业发出作为刺激物的各种信息，把信息传递给一个或多个目标对象，以影响其态度和行为。

金融企业与消费者之间的这种沟通不是单向的，而是一种反复循环、双向式的沟通。

（二）目标与作用

金融服务促销的目标主要在于消除金融企业与消费者之间"产""消"信息分离的矛盾。近年来，随着金融企业之间竞争的加剧和金融服务种类的增多、消费者收入的增加和生活水平的提高，在买方市场上的消费者对金融服务的要求更高，挑选范围更大。所以，金融公司和顾客的交流就显得尤为重要，而金融公司要加大宣传力度，让顾客更加了解他们所提供的服务，从而提高他们的销售额。具体来说，金融服务促销的作用体现在以下三个方面：

1.吸引顾客注意力，创造品牌忠诚度

金融企业通过促销，能够吸引顾客的注意力并在其心目中形成独特而正面的品牌感知。一般认为，金融服务具有无形性和无差异性，无形性要求金融企业必须与顾客沟通，告知其服务的内容（即服务特别的益处）；无差异性是指多数竞争者提供的服务大同小异，这就要求金融企业必须找到一种方法形成自己的特色，并且使其根植于公众的脑海里，而促销就是金融企业在消费者心目中创造出与竞争品牌相比可感知的差异的关键。例如，台新银行玫瑰卡以"认真的女人最美丽"为诉求展开促销活动，在上市的短短一年半时间里突破了10万张的发卡量，一跃成为中国台湾地区女性信用卡的领导品牌。

2.影响营销组合，保证其他策略实施

金融服务促销能对营销组合中的产品策略、价格策略和分销策略产生积极的影响。在营销组合中，促销对产品策略的作用最为明显，其影响主要表现在：

（1）促销传递产品信息和品牌价值，说服顾客购买；

（2）促销推动新品牌的推广或现有品牌的拓展，将新品牌的价值或扩展品牌的特点告知目标顾客；

（3）促销有助于培养并保持消费者对产品或品牌的忠诚度，在消费者心目中树立并保持积极的品牌意识。

而金融服务推广对于定价决策的作用，更多地体现在消费者的层次。由于消费者总是在品牌价值和成本之间权衡，促销组合可以向目标顾客提供和他们的需求相一致的均衡的

服务：广告可以展示产品形象，人员推销可以提供商品信息，而销售促进可以提供价格优惠或购买某品牌的激励。

金融服务促销对分销策略的影响体现为能够影响消费者的接触程度。例如，在销售中使用有特点的销售点广告或宣传册，消费者对产品的接触就会增多。

3.促成规模效益，增加企业利润

一方面，金融服务促销通过广告、直销、活动赞助等策略，传递品牌特点和购买便利性等信息，以此激发消费者市场的需求。当需求被激发后，反过来又有助于大量产品的生产，从而形成规模经济，并最终提高了单位产品的利润。另一方面，促销可以改变一些消费者的使用习惯和品牌忠诚，因受利益驱动，消费者可能会增加消费，从而提高金融企业销售量，增加企业利润。

二、金融服务促销组合

金融服务推广组合是指金融公司为实现营销活动而使用的一种综合手段。其中最常用的交流手段有广告、人员推销、公共关系和销售促进。

1.广告

广告是由明确的主办人通过付费媒体，如报纸、电视、电台等所进行的一切非人员的、单方面的沟通活动。广告能够表现如变形的 Logo 等丰富动感的形象，可以创造出独一无二的品牌形象，使得营销者可以通过不断向顾客展示他们所熟悉的产品、服务形象和理念，与顾客建立纽带关系。

2.人员推销

人员推销是指金融服务销售人员与一个或多个预期购买者面对面接触，进行产品介绍、回答问题，以满足顾客要求并促成销售，继而在企业和顾客间建立长期的关系。作为一种人际沟通形式，人员推销使得企业的沟通能力具有弹性，销售人员可以看到潜在购买者的反应并据此改进提供的服务。

3.公共关系

公共关系，即设计各种方案以促进或保护金融企业形象。例如，中国银联联合多家发卡银行于2008年推出了慈善主题信用卡——银联标准"中国红"慈善信用卡，凡持卡人使用"中国红"信用卡消费一笔，中国银联和发卡银行将分别向中国红十字基金会"中国红行动"捐赠1分钱，善款将重点资助"红十字天使计划"，帮助援建乡村红十字博爱卫生院（站），开展贫困农民和儿童大病救助。

4.销售促进

销售促进是市场营销沟通系统的主要环节，在金融市场上也是金融产品销售的主要手段和工具。不同的金融产品需要不同的销售方式，当采用销售促进的方法时，要明确销售促进的目标对象、销售促进的媒介以及销售促进的时机。

金融服务促销组合的制定需要基于对目标市场和客户需求的深入理解，同时也要考虑竞争对手的策略和市场环境的变化。通过不断地测试和评估，金融机构可以优化其促销组合，以提高市场占有率和客户满意度。

三、金融服务促销的特点

金融服务促销是商业银行为以最快速度和最低费用将金融产品、金融服务提供给顾客而采取的促销组合策略。促销组合策略是对广告宣传、人员推销、营业推广和公共关系四种促销方式的选择和搭配的策略。由于四种促销方式各有不同的特点和适用范围，但相互间又存在着一定的可替代性，因此，需根据不同情况，采用不同的促销组合策略。广告宣传具有高度普及性，渗透性强，富于表现力，适于树立产品形象、促进快速销售。通过人员推销，销售人员可以方便地和客户进行面对面的沟通，两个人都能针对彼此的反应、性格、愿望和需要采取针对性的战略，这就给了双方一个激励彼此信任和负责的机会，让他们能够签订一份采购合同。营业推广是通过向客户赠送小礼物、纪念品、折价券、奖品，举办展销会、知识竞赛等方式，来吸引新老客户对金融产品和金融服务的注意力，以达到扩大金融产品销售的目的。其具体应用比较灵活，短期效用显著，长期效用则不太好。公共关系的可信度较高，作用比较广泛，易于产生深远影响并取得长期效果，与其他促销手段配合使用效果更佳。通常，在创声誉阶段适于多采用广告宣传和公共关系，辅之以人员推销；而当金融产品进入成熟阶段时，适于强化人员推销和营业推广，辅之以广告宣传提醒顾客的注意。四种促销方式总结来看有以下特点：

人员推销：直接对话，增进感情，灵活性高，针对性强，反应迅速，易激发客户的兴趣。

广告宣传：公开性、传递性、吸引性、渗透性，表现方式多样，稳定性强。

营业推广：灵活多样，容易吸引客户，激发其兴趣，短期效果明显。

公共关系：长期目标、直接性、持久性、效率高。

四、金融服务促销的影响因素

1. 消费需求

消费需求是消费者对以产品或服务为表现的消费行为的需求和欲望。

2. 金融产品生命周期

金融产品生命周期是指金融产品从投放市场开始一直到退出市场所经历的整个过程，也就是金融产品在市场上存在的时间。金融产品生命周期包括：（1）金融产品导入期；（2）金融产品成长期；（3）金融产品成熟期；（4）金融产品衰退期。金融产品成长期的特点：该阶段的特点是产品的销售量日益增加。因为金融产品经过导入期的试销，已经被客户所了解、熟悉并接受，产品的分销渠道已经形成，并有了一定的市场需求，因而产品的成本开始下降，利润逐步增长。同时，金融产品易于仿效的特质，决定了同业竞争者因看到产品的有利可图而纷纷进入市场，提供同类产品。因此本阶段的情况可能是：有限竞争与销售加速相伴随，亏损转变为盈利，然后是利润增长，并进而敞开了通向下一阶段的大门。

商业银行渠道和网点的重整与再造

3. 促销费用

促销支出是一种费用，同时也是一种投资。促销费用过低会影响促销效果，促销费用过高又可能会影响企业的正常利润。促销预算也就是计划，即为了某一特殊目的，把在一段特定的时期内促销活动所需的费用详细列明，用钱数体现出来。

金融促销的类型

金融机构的促销方式与一般企业的促销方式大致相同，只是在具体形式方面略有差异。金融机构通过促销活动可以激发客户的需求欲望，扩大金融机构及其产品的影响，以达到促进销售的目的。金融产品的促销与其他产品一样，发挥着告知、劝说和提醒的作用。告知是要让潜在的客户知道其金融产品的存在，可以在哪里得到该金融产品，了解该金融产品的用途和功效；劝说是要向客户说明应该购买和使用某项特定的金融产品；提醒是指当金融产品只在特定的地点和特定的时间才提供时，金融机构要提醒客户及时购买。

金融机构对其产品的促销方式有很多种，大致有以下几种类型：

一、广告

（一）广告的含义

广告，顾名思义，就是广而告之，即向社会广大公众告知某件事物。从含义上讲，广告有广义与狭义之分。广义的广告，是指非营利性质的广告。例如，政府的公告，政党、宗教、教育、文化、市政、社会团体等方面的启示、声明等。狭义的广告，是指以营利为目的的广告，一般是指商业广告，又称经济广告，它是工商企业为了推广产品或者服务采用有偿的方法，利用广告媒介，把产品或者服务的信息传递给消费者或者使用者。商品广告就是这样的经济广告。

金融机构在促销宣传过程中，首先要应用的方式就是广告。广告不仅是推销产品、诱导客户购买的重要工具，而且是树立金融机构形象的重要工具。做广告需要金融机构付出一定的费用，通过特定的媒体向市场传递信息。广告的接触面广，信息艺术化，且可以多次反复使用。但由于其说服力较小，因此难以促使客户立即购买。金融机构在做广告时面临的决策主要有：选择广告代理商、确定广告目标、制定广告战略、广告实施控制与效果评估等。

（二）影响广告媒体选择的因素

1.产品特性

金融产品是无形的、同质化的，它的目标市场是比较集中的，因此，对于金融服务的宣传，就必须要有很强的针对性和时效性，在这一点上，可以考虑电视、广播、报纸等媒介。

2.受众习惯

人们通常喜欢在早间、午间听广播，或是边做家务边听广播，这时就可以选用广播广告来介绍金融产品的信息。

3.信息类型

例如，宣布明日的销售活动，必须在电视、报纸等时效性强的媒体上做广告。若信息的传播对象仅仅局限于某一地区，则在地方性媒体做广告即可，不需要使用全国性媒体。若以文字为主的信息，选择报纸、杂志等印刷媒体，则在地方性媒体上做广告比较适宜。

4.媒体影响力

媒体影响力包括其影响度、频率、覆盖面和持续时间等因素。一般来说，如果企业希望以色彩与风格来吸引消费者，则可考虑电视、报纸、杂志等媒体；如果企业要在短时间内反复提示、劝说消费者，则可考虑电视、广播、报纸等媒体。

5.媒体成本

用何种媒体做广告宣传，也取决于金融企业的广告预算和支付能力。一般来说，利用全国性报纸比利用地方性报纸的费用要高。但是，如果目标市场覆盖全国，那么按平均值计算，还是覆盖面大的媒介广告费用较低。

6.竞争态势

金融服务竞争对手选择了何种广告媒体，其所花费的广告支出为多少，对金融企业的媒体选择有着显著影响。目前，金融产品同质化较为严重，金融企业之间的竞争非常激烈，因此，在企业财力雄厚的情况下，可以采取正面交锋的对策，以更大的广告开支在竞争媒体上以及非竞争媒体上压倒对方；而在企业财力有限、无法支付庞大持久的广告开支的情况下，可以采取迂回战术，或采用其他媒体，或在同样的媒体上避免正面交锋而将刊播的日期提前或移后。

银行和保险企业备战"双11"多样化形态促销

二、人员推销

（一）人员推销的含义

人员推销是一种最早的销售方法，它是由公司派遣全职或兼职销售人员对潜在买家进行销售的一种形式。

由于金融产品的无形性、服务和消费两者的同步性等特点，金融机构必须在进行广告宣传的同时安排大量的人员与潜在客户或现有客户直接打交道。人员推销就是金融机构利用推销人员向客户直接推销产品和服务。这种形式传递的信息更为直接、具体和准确。金融机构的推销人员可以是固定人员、流动人员、投资顾问或经纪人。人员推销可以采取座席销售、电话、拜访、研讨会、路演、讲座和社区咨询活动等形式。人员推销方式直接且运用灵活，并且推销与促销并存，但是由于其接触面较小且费用大，因此也具有一定的难度。

（二）金融服务人员推销的指导原则

在服务背景下，金融服务人员推销有以下主要指导原则：

1.发展与客户的个人关系

金融公司职员与客户间若存在较好的人际联系，会促进其理财业务的发展。当金融公司通过广告表现出对个体利益的关注之后，下一步就要依靠真正的个性化关怀来帮助市场达成销售目标。

2.采取专业化导向

在大多数的金融服务交易中，顾客总相信卖主有提供预期服务结果的能力，其过程若能以专业方法来处理，则会更加有效。销售服务即表示卖方对其服务工作能彻底胜任，销售人员在顾客的眼中，行为举止必须是一个地道的专家，这样才能更好地说服顾客。

3.利用间接销售

企业可以采用以下三种间接销售形式：一是推广和销售有关产品、服务，并协助顾客有效利用现有的各项服务，以创造引申需求；二是利用仲裁人、见证人与意见领袖以影响顾客的选择过程；三是自我推销。

4.建立并维持有利形象

有效的营销依赖良好形象的创造和维持。一方面，因为金融服务具有高度非实体性，这就意味着服务的名声和主观印象是营销所依赖的重点；另一方面，非营销者影响力来源（如口传）在金融服务营销中也不可忽略。顾客往往根据金融服务推销人员的素质去判断一家金融企业的优劣。

5.销售多种服务而非单项服务

金融公司在销售其核心服务的同时，还能从一系列配套服务中获益。这能让客户在购买时比较简单、方便，省掉很多麻烦。

6.使采购简单化

对于金融服务产品，顾客在概念上可能不容易了解，此时，专业的金融服务销售人员应该使顾客的采购简易化。也就是说，以专业方式处理好一切，告知为顾客服务的过程即可，尽量减少对顾客提出各种要求。

三、营业推广

营业推广是指能够迅速刺激需求、鼓励购买的各种促销形式，如礼品、竞赛、代金券、有奖销售、附带廉价品等。营业推广包括各种类型的工具——赠券、比赛、小额减价交易和奖金以及其他——这些工具都拥有许多独特的性质。它们吸引消费者的注意力并提供信息，可能会促使消费者购买。它们通过劝诱或给予消费者额外价值的贡献强有力地刺激了消费者的购买意愿。营业推广邀请消费者立刻购买，并给快速响应者以奖赏。

营业推广又称消费促进，是指金融机构为刺激市场需要而采取的一种具有激励作用、实现交易目标的促销方式。营业推广能够在较短的时间内抓住客户的眼球，进而拓展产品的销路。营业推广具有很强的诱惑力，属于一种视觉上的刺激。

四、公共关系

公共关系简称"公关"，是由英文"Public Relations"翻译而来的，也可译为"公众关系"，无论是其字面意思还是其实际意思基本上都是一致的，都是指组织机构与公众之间的沟通与传播关系。

公共关系是指金融机构在营销活动中正确处理与社会公众的关系，协调与企业股东、内部员工、工商企业、同业机构、社会团体、新闻传播媒介、政府机构及消费者的关系，树立企业的良好形象，从而达到扩大销售的目的。由于公共关系影响面大，因此金融产品容易受到客户的欢迎和信任。但是由于公共关系自身的特点，金融机构难以对其进行计划和控制。

（一）金融服务企业公共关系的主要内容

公共关系的任务是在开放型、竞争性的市场经济条件下，处理好企业与其利益相关者的关系，从而为企业的生存和发展创造一个良好的社会环境。这就决定了公关促销活动的主要内容有以下几点：

1.宣传企业

公关可以帮助财务公司树立一个好的内外部形象：一是要从内部做起，培养员工的凝聚力、向心力；二是要提高对外的透明性，通过多种途径进行宣传，使公众了解自己，从而获得公众的理解、信任、合作和支持。

2.意见反馈

公共关系是收集信息、实现反馈以帮助决策的重要渠道。公关人员要及时收集信息，并对环境的变化保持高度的敏感性，为决策提供可靠的依据。

3.加强与社会各方的沟通和联系

现代社会环境是在包括顾客、职工、股东、政府、协作者以及新闻传播界在内的各方组成的社会有机体中实现自身的运转的。公共关系是维持和协调与内外公众关系的最有效的手段。

4.应对危机，消除不利影响

任何金融服务企业在发展过程中都可能出现某些失误。为此，要有应急准备，一旦与公众发生纠纷，要尽快掌握事实真相，及时做好调解工作。公共关系要起到缓冲作用，使矛盾在激化前及时得到缓解。

（二）金融服务企业公共关系的主要形式

金融服务企业公共关系主要表现为以下几种形式：

1.利用新闻媒介

金融服务企业要善于运用新闻媒体，对其进行及时的宣传报道，例如，定期给媒体发放企业刊物、宣传手册等，以便最快地把公司的情况传播给媒体，然后通过新闻媒体来创造对公司有利的公众舆论。

2.开展社交活动

金融服务企业可以举办各种招待会、座谈会、联谊会、茶话会、接待和专访等社交活动。近年来，很多金融企业都开展了丰富多彩的交际性公共关系活动，成立了卡友俱乐部、文化沙龙等。这类公共关系活动具有直接性、灵活性和人情味等特点，能使人际沟通进入"情感"的层次，因而在公关促销中得到了广泛应用。

3.提供优惠服务

很多金融服务企业都通过向消费者提供优惠活动来拉近彼此的距离并赢得其好感。例如在信用卡市场，各家银行纷纷向"免费"发起猛攻，通过免年费吸引不少持卡人。

4.组织公益性、文化性活动

金融服务企业通常会组织公益性或文化性的专题活动，或着眼于整体形象和长远利益，以企业自身的主要节日为中心，以庆典或纪念日活动的形式扩大影响。例如，中国民生银行于2004年举办了扶贫助学公益活动，在社会中产生了较大反响，为其在公众心目中的形象加分不少。

"e借易还"
个人自主消费
贷款产品

【学思践悟】

金融企业使用社交方式的营销手段，政策推动创新，技术引领发展

近年来，中国互联网用户数量持续增长，截至2023年年底，用户数达到1.092亿，互联网普及率达到77.5%。这种庞大的用户基础为金融企业提供了广阔的社交营销空间。金融领域加快了数字化转型，推进金融科技与互联网技术的深度融合。

我国各相关部门积极出台政策推动金融科技创新，鼓励金融机构利用大数据、人工智能等技术提升服务水平，增强客户体验。蚂蚁集团通过支付宝和花呗等平台，利用社交媒体和移动支付技术，成功吸引了大量年轻用户，极大地提升了市场渗透率。2023年，蚂蚁集团的支付宝用户数超过10亿人，成为全球最大的移动支付平台之一。

在社交营销方面，招商银行通过微信公众号和微信小程序进行精准营销，利用社交数据分析用户行为，推出个性化的金融产品和服务，显著提升了用户黏性和满意度。2022年，招商银行通过社交平台开展的理财产品销售额同比增长了25%，有效地实现了客户的精准覆盖和业务增长。

同时，平安银行通过与短视频平台抖音合作，推出金融教育视频，吸引了大量年轻用户关注金融产品和服务。平安银行的短视频账号在2023年粉丝数量突破500万人，其通过生动有趣的内容传播金融知识，提高了品牌知名度和用户互动率。

总体来说，金融企业通过创新的社交营销手段，不仅有效地扩大了用户基础，而且提升了品牌价值和市场竞争力。在中国政府政策的支持和技术发展的推动下，金融企业的社交营销将继续深化，从而为我国金融市场的高质量发展注入新的活力。

第三节　　金融促销策略

自20世纪70年代以来，随着居民闲置资金的比重上升，投资理财观念加强，且在全球金融创新浪潮的强烈冲击下，全球范围内的商业银行个人金融产品业务快速发展并逐渐成为银行关键的利润驱动点。随着我国金融体制改革的不断深化、对外开放步伐的不断加快和居民收入水平的不断提高，商业银行在个人金融领域的竞争日益加剧，个人金融业务已经成为现代商业银行的发展方向，其发展水平已成为衡量商业银行综合竞争能力和可持续发展能力的重要标志。随着个人客户金融需求的日益多样化、个性化，以及金融营销的竞争日益激烈，金融产品作为商业银行竞争的一个支点，它的营销策略也日益受到银行业的重视。金融产品的特点、生命周期、竞争环境、市场定位、营销队伍的建设均是制定商业银行产品营销策略的重要因素。

因此，如何才能更好地应对日趋激烈的个人理财市场，并在此过程中取得先机，就成了各大商业银行必须面对的问题。营销是一种有效的竞争手段，它必将对我国商业银行的个人理财活动起到积极的指导作用。

促销是指企业用人员或非人员方式传递信息，引发并刺激顾客的购买欲望和兴趣，使其产生购买行为或使顾客对卖方的企业形象产生好感的活动。金融机构通过一系列的金融促销策略拓宽金融产品的销售渠道，让客户对产品更加了解，激发潜在客户的购买欲望并开发新客户。金融机构开展促销活动的主要步骤如下：

一、确定目标促销对象

有针对性的推广活动是指向那些潜在顾客推广信息。每种金融产品都有其具体的目标顾客群，首先，在进行推广前，金融机构要对目标顾客对该机构及其产品的熟悉度进行分析。熟悉度的差异，会影响到促销宣传的内容。其次，金融机构也要对目标顾客对金融机构及其产品的喜好程度进行分析，从而有针对性地对促销的内容和方式进行调整。

二、决定促销目标

促销目标是指金融机构从事促销活动所要达到的目的。在不同的时期以及不同的市场环境下，金融机构有其特定的促销目标，主要包括：

（1）告知，即通过促销宣传使更多的客户了解该机构和产品，从而提高金融机构及其产品的知名度。

（2）激发，即通过激发客户对某一新的金融产品的需求，争取客户对某一竞争激烈的金融产品产生选择性需求。

（3）劝说，即通过促销宣传劝说更多的客户使用本金融机构的某种金融产品，从而扩大销售，提高产品的市场占有率。

（4）提示，即通过促销宣传提醒客户不要忘记该金融机构的金融产品，并且能够反复购买和使用该金融产品，以巩固其市场地位。

（5）偏爱，即在目标市场中打造企业经营和产品的独特风格和个性，树立良好的金融机构整体形象和产品形象，使客户对该产品产生偏爱。

三、确定促销预算

促销预算是指金融机构打算用于促销活动的费用开支，其规模直接影响促销效果和促销目的的实现。

确定促销预算的方法一般包括：

（1）量力而行法。

量力而行法是指金融机构根据自身所能负担的费用来灵活确定促销费用。此种方法简便易行，但是应用不多，主要是因为其忽略了促销对扩大销售的积极作用，因此不利于金融机构扩大产品市场。

（2）销售额比例法。

销售额比例法是指根据以前的销售水平和预测未来的销售水平的一定比例来确定促销预算。这种方法在实际情况中应用比较广泛，但是由于对竞争对手情况的预测具有一定的困难，因此这种方法在实际操作中也存在一定的弊端。

（3）竞争比较法。

竞争比较法是指根据竞争对手的促销费用来确定自己的促销预算。由于可以将促销作为一种竞争的工具，因此这种方法往往在竞争比较激烈的金融产品促销中使用。但是由于这种方法完全依据竞争对手的情况而定，忽视了金融机构自身的实力和促销目标，因此具有一定的盲目性，甚至会引发恶性的促销竞争。

（4）目标任务法。

目标任务法是指根据金融机构的促销目标和任务来确定所需要的费用，进而确定促销预算。这种方法是一种比较科学的确定促销预算的方法，因为它将促销活动目标与促销预算直接联系起来，针对性较强。但是采取这种方法时，促销预算人员必须了解市场情况，能够制定正确的促销目标，且能较准确地估计促销活动的所有费用，可见条件比较苛刻。

确定促销预算的步骤包括：

第一，确定市场份额目标。

第二，确定新的促销所要达到的市场百分比。

第三，确定知晓在品牌顾客群中应有多少比例被促销手段所吸引，从而会发生购买的行为。

第四，确定促销行为的持续时间。

第五，确定不同促销手段的运用总数。

第六，在支付不同促销手段总额的平均成本水平下，确定必需的促销预算。

四、决定促销组合

促销组合是指金融机构根据促销目标对促销方式的合理搭配和综合运用，这些促销方式包括前述的广告、人员推销、营业推广和公共关系等。金融机构在进行促销时，通常实施由多种促销方式结合而成的促销组合，而不是单单运用一种促销方式。这是因为这些促销方式各有各的特色，各有各的弊端，综合运用各种促销方式可以达到扬长避短的目的。成功的促销组合一般符合以下几个条件：

1.符合金融机构的促销目标

良好的宣传组合必须与金融机构的宣传目的相一致。如果金融机构想要他们的产品最大限度地发挥潜力，而且大部分人都有购买的愿望，那么就可以采用联合宣传和商业促销的方式来进行宣传；为了让顾客更直观地认识到他们的产品特征，提高他们的品牌形象，他们可以采取包括员工营销与公关活动在内的多种促销手段。

2.符合金融机构产品的特点

好的促销组合一定要符合产品的性质。产品的不同性质决定了客户购买目的的不同，因此营销人员也要采取不同的促销组合策略。例如，大额贷款这类金融产品主要针对的是市场中的工商企业，客户相对集中，且专业性较强，因此适宜采用以人员推销为主的促销组合。而对于针对广大消费者的保险类产品、信用卡类产品，市场份额较大，则适宜以广告和营业推广为主要促销方式。金融产品的不同性质还决定了产品生命周期的不同。在产品生命周期的不同阶段，促销的目标往往不同，因此需要采用不同的促销组合。例如，在产品的投入期，金融机构的促销目的主要是希望最广泛的人群能够了解该产品，因此适宜采用触及面广、影响面大的广告和以公共关系为主的促销方式。在产品的成熟期，促销人员可以采用广告来提醒客户，运用营业推广的方式来刺激客户购买。

3.符合市场条件

优秀的促销组合一定要符合市场条件，市场条件包括市场规模和市场特性。金融产品市场规模的大小决定了能够购买该产品的客户群的大小，因此也就决定了采用何种促销组合最为有效。如果金融产品的市场范围广，则客户多，那么适宜采用以广告为主、营业推广为辅的促销组合；如果市场范围窄，客户少，则适宜采用以人员推销为主、营业推广和广告为辅的促销组合。市场特性对促销组合也会产生一定的影响。因为不同的市场特性决定了对不同的促销方式的接受程度。有的市场不太信任广告，比较信赖直接推销，则适宜采用人员推销方式，广告的效果则不明显。总之，在促销组合的选择中，必须依据市场条件，有针对性地选择与金融产品目标市场相适应的促销组合。

4.促销预算

由于促销手段的差异，其促销费用也是不同的，因此，各金融机构只有依据自己的能力，才能选择合适的促销方案。金融机构的促销费用既要符合它的承受能力，又要符合竞争的需求，在这一点上，要把销售的数量、促销目标的要求、产品的特性等因素都考虑进去，以免出现盲目的情况。

5.促销实施、控制与效果反馈

促销实施与控制过程就是对促销进行监督、指导的过程，在此基础上及时采取调整、改进措施。在开展了促销活动以后，金融机构还必须收集反馈信息，以调查促销的效果，看看是否实现了预期的目标，并以此为依据来调整促销内容、提高促销质量。

五、对比分销、促销与市场营销

分销：是指发展其代理商，然后将产品层层分销给下一级经销商，使得产品能够在短期内迅速提高销售量。分销是一种战略，就是打造公司的销售网络。

促销：是指营销者向消费者传递有关本企业及产品的各种信息，说服或吸引消费者购买其产品，以达到扩大销售量的目的。促销实质上是一种沟通活动，即营销者（信息提供者或发送者）发出刺激消费的各种信息，并将其传递到一个或更多的目标对象（即信息接受者，如听众、观众、读者、消费者或用户等），以影响其态度和行为。常用的促销手段有广告、人员推销、网络营销、营业推广和公共关系。

市场营销：是指企业发掘潜在的消费者和大量的商户的需要，通过构建整体和构建自己的产品形态，对产品进行推广、传播和销售，重点在于挖掘产品的内在含义，以满足顾客和许多商家的需要，使顾客对产品有更深的认识，并进行购买。市场营销不仅局限于销售环节，而且是一个涵盖产品开发、价格设定、渠道选择和促销等全方位的商业过程。分销是一种销售渠道。

上投摩根基金公司与百事集团七喜的跨界合作

【学思践悟】

网络营销助力发展，金融机构转型升级

近年来，中国金融机构积极利用网络营销手段推动业务发展，取得显著成效。党的二十大报告明确提出，加快发展数字经济，促进数字经济和实体经济深度融合，打造具有国际竞争力的数字产业集群。在此背景下，金融机构通过网络营销，提升了对客户的服务水平和市场竞争力。根据中国银行业协会数据，2022年，中国银行业通过线上渠道办理的业务量占比已超过60%。例如，中国建设银行通过其官方App和微信公众号进行数字化营销，2023年线上用户数突破4亿人，线上交易量占比达到80%以上。平安银行在网络营销方面也取得显著成果，其推出的"AI客服"在2022年处理客户咨询量超过1亿次，从而极大提升了客户满意度和服务效率。另外，招商银行利用大数据分析用户行为，通过精准推送个性化金融产品，实现了客户转化率的显著提升。2022年，招商银行通过网络营销渠道新增客户数同比增长25%，网络销售额增长30%。这些成功案例表明，金融机构通过网络营销，不仅提升了业务量和市场份额，而且为客户提供了更加便捷、高效的服务，从而助力金融市场实现高质量发展。

章后习题

一、练习题

1.（单选）市场营销组合是指（　　　）。

A.对企业微观环境因素的组合　　　　　B.对企业宏观环境因素的组合

C.对影响价格因素的组合　　　　　　　D.对企业可控的各种因素的组合

2.（单选）最古老、最普遍、最直接的推销方法是（　　　）。

A.广告　　　　　　B.公共关系　　　　C.人员推销　　　　D.营业推广

3.（单选）"推动"型促销策略以（　　　）为主要对象。

A.中间商　　　　　B.最终消费者　　　C.批发商　　　　　D.零售商

4.（单选）当产品处于成熟期时，效果最佳的促销方式首推（　　　）。

A.营业推广　　　　B.广告　　　　　　C.人员推销　　　　D.公共关系

5.（单选）制造商推销价格昂贵、技术复杂的机器设备，适宜采用（　　　）的方式。

A.广告宣传　　　　B.营业推广　　　　C.商品陈列　　　　D.人员推销

6.（多选）金融促销渠道有（　　　）。

A.人员推销　　　　B.广告促销　　　　C.营业推广　　　　D.公关宣传

7.（多选）在金融机构中，银行和券商主要采用直销渠道向投资者销售产品，通常利用（　　　）等方式进行销售。

A.各地实体营业网点　　　　　　　　　B.客户服务中心电话系统

C.互联网官方网站　　　　　　　　　　D.移动终端 App

8.（多选）当具备（　　　）条件时，企业可以选择直接式渠道。

A.市场集中　　　　　　　　　　　　　B.消费者或用户一次需求批量大

C.中间商实力强、信誉高　　　　　　　D.产品易腐易损，需求时效性强

E.产品技术性

二、思考题

1.金融营销的主要特征是什么？

2.金融营销的动因分析。

3.简述市场细分的作用。

章后习题参考答案

| 实训四 | 金融产品营销策略分析 |

【能力目标】

1.能够制定相应的营销策略。

2.能利用金融营销渠道的知识选择合适的分销渠道，如网点、中介商的选择。

【知识目标】

1.了解金融营销渠道的含义、种类和功能。

2.掌握金融营销渠道的策略。

3.了解基本的营销策略。

【情景模拟】

情景一：针对某一金融产品设计简单的营销推广方案。

内容：假设你是某金融机构营销部的策划人员，选择某一新的、即将上市或刚上市的金融产品，制定营销策略，使该产品迅速打开市场，赢得客户足够的关注，并促进产品销售。

评分标准：

序号	评分内容	分值
1	能正确分析所选产品的产品策略	20
2	能正确分析所选产品的渠道策略	20
3	能正确分析所选产品的价格策略	20
4	能正确分析所选产品的促销策略	20
5	在汇报过程中，语速合适，熟悉内容	10
6	正确回答问题	10

情景二：电话营销训练

内容：选择某一金融产品，扮演该产品的营销人员，然后根据老师布置的工作情景和任务，稍事准备后与老师扮演的角色进行相互不见面的现场电话模拟。时间控制在5分钟以内。

评分标准：

序号	评分内容	分值
1	在电话营销过程中能清楚地介绍产品	30
2	较好地处理客户的异议	30
3	开场白设计合理	20
4	在打电话过程中注意礼貌用语	20

情景三：调查分析（课后，视现实情况开展模拟）

内容：学生分小组进行实践，通过多种方式了解银行、证券公司、保险公司、第三方理财机构等金融企业，收集整理常见的金融产品，追踪调查这些金融产品的营销策略，将理论与实践相结合，更加深刻地理解产品的营销策略。

实训四　雅迪电动车的营销策略

第 八 章

金融网络营销

学习目标

1. 了解金融营销的创新与趋势以及国际营销的相关知识。
2. 理解金融网络营销的产生和金融网络营销策略的概念。
3. 掌握金融网络营销以及金融网络营销的各种策略。

【章前导读】

随着计算机技术的快速发展，人们进入了网络时代，网络给人们带来了极大的便利，丰富了人们的生活。金融业涉及的领域非常广泛，包括银行、保险、证券、期货等，有些产业竞争非常激烈，而在互联网上，金融市场也应运而生。现在很多的金融公司都在关注着网上营销。从最初的新闻发布，到网络活动营销，搜索营销，网络事件营销，微博营销，网络视频营销，一个崭新的泛金融产业网络整合营销系统已经形成。本章主要讲述网络领域的金融营销。

第一节　　　　　　　　金融网络营销概述

一、网络营销的产生

随着网络时代的来临，电子商务也得到了迅猛的发展。在当今世界，互联网营销已日趋成熟，要想在市场中立足，就需要将其作为一门必修课程，以获得较强的竞争能力。

1. 网络营销产生的科技基础

Internet 的诞生与发展：Internet 的前身是 1969 年美国国防部高级研究所计划管理局（ARPA）建立的军用实验网络，之后经过 3 次飞跃：（1）1983 年，ARPA 网开始向民用方向发展；（2）1993 年，信息高速公路，为信息网络的发展奠定了可靠的物质基础；（3）1994 年，网络浏览技术——WWW 技术出现。

2.网络营销产生的观念基础

消费者价值观的变革：（1）更多地寻求个体的发展；（2）积极的消费需求；（3）对购物便捷和愉悦感的需求；（4）重视价格。

3.网络营销产生的现实基础

网络营销产生的现实基础是商业竞争日益激烈。

二、金融网络营销的概念

金融网络营销（Online Marketing或E-Marketing）是以互联网为基础，利用数字化信息及金融网络媒体的交互性来辅助营销目标实现的一种新型的市场营销方式。比如：网上银行、网上证券、网络保险、电子货币、网上支付与结算等。

三、金融网络营销模式

面对2013年的市场角逐，基于网络整合营销整体框架，邓超明完成了金融行业"网络整合营销六大模式"的制定，同样以F开头的字母，代表"焦点"（Focus），即关注的焦点、热议的焦点、销售的焦点，让品牌成为热门。一个品牌一旦成为热门，品牌知名度和口碑就会得以改善，那么，金融企业的营销工作必然会取得明显进展。

（一）金融F4网络话题整合营销模式

"F4"代表着4项推动指标：媒介的覆盖量与传播量；作品创意质量与媒介推荐、转载量；各种搜索的表现；目标受众的浏览量、参与和互动量。

这个方案专指新闻话题这种网络传播方式，以媒体和论坛为主，需要3家以上比较大的媒体牵头，传播板块包括金融行业、财经、商业、投资创业、新闻等。内容有深度、立意新、角度有争议，最终形成一个热门话题，最终产生很好的推广效果。

同时借助微博话题、SNS讨论，以分享讨论为主，需要一些大号微博（粉丝数小到数万、大到数百万）、加V微博的参与。

（二）金融FEA网络整合营销模式

这个方案包括话题、事件、活动，既要规划出具体的话题，又要安排出事件、网络活动，并进行全面的推广，在实施过程中逐步安排，需要的资源比F4方案要多，如比较有影响力的10余家主流媒体，活跃度比较高的一些大号微博，用户活跃和评论很多的论坛，有趣味的视频和图片等。

关键是要用事件制造热搜词，将大众的注意力转移到品牌上面，然后再从大众中找出目标受众。对消费者的需要进行深入的了解，瞄准目标消费人群，达到创意的极大化，尽可能地向目标消费者展现商品和服务的信息，从而引起他们的点击和检索，进而进行消费、共享。

（三）金融FEAVA网络整合营销模式

这个方案覆盖面比较广，包括话题、事件、活动、视频、动漫等，其中任何一个都可能制订出一套整合营销计划，同时这几种资源都有可能包括在一个品牌的年度网络营销计划内。需要的资源除了来自微博、主流媒体、大型论坛外，还包括一些图片分享网站、主流的视频网站等，整合的范围更多。

（四）金融FM网络整合营销模式

金融FM网络整合营销模式就是从微博开始，通过网络整合营销方案，即微博整合营销。其通过大号微博主推、官方微博发布、加V微博佐证、主力微博分享、种子微博扩散等形式，做好一件事情，最终可能不仅在微博上形成热门话题，进而影响到更多传播媒介跟进。当然，非常重要的是将微博上扩散而形成的热点转移到对品牌的关注上。

四、金融网络营销方法

（一）建设并推广公司网站

1.首先在网上，一个公司的网站即公司的形象，因此网站不仅要注重阅读程序的优良性，而且要注重网站的美观、内容的诚信等。由于金融业是涉及资金的行业，因此一个好的金融网站的设计应更加细致，必要的时候甚至可以使用Flash、JavaScript等软件技术来衬托网页。其次，就是做好网站的内容：一是原创文章；二是高质量的外链。

2.在推广初期，单纯地靠公司网站推广本公司的金融产品是远远不够的，这时投资者可以发布一些和金融方面有关的原创文章，发表到比较权威的论坛上，此时不需要加上外链，因为这样很容易被删除。推广员在写原创文章的时候要注意关键词的密度，如果想知道关于此内容的更多信息，可以百度搜索一下。

（二）百度产品推广

许多人都乐于采用百度的产品促销方法，理由很简单，百度自家的东西都排得很高，例如百度文库、百度知识、百度空间，乃至百度体验等。百度文库与百度空间能够将推荐者撰写的优质原创文章放在首位，优势在于权重较高，非常迅速被收录。推广员也可以利用百度知道，采用自问自答的方式进行推广。比如，武汉黄金投资公司有哪些？然后自己回答：某某公司还不错。既可以百度搜索一下，又可以添加自己网站的链接，但是千万不要过多地在百度知道中发外链，因为很容易被屏蔽掉。百度知道的优点就是可以在百度搜索页面享有很高的位置，缺点就是容易被对手举报，导致被删除。

（三）百度下拉条和相关搜索推广

百度下拉的官方正式说法是百度推荐词（Baidu Suggest Word），民间又称百度联想词或百度下拉菜单，是百度为了方便广大网民搜索、提高输入效率而推出的一项服务。百度从每天数以亿计的用户搜索词中，分析提炼出搜索量巨大的词条，生成百度推荐词数据库。之后，当用户在搜索框输入文字时，百度动态就从该数据库中提取出以用户已经输入的字打头的词条，并动态地生成下拉菜单。例如，当我们在百度中输入"营销"这两个字的时候，百度就从推荐词条库中检索出以"营销"这两个字打头的词条，并根据搜索量从大到小排序，动态地组建成下拉菜单。目前百度下拉菜单的最大数量为10条。大部分人在搜索某个关键词的时候，其实他并不知道该如何组织语言以便更加精确地达到搜索目的，下拉框就为他提供了便捷。如果搜索词比较长，这样也节约了时间，所以下拉框是很便捷的。国内某权威调查公司的分析数据显示，百度下拉菜单可以有效地提高输入效率39.8%，用户满意度达91.3%。同时，下拉菜单在引导用户发现热点、拓展视野、轻松搜索方面，带给用户超出想象的搜索体验。

百度的下拉条以及相关的搜索促销，是指当用户利用百度进行搜索时，将搜索量较大的词语由高至低地呈现出来的一种前置效果营销，能够使出现在下拉框内的词语的人气与访问量增加30%~40%，同时还能增加有效的转化率，进而提升企业的宣传力度。

【学思践悟】

网络营销新时代，百度引领新潮流

近年来，百度公司在网络营销方面取得了显著成效，成为中国互联网行业的重要代表。百度公司积极响应国家政策，通过技术创新和市场营销的深度结合，提升了企业竞争力。根据百度2023年财报数据，百度的在线营销收入达到了人民币827亿元，占总收入的70%以上，充分显示出其网络营销的强大实力。百度通过人工智能、大数据等技术手段，不断优化营销策略，提升广告投放的精准性和效果。例如，百度推广平台利用大数据分析用户行为，实现了精准推送广告，大幅提高了广告转化率。2022年，百度智能小程序的月活跃用户数突破6亿人，成为广告主重要的营销渠道。同时，百度通过与金融机构合作，推出了一系列金融产品，如百度理财和百度钱包，进一步丰富了网络营销的应用场景。2022年，中国人民银行发布《金融科技发展规划（2022—2025年）》，鼓励金融机构和科技公司合作，提升金融服务水平。百度积极参与其中，通过与银行和保险公司合作，推出智能投顾和风险评估服务，从而提升了金融产品的普及率和用户体验。百度公司的成功案例不仅展示了中国互联网企业在网络营销领域的创新和突破，而且体现了在国家政策的引导下，科技与金融融合发展的巨大潜力，为中国经济高质量发展注入了新的活力。

第二节 网络营销策略

一、网络营销的概念

网络营销，作为一种新型的市场营销方式，它依托互联网的强大功能，运用数字化信息以及网络媒体的互动性，从而有效助力营销目标的实现。简而言之，网络营销就是运用互联网为主要工具，展开一系列旨在实现特定营销目标的营销活动。

二、网络营销策略的特点

网络营销策略的特点包括：

（1）基础扎实。

（2）多元化的包装模式。

（3）团队健全。

（4）推广渠道的多元化。

（5）有目标的长期执行。

三、常见的网络营销策略

网络营销的成功往往在于策略，网络营销策略有很多，具体可分为如下几种：

1.折扣营销

简单来说就是给产品打折，这是常用的促销方式，它迎合了消费者少花钱的心理，所以这一方式在销售上是比较有效果的。

2.赠品营销

在一款新产品推出之前，制作一些赠品小样分发给广大消费者，强化其产品意识，能不断提升产品的知名度，产品的知名度提升了，就能够带动部分消费群体开始关注并使用该产品。

3.积分营销

积分营销策略能够稳定部分顾客群体，并通过积分的积累，实施一定的奖励措施。消费者通过多次购买或多次参加某项活动来增加积分以获得奖品，积分越多，得到的奖品就越多，这样一来就能达到多销售产品的目的。

4.全力优化网络

通过关键字的优化，让更多的消费者了解产品，通过论坛、邮件、微信、QQ群发软件等一些媒介工具不断地向消费者传输产品的信息。

5.活动营销

利用重大节日，开展优惠销售，这样能够调动更多的消费者前来参与，有效实现了产品的销售。

四、金融网络营销策略的种类

（一）网络品牌策略

在数字化时代，网络营销成为企业塑造品牌形象的关键战场。这一战略的核心在于利用互联网的广泛覆盖和互动特性，实现品牌的有效传播和市场占有率的提升。一方面，那些在传统市场中已经拥有良好品牌基础的企业，可以借助网络平台，进一步扩展其品牌的知名度和影响力，从而确保品牌形象在虚拟世界中同样鲜明和突出。

（二）网页策略

利用网页，中小企业可以节省很多广告费用，而且搜索引擎的大量使用会提升搜索率，对于中小企业者来说在一定程度上比广告效果要好。

（三）产品策略

在网络营销中，产品的整体概念可分为5个层次，相应的有不同的策略：

核心利益或服务层次。企业在设计和开发产品核心利益时要从顾客的角度出发，要根据上次营销效果来制定本次产品设计、开发策略。要注意的是网络营销的全球性，企业在提供核心利益和服务时要针对全球性市场，如医疗服务可以借助网络实现远程医疗。

有形产品层次。对物质产品来说，必须保障品质、注重产品的品牌、注意产品的包装。在式样和特征方面，要根据不同地区的文化来进行针对性设计。

期望产品层次。在网络营销中，顾客处于主导地位，消费呈现出个性化的特征，不同的顾客可能对产品的要求不一样，因此，产品的设计和开发必须满足顾客这种个性化的消费需求。

延伸产品层次。在网络营销中，对于物质产品来说，延伸产品层次要注意提供满意的售后、送货、质量保证等服务。

潜在产品层次。在延伸产品层次之外，由企业提供能满足顾客潜在需求的产品。

中信银行的网络营销

（四）价格策略

1.定制定价策略

个性化定价策略的实施核心在于价格的灵活变动，以消费者的具体需求为基础进行有针对性的定价。为了有效地实行这种策略，首先必须进行周密的资料收集，并构建起一个健全的数据库系统。在这个系统中，每一位顾客都将被视作一个独特的实体，他们的购买历史、偏好和消费行为都将被细致地记录和分析。定制定价策略常用于服务类，如品牌传播服务、网站优化推广、网站关键字推广等，需要根据客户的需求进行详细的分析，确定其难度，从而定制出一个合理的价格。

2.低价定价策略

低价定价策略可以说是一种耳熟能详的定价策略，它的核心是薄利多销和抢占市场。薄利多销的前提是产品的需求量大，生产的效率高，如日常的生活用品纸巾、洗发水等。而抢占市场适用于新产品的发布，为了提高知名度，树立消费者的认知，新产品实行低价定价策略是一个不错的选择。

3.拍卖定价策略

拍卖定价策略是一种较为新颖的定价策略，货品的起始价格非常低甚至为零，但是经过一番消费者的争夺后，其价格便会不断上涨，甚至其竞拍的价格会高于货品一般的价格。例如，一些数量稀少难以确定价格的货品都可采用拍卖定价策略。拍卖定价策略的前提是货品稀少、市场需求量大。

4.捆绑定价策略

捆绑定价策略，作为一种常见的现代定价手段，广泛应用于各种产品和服务的销售中，尤其是那些相互配套的商品或服务。它的基本特点是将两种或多种商品或服务捆绑在一起，以一个优惠的组合价格进行销售。这种策略不仅能提高销售额，而且能增强消费者的购买意愿，但关键在于如何把握消费者心理，以避免给他们带来负面影响。

5.品牌定价策略

在现代的产品销售中，定价除了要考虑产品的成本和质量外，还要考虑产品的品牌，而现代消费者的消费也具有品牌针对性。当消费者认准了一个品牌后，未来的消费都会倾向于该品牌。品牌的知名度是建立在不断推广和维护基础上的，所以在进行网络营销时需要考虑产品的品牌性，如著名的世界品牌，其价格便需要定高些，这样才能显示其品牌价值。

6.尾数定价策略

尾数定价，又称奇数定价，或者零头定价，是利用消费者在数字认识上的某种心理制定尾数价格，使消费者产生商品价格较廉、商家定价认真以及售价接近成本等信任感。

7.差别定价策略

差别定价又称"弹性定价"，是一种根据"顾客支付意愿"而制定不同价格的定价法，其目的在于建立基本需求、缓和需求的波动和刺激消费。当一种产品对不同的消费者或在不同市场上的定价与它的成本不成比例时，就会产生差别定价。

（五）促销策略

网络促销是利用互联网来开展的促销活动，也就是利用现代化的网络技术向虚拟市场传递有关的服务信息，以引发需求，刺激消费者的购买欲望和购买行为的各种活动。网络促销形式有四种，分别是网络广告、站点推广、销售促进和关系营销。

网络广告主要是借助网上知名站点（ISP或ICP）、免费电子邮件和一些免费公开的交互站点（如新闻组、公告栏）发布企业的产品信息，对企业和产品进行宣传推广。

站点推广是一种网络营销手段，其核心目的在于提升网站的知名度和影响力，从而吸引更多上网用户访问，达到宣传和推广企业及其产品的效果。这一过程涉及多种策略和技巧，旨在充分利用网络平台的广泛覆盖和互动特性，实现企业品牌的有效传播。

销售促进是企业利用可以直接销售的网络平台，采用一些销售促进方法如价格折扣、有奖销售、拍卖销售等方式，宣传和推广产品。

关系营销是借助互联网的交互功能吸引用户与企业保持密切关系，培养顾客忠诚度，提高企业收益率。

（六）渠道策略

网络营销渠道的构建应始终遵循一个黄金法则：以消费者的便利为核心。为了在浩瀚的网络海洋中捕获消费者的目光，并让它们聚焦于我们公司的产品，我们可以采取一种策略，那就是与其他中小企业的相关产品携手合作，形成一种协同效应。

（七）顾客服务策略

顾客服务策略可以根据特定的目标客户群、特有的企业文化来加强互动，节约开支，同时努力做到形式新颖多样。

（八）营销策略

战略整体规划：市场分析、竞争分析、受众分析、品牌与产品分析、独特销售主张提炼、创意策略制定、整体运营步骤规划、投入和预期设定。

营销型网站：网站结构、视觉风格、网站栏目、页面布局、网站功能、关键字策划、网站SEO、设计与开发。

传播内容规划：品牌形象文案策划、产品销售概念策划、产品销售文案策划、招商文案策划、产品口碑文案策划、新闻资讯内容策划、各种广告文字策划。

整合传播推广：SEO排名优化、博客营销、微博营销、论坛营销、知识营销、口碑营销、新闻软文营销、视频营销、事件营销、公关活动等病毒传播方式。

数据监控运营：网站排名监控、传播数据分析、网站访问数量统计分析、访问人群分析、咨询统计分析、网页浏览深度统计分析、热门关键字访问统计分析。

（九）SNS营销策略

作为曾经最火的SNS社交网站，人人网和开心网一鸣惊人、发展迅速。SNS营销也迅速发展，成为网络营销新贵。SNS营销都有哪些方式？又有多大的价值？众所周知，全民"偷菜"让大众都知道了人人网和开心网，这两个社交网站当时在学生和年轻白领中拥有庞大的用户群，而随着诸如开心农场之类的游戏应用被追捧，人们发现了社交网站的网络营销新契机。其中，SNS营销主要有以下几种方式：

1.植入游戏

多家公司都将它们的产品和广告植入到App游戏中，像伊利牛奶成功地把营养舒化奶植入到了人人餐厅小游戏里；王老吉更是开发出了"王老吉庄园"；"纯果乐"则被植入到了阳光牧场里，通过"纯果乐果园"让用户深入了解其生产过程，推广其多种口味的产品。让用户在玩游戏的过程中，一步一步去了解产品，这种营销推广比传统营销更加精准有效。还有英特尔、中粮集团等多家企业也瞄准了社交网站小游戏这个非常好的营销推广平台，先后开发了与自身产品和服务相关的游戏。

2.打造公共主页

自从人人网开发出了公共主页之后，有众多的名人和媒体、企业加入其中，用户可以成为其粉丝和好友，关注其动态。在打造深度用户群体的过程中，企业不仅提升了自身的影响力，而且通过用户间的口碑传播，吸引了更多用户，并增强了用户的黏性。

3.横幅广告

由于在人人网和开心网上活跃的都是大学生和年轻白领，他们是电子产品和网上商店的最重要客户，因此，他们为企业提供了最精准的营销目标。凡客诚品等企业都在上面投放了广告。

4.组织冠名活动

在人人网上组织冠名各种活动（一般都为公益活动），可以聚集大量人气。

5.设计与网络购物的深度对接

在 Web 2.0 时代，越来越多的内容和行为都是由终端用户来产生和主导的，如博客、微博。设计与网络购物的深度对接一般可以分为两类：一类是专注于商品信息的，如 Kaboodle、ThisNext 网站是比较早期的模式，主要是通过用户在社交平台上分享个人购物体验、在社交圈推荐商品的应用。另一类模式是通过社交平台直接介入商品的销售过程，如社交团购网站 Groupon。还有就是社交网店，如法国的 Zlio、中国的辣椒网 Lajoy。这类网店让终端用户也介入商品销售过程中，并且通过社交媒介来销售商品。

【学思践悟】

网络营销新机遇，金融机构展宏图

近年来，中国金融机构积极利用网络营销渠道，推动业务数字化转型和创新。2022年《国务院关于印发"十四五"数字经济发展规划的通知》指出，"数字经济是继农业经济、工业经济之后的主要经济形态，是以数据资源为关键要素，以现代信息网络为主要载体，以信息通信技术融合应用、全要素数字化转型为重要推动力，促进公平与效率更加统一的新经济形态"。金融机构通过多种网络营销渠道，提升了市场竞争力和客户服务水平。首先，银行业积极利用官方网站和移动应用进行营销。中国工商银行的"融 e 购"平台已成为其重要的网络营销渠道，2022年交易额突破 1 万亿元。其次，社交媒体平台也是金融机构的重要营销阵地。招商银行通过微信和微博精准推送理财产品，2022年新增客户数同比增长 25%。再次，搜索引擎广告和内容营销也发挥了重要作用。平安银行利用百度推广，并结合大数据分析，实现了精准营销，广告转化率显著提高。此外，短视频平台的崛起为金融机构提供了新的营销渠道。中国农业银行在抖音平台上开设官方账号，发布金融知识和产品介绍视频，2023年粉丝数突破 500 万人，带动了业务增长。这些网络营销渠道的成功应用，不仅提升了金融机构的市场份额和品牌影响力，而且为我国金融市场的高质量发展注入了新的动能。在国家政策的支持下，金融机构将继续深化网络营销创新，为建设现代化经济体系贡献力量。

五、金融网络营销策略存在的问题

网络营销策略在金融领域存在许多问题：

1.营销体制不够完善：制度不完善，缺少对风险的防范。

2.没有先进的营销观念：仍然延续传统的方案，没有表现出网络金融的优势。

3.缺少多样的营销方式：多以广告为营销方式，缺少具体信息。

4.金融产品较少：产品单一，缺少变通。

为此，我们要不断完善金融网络营销的策略体制，改革、创新营销策略，增加营销方式，不断为客户推出新型网络产品。

第三节　　　　　　　　　　　国际营销

一、国际营销的概念

国际营销（International Marketing）是企业根据国外顾客的需求，将生产的产品或服务提供给国外的顾客，并最终获得利润的贸易活动。这种国际商业行为，既受到世界经济技术发展的影响，又受到目标市场国家或地区的政治、社会、文化、法律等营销环境的影响。因此，国际营销的含义也随社会的变化和发展而进步。在第二次世界大战之前，国际营销以产品的出口销售为主；而在第二次世界大战之后，随着资本国际化活动的增强，发达国家对外投资规模扩大，纷纷在海外直接组织生产和销售，这种海外投资和国外生产的行为也被列入国际营销范围。

国际营销，这一企业跨越国境的市场经营活动，旨在对商品和劳务的计划、定价、促销和引导进行细致规划，以实现其流向一个以上国家的消费者或用户手中的过程，从而获取利润。这是一个复杂而烦琐的过程，需要充分理解并掌握各个国家的市场环境、消费习惯、文化差异等，以便更好地推广和销售产品。

国内营销和国际营销唯一的区别在于国际营销活动是在一个以上国家进行的。

二、国际企业类别

1.生产型国际企业：主要包括制造企业、服务企业等生产商品或提供服务的企业。

2.贸易型国际企业：很多国家由于经济发展的需要建立了一开始就从事国际经营活动的贸易企业，如美国的出口贸易公司和我的进出口专业公司等。

三、国际营销新理论——交叉营销

从营销理论的发展来看，服务在竞争中的作用日益突出。20世纪60年代以营销组合（4P）即产品（Product）、定价（Price）、分销（Place）、促销（Promotion）作为营销理论的经典，成为企业市场营销的基本运营方法。20世纪80年代，美国劳特朋针对4P存在的问题提出了4Cs营销理论，即从消费者的需要与欲望（Consumer wants and needs）出发，考虑消费者愿意支付的成本（Cost）、消费者交易的便利性（Convenience），并通过消费者沟通（Communications）把消费者和企业的利益整合在一起。4Cs营销理论注重以消费者的需求为导向，但被动适应顾客需求的色彩较浓。随着市场的进一步发展，面对竞争的加剧、客户群的不稳定、企业缺乏营销特色、缺乏满足客户需求的可操作性等新问题，需要企业从更高层次以更有效的方式在企业与顾客之间建立起有别于传统的互动性关系。

（一）交叉营销

交叉营销已经成为企业开展合作的一项重要内容，甚至是并购得以发生的基础。为了全面了解交叉营销的价值和操作方法，首先需要了解交叉营销的实质。

交叉营销，是一种精妙的商业策略，它通过高效整合多种资源，如时间、资金、创意、活动以及展示空间，为不同规模的企业，从家庭式的小作坊到庞大的跨国公司，甚至各类特许经营店，提供了一条低成本的营销途径。这种策略使得它们能够触及更广阔的潜在客户群体，从而促进业务的增长和扩展。交叉营销也并非仅仅适用于大型企业，只要具备一定的条件，各种规模的企业都可以在一定范围内开展交叉营销，帮助企业在激烈的市场竞争中脱颖而出；保持销售旺淡季现金流的平衡；激发人们更多购物的动机；在费用相同或减少的情况下，能更频繁地接触更多潜在客户；培养与客户和社团间的信任。

与交叉营销密切相关的一个概念是"交叉销售"。交叉销售（Cross-selling）通常是指发现一位现有顾客的多种需求，并通过满足其需求而实现销售多种相关的服务或产品的营销方式。促成交叉销售的各种策略和方法即"交叉营销"。

交叉销售在传统的银行业和保险业等领域的作用最为明显，因为消费者在购买这些产品或服务时必须提交真实的个人资料，这些数据一方面可以用来进一步分析顾客的需求（CRM中的数据挖掘就是典型的应用之一），作为市场调研的基础，从而为顾客提供更多更好的服务；另一方面也可以在保护用户个人隐私的前提下利用这些用户资源与其他具有互补型的企业互为开展营销。

可见，交叉营销的实质是在拥有一定营销资源的情况下向自己的顾客或者合作伙伴的顾客进行推广的一种手段，这种营销方法最大的特点是充分利用现有资源，在两个具有相关用户需求特点的企业间开展营销，能使各自的潜在用户数量明显增加而不需要额外的营销费用；同时，以交叉营销为基础建立起良好的合作关系，对两个（或多个）企业间的发展具有更多的战略意义。

交叉营销的应用始于2001年9月，微软的门户网站和迪斯尼公司的体育网站签订交叉营销协议。这一协议的主要内容为，MSN的免费邮件Hotmail、搜索引擎、聊天和购物等各种网络服务的品牌和链接将出现在ESPN主页的上端，MSN在体育频道中独家使用ESPN的内容，并在其网页上提供优先位置，以此来达到互为推广的目的。

同年9月，IBM和eBay也达成了一项合作协议：IBM计划通过在线零售商eBay扩大自己的销售，eBay将成为IBM向用户及中小型企业进行销售的另一个新渠道，而eBay将在自己的网站首页为IBM网站做一个88×31像素的Logo链接。另外，eBay也将选用IBM的应用平台来升级自己的技术。双方合作的基础在于eBay拥有3 400万注册用户，随时提供达600多万种产品和服务，具有巨大的在线交易量，而且eBay上70%的用户都是IBM的新用户。

此外，在新浪网对阳光文化的并购所发布的新闻中，也强调未来的整合重点是交叉营销、交叉销售、内容交叉使用、为广告客户提供一站式服务。

（二）交叉网络营销

交叉网络营销，是指交叉营销思想在网络营销中的应用。网络营销凭借其与生俱来的优势，开辟出了一片广阔的交叉营销天地。其中，网站不仅是承载信息的平台，而且具备了强大的营销功能。用户在网站注册账号的过程中，无形中留下了宝贵的个人信息。这些信息，对于营销人员来说是非常有价值的营销资源。两个公司、网站之间开展交叉营销可以有多种形式，通常以不同层次的网站合作为前提，如网站交换广告、交换链接、内容共享、利用各自的注册用户资料互为推广等。

在网络公司中，通常都有一个BD（Business Development）部门，也足见网络公司对合作推广的重视，但由于网络公司的特殊性，在盈利无期、融资无望的情况下，往往没有正确发挥BD的价值，而常常以合作的名义试图向合作伙伴销售自己的产品、服务，甚至寻找自身被收购的机会，因此很多网络公司并没有充分利用以合作为基础的交叉网络营销。

开展交叉网络营销的前提是拥有一定的营销资源，在通常情况下，这些营销资源可以表现为一定的网站访问量、注册用户资料、某些专业和具有独特价值的内容资源等。此外，一些免费服务如免费邮箱、论坛、E-book等也可以用作交叉网络营销资源。许多小型网站往往因为缺乏足够的营销预算，不能依靠大量的广告推广，更应该充分利用交叉网络营销手段。不过，令一些小型网站或者新网站头痛的是，自身没有太多的现成资源可以利用，使得交叉网络营销受到一定的限制，甚至认为这种方法不适合自己。其实在这种情况下，可以首先利用合作伙伴的资源来进行推广，如针对合作伙伴的用户特点，制作一本有价值的电子书提供给合作伙伴，供用户下载，或者通过邮件列表发送。在这些特制的电子书中应包含自己网站的推广信息，或者请合作伙伴特意给予推广。当然，选择合作伙伴需要一定的努力，首先两个网站之间要有相似或互补的用户需求特征，而不是直接的竞争者，同时还需要对潜在合作伙伴的用户资源有一定的了解。

交叉网络营销不仅是一种营销方法，更重要的是一种营销哲学，即为了开展有效的营销活动，应该充分利用所有可用的资源。这些资源包括自己现有的、可以开发或正在开发的，也包括合作伙伴的，而且可以在很大合作范围内与合作伙伴开展交叉营销，从最简单的交换链接、用户资源共享直到战略联盟甚至资本合作。

（三）交叉营销的功能

企业在面临客户忠诚度和利润的激烈挑战时，如何在夹缝中求生存？可以选择交叉营销，它有两大功能：

（1）交叉营销可以提升客户忠诚度。数据显示：购买两种产品的客户的流失率是55%，而拥有4个或更多产品或服务的客户流失率几乎为零。

（2）交叉营销也可以增加利润。实践证明，将一种产品和服务推销给一个现有客户的成本远低于吸收一个新客户的成本。来自信用卡公司的数据显示：平均说来，信用卡客户要到第三年才开始带来利润。由此可见，吸收新客户的成本是非常高的，而对现有客户进行交叉销售，也自然成为许多公司增加投资回报的捷径。

（四）交叉营销过程

1. 寻找产品

如何有效地进行交叉营销？寻找合适的产品自然是第一步。目前有两种方法：业务灵感和链接分析。有些时候，业务灵感可以告诉企业，哪些产品需要进行交叉营销。业务灵感的确是一个快速确定交叉销售产品的方法。但是，仅仅依赖业务灵感可能会丧失许多商机，因为在某些情况下，适合交叉销售的产品并不是直观可见的。如果要寻找那些潜在的交叉销售商机，有一个最好用的工具——数据挖掘。链接分析是数据挖掘中的一种方法，它可以从历史数据中找到产品和产品之间的相互关系，从而找出最恰当的交叉销售产品或服务。但是，链接分析的结果必须依赖业务知识来审核其准确性和价值，因此，在实际应用中，企业又常常将业务灵感和链接分析结合起来，以确定合适的交叉销售产品。

2. 客户分析

一旦确定了要推销的产品，就必须进行客户定位，主要是了解不同产品之间同时或前后发生的购买关系，从而为交叉销售提供有价值的建议。在通常情况下，一旦获取到客户的产品购买信息，我们就可以运用链接分析的方法来探究不同产品之间的关联性，进而识别出适合进行交叉销售的潜在目标。链接分析起源于零售业，它的一个典型例子就是啤酒和尿布的故事。数据挖掘人员通过对交易数据的分析，发现啤酒和尿布同时购买的相关程度很高。再经过进一步的调查发现，原来是有孩子的父亲在为自己购买啤酒时，也常会给自己刚出生不久的子女购买尿布。根据以上信息，超市人员及时调整了物品的摆放结构，从而让客户的购买更加方便。现在，类似的数据挖掘技术已在国外企业中广泛使用，针对既有客户推销不同的产品和服务。应用分类模型对所有客户购买某指定产品的可能性进行预测，从而发现谁最有可能购买该产品。

3. 筛选预测

对筛选出来的客户进行预测，可以选择全部的潜在客户进行交叉销售，也可以采用数据挖掘中的分类的方法进行评分，以便找出购买可能性高的客户，从而进一步提高购买率。但是在有些情况下，我们可能不用去关心产品和产品之间的相关程度，而只需要从现有的客户中找出最有可能购买某指定产品的客户，并不限定这些客户是什么产品的客户。对于这种情形，我们直接应用分类模型就可以了。对于指定产品 A，我们将收集客户在购买 A 之前的背景信息和购买其他产品的交易数据。对于购买 A 的客户，可以将其赋值为 1，而没有购买 A 的客户，可以将其赋值为 0。然后运用科学、有效的市场细分标准和市场细分方法对所有客户进行系统深入的市场细分，在对各个细分市场的增长潜力、竞争程度、资源要求等方面进行科学评估的基础上选择明确的目标客户群。

4. 寻找合作伙伴

企业不断地寻求策略，想以最小的资源投入，触及最广泛的潜在客户群体。信息的丰富性和优惠的吸引力是促进销售的关键。为了达成这一目标，企业往往会积极寻找能够提供支持的合作伙伴。选择合作伙伴时，应多考虑对方的信誉和他们服务的顾客群，而不是他们实际提供的产品或服务。最好的合作伙伴应具备下列特点：服务于相同的顾客群，但不存在竞争；在伙伴企业中有相识的经理，有利于共事；服务于企业想争取的顾客；双方的业务淡旺季互补，一方淡季时，另一方恰好是旺季，一方的客户群至少同另一方现有的客户群一样大，拥有与对方不同的资源，包括高访问量的网站、不同的细分市场等；双方有可互相捆绑销售的产品或服务；相兼容的价值观念。与潜在合作伙伴接近时，先说明自己想探索一种新办法，使他们以相同或更少的费用和时间接触到更多顾客。然后自己试着描述一种打算尝试的简单方式，要清楚阐明交叉营销的好处及责任。

5. 效果评估

为了确保未来交叉营销方案的品质和成效，每次开展复合营销活动后，我们都应当遵循既定的评估标准与方法，迅速地对此次营销活动的效果进行细致评鉴，并汲取其中的经验教训。这不仅能够帮助我们发现现有策略的不足，而且能够促进我们对成功要素的提炼和利用，进而在未来的营销实践中，更好地融合不同营销渠道的优势，提升交叉营销的整体效能。

（1）直接效果评价。例如用户数量、营销 ROI、交叉营销收入、交叉营销成本等。

（2）间接效果评价。例如交叉营销活动对新用户和老用户之间的影响、交叉营销活动对相关业务之间的影响、交叉营销活动对客户忠诚度的影响、交叉营销活动对长期效益和企业形象的影响、交叉营销活动对联盟合作关系的影响、交叉营销活动对竞争关系及竞争格局的影响等。

（3）经验与教训总结。要认真分析并总结在交叉营销目的、市场细分、目标客户群特点分析、合作伙伴选择、产品选择、方案设计、实施过程控制等方面的经验或教训。

6.简单运用

在收据上打印共同促销的信息；如果顾客购买，则提供降价、特别服务或便利服务；在双方的场所和产品上悬挂对方产品的标志或海报；在本地开展活动或接受媒体采访时，要提及合作伙伴的优点；向顾客派送双方的广告宣传单；收集邮件列表，向顾客发送共同促销的明信片；一起接受地方媒体的采访；鼓励员工宣传合作伙伴的产品如何与你的产品并用；当顾客大量购买时，要向他们提供合作伙伴的产品，并要求合作伙伴采取同样做法；合办店内活动或办公室活动，如产品演示和免费讲座等。

【学思践悟】

金融企业客户分析，助力经济高质量发展

近年来，中国金融市场迅速发展，金融企业的客户分析成为关键。以招商银行为例，根据其 2022 年年度报告，该行在 2022 年年末的零售客户数达到 1.76 亿人，同比增长 6.3%，显示了金融服务的普及和用户基数的扩大。根据中国人民银行的数据，2022 年年末，全国普惠小微贷款余额达 23.2 万亿元，同比增长 24.1%，表明政策效果显著。另一个案例是中国建设银行，通过"云税贷"等创新金融产品，在 2022 年为超过 13 万家小微企业提供了累计超过 3 000 亿元的贷款，进一步促进了普惠金融的发展。金融企业通过精准客户分析，实现了对不同客户群体的差异化服务，从而提升了客户满意度与黏性。同时，金融科技的运用，如大数据、人工智能，使得客户分析更加高效精准，从而为金融企业提供了更科学的决策依据。总体来说，中国金融企业通过深入的客户分析和政策支持，正稳步推进金融服务质量提升，并助力经济高质量发展。

四、金融网络营销的优势

（一）企业形象

在当今数字化时代，企业通过网络发布信息，构建品牌形象，提升知名度，已经成为一种高效且经济的战略选择。网上发布的信息不仅能够长期保存，而且修改成本也很低。同时，利用多媒体制作技术可以把文字、图像、色彩、声音、动画结合到令人惊异的完美程度，从而给观者留下深刻印象。特别是对于资源有限的中小企业，通过网络发布信息，突出企业特色，迅速提高知名度，与大企业同台竞争，是非常有效的途径。

（二）宣传销售

宣传销售可以变潜在顾客为现实顾客，需要了解的产品信息涉及产品的特性、质量、使用、维护的方方面面，而企业在传统媒介上发布的产品信息，受到发布的时段与时间长度、版面大小及表现方式的种种限制，不可能满足所有潜在顾客了解产品信息的需要，特别是对深层次、更详细信息的需要，在把潜在顾客变为现实顾客的有效性上大打折扣。而

在 Internet 上，顾客除了可以通过企业设置的网页了解总体信息外，还可以深入企业网站的各个角落，随时调阅产品的详细资料，也可以随时向企业提出问题，直接与企业的设计、制造、销售、售后服务等各部门进行交互式对话，在信息充分的条件下做出购买决策。此外，还可以提出自己的特殊要求，向企业下订单。

（三）关系营销

企业可以通过记录、整理、分析访问者和实际购买者的资料，进一步明确自己的目标市场，从而有针对性地加强同目标市场顾客的沟通。例如，通过电子邮件及时了解顾客使用产品后的感受，并从中发现问题，以期完善产品和服务，培育忠诚客户。

（四）新产品

企业开发新产品，从寻求创意、发展产品概念到进行市场试验的各个步骤都可以在网上实现。特别是测试新产品的市场反应，传统方法是采取局部市场试销，这就不可避免地要花费很大的人力、物力、财力，信息的回馈效率、真实程度均会受到各种因素的影响，而且一旦试销失败，企业在时间和金钱上要蒙受不小的损失。网上开发与试销则有效地克服了信息传递效率低、开发投入大、周期长的缺陷，为企业争取有利商机创造了条件。

（五）行业动态

企业通过网上浏览可以方便地找到同类产品，以顾客身份进入竞争者的网站，了解其产品和服务的长处与短处，分析并预测竞争者的战略意图和动向，从而做到知己知彼。特别是高技术产品，由于产品更新换代快，若不及时跟上技术更新的潮流，就很有可能被淘汰出局。

（六）合作伙伴

对于传统营销，在寻找合作伙伴时，要利用展览会或者各种传统大众传播媒介及社会关系，而网上寻找合作伙伴就方便得多了，不用离开办公桌就可以通过搜索软件，在网上最大范围地寻找到可能成为伙伴的网站，再通过查询访问和电子邮件，就可以以很快的速度、很低的成本找到最适合自己的合作伙伴，并可方便地调查其信用等级状况，最后建立关系。

【学思践悟】

跨国营销新战略，金融机构展全球

党的二十大报告明确提出，要推动共建"一带一路"高质量发展，这要求我国要加快建设更高水平的开放型经济新体系。在此背景下，中国金融机构积极开展跨国营销，拓展全球业务，以适应国际市场的需求。中国银行作为全球布局最广泛的中资银行，2023年在全球64个国家和地区设有分支机构，为共建"一带一路"的国家提供金融服务。同时，中国工商银行通过跨国并购和设立海外分支机构，2023年其海外业务收入占比已达25%，显著提升了国际市场份额。政策方面，《关于进一步扩大金融业对外开放的有关措施》为金融机构跨国营销提供了政策支持，鼓励金融机构参与国际市场竞争。中国建设银行通过与国际知名金融机构合作，提供跨境金融服务，2022年跨境人民币结算量同比增长30%。此外，平安银行利用金融科技，通过在线平台向全球客户提供金融服务，实现了跨境业务的快速增长。2023年，平安银行的跨境电商支付平台交易额突破100亿美元。这些成功案例表明，中国金融机构通过跨国营销，不仅提升了全球业务布局和市场竞争力，而且为促进国际经济合作和金融市场稳定做出了积极贡献。在国家政策的支持下，中国金融机构将继续拓展全球业务，推动经济全球化进程，从而实现高质量发展。

五、文化风险

1.企业在国际营销中的文化风险具有以下四方面特征：

（1）文化风险作为一种普遍存在的现象，具有其固有的客观性。这种客观性根植于不同国家、地区之间广泛而深刻的文化差异。例如，人们的消费需求、价值观念和思维方式等都以其所在国的文化背景为基础。文化风险的客观性要求国际营销策略要满足不同文化背景下消费者的需求，要与来自不同文化背景的客户进行合作。

（2）文化风险具有双效性。风险是一种不确定性，文化风险表现为带来损失的可能性的同时，也可能是一种潜在的优势，并由此带来收益。文化风险在国际营销中是一柄双刃剑，一方面可能导致文化冲突，致使企业经营目标实现受阻；另一方面它也是诱发优势，是一种积极因素。因此，在国际营销中，没有必要也不可能投入大量气力去改变或消除这种文化差异；相反，合理利用文化差异常常会起到意想不到的促进作用。

（3）文化风险具有复杂性。其复杂性源于文化内涵的丰富和多变，并通过语言、宗教、价值观念、审美、行为方式等多方面综合体现。因而文化风险常常具有多种不同的表现形式而且不断变化。

（4）文化风险具有可控制性。能够识别和控制，是风险的共同特征。这就要求国际营销人员对文化风险的产生根源、作用过程加以规避、控制和管理，从而实现企业目标。

2.文化风险的具体表现形式有以下三种：

（1）区域文化风险。区域文化是地方历史传承与习俗风情的凝聚，它的形成受限于地理环境和社会环境的交织作用。这样的文化特色无时无刻不在影响着商品的生产过程，从原料的选择到产品的最终形态，无一不体现出这种文化的独特印记。比如，中东地区气候炎热，容易出汗，人们喜欢用气味浓烈的香水；该地区少有凉风，气温高达四五十度，当地人们又常用防晒乳涂身以润肤防暑，并喜欢用清爽易挥发的化妆品，在许多高寒地区和国家大为流行的含油脂多的化妆品在此便无人问津。

（2）审美风险。审美涉及一定社会群体的审美标准和审美能力，它来源于艺术造型、表演、文学作品等艺术形式，对国际市场营销影响显著。例如，美国人在选择服饰时注意突出个性、追求新异；中国人则追求典雅、含蓄。中国人喜爱荷花，因为它出淤泥而不染，象征高洁；日本人则不同，他们常把荷花与死亡联系在一起，象征不幸。

（3）种族优越风险。当外来民族与当地民族文化观念相冲突时，民族心理会产生一种先天的、自发的反感与排斥，由此产生种族优越风险。种族优越风险，即由于不同文化所表现出的价值取向不同，来自一种文化的人具有较强的种族优越感，相信自己的行为方式优于他人，有偏见地对待异族文化而产生的风险。对跨国企业来说，优越感有多种表现形式，如一些国际企业由于相信自己在国内的经营方式优于海外竞争者，因而在海外采取与国内相同的方式进行经营，甚至不改造产品使其适应特定市场的特殊需求。

【学思践悟】

文化差异成挑战，跨国营销需谨慎

近年来，中国金融机构在跨国营销中面临着潜在的文化风险，必须予以重视和应对。党的二十大报告强调，要推动共建"一带一路"高质量发展，加强国际交流合作。然而，不同国家和地区的文化差异可能给金融机构的跨国营销带来挑战。例如，2018年中国工商银行在美国推出的一款金融产品，因未充分考虑当地文化和法律差异，导致市场反响不佳。这一案例提醒我们，跨国营销需要深刻理解并尊重目标市场的文化背景。另一个典型案例是平安银行在东南亚市场推广移动支付时，因未能有效沟通和适应当地的文化习惯，初期推广效果不理想。这些经验表明，金融机构在跨国营销中需加强对当地文化的研究和适应，通过本地化策略降低文化风险。同时，金融机构应加强员工的跨文化培训，提高其跨文化沟通能力，以确保营销策略符合当地市场需求。通过科学、全面的文化风险管理，中国金融机构能够在全球市场中更好地实现高质量发展，为促进国际金融合作和市场稳定做出积极贡献。

六、文化策略

(一) 跨文化培训策略

在当今全球化的商业环境中，国际营销人员面临着一个既充满挑战又充满机遇的领域。文化差异成为影响沟通和商业成功的重要因素。为了防止和解决这些潜在的文化冲突，跨文化培训成为一种有效途径。跨文化培训主要包括对文化的认识、文化的敏感性训练、冲突管理、地区环境模拟等。具体的做法包括语言训练、敏感性训练、文化学习、现场体验等。此外，语言是进行信息沟通的主要方式，是重要的文化因素之一，毫不夸张地说，语言是文化的镜子，各民族文化的很大一部分都折射在其语言中，文化的差异也首先表现在语言方面。从事国际营销活动的企业必须先跨越语言上的障碍，才能实现与国外顾客的沟通。

实施跨文化营销需要大量掌握多种语言、有较高的跨文化沟通能力和技巧的人才，在进行跨文化营销之前，就应该对员工进行外国语言训练，要求其能够较熟练地用当地的语言与顾客和其他相关人员进行沟通；否则，由于不同国家的语言不同、文化背景不同，对同一信息的理解会产生差异，甚至会得出截然不同的结论。这种培训一般可以由企业内部的培训机构进行，如果企业内部的培训机构不能满足培训的要求，也可以利用外部培训机构，如大学、科研机构、咨询公司等。跨文化培训可以使国际营销人员理解文化的差异性，把握不同文化的特质，从而减少可能的文化冲突；跨文化培训也可以使员工学会融合不同文化的方法，可以使其在营销的过程中不断克服和适应新环境中的新文化对自己原有文化的冲击，以更好地适应新环境和新文化的要求。

(二) 文化本地化策略

当开拓国际市场时，企业聘请一些当地员工是至关重要的。这些员工对于本土文化、市场趋势以及政府政策的了解是无可替代的。他们与消费者的沟通更为顺畅，从而有助于企业自身在新的土地上迅速成长并稳固地位。在国外做广告，除了要研究当地文化以外，还可以依靠当地的广告代理商。国际营销公司的广告人员，往往通晓当地人的风俗习惯、各类喜好。《商场现代化》2007年3月（中旬刊）总第497期就设置了一期与当地人口味和偏好一致的有特色的广告，从而促进了产品的销售。

在国际市场营销中，不同文化背景的消费者有着不同的需求。通用汽车曾经想让其高档品牌凯迪拉克打开日本市场，不过，象征美国精神的凯迪拉克并未赢得日本人的欢心。其后，通用公司研究发现，日本人的用车习惯与其他国家的人存在很大差异，他们喜欢豪华车的后座椅靠背倾斜度大一些、深一些，因为日本人坐车时更喜欢半坐半躺的姿势，他们还希望豪华车的座椅用高级的天鹅绒包裹。但是，日本人深知，具有明显日本文化背景的豪华车，与西方人的文化和消费心理存在着较大差异，因此很难赢得西方市场。于是，为了迎合美欧消费者的口味，丰田推出了凌志等车型，结果在美国销售得很好。

（三）文化规避策略

在全球化浪潮推动下，跨文化营销已成为企业拓展国际市场的重要手段。然而，在这一过程中，由于忽视目标市场的文化特性，不少企业犯了文化禁忌，导致了营销策略的失败。由此，深入了解和研究文化禁忌对跨文化营销的影响具有极其重要的现实意义。当母国的文化与开发国的文化之间存在着巨大的不同，母国的文化虽然在整个子公司的运作中占了主体，但又无法忽视或冷落开发国文化存在的时候，就必须特别注意在双方文化的重大不同之处进行规避，不要在这些"敏感区域"造成彼此文化的冲突。特别是在有宗教信仰的国家更要特别注意尊重当地人的信仰，它是文化差异中的最为敏感的因素。

七、战略组合

（一）产品创新

迈克尔·波特说过，创新是企业存在和发展的源泉。创新的营销理念，一方面要求企业的生产必须符合消费者的需求变化，符合国际市场消费规律，更好地满足消费者的需求；另一方面要求企业的生产走在消费者前面，引导消费需求，创造消费需求。也就是说，企业的国际市场营销理念必须由"适应消费"走向"创造消费"，由"分享市场"走向"创造市场"。在国际市场上，富有创新精神、快速发展的新公司大量涌现，不断取代那些缺乏创新和效率的公司。

在国际市场上，营销的创新首先应该是营销观念的创新（如绿色营销、知识营销、文化营销），其次表现为产品创新（如产品标准创新、产品质量创新、产品包装创新），最后表现为方法创新（如网络营销、互动营销、互补营销）。例如，对于绿色产品的研究和生产，一方面，可以满足消费者消费观念变化的需求，符合国际发展的趋势；另一方面，可以把买方市场转变为卖方市场。因为绿色产品在国际市场上的需求越来越多，但真正符合绿色要求的产品还较少，在国际市场上有巨大的商机，产品供不应求。不断创新的理念能使参与国际市场营销的企业登高望远，从而开辟更加广阔的天地。

（二）企业形象

在国际上，产品的形象是质量和价值的直接体现，而这三者又紧密相连，从而形成了一个不可分割的整体。当一件产品的形象得到广泛认可时，它便传递出一种品质保证，让消费者产生信任感。这种信任，源自产品始终如一的质量，它是企业无声的广告，让品牌在激烈的市场竞争中脱颖而出。在现代国际竞争条件下，由于产品质量和技术的普遍提高以及产品种类的日益增加，因此，只靠质量和服务很难占有国际市场竞争优势。

在国际市场上，只有那些企业形象好和产品形象好的企业才有持久的生命力，才会受到消费者和社会公众的青睐。如果一个企业没有自己的优势和品牌，没有良好的知名度，则根本就不会有什么国际竞争力，最终必将在国际竞争中被淘汰出局。有人认为，企业间的竞争已由商品力、营销力的竞争转变为形象力的竞争，形象力是企业参与国际竞争的一个基本条件。塑造良好的企业形象，进行行之有效的形象营销，对提高企业竞争力、促进企业经济效益的提高有着不可忽视的作用。

　　企业在树立形象时要注意利用各种策略。比如，巧妙利用社会发生的某些事情来树立企业形象，利用公益活动树立企业形象，利用名人效应树立企业形象，也可以利用某些参考组织或观念领导者来为企业或产品树立形象等。总之，随着科学技术的飞速发展，一个企业要想在竞争激烈的国际市场中占有一席之地并求得发展壮大，其国际营销策略要符合现代消费规律，进行到位的形象营销是必不可少的。

【学思践悟】

国际形象树典范，金融机构展雄风

　　近年来，中国金融机构在国际市场上树立了良好的形象，展现出强劲的发展势头和专业实力。党的二十大报告明确指出，改革开放迈出新步伐，国家治理体系和治理能力现代化深入推进，社会主义市场经济体制更加完善，更高水平开放型经济新体制基本形成。中国金融机构积极响应国家政策，通过提升国际服务水平和拓展全球业务，不断增强国际影响力。以中国银行为例，其在全球57个国家和地区设有分支机构，2022年实现海外业务收入超过1 000亿元人民币，从而充分展现了其国际业务实力。中国工商银行则通过并购南非标准银行股份，进一步巩固其在非洲市场的地位，成为国际市场的重要参与者。

　　近年来，中国金融机构积极响应共建"一带一路"倡议，通过提供金融支持和服务，促进共建国家的经济发展。2022年，中国进出口银行为共建"一带一路"国家提供了超过500亿美元的金融支持，极大地促进了区域经济合作和发展。

　　这些成功案例和政策支持，显示出中国金融机构在国际舞台上的重要地位和积极作用。通过不断提升国际形象和影响力，中国金融机构为全球经济的稳定和发展做出了重要贡献，体现了中国经济的开放与包容，展示了中国金融业的专业水平和责任担当。

　　（三）资源整合

　　企业进行国际营销资源整合包括内部整合和外部整合两方面。内部整合是指"以消费者为核心重组企业行为和市场行为，综合协调地使用各种形式或传播方式，以统一的目标和统一的形象，传递一致的产品信息，实现与消费者的双向沟通，迅速树立产品品牌在消费者心目中的地位，建立产品品牌与消费者长期密切的关系"。外部整合是指企业要摒弃传统的"商场如战场"、竞争的成功建立在对手失败基础上的国际市场营销观念。而是与竞争对手联合，开展互补营销、联合营销，组成资源共享、优势互补的双赢的战略联盟。一个企业，不管有多大，它都不能生产满足符合所有消费者需求的产品。

　　随着卖方市场过渡到买方市场，消费者逐渐成熟，消费需求更加理智，消费心理更加稳定，人们的消费越来越追求时尚，注重自身的独特性，趋向于个性化消费，以往的大众市场由于消费者的个性需求而逐渐消失。在当今的市场环境中，企业的营销战略正经历着一场深刻的变革。传统上，营销活动的目标市场是广泛的消费者群体，然而，随着市场的日益成熟和消费者需求的多样化，这种"一刀切"的营销方式已经不再适应时代的需要。现代营销的趋势是将目标市场进一步细分，专注于每个细分市场中的消费者群体。现代消费规律的发展变化迫切要求企业不但以消费者的需求为出发点，而且要引导需求和创造需求，即把对人的关注、人的个性释放及人的个性需求的满足作为企业开拓国际市场的核心；与消费者建立更为个人化的联系，及时了解国际市场动向和消费者需求，向消费者提供一种个性化的消费服务。企业与国内外其他企业进行联合营销，实行专业化生产，既能满足消费者多样化的需要和个性化需要，又能获得大批量生产的规模经济，从而最大限度地提高消费者对产品的满意度。当然，企业进行联合营销也可以减少浪费、节约资源的消耗，实现对资源的最优化利用，最终实现可持续发展。

（四）信息沟通

在传统营销中，企业对消费者是单向沟通，通过传统的媒体广告、产品目录等单向地向消费者介绍企业与产品的信息。在现今的市场环境中，产品信息如潮水般涌向消费者，他们在信息的洪流中被动地接受着各种促销和广告资讯。然而，这种单向的信息传递方式让企业难以捕捉到消费者的真实反馈和意见。由于缺乏有效的互动，企业往往无法及时获取消费者的个性化需求，这无疑给市场的精准定位和产品优化带来了障碍。通过信息的双向沟通，消费者也可以根据自身的需要和爱好，自行设计或对产品提出满足自己特殊要求的改动，然后把信息传送至生产商，生产商迅速根据消费者的定制进行生产。这样无论是在生产还是销售或广告宣传环节上，消费者都可以在较大的程度上广泛参与，既能够从心理上获得自尊和自豪感，又能展示自己独特的个性。这种营销方式完全符合现代消费规律。

目前，越来越多的跨国公司投入巨资建立自己的信息处理系统，以便能够分析出顾客的需求动向，从而制定措施保住老顾客，发展新顾客。企业也可以将自己的产品信息以多媒体方式在网上传播，使消费者可以上网查询企业及产品的信息，并进行购买前的评估。这样，企业通过双向沟通进行一对一营销，可以与消费者共同创造新的市场需求。可以预见，企业通过信息营销，与客户建立友好关系，将成为国际市场营销的主流观念。每个跨国企业都应该清醒地意识到，在激烈的国际市场竞争中，不掌握消费者的信息，就不可能了解消费者的消费规律，也不可能制定出符合实际的国际营销策略。因此，对跨国企业来说，没有什么比掌握有关消费者购买行为的信息更为重要的了。

第四节　　　　　　创新与新趋势

2017 年 4 月 1 日，由深圳市人民政府和数字中国联合会共同举办的 2017 中国（深圳）IT 领袖峰会在深圳举行，其主题是"迈进智能新时代"。在会议中，有人预测未来 20 年内互联网金融市场将会持续繁荣下去。现在，互联网金融的发展浪潮已经席卷世界，互联网新金融也在迅猛发展，各个企业和银行等金融机构都在其生产经营的过程中实行互联网金融营销创新。

目前，在 P2P、网贷和保险领域，互联网金融已经展现出了强大的"钱"景，不过对于缺乏互联网运营经验的传统金融企业而言，涉足互联网金融，风险注定与机遇并存。

搜狗金融组首席优化师陈涛对金融行业的网络营销做出了如下陈述：

互联网金融营销创新的最终目的是获得目标客户，通过互联网金融产品随时随地满足客户的金融需求，通过提升客户体验提高客户的信任度乃至忠诚度，最终树立自己的互联网金融品牌和市场地位。2013 年，阿里巴巴入主天弘基金，旗下货币基金与支付宝创新性的结合，短短几个月，便打造了一个规模超过 500 亿元的金融互联网产品——余额宝。互联网的加入，给传统金融行业带来了巨大的机遇。先行一步，立足现有行业背景，拓展思维，实现搜索引擎优化营销，是金融企业互联网营销成功的基石。

一、当前的行业背景和互联网金融发展形势

陈涛首先分析了当前的行业背景和互联网金融发展形势。目前在互联网金融领域，传统金融企业进入较多，发展比较成熟的细分市场主要有P2P网贷业务和互联网保险，其中P2P网贷业务诞生于英国，目标为个人、小企业主和自主创业者，具有门槛低、收益高的优势，但是目标客户信用甄别存在难度，无形中增加了风险。2010年前后，此项业务在国内才开始出现井喷迹象，从业者激增也给行业的规范性带来了挑战，随着国家相关政策的出台，以及信用体系的完善，经过去芜存菁之后的P2P网贷前景向好。陈涛分析认为，目前P2P网贷根据投放方式可分为平台化及线上线下结合化两种经营方式，平台化的目标客户有两类，借款类与投资理财类，主投方向为贷款、理财；线上线下结合化的目标客户主要是理财类客户，主投方向为理财，如股票、基金等。

二、金融行业流量趋势

网络保险行业在国内起步较早，到公认的2010年互联网金融元年，网络已经成为保险业不可忽视的渠道。在我国的网络保险市场中，虽然各类保险产品琳琅满目，但它们之间的发展却并不均衡。其中，车险和旅游交通意外险等刚性需求的险种占据了市场的领先地位，而寿险、健康险等具有巨大潜力的险种还有待进一步开发和挖掘。立足现状分析，陈涛建议目前保险业涉足互联网的投放方向，应以险种方向为主线，覆盖相关人群，车主、商旅需求较多的人士、保险意愿较强的妇女、老人和儿童成为主要的潜在客户。当前，移动互联网强势崛起，互联网金融呈现出新趋势。

【学思践悟】

网络流量显趋势，金融行业展新篇

2021年，中国人民银行颁布《金融科技发展规划（2022—2025年）》，提出要坚持"数字驱动、智慧为民、绿色低碳、公平普惠"的发展原则，以加强金融数据要素应用为基础，以深化金融数据要素应用为基础，以支撑金融供给侧结构性改革为目标，以加快推进金融机构数字化转型为主线，将数字元素注入金融服务全流程，将数字思维贯穿业务运营全链条，推动我国金融科技从"立柱架梁"全面迈入"积厚成势"新阶段，力争到2025年实现整体水平与核心竞争力跨越式提升。近年来，中国金融行业的网络流量呈现出显著增长趋势，从而推动了行业的数字化转型。根据中国互联网络信息中心（CNNIC）发布的数据，截至2023年年底，中国互联网用户已达到10.92亿人，互联网普及率达77.5%。这一庞大的用户基础为金融行业的网络流量增长提供了坚实保障。中国人民银行发布的《金融科技发展规划（2022—2025年）》也强调，金融机构应加强数字化建设，提升线上服务能力。

具体案例方面，招商银行通过其手机银行App进行的网络营销活动效果显著，2022年线上客户数突破1.5亿人，手机银行交易量同比增长30%。与此同时，平安银行的"AI客服"在2023年处理了超过1亿次的客户咨询，从而有效提升了客户服务效率和满意度。此外，中国建设银行通过推出的"建行大学"在线学习平台，提供金融知识培训，累计用户数达到800万人，从而进一步推动了金融知识的普及和用户参与度。

在短视频平台上的投入方面，中国农业银行在抖音平台上的官方账号发布的金融知识

和产品推广视频，累计观看量突破5亿次，显著提升了品牌知名度和客户转化率。

　　总之，随着政策的支持和技术的进步，中国金融行业的网络流量持续增长，为行业的数字化转型和高质量发展注入了新的动力。未来，金融机构应继续深化数字化建设，抓住网络流量增长带来的机遇，提升服务能力和市场竞争力，为中国经济的高质量发展贡献力量。

三、移动端与PC端盈利模式的区别

　　目前，我国4G网络建设进入优化提升阶段，网络覆盖面已超全国98%的人口，5G技术研发试验第三阶段工作也已基本完成，正在稳步推进5G商用进程，并且随着我国网民数量逐年增加，互联网已经发展到了各行各业、进入了千家万户。在2013年左右，PC端金融行业整体流量呈增长趋势，其中，保险业务、贷款业务增长趋势更加明显。信用卡业务低于保险、贷款业务，但也存在明显的上升趋势。但如图8-1所示，近年来社交电商、生鲜电商、社区团购等行业成为移动互联网热门行业，其中社区团购更是呈现倍数增长，同比增长1 682.5%，发展前景广阔，而金融行业有小幅度的下降。

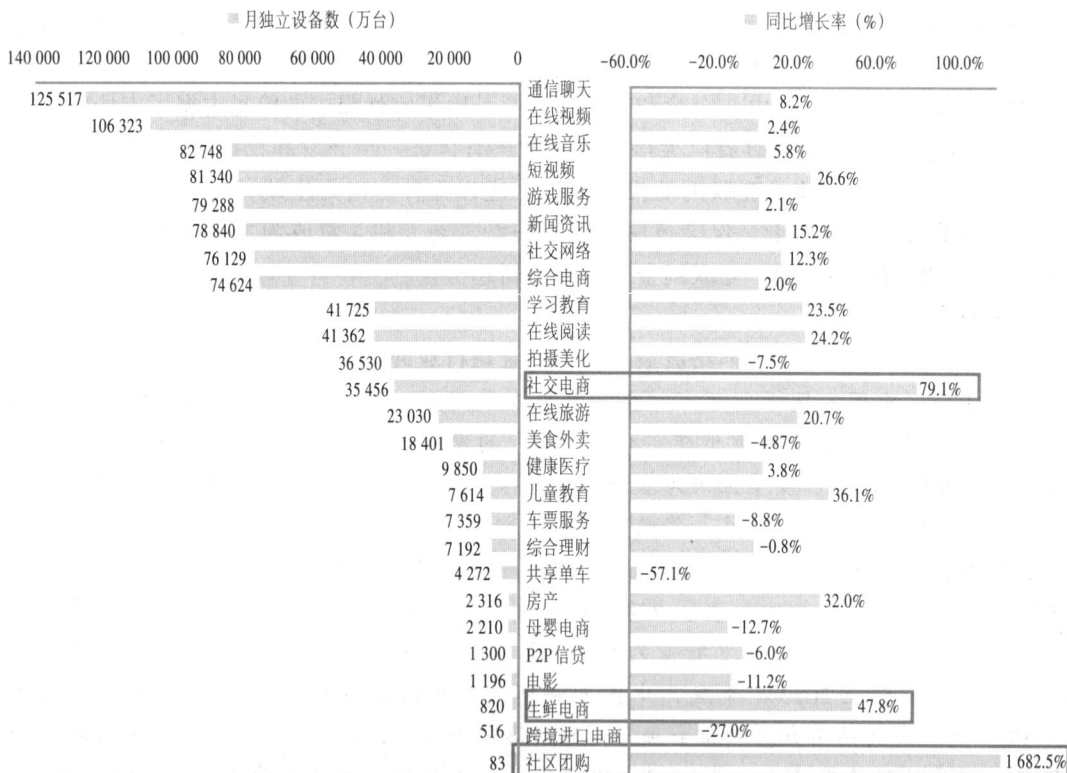

资料来源：UserTracker多平台网民行为监测数据库（桌面及智能终端）。

注：本报告社区团购行业仅涵盖如下App：每日一淘、萝卜、惠购、一米鲜。

图8-1　2019年3月中国移动互联网热门行业同比增长比率

　　移动端与PC端盈利模式的不同是金融业从业者必须重视的关键差异，移动端以获取用户为主要目的，黏性更高；PC端以获取流量为主要目的，可直接变现。因此，移动端投放应倾向于增值性服务，重复性营收；而PC端投放应倾向于产品，直接变现。以搜狗为例，移动端搜狗和QQ浏览器、输入法、社交通信工具提供了海量的互联网入口和用户人群，具有优质资源的移动互联网大举进入金融领域，将大大利好于保险、贷款、理财、信用卡等业务。移动端的迅速发展，给互联网金融这一新兴业态注入了更大的活力，提前布局移动端市场，实现搜索引擎资源投放的有的放矢，成了传统金融业开展互联网营销的创新思路。

在当前这个时代，行业竞争的加剧已经成为不争的事实。随着网络技术的不断发展，无论是 PC 端还是移动端的搜索投放客户都在持续增长。这对于搜索引擎营销优化来说，无疑是一个巨大的挑战。如果只是简单地对少数关键词进行提价，这无疑会引发一场恶性竞争，最终的结果是双方甚至多方都会受到伤害。"未来，细节将决定成败，在目前激烈竞争的环境下，账户细节方面的优化挖掘将是效果提升的重要手段"，陈涛如是说。

【学思践悟】

移动端 PC 端齐发展，金融行业谱新篇

近年来，中国金融行业在移动端和 PC 端的营销发展上取得了显著成效，推动了数字化转型和服务升级。根据中国互联网络信息中心（CNNIC）发布的数据，截至 2023 年年底，中国手机网民规模达 10.29 亿人，占网民总数的 94.6%。这一趋势促使金融机构加大对移动端营销的投入。例如，招商银行通过其手机银行 App 进行的网络营销，2022 年线上客户数突破 1.5 亿人，手机银行交易量同比增长 30%。

在 PC 端方面，金融机构同样重视线上平台的建设和优化。中国银行的官方网站和网上银行平台通过不断优化用户体验，提升了客户的在线交易和服务效率。2022 年，中国银行的网上银行交易量达到 3.2 万亿人民币，同比增长 25%。此外，平安银行通过其官方网站和 PC 客户端，推出多样化的金融产品和服务，从而实现了业务的全面数字化转型，客户满意度显著提升。

在政策方面，中国人民银行发布《金融科技发展规划（2022—2025 年）》。金融机构应加强移动端和 PC 端的服务能力建设，提升金融科技水平。与此同时，政府鼓励金融机构通过技术创新，提高线上服务的覆盖面和便捷性，满足不同客户群体的需求。

总体来看，随着移动互联网和 PC 互联网的快速发展，中国金融行业在移动端和 PC 端的营销策略不断优化，为客户提供了更加便捷、高效的服务。在国家政策的支持下，金融机构将继续深化数字化建设，推动线上线下融合发展，助力中国经济实现高质量发展。

四、对金融广告主的建议

陈涛建议金融广告要尝试实施用户轨迹优化引导策略，首先，通过用户搜索词特别是长尾词，提炼新的关键词，并有针对性地开展拓展和策略调整，寻找营销投放的新亮点。其次，对于大数据开展微应用，筛选用户行为报告中的有吸引力的信息，用于拓词及创意撰写，迎合目标客户，提高点击率与转化率。最后，用户的上网习惯也是宝贵资源，能够拓展投放宽度。在优化转化用户路径方面，第三方转化用户路径和专业工具用户路径分析扮演着至关重要的角色。通过深入研究用户的行为模式和决策过程，我们可以更加精准地在转化用户路径的各个阶段进行布局，从而有效提升转化率。

五、目前我国金融营销存在的弊端

1.许多企业和营销人员的营销观念落后，发展眼光不够长远，这是限制我国金融行业

发展的重要原因。金融营销要求营销人员能够以长远的眼光看待问题，重视企业的长远效益以及社会效益。但是当前我国营销人员的营销观念还较为落后，且由于市场竞争的压力较大，不少企业在营销过程中需要考虑一定的风险因素，因此经常会出现营销方式保守以及营销理念落后的问题。

2.进行营销创新的动力不足。例如，从金融营销的社会效益和环境效益角度考虑，要求企业能从产品生产的无污染化着手，这必然要求企业加大成本投入，对企业而言是一大挑战，部分企业并不愿意在这方面加大投入，以增加企业的生产成本。

3.金融营销创新需要从营销的技术和人才等方面入手，这在无形中也会加大企业的生产成本。

六、互联网金融的营销创新

互联网金融的营销创新，和互联网金融营销工具的创新息息相关。互联网金融的营销工具既涉及传统媒体，如电视电台、报纸期刊等，又涉及网络。目前许多互联网产品的营销都把传统媒体营销和网络营销结合起来，如支付宝在2016年春节期间推出的"集齐五福、平分超2亿元现金"活动，既通过网络营销，又和央视春晚合作，通过电视媒体营销。

在数字化浪潮的冲击下，金融行业的基础设施正在经历一场翻天覆地的变革。随着移动设备、云计算和大数据等技术的飞速发展，金融业的"基因"也正在悄然发生着变异。这种变化使得传统金融业的版图日益模糊，促使传统金融业务与互联网技术融合，通过优化资源配置与技术创新，产生新的金融生态、金融服务模式与金融产品。反映在金融市场上，其具体表现为：金融要素市场化、金融主体多元化、金融产品的快速迭代正在发生，可以将其称为"新金融"。在新金融的时代背景下，营销方式的创新使得互联网金融营销异彩纷呈。互联网金融营销方式的创新方案包括话题、事件、活动和不同网络营销方式的组合，其中创意水平是关键。

互联网金融营销手段的创新使得互联网金融营销有的放矢，通过大数据分析，实现定制化、精准化投放。数据一直是信息时代的象征。金融是大数据的重要产生者，交易、报价、消费数据等，无一不是大数据的来源。金融业也高度依赖信息技术，是典型的数据驱动行业。通过数据采集、存取，对客户行为进行分析，找出目标客户；依托计算机智能对客户进行个性化、精准化投放，如智能投顾领军者Wealthfront公司，以科技人员为目标客户，通过计算机智能为每个客户量身定制投资组合计划；同时，随着客户结婚、生孩子、年龄增长等变化动态调整其投资策略。

互联网金融的营销创新和其公司战略相辅相成。由于每个企业布局互联网的时间不一样，业务跨度不一样，造成了各互联网金融企业用户群体在属性和数据来源上的迥异，互联网金融的营销创新必须因地制宜，要将企业"能够做的"（企业已有的强弱势）和"可能做的"（环境）有机结合，才能与自身原有的业务产生最大的协同效应。例如，苏宁金融凭借苏宁易购电商平台和超过1 600家实体门店，率先在业界实践"线上引流、线下体验"的O2O消费金融营销模式，为消费金融的发展提供了多场景的应用。

江小白网络营销案例

海尔公司网络营销案例

【学思践悟】

金融新模式，消费升级引潮流

近年来，中国金融行业积极探索O2O（Online to Offline）消费金融营销模式，推动消费升级和经济发展。党的二十大报告明确提出，"加快实施创新驱动发展战略，坚持面向世界科技前沿、面向经济主占场、面向国家重大需求、面向人民生命健康，加快实现高水平科技自立自强"。近年来，中国金融行业积极探索O2O（Online to Offline）消费金融营销模式，创新推动消费升级和经济发展。O2O模式通过线上与线下融合，为消费者提供便捷、高效的金融服务，成为金融科技创新的重要方向。中国人民银行发布的《金融科技发展规划（2022—2025年）》强调，金融机构应积极利用互联网技术，创新金融产品和服务模式。

一个典型案例是蚂蚁集团的"花呗"服务。用户可以通过线上平台申请消费贷款，线下在商户消费时进行支付，从而极大地方便了消费者。2023年，"花呗"的用户规模已达5亿人，交易金额突破3万亿元人民币。同时，京东金融推出的"京东白条"也在O2O模式下取得了显著成效。用户可以在线申请额度，线下购物时使用"白条"支付，从而极大地提升了用户体验和消费能力。2022年，"京东白条"用户数突破1亿人，交易金额同比增长28%。

此外，银行机构也积极参与O2O消费金融创新。招商银行推出的"一网通"支付平台，结合线上申请和线下消费，为用户提供全方位的金融服务，2022年交易额突破5 000亿元人民币。这些成功案例展示了O2O模式在提升金融服务质量和促进消费升级方面的巨大潜力。

总之，O2O消费金融营销模式通过线上线下融合，为消费者提供了便捷、高效的金融服务，从而推动了消费升级和经济发展。在国家政策的支持下，金融机构将继续深化O2O模式创新，为中国经济的高质量发展贡献力量。

章后习题

一、练习题

1.（多选）下列选项，属于金融网络营销方式的有（　　　）。

A.新闻营销　　　　　B.形象营销　　　　　C.漫画营销　　　　　D.搜索营销

2.（多选）网络营销的常见策略有（　　　）。

A.折扣营销　　　　　B.活动营销　　　　　C.积分营销　　　　　D.网络视频营销

3.（单选）网络营销策略是以（　　　）为基础，利用数字化信息和网络媒体的交互性来辅助营销目标实现的一种新型的市场营销方式。

A.国际经济　　　　　　　　　　　B.国内政策

C.国际互联网络工具　　　　　　　D.互联网

4.（单选）国际营销是指对商品和劳务流入（　　　）的消费者或用户手中的过程进行计划、定价促销和引导，以便获取利润的活动。

A.一个国家　　　　　　B.两个以上国家　　　C.三个以下国家　　　D.一个以上国家

5.（多选）在移动端与 PC 端盈利模式的区别中，移动端（　　　）。

A.以获取用户为主要目的　　　　　　　　B.以获取流量为主要目的

C.黏性更高　　　　　　　　　　　　　　D.可直接变现

二、思考题

1.网络营销在金融营销方面存在的问题有哪些。

2.简述交叉营销的实质、功能。

章后习题参考答案

第 九 章

金融营销风险管理

学习目标

1. 了解金融风险和金融风险管理的概念。
2. 掌握金融营销风险管理的内容及种类等。
3. 掌握金融营销风险管理的方法。

【章前导读】

金融是现代经济的核心，防范化解金融风险是金融工作的永恒主题。当前，国内外形势日趋复杂，不确定性因素明显增多，防控金融风险被摆在更加重要的位置。这对金融工作者的金融专业能力，尤其是防控金融风险的本领，提出了更高、更紧迫的要求。金融营销风险作为金融风险之一更要加强监管防范，以免带来不必要的损失、引发相关事故。

第一节　　金融风险及风险管理认知

一、金融风险

金融风险是指与金融相关的风险，如金融市场风险、金融产品风险、金融机构风险等。一家金融机构发生的风险所带来的后果，往往超过对其自身的影响。金融机构在具体的金融交易活动中遇到的风险，有可能对该金融机构的生存构成威胁；具体的一家金融机构因经营不善而出现危机，有可能对整个金融体系的稳健运行构成威胁；一旦发生系统风险，金融体系运转失灵，必然会导致全社会经济秩序的混乱，甚至引发严重的政治危机。

（一）金融风险的种类

1. 市场风险是指在证券市场中因股市价格、利率、汇率等的变动而导致价值未预料到的潜在损失的风险，包括股市风险、利率风险、汇率风险、大宗商品风险。

2. 信用风险是指债务人或交易对手未能履行合同所规定的义务或信用质量发生变化，影响金融产品价值，从而给债权人或金融产品持有人造成经济损失的风险。

3.流动性风险是指因市场成交量不足或缺乏意愿交易的对手，导致未能在理想的时点完成买卖的风险。

4.操作风险是指由不完善或有问题的内部程序、员工、信息科技系统以及外部事件所造成损失的风险。

5.行业风险是指由于一些不确定因素的存在，对某行业生产、经营、投资或授信后偏离预期结果而造成损失的可能性。行业风险包括周期性风险、成长性风险、产业关联度风险、市场集中度风险、行业壁垒风险、宏观政策风险等。

6.人事风险不同于保险学范畴的风险，它是指经营管理上的不善和制度上的缺陷而导致员工对企业利益造成损害的可能性。人事风险发生的原因有直接的和间接的，这些原因可能是来自内部的或外部的因素，如自然灾害或其他突发事件。

7.股票投资风险是股票投资者购进股票后遭遇股价下跌损失的可能性。一般可理解为卖出价格低于预期价格的差距，或是所获股息未能达到预定的标准。股票市场交易价格往往一日数十变，价涨即获利，价跌即亏损，有时连涨数日获利丰厚，有时连跌数日损失惨重。股票市场上的机遇和风险总是同时存在、同时发展、同时减退的，投资者在期望获取高额收益的同时，必然要承担相应的巨大风险。股票投资风险可分为总体风险和个别风险两大类。

8.政治风险是东道国的政治环境或东道国与其他国家之间政治关系发生改变而给外国投资企业的经济利益带来的不确定性。可能给外国投资企业带来经济损失的事件包括：没收、征用、国有化、政治干预、东道国的政权更替、战争、东道国国内的社会动荡和暴力冲突、东道国与母国或第三国的关系恶化等。

9.系统性金融风险是相对个别金融风险或局部性金融风险而言。

我们在谈论和使用"系统性金融风险"概念时已经不自觉地将之与"全局性金融风险"等量齐观了。在文化发展史上，一个词语、一个概念随着历史条件的变化而出现含义上的些许变动是常有的事。在探讨系统性金融风险与全局性金融风险的等同性时，一个关键的要素不容忽视，那就是随着金融领域的不断发展与革新，不同金融行业之间的相互联系已经变得十分紧密，这一点已经是公认的事实。例如，证券市场和信贷市场本来是金融领域中职能不同的两个市场，但股市的大涨大跌有可能造成大量的银行破产；反过来，一些有影响的大银行间的并购或破产事件也可能引致股票市场行情的急剧变动。

在现代市场经济中，金融领域是竞争最激烈因而风险程度也最高的领域，没有风险就没有金融活动，因此，想要避免金融风险是不可能的，对于决策者来说，有决策参考意义的是关注系统性金融风险或全局性金融风险，当危机尚未出现时，我们要做的工作应该也只能是降低系统性或全局性金融风险。

（二）金融风险的基本特征

金融风险的基本特征有以下几个：

（1）不确定性：影响金融风险的因素难以事前完全把握。

（2）相关性：金融机构所经营的商品——货币的特殊性决定了金融机构同经济和社会是紧密相关的。

（3）高杠杆性：金融企业负债率偏高，财务杠杆大，导致负外部性大，另外随着金融工具的不断创新，衍生金融工具等也伴随着高度的金融风险。

（4）传染性：金融机构承担着中介机构的职能，割裂了原始借贷的对应关系。处于这一中介网络的任何一方出现风险，都有可能对其他方产生影响，甚至引发行业的、区域的金融风险，导致金融危机。

（三）金融风险的表现

何谓金融风险？金融风险是指一定量金融资产在未来时期内预期收入遭受损失的可能性。对于金融经营，风险是一种客观存在，我们要做的，是学好如何去控制风险，防范金融风险隐患。

金融风险可以分为市场风险、制度风险、机构风险等，但在我国最大的风险来自传统体制的影响以及监管失效导致的违规。由于长期以来积累的体制性、机制性因素，包括受传统计划经济体制的影响，国有企业建设资金过分依赖银行贷款，银行信贷资金财政化；再加上金融机构内部管理不善，造成庞大的不良债权，导致金融资产质量不高。证券、期货市场不规范的经营扰乱了正常的秩序，存在违法违规现象，一些证券机构和企业（包括上市公司）与少数银行机构串通，牟取暴利，将股市的投机风险引入银行体系；一些企业和金融机构逃避国家监管，违规进行境外期货交易，给国家造成巨额损失；上市公司不规范，甚至成为扶贫圈钱的手段。

加入WTO后，在货币市场、资本市场、外汇市场完全开放的条件下，资本的自由流动将给我国经济和金融市场监管带来更多难题。

（四）金融监管的作用

防范并化解金融风险，保障金融安全，就要加强金融监管，将金融活动纳入规范化、法治化轨道，而信息披露则是金融监管的主导性制度安排。党的二十大报告也强调，加强和完善现代金融监管，强化金融稳定保障体系，依法将各类金融活动全部纳入监管，守住不发生系统性风险底线。

（1）信息披露制度及其理论基础

信息披露又可以称为"信息公开"，在资本市场的公开原则下，是指金融机构及上市公司等依照法律的规定，将与其经营有关的重大信息予以公开的一种法律制度。信息披露制度受到各国金融立法机构的重视，成为各国金融监管的重要制度。从经济学上来考虑，在信息化时代，有效的信息披露能为经营者和投资者提供充分的信息，有利于正确的投资决策的形成，有利于提高资本市场的效率，优化金融资源配置，使价值规律在更大的范围内充分发挥作用。而从法律的角度来讲，信息披露制度能有力地抑制信息不对称、错误等导致的不平等现象，防止信息垄断和信息优势导致的不公平。

（2）金融机构风险内外控机制的有机结合点

在金融风险中，最大的风险就是机构风险，因此，金融机构就要在国家有效监管的前提下"练好内功"，完善内控机制。在我国，立法和执法一直都重视国家监管，而对金融机构的行业自律和内控机制的完善没有足够的重视。这种内控和外控的不平衡削弱了外控监管的效果，无益于金融整体安全。而信息披露制度的设立和完善，再加上监管对信息披露的制约，就有利于将国家金融监管的外控机制转化为金融机构的内控动力。国家监管对信息披露真实性、完整性、及时性的要求，势必会给金融机构经营造成压力，使其增强透明度。金融机构的经营都处在大众的视线内，经营不善导致公众对其信心的丧失，会促使他们努力完善内控机制，避免违规操作，从而保持良好的经营状态。

（五）我国对金融风险的防范披露

金融是现代经济的核心，金融市场是整个市场经济体系的动脉。而金融本身的高风险性及金融危机的多米诺骨牌效应，使得金融体系的安全、高效、稳健运行对经济全局的稳定和发展至关重要。我国凭借人民币资本项目下的尚未开放及1993年开始的宏观调控已挤去大量经济泡沫的双重保护，从而在亚洲金融危机中幸免于难。然而在庆幸之余，也应清醒地认识到，中国金融领域也同样存在很多深层次问题。

中国于2001年正式加入了WTO，更深入的开放为我国的金融业引来资金，带来先进的技术和管理经验，但同样，我国金融业也面临巨大挑战。在我国金融市场上，本土金融机构面对外资金融企业的竞争，其困境犹如在的重重束缚下与狼共舞。因此，在经济全球化和金融开放的前提下，强调防范和化解金融风险，保障金融安全，成为金融经营的一个基本要求。

2022年12月15日，习近平总书记在中央经济工作会议上讲话时提到"有效防范化解重大经济金融风险"，牢牢守住不发生系统性金融风险的底线，切实维护金融稳定，已成为我国金融监管的重中之重。更好统筹发展和保障安全，必须抓好防范和化解金融风险这一关键点，及时切实推进金融风险防范披露工作。

中国法律对信息披露制度的最明确规定体现在《证券法》对上市公司信息披露的要求上，也说明法律明确规定的信息披露主要是针对资本的聚集者——上市公司，而没有对资本市场上作为重要主体和中介的金融机构做信息披露的要求。至于上市的金融机构也要做信息披露，那只是依据《证券法》并因为它们是"上市公司"的缘故，而非因为它们是金融机构。信息披露不真实、不完整、不及时的现象时常发生，国家监管没有达到预期的效果；而且，对于上市金融机构的信息披露，在会计准则方面也没有做好。

从信息披露的内容和对象上来理解，在实践中，广义的信息披露的结构应当是综合性的（我国《证券法》规定的信息披露是狭义的）。信息披露分为对公众的、对行业内的和对监管者及主管部门的，在我国的现实情况是，在金融领域，机构运营的一个显著特征是对监管当局透明度的极高要求，与此同时，对广大公众及业内同行而言，这种透明度却显得相对匮乏。这导致了我国金融机构经营透明度差，也就无外在的信用压力，而致其经营风险增大。

鉴于以上我国金融机构信息披露的缺陷或不足，许多学者主张从立法上完善金融机构信息披露的制度。金融机构的经营应当向公众公开其信息以引导合理的和理性的金融消费；加强对金融机构信息披露的监管，并建立信息披露责任制度，对在信息披露中起重要作用的会计师事务所、律师事务所等中介组织也要加强监管，强调其责任，以提高其评估文件的质量，保证信息真实等。

【学思践悟】

金融风险防范披露，保障市场健康发展

在党的二十大报告中，明确指出加强和完善现代金融监管，强化金融稳定保障体系，依法将各类金融活动全部纳入监管，守住不发生系统风险底线。近年来，中国金融市场快速发展，金融风险防范和披露成为重中之重。2019年，银保监会发布《关于加强金融服务民营企业的若干意见》，强调金融机构要增强风险管理，提升信息披露透明度，以便市场主体更好地评估和应对风险。根据中国人民银行数据，2022年年末，中国商业银行不

良贷款率为1.63%，较上一年下降0.07个百分点，显示出风险管理效果显著。作为防范金融风险的典型案例，恒大集团债务危机暴露后，政府通过加强监管和市场化处置措施，有效控制了系统性金融风险的扩散。2020年，《金融控股公司监督管理试行办法》出台，规范金融控股公司经营行为，强化资本约束和风险控制。金融科技在风险管理中的作用日益突出，通过大数据和人工智能技术，金融机构能够及时准确识别并预警风险。总体来说，通过政策支持、法律法规健全和科技手段应用，中国在金融风险防范与披露方面取得了显著进展，从而保障了金融市场的稳定和健康发展。

二、金融风险管理

(一) 金融风险管理概述

金融风险管理就是营利性组织和非营利性组织衡量和控制风险及回报之间的得失。金融风险管理这个词汇是金融语言的核心。随着金融一体化和经济全球化的发展，金融风险日趋复杂化和多样化，金融风险管理的重要性愈加突出。

金融风险管理的核心任务是对金融风险进行准确的识别、度量和控制。金融风险可能对金融市场、经济体系甚至国家安全造成严重的负面影响，因此，在国际层面上，众多大型企业、金融机构、组织和各国政府以及金融监管机构都在不懈地探索和采用更高级的金融风险管理策略和技术。这些努力旨在实现对金融风险进行更有效的识别、更精确的度量和更严格的控制。在现代经济越来越依赖金融业的情形下，金融风险管理也就成为工商企业和金融机构的核心竞争力之一，同时成为广大学术界，包括数学界、信息科学界、金融理论界和实务界共同研究和关注的重要课题之一。

(二) 金融风险管理的理论基础

为什么要进行金融风险管理？早期的金融理论认为，金融风险管理是没有必要的，Merton Miller以及Modigliani（1958）就指出，在一个完美的市场中，对冲或称套期保值等金融操作手段并不能影响公司的价值。这里的完美的市场是指不存在税收和破产成本，以及市场参与者都拥有完全的信息。因此，公司的管理者是没有必要进行金融风险管理的。类似的理论也认为，即使在短期内会出现小幅度的波动，但从长期来讲，经济运行会沿着一个均衡的状态移动，所以那些为了防范短期经济波动损失而开展的风险管理只会是一种对资源的浪费。这种观点认为，从长期来讲，是没有金融风险可言的，因此短期的金融风险管理只会抵消公司的利润，从而削减公司价值。然而，在现实经济生活中，金融风险管理却引起了越来越多的来自学术界和实务界的关注。无论是金融市场的监管者，还是金融市场的参与者对风险管理理论和方法的需求都空前高涨。主张应进行金融风险管理的各方认为，对风险管理的需求主要基于下面的理论：

现实的经济和金融市场并非完美，因此通过风险管理可以提升公司价值。现实金融市场的不完美性主要体现在以下几个方面：首先，在现实市场中存在着各种各样的税收，这些税收会影响公司的价值。由此看来，Miller和Modigliani的理论假设在现实经济状况下并不合适。其次，在现实市场中存在着交易成本。最后，在现实市场中，金融参与者也是不可能获得完全信息的。从而，对金融风险进行管理是相当可能及有必要的。

(三) 金融风险管理过程

金融风险的管理过程大致需要确立管理目标、进行风险评价和风险控制及处置等三个步骤：

（1）金融风险管理的目标。金融风险管理的核心宗旨，在于对潜在的金融风险进行深入的洞察与精准的评估。在此基础上，采取有效的措施，对风险进行有力的控制，同时，制定出周密的应对策略，以应对可能出现的风险事件。这样做的目的，在于最大限度地降低损失发生的可能性，从而确保资金的筹集和使用，以及在日常经营活动中，能够稳健地推进，避免因为风险而导致的任何颠覆性影响。

（2）金融风险的评价。金融风险评价是指包括对金融风险识别、金融风险衡量、选择各种处置风险的工具以及金融风险管理对策等各个方面进行评估。

①风险识别，金融风险识别是指在进行了实地调查研究的基础上，运用各种方法对潜在的、显在的各种风险进行系统的归类并实施全面的分析研究。

②风险衡量，是指对金融风险发生的可能性或损失范围、程度进行估计和衡量，并对不同程度的损失发生的可能性和损失后果进行定量分析。

③金融风险管理对策的选择，是指在前面两个阶段的基础上，根据金融风险管理的目标，选择金融风险管理的各种工具并进行最优组合，并提出金融风险管理的建议。这是金融风险评价的最重要阶段。

（3）金融风险的控制和处置。金融风险的控制和处置是金融风险管理的对策范畴，是解决金融风险的途径和方法。一般分为控制法和财务法。

①控制法，是指在损失发生之前，实施各种控制工具，力求消除各种隐患，减少金融风险发生的因素，将损失的严重后果降到最低程度的一种方法。其主要方式有避免风险、损失控制和分散风险。

②财务法，是指在金融风险事件发生后已造成损失时，运用财务工具，对已发生的损失给予及时补偿，以促使尽快恢复的一种方法。

第二节　　金融营销风险

一、金融营销风险含义

金融营销风险，是指在金融企业进行市场营销活动的过程中，可能因为一些不利的环境因素，而导致市场营销活动受到损害，甚至失败的可能性。金融营销风险强调了风险的主体是市场营销活动的参与者、竞争者——金融企业；产生风险的原因是违背市场规律或企业自身市场营销活动及相关方面的失误；风险带来的损失主要是指经济利益的减少或损失，其风险条件是金融企业的市场行为或营销事项所引发的不确定事故。

二、金融营销风险的成因

导致金融营销风险的不利因素来源于金融企业内部和外部环境两个方面：一是企业外部环境的客观因素；二是企业内部环境的主观因素。

"池融资"
营销

（一）客观因素

客观风险因素来源于金融企业的外部客观环境，包括自然因素、政治因素、经济因素、社会因素、科技因素、法律因素、市场因素。

1. 自然因素

自然界的运动发展总是呈现出一系列超出人们认知和控制的变化，使金融企业有可能遭受各种自然灾害，从而造成企业经营中断，员工生活困难，进而导致人们的生命和财产承受巨大损失。因此，自然因素是产生金融营销风险的直接原因之一。例如，"5·12"汶川特大地震使得当地的银行网点中断营业，部分客户受到严重的财产损失，有的甚至失去了生命，银行信贷无法收回，形成呆账。此外，当地众多居民丢失了身份证和银行卡，或者在受伤后无法记起密码，但又存在较强的取款和贷款需求，这就造成银行恢复业务的难度增大，被迫面临严重的供需矛盾，为日后建立品牌形象埋下了隐患。

2. 政治、经济和社会因素

金融行业的运作紧密相连于国家的政治、经济体系以及特定的社会架构。当这些上层建筑发生变革时，金融企业的经营策略、目标设定、管理模式、技术能力等方面便可能遭受显著的调整和长远的影响，这无疑带来了营销风险。当今全球经济趋于一体化，各国经济形势复杂多变，各国政府也频繁出台不同的经济政策来保护和推动经济的发展。这些政策会造成经济形势和市场需求的变动，如果金融企业不能保持高度的敏感性，趋利避害，则必然会面临较高的营销风险。

3. 科技因素

科技因素是指科学知识或其他系统化知识在经济、社会领域的应用所产生的对金融企业营销活动的影响。每一次新技术的变革，一方面给金融企业的营销活动提供了新的机遇和方法，丰富并发展了金融企业的营销竞争手段与工具；另一方面也给金融企业的营销活动带来了风险，因为一旦企业的相关技术不能及时更新换代，将无法比竞争对手更快更好地满足市场需求，最终导致被市场淘汰。

4. 法律因素

在市场经济体制下，为了维护公平的竞争环境，长期以来形成了一系列规则规范、法律法规（如国家有关的法律法规、行业行为规范、惯例等），如果某一金融企业的营销活动违反了市场规则规范，重者会受到国家法律的制裁，轻者则会受到同行业其他企业的抵制、封杀或联合反击，最终导致破产。

5. 市场因素

在当今社会，随着经济的持续增长和市场的日新月异，消费者的品位和需求也在不断升级。他们不再满足于普通的产品功能和质量，而是渴望得到更高层次的性能和更加出色的品质保障。此外，他们对销售服务的期待也越来越高，希望得到更为个性化、差异化的消费体验。市场需求开始由低层次向高层次变化、由数量型向质量型变化、由群体共同性向个体独特性变化。这些变化是经济发展的必然结果，同时进一步促进了社会经济的发展。金融企业如果不能充分认识其客观性，并努力调整市场营销活动，就不可避免地会产生营销风险。此外，市场经济的运行有内在的规律和机制，如供求规律、价值规律、价格机制和竞争机制等，企业营销行为若违背了市场经济规律，或不能合理有效地运用这些规律，也会产生营销风险。

（二）主观因素

主观因素来源于金融企业本身，包括营销观念、营销管理水平、营销风险意识。

1.营销观念

企业决策者习惯于凭主观想象做出营销决策，最终可能导致产品积压，资金搁浅。如果金融企业没有真正适应市场经济的发展要求，仍然保持传统的以销定产的市场营销观念，完全没有以顾客需求为导向的现代营销理念，那么在这种错误的营销观念指导下的营销行为必然遭到市场的谴责，给企业自身造成损失。

2.营销管理水平

金融行业在现代市场环境中竞争激烈，仅仅拥有现代营销理念是远远不够的。要想在众多竞争者中脱颖而出，金融企业必须构建完善的营销管理与组织体制，运用科学的营销工具，并且汇聚高素质的营销人才，才能有效降低营销风险。金融市场环境条件日益复杂，企业规模日益增大，决策者只凭借自己的经验与主观判断是无法真正认清环境条件的，据此做出的营销决策也就会有较高的风险。因此，金融企业需要拥有科学的市场分析方法与工具，严谨合理的营销管理流程，并在此基础上发挥决策者的智慧最终做出高效的营销决策，从而降低营销风险。

3.营销风险意识

在传统的金融企业组织机构中，管理者和员工普遍风险意识淡薄，认为营销风险造成企业损失只是小概率事件，从而疏于防备。于是很难找到有关营销风险预警管理及处理营销风险危机的机构，管理者普遍缺乏营销风险预警预处理的经验与知识，在企业营销管理中关于营销风险危机的管理也往往被轻视，一旦灾难降临，企业将遭受严重损失。

三、金融营销风险的特征

根据以上对金融营销风险成因的分析，我们可以得出金融营销风险具有以下特征：

（一）客观性

当探索营销风险的形成机制时，我们不得不注意到自然界变动的巨大影响力。而自然界中的规律独立于人类的意志而运作，营销风险的潜在因素也同样是客观存在且不受我们主观意愿所左右。因此自然因素所带来的营销风险也是无法避免的。此外，社会变动也是营销风险的重要成因。欺骗、失误、破产诸如此类，是受社会发展规律支配的，人们可以认识并掌握这种规律，预防意外事故，减少损失，但终究不能完全消除它。因此，营销风险是一种客观存在，不是人的头脑中的主观想象，是不以人们的主观意志为转移的。人们只能在一定的范围内改变营销风险形成和发展的条件，降低营销风险事故发生的概率，降低损失程度，而不能彻底消灭营销风险。

（二）偶然性

整体上来说，营销风险是客观存在的，有其必然性。然而，对特定的个体来说，营销风险的产生也是偶然的。这种偶然性是由营销风险事故的随机性决定的，表现出种种不确定性。其一，营销风险事故发生与否不确定；其二，营销风险事故何时发生不确定；其三，营销风险事故何地发生不确定；其四，营销风险事故将会如何发生不确定；其五，营销风险事故发生后带来多大的损失不确定。

（三）动态性

世间万物都处于运动、变化之中，营销风险也是如此。营销风险的变化，不仅有量的增减，而且有质的变化，其中掺杂旧风险的消亡与新风险的产生。外部政治、经济、社会、科技等宏观环境的变动以及金融企业内部不同的发展阶段，都会产生不同性质的营销风险。企业需要具体分析风险成因和类型，从而有针对性地采取管理措施。

（四）复杂性

在当今这个日新月异的商业世界中，企业所面临的营销风险正随着市场的演变而变得更加复杂。这些风险的发生有着多种多样的原因，其表现形式同样千变万化，给企业带来的影响和潜在作用力也不易预测。由上文可知，营销风险的成因是多方面的，而且处于动态变化之中。同时人们对营销风险的形成过程和机制的认识还不够深入，从而无法建立逻辑清晰的模型来解释和控制营销风险的形成。此外，风险事故造成的损失程度也是各异的、难以预料的。

四、金融营销风险的种类

金融营销风险是一类比较复杂的风险形态，按照不同依据可划分为不同的种类。

（一）按照风险大小或强弱程度分类

1.致命性营销风险

致命性营销风险是指损失较大、后果较为严重的风险，这类风险的直接后果往往会威胁营销主体的生存，导致产生重大损失，使之一时不能恢复或遭受破产。

2.一般营销风险

一般营销风险是指损失适中、后果明显但不构成致命性威胁的各类风险。这类风险的直接后果是营销主体遭受一定损失，并对其营销管理的某些方面带来较大的不利影响或留有一定后遗症。例如企业部分应收账款不能按时收回，经过努力，通过法律程序无效，仍发生数额较大的坏账损失，企业蒙受经济损失，流动资金周转发生一定困难。

3.轻微营销风险

轻微营销风险是指损失较小、后果不甚明显，对营销主体的营销活动不构成重要影响的各类风险，这类风险在一般情况下无碍大局，仅对营销主体形成局部和微小的伤害。

一般营销风险和轻微营销风险在一定条件下会转化为致命性风险，特别是经过一定时期的累积之后会发生质的变化。例如应收账款长期无法收回，从局部和短期来看是一般风险和轻微风险，但是企业的大部分账款不能收回，长期被其他企业非法占用，那么其后果对企业来说将是灾难性的，一般风险和轻微风险就会转化为致命性风险。因此，我们对营销风险的认识、分析、预测和控制，主要是针对致命性营销风险和一般营销风险。

【学思践悟】

金融营销稳中求进，风险防范助力发展

近年来，中国金融市场快速发展，金融营销的风险防范成为关键。2022年，银保监会发布《银行保险机构消费者权益保护管理办法》，要求金融机构在营销过程中规范信息披露，防范误导消费者，以确保金融产品和服务的透明度。根据银保监会的数据，2022年全国银行业消费者投诉量较上年下降5.6%，显示出金融机构在营销风险管理方面取得的成效。中国工商银行在其金融营销策略中强化了风险防控，通过建立健全的内部控制机制和风险预警系统，有效降低了营销风险。此外，2022年年初实施的修订后的《证券期货投资者适当性管理办法》，进一步规范了证券期货市场的金融营销行为，确保投资者能够获取真实、全面的信息，降低投资风险。金融科技的广泛应用也在金融营销风险防范中

发挥了重要作用，利用大数据和人工智能技术，金融机构可以精准识别潜在风险，提升风险管理水平。通过政策支持、法律法规的完善和科技手段的运用，中国在金融营销风险防范方面取得了显著进展，从而有效保障了金融市场的稳定和健康发展。

（二）按营销风险的成因分类

1. 营销实质风险

营销实质风险是指在市场营销过程中，由于有形实质性风险因素所引发的风险。这些风险因素可能源于内部管理不善、操作不当，或外部环境不利，从而导致营销活动的失利或效益降低。

2. 营销道德风险

营销道德风险是指在营销业务过程中，营销人员存在恶意行为或不良企图等道德问题，故意促使营销风险事故发生或损失扩大，从而发生的营销风险。例如营销人员贪赃枉法、营私舞弊，将用于开展业务的费用装入个人腰包，接受用户贿赂，与用户合伙在业务活动中做手脚，把本公司的客户让给对手或利用职务之便为其他企业做业务从中捞取好处，给企业造成损失。

3. 营销心理风险

营销心理风险是指营销人员主观上的疏忽与过失，导致增加营销风险事故发生机会或扩大损失程度，从而为企业营销活动带来损失的风险。例如，营销人员由于经验不足，造成货款被骗，由于合同审核不细，造成客户资信问题而使货款拖欠，由于说话不慎而伤害了客户，造成客户离开等。

企业经营管理出发点是企业盈利或增值，营销风险管理则重在控制和减少损失，增加获利机会。营销风险管理是企业全部经营管理活动的重要部分，由于营销风险存在于企业经营活动的各个环节，因此营销风险管理贯穿企业经营过程的始终。

（三）按营销风险所致的后果分类

1. 纯粹营销风险

纯粹营销风险是指那些只有损失机会而无获利可能的风险。纯粹营销风险的发生，对当事人而言必有损失形成。例如，火灾、沉船等事故发生，则只有受害者的财产损失和人身伤亡，而无任何利益可言。

2. 投机性营销风险

投机性营销风险是指那些既有损失可能也有获利机会的风险。投机性营销风险主要有流动性风险、市场风险、信用风险。例如，市场行情的变化，对此企业造成损失，对彼企业则可能是有利的；对某企业而言，市场的此种变化将招致损失，而市场的彼种变化则可能带来好处。

在商业领域，营销活动伴随着不同类型的风险，这些风险可能导致损失的出现。其中，纯粹营销风险指的是那些可以通过收集大量数据，运用统计学方法进行精确测量的风险。这类风险事故的发生及其导致的损失，可以通过对历史数据的深入分析，估算出较为可靠的概率和可能的损失规模。纯粹营销风险与投机性营销风险有时相互交织，这时就必须根据风险因素的形成和风险事故的发生过程进行逻辑分析和判断，以准确认定风险的性质。

（四）按定价高低导致的风险分类

定价风险是指企业为产品所制定的价格不当导致市场竞争加剧，或用户利益受损，或企业利润受损的状态。营销中的定价风险包括：

1.低价风险

低价是指企业将产品的价格定得较低。这个策略在直觉上似乎能促进销量，因为消费者通常会寻找性价比最高的产品。然而，实施低价策略并不是一个无条件适用于所有情境的万应良方。它需要精心的市场分析和策略考量。相反地，产品定低价，一方面会使消费者怀疑产品的质量，另一方面会使企业在营销活动中降价的空间缩小，从而增加销售难度。而且产品定低价依赖消费需求量的广泛且较长时间内稳定不变，而实际上，消费者的需求每时每刻都在变动之中，因此企业这种价格的依赖性是非常脆弱的。

2.高价风险

高价是指企业将产品价格定得较高，单件产品盈利较高。高价产品的风险主要表现为：一是高价招致市场竞争程度白炽化，从而导致高价目标失效；二是高价为产品营销制造了困难，因为低收入者会因商品价高而望而却步；三是高价也容易使顾客利益受损，尤其是对前期消费者的积极性伤害较大。

3.价格变动风险

价格变动主要有三种形式：其一是商品价格由高价往低价变动，即降价；其二是商品价格由低价往高价变动，即提价；其三是因市场竞争产品价格发生变动，本企业的产品价格维持不变。在企业营销活动中，实施价格变动时，若处置不当，往往也会产生不利的局面，如降价行为会引发竞争对手的恶性价格战，提价会使消费者转买其竞争对手产品进而导致顾客流失等。

在商品定价策略中，价格设定过高可能会产生双重影响。首先，高定价会直接抑制消费者的购买意愿，导致销量下滑。消费者在选择购买时，价格是一个关键的考虑因素，过高的价格会让他们望而却步，转而寻找性价比更高的替代品。其次，新产品进入市场时也非常困难，甚至可能完全失败。当产品的价格过低时，企业可能因此失去利润而难以扩大再生产，或者因价格混战造成多败俱伤，从而形成行业性亏损。例如，长虹集团在电视机行业的降价行动就导致了很多相关企业的利润下降甚至亏损，这就是由于价格竞争所带来的营销风险。

此外，价格结构不合理也能导致营销风险，即价位、性能、性价比、价格弹性等方面的风险。产品的价位比是产品的市场价位同本企业产品销售价格的比值。一般来讲，如果该比值大于1，则说明本企业产品的价位是很安全的，产品在市场上具有价格竞争力和吸引力；若该比值等于1，则说明企业的销售价位与市场价位相一致；若该比值小于1，则企业就应该高度警惕了，因为企业的价位正处于危险域。要想扭转局面，企业要么选择降价，策动直接的价格战；要么突出"异质性"，以质量、服务、创新来赢得市场。

关于产品的价质比指标，可以用质量和价格的比值来测量。若该比值大于1，则意味着顾客花钱较少，其所购买的单位质量价格较低，顾客较为满意。反之，企业必须从提高质量降低价格入手，加大质量与价格的比值。

性价比率是产品价格与价值的比率，它反映的是产品价格与产品价值的一致性程度。在一般市场条件下，性价比率等于1时最为合理。如果性价比率小于1，则表明价格高于价值，在竞争市场上该产品滞销。只有当性价比率大于1时，在竞争市场上该产品才会受顾客欢迎。

（五）按市场主体面对的营销风险分类

1.自然或社会风险

自然灾害、个人或社会团体的某些行为，如水灾、火灾、偷盗、战争等，都可能给某些市场主体造成重大的经济损失，从而形成自然或社会风险。

2.经营风险或市场风险

企业在投资、生产和销售等市场经济活动中，都会因为决策依据的信息不完全、决策手段不完善、决策执行不及时和不充分，以及竞争的加剧等而蒙受经济损失，从而形成经营风险。

自然或社会风险一般地说是可以运用概率方法进行预测的，是属于可保险的风险，能通过投保而节制和转移；经营风险与经营者的主观因素和市场运行状态相关，其可能的损失及其程度无法测算，是不可保险的风险，从而不能通过投保而转移，只能通过改善经营决策和经营活动来降低损失的程度。

"打劫"新富人群——招商银行个人金融品牌营销

第三节　　金融营销风险管理策略

一、金融营销风险管理的内容

金融营销风险管理具体包括以下六方面的内容：

（一）树立正确的营销理念，消除观念落后风险

金融行业的市场营销活动，是在特定的经营哲学引领下实施的。这种经营哲学为金融企业指明了解决组织、顾客以及社会三者之间关系的正确方向，从而实现了这三者之间的利益均衡。金融企业只有树立正确适宜的营销理念才能在它的指导下做出正确的营销行为。因此，消除观念落后的风险是防范其他一切风险的基础。

（二）提升营销管理水平，降低营销决策风险

金融企业在制定营销战略和策略时，要选择适合企业的科学决策手段和方法，不能只凭个人喜好和经验随意决策。此外，企业应从收益和风险两个角度同时考虑营销决策问题，保证营销活动预期收益与风险相匹配。因此，做任何一个营销决策，特别是重大决策时一定要有科学的理论依据，正确的观念与方法，切忌随心所欲，主观臆断。

（三）加强外部环境监控，降低外部环境风险

外部环境的不可控性和不确定性决定了金融企业必须加强监控，随时了解外部环境的动态变化，适时调整企业营销策略，从而控制营销风险。在现代金融企业中，对外部环境进行监控时，一方面可以借助传统的渠道、销售人员、内部员工、竞争对手等市场调研方式，另一方面可以充分利用IT技术建立营销风险管理信息系统来加强对营销环境的监控，从而降低监控成本。

（四）加强内部营销活动控制，降低内部营销风险

金融企业应该对营销活动流程的每个环节，参与活动的每个部门、人员进行实时动态的监控，及时发现并弥补偏差，降低内部营销风险的发生概率与损失。

（五）建立风险预防与处理机制，降低风险损失

对营销风险的预防与处理要适时，一般越早越好预防与处理，损失越小，对企业的影响越小。因此，金融企业在加强对内部营销活动和外部环境监控的同时，还要确立一套行之有效的风险预防与处理机制，及早发现风险隐患，采取防范措施，降低风险概率；同时风险事故发生后，能够利用风险处理机制系统有效地进行风险处理，从而最大程度地降低企业损失。

（六）贯彻成本原则，提高风险管理效益

市场波动、消费者行为的改变、竞争对手的策略更新，种种因素都可能给企业的营销活动带来风险。对营销风险进行有效的预防和控制，是每一家企业的必修课。金融企业在消除营销风险的成本投入上，要注意成本和收益（风险损失的减少）之间的关系。

二、金融营销风险管理的方法

金融营销风险管理的方法主要有：营销风险回避、营销风险控制、营销风险转移和营销风险自留。

（一）营销风险回避

营销风险回避是以放弃或拒绝承担营销风险作为控制方法来回避损失发生的可能性。它在彻底消除风险损失的同时使获利的可能性降为零，它是风险管理技术中最简单也是最消极的一种，但应注意，一些营销风险是无法回避的，有些营销风险采取回避手段是不经济的，还有一些营销风险的回避可能带来新的营销风险。营销风险回避策略主要应用于以下几种情况：

（1）当某项营销活动风险极高，企业确实无力防范和控制时，可以考虑放弃该方案；

（2）当实现某种营销活动有许多种方案时，选择风险低的方案进行替代；

（3）当在实施某项营销活动的过程中遇到不可逾越的风险因素时，采取措施绕道行之、迂回包抄。

（二）营销风险控制

营销风险控制是指企业通过降低营销风险发生概率和减少营销风险发生带来的损失来达到控制营销风险目的的手段和方法。它涉及对可能出现的问题进行预测和规划，以确保营销活动的顺利进行。具体来说，这包括两个主要方面：一是风险发生前的预防措施，二是风险发生后的应对策略。风险发生前的预防主要是以控制发生概率为主，以减少营销风险发生带来的损失为辅；营销风险发生后主要以减少营销风险带来的损失为主并且要兼顾预防营销风险的扩散和斩断营销风险引起的连锁反应。例如，将营销风险单位进行隔离，使一个营销风险单位发生营销风险时，可以较容易地控制其影响范围，避免扩散到其他营销风险单位。

（三）营销风险转移

营销风险转移就是通过一定的方式将营销风险转嫁给其他主体以达到本企业对风险管理的目的。营销风险转移的方式有：保险转移和非保险转移。

（1）保险转移。保险主要是对静态资产的保险，但大部分营销风险属于运作风险，属于不可保风险，因此保险不是营销风险的主要转移手段。

（2）非保险转移。非保险转移是指企业可以通过合同或契约将风险可能带来的经济损失和法律责任等转嫁给非保险业的其他主体，以达到降低企业营销风险的发生概率和营销风险造成的损失的目的。其主要方法有出售、转包或分包和租赁。

（四）营销风险自留

营销风险自留又称营销风险承担，是指一个金融企业以其内部的资源来弥补损失。营销风险自留是一种营销风险处理的财务型技术手段。在避免营销风险的手段不经济或不可能，又不能有效地预防且无处可以转移的情况下，企业只能采取风险自留的手段，从财务上做出安排，以备在损失发生后进行处理。营销风险自留的主要方法有：将损失摊入经营成本、建立意外损失基金、借款来补偿营销风险的经济损失和自负额保险。

三、金融营销风险管理的意义

（一）金融营销风险管理对金融机构的意义

1.金融风险管理对于金融机构而言，宛如一道坚实的防线，它不仅能够确保资金的稳妥筹集，而且能够创造一个稳定可靠的运营空间。实施金融风险管理，能减轻或消除金融机构人员的紧张不安和忧虑恐惧心理，从而为他们提供一个宽松安定的资金筹集与经营环境，并提高他们的工作效率和经营效益。

2.金融风险管理能保障金融机构顺利实现经营目标。金融机构筹集和经营货币资金的目的就是获取利润，实施金融风险管理则能把金融机构面临的金融风险降到最低程度，并能在金融风险损失发生后及时合理地提供预先准备的补偿基金，从而直接或间接地降低风险损失，这些都有助于金融机构盈利的增加和经营目标的实现。

3.金融风险管理能促进金融机构资金筹集和资金经营决策的合理化与科学化。

（二）金融风险管理对经济、社会稳定发展的意义

1.金融风险管理有利于社会资源的优化配置。任何物质的流动，即商品使用价值的流动都会引起其价值的相应流动；同样，任何价值的流动，也会引起其使用价值的相应流动。作为价值的直接表现形态的货币资金流动，必然会引起其他资源的相应流动。而实施金融风险管理，则能减少金融风险损失，并促使货币资金向所需部门流动，从而引导其他社会资源合理地流向所需部门，最终避免或减少社会资源的浪费，提高其利用效率。

2.金融风险管理有助于经济的稳定发展。众所周知，金融风险一旦发生，带来的损失金额往往比一般风险造成的损失大几倍、十几倍甚至几十倍。这是因为货币资金的筹集与经营，不但涉及生产领域和分配领域，而且涉及流通领域和消费领域，即涉及社会再生产的各个环节。因此，金融风险的存在与发生，无疑是对经济稳定发展的一个威胁。而金融风险管理的实施，不但能在一定程度上减少风险发生的可能性，而且能在金融风险发生后减少它带来的经济损失，从而减少金融风险损失给社会再生产各个环节带来的波及效应和不良后果，最终促进经济的稳定发展和经济效益的提高。

寿险的营销管理

3.金融风险管理有助于社会稳定。金融是风险行业，金融风险聚集成系统性风险，往往具有突发性强、涉及面广、危害性大等显著特征。金融一旦出现重大问题，不仅会危及金融、经济安全，而且会严重影响社会稳定。经济危机的历史表明，经济危机总是最先导源于金融危机，当金融危机发生时，企业资金链断裂、大量倒闭，工人失业，经济衰退，社会矛盾加剧。因此，加强金融管理，将金融风险控制在金融、经济和社会可承受的范围之内，是自20世纪30年代以来世界各国的共识，是避免社会发展出现不稳定因素的重要举措。

章后习题

一、练习题

1.（单选）下列风险能通过大量的统计资料进行科学测量的是（　　）。

A.纯粹风险　　　　　B.投机风险　　　　　C.操作风险　　　　　D.流动性风险

2.（单选）金融风险的基本特征不包括（　　）。

A.不确定性　　　　　B.双重性　　　　　C.相关性　　　　　D.传染性

二、思考题

1.什么是营销风险？

2.什么是纯粹营销风险？

3.简述金融机构实施营销管理的必要性。

4.简述金融营销风险管理的内容。

章后习题参考答案

实训五　　　　　金融营销风险规避

【能力目标】

1.要求学生对金融营销风险进行初步认知。

2.要求学生能够对风险进行准确识别。

3.要求对经过筛选的风险事项进行风险的定性分析。

【知识目标】

1.掌握营销风险的成因。

2.掌握风险管理的基本程序。

3.掌握风险规避方法。

一、操作认知

对产品风险、定价风险、分销渠道风险、促销风险等方面的内容进行了解，最终发现影响营销风险的内外因素，成功地对营销风险进行控制。在风险发生之前，尽可能防范风险的发生，回避营销风险就成为营销管理者的主要职责。

二、金融营销风险成因介绍

金融营销风险的成因如图9-1所示。

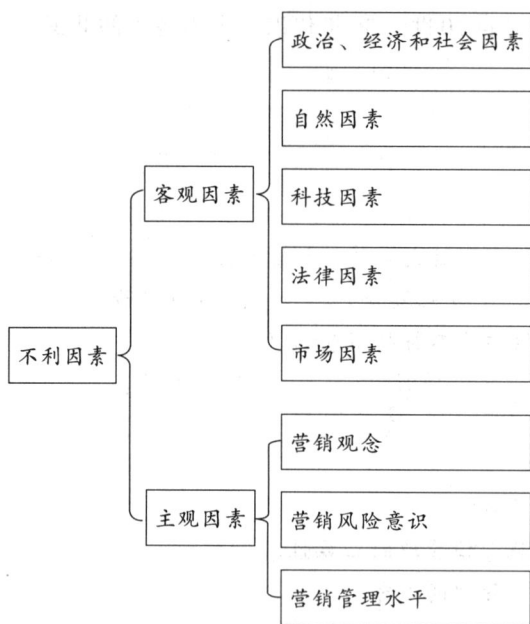

图9-1 金融营销风险的成因

三、模拟实训

相关业务的内容介绍见表9-1。

表9-1 相关业务的内容介绍

情景模拟	内容	任务目标
负债业务演绎	要求学生熟悉银行柜面业务的基本流程 涉及的角色主要有：柜员、大堂经理、客户等	通过负债业务的场景模拟，学生在实际操作中能够发现风险，规避风险
资产业务演绎	要求学生熟悉和了解信贷业务的基本流程和知识，具体又分为企业贷款、个人住房按揭贷款和汽车消费贷款三个子模块 涉及的角色主要有：信贷经理、信贷部主管、行长、客户等	通过资产业务场景模拟，学生在掌握信贷业务的基础知识和流程、了解贷款的分类和各种贷款政策中对风险产生认知
中间业务演绎	要求学生完成基金代售，了解基金的基础知识，以及银行基金认、申购的知识和柜面知识；熟悉银行办理基金业务的工作流程 涉及的角色主要有：柜员、客户、项目主管等	通过中间业务场景模拟，学生在掌握中间业务的种类、各种中间业务办理的流程中找寻可能出现的风险

练习：要求学生按照指定的场景模拟内容，模拟任职银行，虚拟1名客户，1名学生负责模拟客户，详细列出客户的基本资料和需求；1名学生负责模拟柜员或客户经理，针对客户需求，为客户提供业务介绍、产品推荐、投资咨询等服务；1名学生负责相应的角

色及调查分析，完成相关业务的调查分析报告，从中提升对营销风险的认知，最终对风险进行总结。

程序步骤说明：

1.对风险进行识别和分析。

2.管理策略的选择和管理方案的设计。

3.方案的实施和监控。

4.风险报告。

5.对风险管理进行评估。

6.最后确认和审计。

具体方法实施见表9-2。

表9-2 风险规避策略及操作

规避策略	操作内容
价格风险的规避策略	项目：选取一个金融产品进行价格重新定位、根据市场采用不同的价格组合、提供良好的超值服务、逆向定价
渠道风险的规避策略	项目：进行客户资信评估、讨论客户关系管理、制定货款回收控制方法
新产品开发风险的规避策略	项目：选择一种新产品投入市场，并对其研发资金进行监控

实训五　雷曼兄弟破产

第十章

金融机构营销

学习目标

1. 理解内部营销和外部营销的定义以及它们之间的关系；掌握整合企业内部营销和外部营销的方法。

2. 理解企业、客户及员工的三元关系；掌握员工与客户之间的关系；理解客户关系管理的内涵及方法等。

3. 理解并掌握服务质量的概念、构成要素以及全面服务质量管理等。

【章前导读】

中国的金融机构，包括商业银行在内，都是在旧有的计划经济条件下逐渐成长起来的，与其他行业相比，它们的改革步伐明显滞后。中国加入WTO后，如何提升我国银行业的核心竞争力，特别是市场竞争力，已成为当务之急。在市场经济体制逐步建立及完善过程中，市场份额重新做了分配，金融业逐步成为"买方市场"，这使得各金融机构纷纷将市场营销作为一个重要的经营战略加以探索研究，以期在长期的市场竞争中取胜。

市场营销战略是银行等金融机构今后的发展方向和目标，是金融机构发展总体计划的一个关键环节，也是这些机构在与竞争对手竞争、吸引消费者以及高效使用资源方面所遵循的基本原则和方针。因此，本章将具体讲述金融机构营销的相关理念及相关措施。

第一节　内部营销与对外营销

一、内部营销

金融机构负责提供服务联络的特定环境，而服务机构则负责招募及训练服务人员，并制定服务内容、程序及行为准则。顾客和金融人员的互动是由企业的文化和工作环境决定的。如果金融机构实施客户导向战略，那么每一个员工就是这种战略的执行者，没有全体员工的努力，没有一线员工将这一意图和努力最后传递到客户中去，其他一切努力将化为乌有。因此，金融机构的管理层应该认识到，要像对待客户那样对待员工，内部营销应置于外部营销之前。现在许多服务企业管理者用"员工第一"替代"客户第一"的口号，这并不意味着公司的业务目标发生了变化，而是公司的战略调整，把服务好一线员工当作实现顾客满意和改进内部管理的关键。金融公司的营销重心是外部市场（顾客）营销，其目标是获取利润，外部市场营销的成功与否在很大程度上取决于内部营销这一先决条件。

1. 内部营销的定义

内部营销是指金融企业在其内部从营销管理的视角管理其人力资源，把员工当作客户，通过领导、管理性服务和加强内部沟通，创造员工满意，吸引、开发、激励、留住胜任的员工，为外部客户提供满意服务，以保证外部营销成功的营销活动。

2. 内部营销的要素

（1）在何处、向谁进行内部营销。

（2）营销什么。

（3）如何营销。

（4）为什么要进行内部营销。

3. 内部营销的特点

（1）内部营销不是一项独立的活动，而是隐含在质量机制、客户服务计划以及营销战略之中。

（2）信息交流（沟通）是内部营销成功的关键。

（3）内部营销在独特化的竞争战略中发挥着至关重要的作用。

（4）内部营销在减少职能部门之间的冲突方面具有重要作用。

（5）内部营销是一个实验性过程，目的是引导员工自己得出如何行为的结论。

（6）内部营销是渐变进化的，并导致各种壁垒的缓慢消除。

（7）运用内部营销的目的是推动革新精神的发扬。

（8）如果最高层承诺支持全体员工相互合作、管理风格开放，则内部营销会更成功。

（9）内部营销成为企业文化的组成部分，其效果会更好。

二、内部营销策略

金融机构的内部市场营销以服务员工为目标，主要吸引并留住一批愿意并能忠诚地履行以客户为中心的服务准则的员工。实现这个目标的内部营销手段或策略主要有：①服务人员的招聘策略；②提供服务人员发展环境的策略；③向服务人员提供内部支持和服务的策略；④留住服务人才的策略。这四项内部营销策略又可以具体分解为若干子策略，金融机构内部营销系统如图10-1所示。

（一）人员的招聘策略

金融机构内部营销的起点是人员招聘。招聘的关键是要实现：①进来的人员素质比较高；②新员工能接受服务组织的服务文化、服务政策；③新员工以能成为企业的一分子并为其出力为荣。有了这样的新员工如同输入新鲜的血液，为建立统一的服务文化和降低培训成本创造了条件。

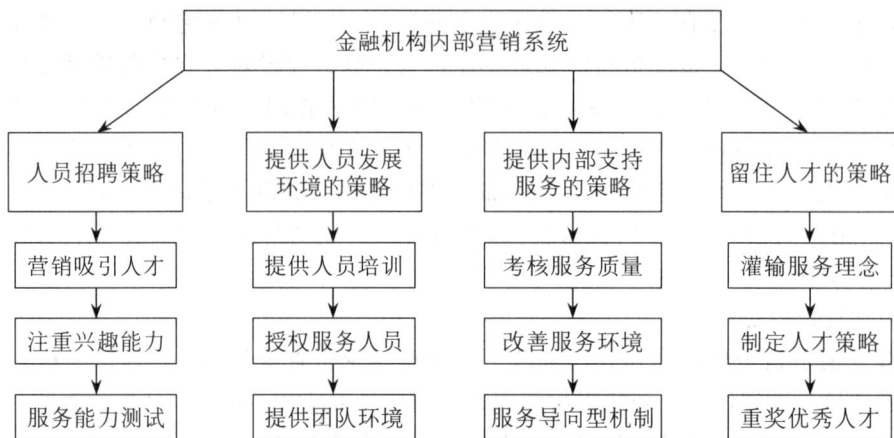

图 10-1　金融机构内部营销系统

只有找对人才能做对事。因为优秀的人才较少犯错误。他们可以使企业有更高的效率。他们足智多谋，会以自己的方式去提供良好的顾客服务，而无须时时有人在旁叮嘱，能比同行竞争者的员工做出更棒的工作。这样也就降低了企业的成本。即使付出再多的薪资也很值，因为服务更有效率了。以一位保险经纪人为例。他大约有 12 位业务员，每月能卖出 100 份保单，平均每人卖 8 份。而另一位经纪人的业务员每月人均销售量是 12.5 份，同样卖 100 份只需要 8 个人，办公室里减少了 4 张桌椅、4 部电话和 4 位支薪人员，省下 4 个人的开支作奖励金又能吸引更杰出的业务员。当高薪的事实传遍业内，出色的业务员闻风而来，销售就这样步入良性增长轨道。其根本原因就在于经销商能招到高技能、高效率的业务员，从而降低了每份保单的销售成本。在人力成本比较高的金融机构，这个规律的作用十分突出。

做好金融机构人员招聘工作的关键是，把它当作一种营销活动。人员招聘重点考察应聘者的服务兴趣和服务能力，以及对企业服务理念的接受程度。

1. 用营销吸引人才

金融机构应该将人才引进当作一种营销手段，争夺"智能的市场占有率"。运用市场战略和管理手段，以市场营销的方式来吸引人才。在这种营销模式下，"市场"是以人才为中心，以服务岗位为"产品"，以广告、宣传为"折扣"。在中国香港以及欧美一些国家或地区，不少大中型企业每年都根据不同大学的特点，把它们区分开。看哪些大学的毕业生的特点与本企业的服务策略及文化最匹配，再有针对性地与所认定的大学联络，在校园举办招聘讲座。这是典型的应用市场细分方法有效地招聘所需员工的例子。

2. 注重服务兴趣和服务能力

招聘服务人员应注重他们的服务兴趣和服务能力。

（1）服务兴趣。招聘的服务人员必须是对服务职业有兴趣的人，其中一些人天生喜欢服务职业，或者喜欢社交、富有同情心、助人为乐且人缘较好。但这类人可能相对较少。大多数可能属于另一类，即对服务职业不一定有内在兴趣但能扮演服务角色，也就是能通过角色扮演同样表现出对服务有浓厚兴趣，这也是合适的人选。

（2）服务能力。人员的服务能力包括技能、知识、专业化水平和体质等。

①服务技能：是指服务人员对服务的熟悉程度、技艺、能力等。服务技能包括操作技能和交际技能。服务技能在与顾客相互作用的营销场合具有重要作用。

②服务知识：是指服务人员所掌握的与服务有关的产品、政策、程序、市场的知识和社会知识。服务知识既是服务技能的基础，同时在金融营销中也具有重要作用。不仅高层次的服务需要越来越多和越来越高深的知识，较低层次的服务同样也开始知识化。

③专业化水平：是指服务人员经过专业培训后其服务技能、服务知识及职业道德等达到社会公认的水平，通常都以获得专业或从业资格证书为标志。服务的专业化水平是服务技能和知识的综合体现，而且它有社会评估尺度，因此在人员招聘中比技能和知识更具有操作性。

④体质：服务营销人员具有良好的体质。如前所述，服务人员本身就是服务有形展示的部分。身体素质不好的服务人员，在较为忙碌的服务过程中，很可能会出现疲劳状态和对客户的不耐心，从而影响客户享受服务和辅助服务的心情，客户对这种服务人员当然是不满意的。

3.进行服务能力测试

金融机构可通过模拟考试和短期考核两种形式，考察应聘人员的综合素质和能力。

例如，某保险公司在电话销售和服务人员的招聘中，设计并采用了模拟测试的方式，让应聘者接听并处理三个模拟电话：①第一个电话是买保险的；②第二个电话也是买保险的，但是一个不懂保险、不合作和语言粗暴的人；③第三个电话是投诉。

服务能力还包括一个重要的方面，即道德品质素质。行走在充满各种诱惑的商业世界里，最优秀也是最难得的品质是"诚信"。将它拆为四个字来描述，即"义、信、勇、谋"：①义，在取得成绩时保持平静的心态，不过分炫耀；②信，讲信用，自己答应过的事情一定尽全力办到；③勇，面对困难毫不畏惧，并且想方设法克服困难；④谋，针对多变的环境，随机应变掌握主动而获得成功。

（二）提供人员发展环境的策略

金融机构内部营销的策略之一，是给金融服务人员提供良好的发展环境，使他们发挥最大的潜能。决定企业内部发展环境是否良好的因素包括：人员培训、向一线人员授权、提供团队环境等。

（1）人员培训。人员培训是提高服务兴趣和服务能力的主要途径。培训之所以必要，首先是因为服务人员流动率很高，不断有新手加入服务队伍，而新手总是需要培训的。其次，金融机构在向外地区（包括国外）拓展网点时，多少要招聘当地人员，他们是需要培训的。完善的人员培训可以有力地支持金融机构在世界各地拓展组织网点。

另外，人员培训的对象，应该既包括新手，又包括原有人员；既包括前台人员，又包括后台支援人员和支持性服务人员，以及管理人员。服务培训是全员培训，这是由服务质量的整体性和服务利润链决定的。

（2）向一线人员授权。为了真正做到对顾客需求及时做出反应，企业必须授权给一线员工，使其能对顾客的需求做出灵活反应，并及时对可能的差错进行补救。

瑞典商业银行堪称向人员授权的范例。用他们的话说是尊重个人能力的"分散式管理"，即分行经理—执行副总裁—总裁的三级权力结构模式。其中分布于各地经营的分行经理权力最大。批准信贷申请是银行的一项重要工作，也直接关系到整个银行的利润情况。银行规定，首席执行官（总裁）没有批准分行贷款的权力，总裁不能干涉具体业务，业务只能由分行来操作，由与某一客户距离最近的分行承担对该客户的所有权利和责任。原因是分行经理能够对其所在城市的客户掌握最充分的信息资源。在他的辖区内，他可以在第一时间听到关于任何一家公司的各种传言，也能看到任何一家公司的各种行动，因此，他能够做出恰当的决定。当然，个人能力也不是可以随处发挥的。决策权的行使有一定的限度，如果超出了所要求的权限，则要求向上申请。如果雇员们能够展示出更强大的个人能力，那么他们的权力就会得到相应的提升。这一权力下放的管理模式收到了很好的效果。近30年来，瑞典商业银行一直保持着北欧所有银行中的盈利最高的状况，同时客户满意度也是最高的，而且不良贷款比率、费用水平总体低于竞争者。

对员工适当授权可以给金融营销带来以下好处：

①一线人员可以迅速回应满足顾客特殊的、个性化的需要。

②一线人员可以迅速回应不满意顾客的投诉并采取补救措施。

③使一线人员获得尊重或由满足顾客需要所带来的工作认同感和成就感，这是一种激励。

④对一线人员的激励可以转变为一线人员对顾客的尊重和责任感。

⑤授权可以增强一线人员参与服务改进或创新的积极性。

⑥在授权条件下对顾客特殊需要的满足可以转变为顾客的口碑广告。

金融机构向一线人员授权的同时，既要防范一些人员的道德风险，又要提高一些人员用权的勇气和能力。对于缺乏用权的勇气、怕承担处理失误风险的服务人员，要通过培训和激励机制鼓励他们大胆使用处置权。

授权面临的问题是授权的成本和风险。其中突出的问题是：员工培训费用增加、劳动力成本提高、服务速度缓慢或缺乏一致性、可能违反公平原则、过分行权或做出错误的决定。

是否向员工授权，金融机构需要综合考虑上述各个方面的因素。一般来说，定制化程度高的服务、技术含量高的服务，向员工授权比较有利。

（3）提供团队环境。团队环境可以增强员工之间的合作，使前线服务人员从其他人员那里获得更多的支持。团队环境可以鼓舞人员的士气，有利于人员保持顾客导向的服务热情。团队环境还可以增加人员之间相互学习、相互带动的机会，从而有利于增强员工的服务兴趣并提升员工自身的服务能力。

（三）提供内部支持和服务的策略

金融公司的内部市场战略主要是为基层员工提供优质的内部支持与服务。其主要表现为：考核内部服务质量、改善服务环境、建立服务导向的组织机制。

（1）考核内部服务质量。服务组织通过建立内部服务质量考核机制，提高内部支持和服务的质量。例如，美国圣迭戈一家服务公司为了提高内部服务质量，建立了内部服务质量考核体系，考核对象是公司下属的各个部门。这个考核体系包括内部服务质量的四个层面：服务态度、服务能力、服务回应、服务效果。考核采取问卷调查的方式，公司每年根据考核结果公布考核评分最高的前四名或前五名部门经理的名字。公司还将部门经理的收入与本部门内部服务质量的考核成绩挂钩。在中国香港特别行政区，包括香港理工大学在内的几个高等学府，每年皆抽取不同院系和行政部门，评价他们的服务质量。考查结果除让该院系或该行政部门员工了解外，也与其他院系和部门分享，从而达到共同进步，以提升服务质量。

（2）改善服务环境。一个好的工作环境，对服务人员可以起到一种激励作用，从而产生积极工作的情绪。改善服务环境，包括服务地点优选，房屋装修，服务设备、工具和用品的更新维护等。提供支持性的技术和设施，是服务人员工作有效率、有效果的保证。例如以网络技术为基础的办公自动化，可以远程办公或沟通，将定时坐班制改成弹性工作制；CRM技术为客户信息获得和管理提供了方便。除了上述生产服务的硬环境以外，影响心境的软环境同样重要，但往往容易被管理者忽略。

实际上，为雇员创造一个能使他们感到愉快和努力工作的工作环境，并不要求奢华，只要创造一种无所不在的亲密关系即可。最好的办法就是尽量维持一个"小如一家"的气氛。据对一些成功公司的调查，它们并没有因取得成功而生出一种大公司的排场，不成立公司车队，不以豪华的办公大楼来彰显自己的形象，不铺设厚厚的优质地毯，也不求拥有气派的轿车、公务飞机。这种"平民化措施"一般来说有助于增强公司员工"质朴如家"的归属感。一项对员工满意程度的研究显示："越大并非总是意味着越好——至少你的员工是这样认为的。"研究结果表明，公司越大，员工满意程度越低。在3 000家受调查的公司中，在不足30人的小公司中有88%的员工对自己的公司表示满意。而当公司规模为100人时，满意率下降到77%；当规模为100人以上时，满意率已跌至65%。

（3）建立服务导向的组织机制。传统的企业组织结构是一种管理导向，也就是自上而下的管理关系。很多企业的内部交流、沟通，甚至是制定政策，都是以领导为中心的，而忽视了顾客的需要。把企业从一个传统的模式转变成一个高效的以顾客为中心的办公系统，这并不是一件容易的事情。例如，银行贷款审批程序由风险控制主导转为由客户主导，涉及客户信用等级评定系统、授权系统、风险监管系统等，运作模式变化很大，在转变过程中可能发生一定的风险成本。但不改变则会使一线员工处于市场需求和内部僵化制度的困惑之中，从而可能成为员工跳槽的重要原因。

以客户为导向的内部体制是变管理关系为服务关系，提倡"人人都有顾客"的工作态度。尽管有的员工不接触最终顾客，也应该知道自己在为谁服务、在服务利润价值链中的地位和对服务过程的必要性，从而自觉对一线人员提供积极热情的支持。事实上，许多职能部门常常强调自己职能的重要性，而忘记了公司共同的长远目标。

传统的金字塔形组织结构已经过时。精通服务营销的公司已经明白，要把以领导为导向的层次关系颠倒过来。将顾客放在机构顶部，其次是一线人员，他们会见顾客、服务顾客并满足顾客。再下面的是基层和中层管理人员，他们的工作是支持最前线的人员更好地服务顾客。在最底下的是高级管理人员，他们的工作是支持中层和基层管理人员，间接支持为使各种不同顾客对公司感到满意的一线人员。另外，公司所有的经理只要可能都应亲自会见顾客并了解顾客。

（四）留住服务人才的策略

为了保留好的服务和服务人才，金融公司也需要进行内部市场战略。当前，人力资本已经成为企业竞争的首要因素。金融行业是一个人员流动性很强的行业，经常会出现人才流失的情况。人才流失过多会给企业带来较大甚至致命的损失。因此，留住高素质服务人才具有战略意义。金融机构要留住人才，可以采取加强服务理念灌输、制定人才政策、奖励并认可优秀人才的策略。

（1）加强服务理念的灌输。金融机构加强对人才服务理念的灌输，有利于服务人才将自己的理想和事业与企业的理想和事业统一起来，从而达到个人与企业之间的志同道合，而志同道合是有利于留人的。中国古训就有"道不同，不相为谋"。

（2）将员工当作顾客对待。如果雇员觉得自己对公司有价值，需要得到尊重，就会更乐意留下来。很多公司采用将雇员视为客户的观念，将市场客户的方式应用到雇员身上，并向雇员提供职位（以及各种福利）及工作质量。为了确定员工对岗位和工作生活的需求是否被满足，公司要定期进行内部营销评估，以了解员工的满意度和需求。在调查基础上，开展许多使员工受益的活动计划，如儿童看护、保健安排、家庭休假、弹性工资和弹性工作场所。通过这些对员工私人生活和家庭的支持措施，公司保证了员工的满意度、生产力和保留率。

（3）制定人才政策。在将员工纳入公司的愿景中，公司要使员工理解他们的工作是如何融入组织及其目标之中的，进而忠于公司。要激励员工追随和支持公司目标，就要让他们理解和分享公司愿景。一方面，要由高层不断向员工传播公司价值观和经营理念；另一方面，要使员工价值与公司价值共同增长。例如华尔街著名投资银行高盛公司，它的非凡业绩从根本上说，应归功于员工做出的贡献。因为绝大多数职员相信，未来某天，他们有可能成为合伙人——拥有公司股权。对于这点，高级合伙人弗里德曼普用一句经典的话总结所有权的价值：没有人会去清洗新租来的车。成为合伙人的梦想是一种无与伦比的激励力量，也是吸引最优秀人才的巨大诱惑。高盛在1869年只是个小的家族公司，而到1998年已成为拥有188名合伙人的全球著名投资银行。

人才政策可包含特殊服务职位的特殊待遇，为员工提供进修的机会，从而满足员工的个性化需求，增加服务人员的独立处理权力，明确的提升机制和公司的发展前景，以及某些集体福利。这种物质上的保障和精神上的鼓励，对留住人才很有帮助。

（4）奖励并认可优秀人才。如果希望最优秀的员工留在公司，公司就必须奖励并提升他们。如果员工付出的努力不被重视、得不到回报，就可能泄气并开始考虑跳槽。

奖励的标准要恰当，评选过程和顾客抽样要公正，结果要能为大多数员工所接受，才能起到积极的效果。

对优秀的服务人才及其服务业绩予以奖励，确认他们的贡献，可以起到示范和激励作用，提高他们留在本机构的兴趣和动力。对优秀人才的奖励，包括物质和精神的两方面。许多企业和服务组织支持并帮助优秀服务人才在社会上成名，这就是一种精神上的重奖。这种精神上的"奖励"通常具有很强的留住人才的作用。中国香港康乐及文化事务署设计了一个巧妙表彰优秀员工的办法，将精美漂亮的"赞赏卡"，送给接受服务的市民。当他（她）接受了某位雇员的良好服务，就可以很方便地利用赞赏卡表达他（她）的感激之情，员工也因此而受到鼓励。

三、内部营销管理的内容

（1）确定基本战略。

（2）以金融企业文化的理论为指导，进行金融营销文化的建设，树立起金融企业为国家经济建设服务、为客户服务的强烈意识和"服务第一"的价值观。

（3）全面实施客户经理制，完善"后台支持前台"的营销组织体系和运行机制，以客户需求变化、满足客户需要为导向，健全、优化金融营销组织结构。

（4）建立完善金融企业的内部管理沟通体系和完整的营销沟通网络系统，健全沟通制度并优化沟通机制。

（5）以金融企业发展战略、营销战略为指导，加强企业人力资源管理与开发。

四、外部营销

（一）外部营销的含义

外部营销是相对于内部营销而言的，是金融企业运用营销手段于外部市场所进行的营销活动，也就是通常所说的市场营销。

（二）外部营销的重点

（1）质量营销。外部营销要建立营销质量的"持续提高"机制。

（2）客户关系管理。

（3）关注客户的价值链。客户价值链就是客户为自己创造价值而在特定环境中所进行的一系列活动和所采取的一系列措施。

（4）建立营销服务质量管理反馈与监测系统。

五、整合企业的内部营销与外部营销

（一）内部营销与外部营销的关系

（1）内部营销观念由外部营销观念发展而来。

服务与消费是同时的，因此，顾客在消费过程中，也就是在企业向顾客提供服务的过程中，企业的行为和态度对自身的运营业绩有着直接的影响。

（2）内部营销是外部营销的基础，并服务于外部营销。

外部营销是企业面对外部市场、面对目标客户的营销，这种营销的成功实施是以全面开展内部营销为基础的。

（3）内部营销与外部营销、交互营销一起构成了企业营销战略整体。

内部营销与外部营销和交互营销一样，是企业营销战略整体的组成部分，内部营销的目的是吸引并留住具有客户服务意识的优秀员工。从功能来看，外部营销是指企业向客户提出承诺，而内部营销则是使员工具备履行承诺的能力，使其通力合作，以提高客户的满意程度。

（二）内部营销与外部营销的整合

（1）以"交换"为核心，从观念上整合内部、外部营销。

做好工作就是为企业赢得第一市场和第一客户，管理层经常要将一些新的计划和观念等"介绍"给员工，以取得员工的认同。

（2）通过强化企业管理职能，整合内部、外部营销。

外部营销是企业对外部客户的承诺，而内部营销从广义上讲，是指企业利用营销学的理论和方法解决企业的内部管理问题。

就战术层面而言，内部营销是为外部营销服务的，包括激励员工、改善客户关系、向员工推销企业的产品和服务等。

（3）以员工、客户、股东满意为目的，整合内部、外部营销。

企业生产经营活动的终极目标，就是要使顾客满意，使股东满意，使公司的利益最大化，使股东利益最大化。而这个终极目标的达成，更多地依赖企业是否能够按照顾客的需要，及时、按需、保质、保量地向顾客供应所需要的产品与服务，以及与股东之间的关系。企业只有开展内部营销活动，吸引、激励优秀员工，把员工看作企业的"内部客户"，努力提供员工所需要的"内部产品和服务"，才能使员工支持企业的外部营销活动，进而为客户提供优质的产品和服务，使客户满意。这样，不仅实现了企业内部营销与外部营销的整合，而且使营销与客户对企业的反映联系了起来。

（三）整合营销

整合营销，即指促进企业与其客户和其他关系利益人发展品牌关系、注重沟通互动、整合各种营销方法的一种营销模式。它涉及将广告、公共关系、促销、个人销售、直接营销、口碑营销等各种营销手段和渠道融合在一起，形成一个协调一致的营销策略。

这种营销模式强调如何塑造品牌关系、维护并强化品牌关系的永久价值，重在对品牌价值、品牌资产等无形资产的管理，重视企业的每一位员工影响客户的潜在能力和对品牌信息的掌握，通过加强品牌关系来提升品牌价值。与传统营销比，它有三个特点和不同的重点：把营销重点从争取客户变为保持和增强客户群；强调与客户和其他关系利益人进行双向沟通，其品牌资产方程式是：沟通—品牌关系—品牌支持度=品牌资产；视营销为金融企业管理的哲学而非一项功能或一个部门。

美国金融营销模式

<table><tr><td>第二节</td><td>服务中员工与客户的关系</td></tr></table>

一、金融服务利润链

成功的金融机构既把注意力集中在客户身上，又把注意力集中在员工身上，把公司的利润与员工及顾客满意度连在一起，金融服务利润链如图10-2所示。

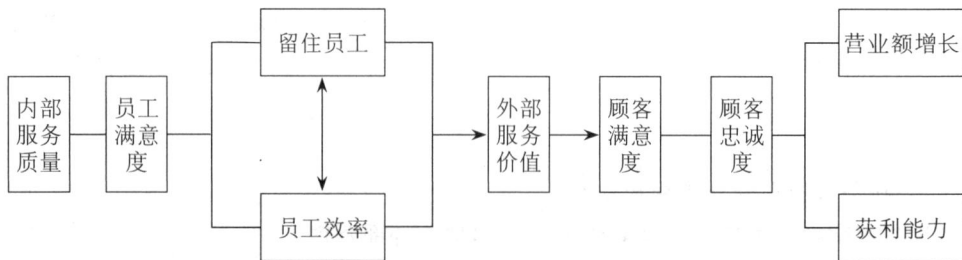

图10-2　金融服务利润链

服务利润链表明：企业内部服务质量、员工满意度和员工生产力提供给顾客的服务价值，与最终的顾客满意度、忠诚度和利润之间有着因果关系。顾客满意来自员工满意。服务人员是服务营销的人格化。能正确认识员工角色并积极管理的公司比未有如此认知的公司利润高出30%~40%。

二、一线员工的重要性

金融服务过程中的"员工"主要是指在前台（一线）提供服务的工作人员和后台（支持系统）提供服务的工作人员。客户对金融服务品质的感知，会受到这两类员工的影响。

在金融领域中，职员的形象和礼仪都受到顾客的关注，这是不同于实物商品的区别。购买实体产品的客户，也许并不关心那些组装该产品的工人的形象与举止，也没有必要这么做。而对于金融服务来说，与客户接触的员工，是客户购买的整体服务中的不可分割的一部分，会极大地影响客户对服务的评价。前台员工，如银行出纳、理财顾问、证券经纪人等，他们的形象与举止是服务品质的证据，衣冠不整、爱出错的出纳或急躁的理财顾问，会使得金融机构在客户心目中的形象产生消极影响。相反，衣着整洁、做事认真熟练的银行出纳和态度谦逊、温和的理财顾问则能激起客户对金融机构的积极评价。因其不可驻存性，很难掌握，所以其成效也很难判定。因此，顾客往往根据企业的服务质量对企业进行评估，顾客对金融一线员工的印象和态度成为了重要的视觉指示。

一线人员又称边界跨越者，在企业与市场的边界上工作，是联系外部客户与公司内部运作的纽带。其重要性表现在，他们就是服务：他们是客户眼中的公司代表，他们就是营销者。

很难想象，没有客户经理，由谁向客户提供理财咨询；没有保险推销员，客户如何了解眼花缭乱的保险产品并投保。服务人员是服务实施的要素。

客户认为服务人员就是公司形象的化身。服务人员所做的每件事、所说的每句话都会影响客户对公司的感知。甚至正在休息的员工也反映其公司的形象。如果他们在非工作时间对客户表现得不够专业和言辞不恭，那么客户对公司的感知也会打折扣。

由于一线员工代表公司，能够直接影响客户的满意度，因此，他们就扮演了营销者的角色。例如，许多银行让大堂保安兼顾引导工作，让出纳员不仅完成现金操作任务，而且兼顾销售更多产品，如国库券、基金、信托计划等。

三、服务过程中的员工及其作用

顾客对服务的满意度可分为可靠性、反应性、安全性、关怀性和有形性五个维度。而影响这五种认知的关键一环就是和一线员工的交流。下面逐一分析，员工如何通过上述五个方面对客户感知产生影响，进而决定服务的质量水平。

（1）可靠性即按承诺传达服务，往往取决于一线员工。金融机构人员表现不稳定，缺乏控制（包括人员本身的自控），服务质量就难以保证。假如金融机构发出了便利快捷的承诺，或方便简单的承诺，或热情周到的承诺，不幸遇到行动迟缓、操作无序、面若冰霜的服务员，上述承诺就无法兑现，并招来客户的不满。即使在与客户隔离的远程自动化服务的情况下，如自动取款、自动售票、网站门户等服务，后台人员的作用也至关重要。一旦服务出现失误或差错，需要员工凭借自己的经验判断，并进行处理或补救，直至恢复正常。

（2）反应性即对客户个性化具体要求的回应。一名反应迟钝的或工作死板的服务人员，肯定适应不了多变的、多样化的客户需求。相反，那些反应灵活敏捷的金融机构，总是拥有一批头脑灵活、反应迅速的人员。例如，当柜台前面出现排队拥挤的现象，迅速增加窗口，加快服务速度。甚至当出现不受欢迎的客户时，素质高的员工可以表现出不露痕迹的拒绝技巧。

（3）安全性有时又称保证性，是指客户对服务的信心和信任。当员工向客户讲解产品和服务时，他的言谈举止表现出职业水准和彬彬有礼，可以转化为金融机构稳健可靠的形象，使客户产生良好的第一印象，进而产生信任与信心，消除疑惑，降低对服务的认知风险。这对于无形的专业服务尤其重要。

（4）关怀性又称移情性，是指员工为个别客户提供需要的服务时，要设身处地注意每一个客户的问题。专注、聆听、具有适应性和灵活性的表现，可以充分表现出员工的个人魅力。对客户特别的个性化的关怀，能够建立良好的个人关系，提高客户对服务的评价，客户回头率较高。

（5）有形性主要体现在员工的外表、着装与态度，以及服务设施、装潢、宣传画册和标志等给客户带来良好的感觉。

四、服务过程中的客户及其作用

服务业是一种既有生产又有消费，还有表演形式的活动。在这个过程中，员工，顾客，乃至其他人在服务环境中相互作用，共同创造出满足顾客需求的产品。同样，在金融服务过程中，客户只有与金融服务人员发生有序的相互作用，才能保证产生预期的服务绩效。由于参与服务过程的客户成为完成服务过程的必要因素，并影响自己对服务的满意度，因而在金融营销中不可忽视参与服务过程的客户的作用。

（一）客户的类型

参与服务过程的客户分为两类：接受服务的客户和周围客户。

（1）接受服务的客户。参与服务过程通过自己适当或不适当、有效或无效、活跃或不活跃的行为影响服务效果。假如客户办理房产过户业务，如果没有准备好有关证件和资料，当他们寻找时，营业员就会被迫等待。其他客户可能因为长时间不能得到服务，而产生不满。

（2）周围客户。周围客户是与接受服务的客户同时接受服务或等待接受服务的客户。他们的情况也会影响客户的满意度。当积极影响产生时可以提高客户满意度，反之则降低客户满意度。

（二）客户的作用

在服务过程中，客户扮演两种主要角色：一是作为生产资源；二是作为质量和满意的表达者。

（1）客户作为生产资源。将客户看作"兼职员工"，增加公司的人力资源，提高生产能力。例如，在医生看病过程中，如果病人能够清楚说明自己的病情、提供必需的信息、充分沟通就能得到更好的服务；否则将花费更多时间和费用。这类客户主要属于参与度较高的一类。

（2）客户作为质量和满意的表达者。从客户角度，他们并不关心自己是否担当企业的生产力角色，而是关心自己的需要是否能得到满足。有效的客户参与可能会提高客户的满意度。当一个客户来到银行，对自己做什么和怎么做的认识很清楚时，往往得到的服务较好，满意度较高。表10-1展示了"做什么"和"怎么做"的含义。

表 10-1　　　　　　"做什么"和"怎么做"的含义

做什么——顾客投入的技术质量	怎么做——顾客投入的功能质量
清楚说明想要银行员工做什么	对银行员工很友好
为银行员工提供适当信息	和银行员工关系很好
努力和银行员工合作	对银行员工很礼貌
理解与服务有关的程序	接受该服务是一次愉快的经历

五、员工与客户的关系

在第一线工作的员工热心工作，不但能增进与顾客的沟通，还能让顾客有一个愉快的消费体验。顾客用赞美来表达他们的满意度，从而增进了员工和顾客之间的联系，顾客下次再来的时候员工也会变得更热心。员工一贯、积极的服务接触能够在一定程度上提高客户的满意程度，进而促进客户的忠诚。员工在一个工作岗位工作的时间长，不仅可以了解本职工作的要求和做好工作所需的技巧，而且能够深入地了解客户的特殊兴趣和需求。客户满意与员工满意之间的关系如图 10-3 所示。

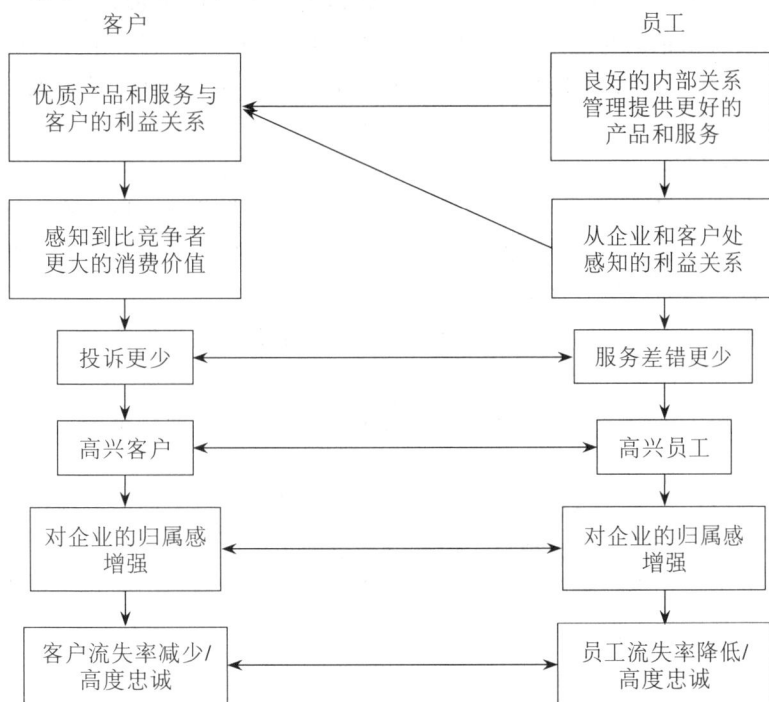

图 10-3　客户满意与员工满意之间的关系

内部营销包括企业所有为员工提供更好的内部产品的活动，包括员工教育和客户导向技能的培训。员工工作满意度与其客户导向之间存在正相关关系。

如果顾客得到的收益超过了他们所付出的代价，那么他们就会觉得这个公司比别的公司能给他们更多的价值。同理，如果雇员觉得现在的公司能给他们带来更多的好处，那么他们就会觉得公司能给他们提供更多的价值。

产品和服务的质量高，客户投诉就少，员工也就不会遇到那么多不满的客户。

客户的情感也会感染员工的情感。企业管理人员可以利用员工和客户在交往过程中的这种情感感染，加强企业与客户之间的情感交流。

六、员工与企业之间的关系

（一）员工工作满意感

工作满意感指员工觉得自己的工作可实现或有助于实现自己的工作价值观而产生的愉快情感。工作满意感包含的内容非常丰富。员工工作环境中的一切特点都会影响员工的工作满意感。常用的衡量员工工作满意度的指标是工作描述指数。

（二）组织公平性

组织公平是指在工作环境中的公平，尤其是员工对公平性的感受。组织公平感会显著地影响员工的工作态度与行为。如果员工觉得自己受到企业公平的对待，就会对企业产生好感，并尽力按照社会公认的道德准则，做好自己的工作。

（三）领导人员的行为

一个好的领导者需要具备三方面的能力：技术技能、认知能力和"情商"能力。过去，高超的技术技能和认知能力一直是人们对好的领导者的主要要求，但现在，最优秀的领导者还要求具备出色的与他人合作的能力。"情商"高的人具有五个方面的特点：自我意识强、自律能力强、动力、同情心和较强的社交能力。员工往往会从这五方面评价领导人员的情商。

（四）关系利益

企业所有者为实现这一目标，必须通过其雇员的努力与劳动，以获取更高的利润。那么公司要给员工发工资，这是双赢的局面。为吸引和留住最优秀的员工，企业必须为员工提供比其他企业更高的价值，这包括四个方面的内容：

（1）工作与业余生活：许多学者提出的工作满意指数没有包括工作与员工业余生活之间的关系，而后者往往被认为是一个非常重要的因素。

（2）工作的快乐：企业为员工提供的不仅仅是一份工作，而且是一个让员工充分实现理想、抱负的场所。

（3）经济利益：较常见的利益是企业以津贴形式发放给员工的经济利益。虽然员工在企业工作并非完全为了获得经济利益，但经济利益确实是员工追求的一种主要利益。

（4）稳定的工作：终身雇佣制过去在许多公司都是员工的一种福利，它能保证员工可以得到一份终身稳定的工作。

（五）员工归属感

员工的归属感是指员工是否愿意留在某个公司。根据其原因的不同，员工的归属感可以分为三种类型：情感性归属感、持续性归属感和道义性归属感。其中，情感性归属感指员工出于喜欢而继续在本企业工作；持续性归属感指员工因"跳槽"代价过大或缺乏"跳槽"机会而不得不继续在本企业工作；道义性归属感指员工出于道义责任，觉得自己应该继续在本企业工作。

没有信任就不可能有归属感。员工必须相信其直接主管的能力，而企业也必须相信员工的工作能力以及他们满足客户需要的能力，这种信任是授权的核心。企业对员工授权，首先要相信员工具有正确决策的能力。

企业、员工、客户的关系三角形如图10-4所示。

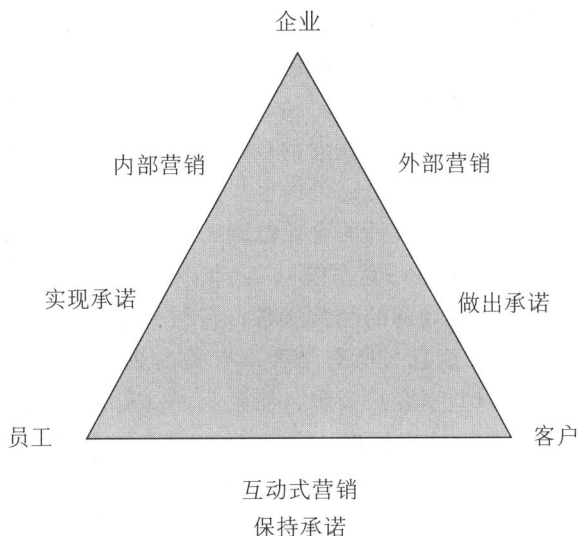

图10-4　企业、员工、客户的关系三角形

七、金融业客户关系管理

近年来，金融机构对培养客户关系越来越感兴趣，原因在于它们认识到了建立长期客户关系的重要性——它是一种降低客户流失率、降低成本以及增加收益的方式。这就带来了客户关系管理活动。关系营销包括吸引、维持和加强客户与公司之间关系的行为。建立客户关系不仅仅是一种市场营销职能，它还是一门有组织的哲学，影响运作和过程、员工客户服务和质量。同时，希望建立和维持长期客户关系的金融机构，需要采用大数据来分析处理它们与客户的关系。

大数据正以前所未有的速度颠覆着人们探索世界的方法，并驱动产业间的融合与分立。随着大数据时代的到来，金融领域的界限日益模糊，给金融机构带来了巨大的挑战和机遇。以数据挖掘为基础的金融创新，给金融机构带来了无限的遐想与发展空间，同时也给传统的金融机构带来了巨大的变革。对于那些能理解并拥抱大数据的金融机构来说，大数据将意味着无穷的业务创新、新的竞争力源泉和业务利润。

金融服务是为社会物质资料的生产和流通提供融通资金的服务，是金融企业有效经营货币与货币资本的成功保证和进行营销管理的一项具有决定性意义的活动，是金融企业提供的全部金融业务与以顾客为中心的金融服务意识、服务活动、服务质量与结果的整合。具体而言，金融服务就是通过关注顾客的七个因素：消费时间、职业特征、等待时间、礼貌、注意程度、正确性与能力，满足顾客对于金融产品的需求，使其得到其所需要的金融产品与服务。

(一) 客户关系管理的定义和特征

客户关系管理（CRM）是企业为提高核心竞争力，达到竞争制胜、快速成长的目的，树立以客户为中心的发展战略，并在此基础上开展的包括判断、选择、争取、发展和保持客户所需要实施的全部商业过程，是企业以客户关系为重点，通过开展系统化的客户研究，优化企业组织体系和业务流程，提高企业效率和利润水平的工作实践，也是企业在不断改进与客户关系相关的全部业务流程，最终实现电子化、自动化运营目标的过程中，所创造并使用的先进信息技术、软硬件和优化的管理方法、解决方案的总和。

客户关系管理起源于20世纪80年代初提出的接触管理（Contact Management），即专门收集、整理客户与公司联系的所有信息。经过不断发展，客户关系管理逐渐形成了一套管理理论和应用技术体系。最早提出该概念的 Gartner Group 认为，客户关系管理就是为企业提供全方位的管理视角，赋予企业更完善的客户交流能力，最大化客户的收益率；是代表增进盈利、收入和为客户满意而设计的企业范围的商业战略。从一开始，客户关系管理就被界定为一个商业策略（而不是一套系统），它牵涉到的不只是一个单独的部门，而是一个整体。客户关系管理是顾客导向的经营战略，其利用信息技术对客户资源进行集中管理，将经过分析及处理的客户信息与所有与客户有关的业务领域进行链接，使市场、销售、客户服务等各个部门可以共享客户资源，使企业可以实时地跟踪客户的需求，提供产品及服务，提高客户的满意度及忠诚度，从而吸引更多的客户，最终使企业的利润最大化。

移动客户关系管理将原有客户关系管理系统上的客户资源管理、销售管理、客户服务管理、日常事务管理等功能迁移到手机。它既可以像一般的客户关系管理产品一样，在公司的局域网内进行操作，又可以在员工外出时，通过手机进行操作。移动客户关系管理主要适用于经常出差在外的人士，以便随时随地掌握公司的内部信息，客户只需下载、安装手机版软件，就可以直接使用了，同时，账户就用电脑申请的组织名和账户名就能直接使用该系统，这样客户不仅可以随时查看信息，而且可以通过手机给公司内部人员下达工作指示，同时还可以使用平台所提供的所有功能。

无可否认，对企业而言，客户关系管理是一种先进的经营哲学与经营策略的结合，其理论依据是关系营销理论，其硬件支撑是现代信息技术，其组织人员基础是企业的内部组织结构和人力资源配置。客户关系管理利用信息技术系统全面地收集客户的一手信息，通过信息技术分析和专业分析深入地研究客户的心理行为及其特征，再根据以上结论，利用多样化的互动方式为客户提供个性化的产品和服务，使得客户的满意度、忠诚度及贡献度在使用产品和接受服务的过程中不断地提高，培养企业与客户持久、稳定的伙伴关系，最终达到企业与客户的双赢。

要真正理解并把握客户关系管理的含义还要从上述的定义来入手，概括说起来它应当有三个层次的内容：

首先，对于企业管理来说，客户关系管理体现为一种现代经营管理理念；其次，客户关系管理是企业对客户进行管理的方法和策略；最后，客户关系管理是由信息技术、软硬件系统集成的应用解决方案的总和。

究其核心思想，即企业客户资源永远是一项重要资产，客户关系管理服务的中心是客户关怀，而客户关怀的目的则是要与有价值的客户保持长效有益的业务往来，这样就可以最大限度地增加企业利润并提高市场占有率。

（二）客户关系管理的目标和效益

企业实施客户关系管理，就是要对企业与客户之间的各种关系进行全面管理，以实现客户资源价值的最大化，这也是客户关系管理的最终目标。客户资源就是企业的全部客户，顾客资源的价值又由顾客的总体规模、顾客能为企业创造的价值、顾客与顾客之间的关系维持的长短来决定。因此，要实现客户关系管理的目标，企业必须从三个方面加强客户关系管理：

（1）增加客户数量，即通过获取新的客户、赢回流失的客户以及发展新的细分市场等来增加企业所拥有的客户的数量。虽然开发一个新客户的成本要高于挽留一个老客户的成本，但是获取新客户是企业扩大客户群、实现经营业绩增长的一个重要手段。而且，任何企业都不能避免客户的流失，因此获取新客户和赢回流失客户也起到补充与稳定客户群的作用。

（2）增加客户价值，即通过交叉销售和销售升级等方式使客户增加购买数量、购买频率与购买品种，从而使客户为企业带来更高的价值。在客户数量既定的情况下，如果能够增加每个现有客户的购买量，必然会带来客户整体价值的不断增长。

（3）延长客户关系，即通过培养忠诚客户、保持有价值的客户、减少客户流失等手段不断延长客户生命周期，提高客户的终身价值。企业进行客户关系管理就是要把潜在客户一步步培养成为忠诚客户，使其不断重复购买企业的产品和服务，不断为企业贡献价值。

客户关系管理的目标可以表述为：

（1）以快速、准确、优质的服务吸引新客户和保持老客户；

（2）以优化的业务流程降低吸引和保持客户的成本；

（3）提高客户让渡价值从而提高客户满意度和忠诚度。

客户关系管理的效益主要有以下几个方面：有效管理客户资源；提高竞争力；改善服务；提高效益；降低成本；提高客户满意度和忠诚度；提高客户终身价值。其中，客户终身价值是客户关系管理的根本目标。因为，企业追求的不只是当前的利润，而且是整个客户关系生命周期里的所有利润；不只是他本人消费所带来的利润，还包括因他的影响而带来或损失的利润。

因此，客户关系管理的中心就是顾客的资源价值管理，所以要想实现顾客关系管理，就需要从海量的顾客信息中获得有用的信息，并且在对海量的数据和信息进行处理和分析之后，找到对公司经营决策有重要意义的东西。这一切都需要有先进的技术和工具的支持，数据挖掘恰恰可以给予客户关系管理良好的技术支持。

（三）金融客户关系管理

就我国现阶段而言，商业银行的客户关系管理大致包含两方面的内容：一方面是客户的营销管理，另一方面是客户的服务管理。客户的营销管理是指商业银行采取营销手段来识别、挖掘有效客户，并向客户提供个性化的产品和服务；客户的服务管理就是对服务对象，也就是客户，实施科学维护和系统管理，此举目的是不断夯实客户群基础。

图10-5显示了现代商业银行的客户关系管理运行模式所包含的四个模块，以及它们相互之间的关联，针对四个模块，我们分别论述：

（1）良好的、持久的团队合作精神。商业银行要在内部组织与管理方面突出团队协作与整体服务职能，从而实现以客户为中心的经营理念。此外，在现代商业银行的核心能力中，一个重要的表现就是银行内部各部门之间可以按照自己的经营目标来进行分工和协调。同时，良好的、持久的团队合作，也离不开合理的内部结构设置和动态信息的快速市场应对能力这两方面的技术支撑。以产品服务为中心在过去是商业银行内部组织架构设置的基准，现在只有不断向以客户为中心调整才是正途。

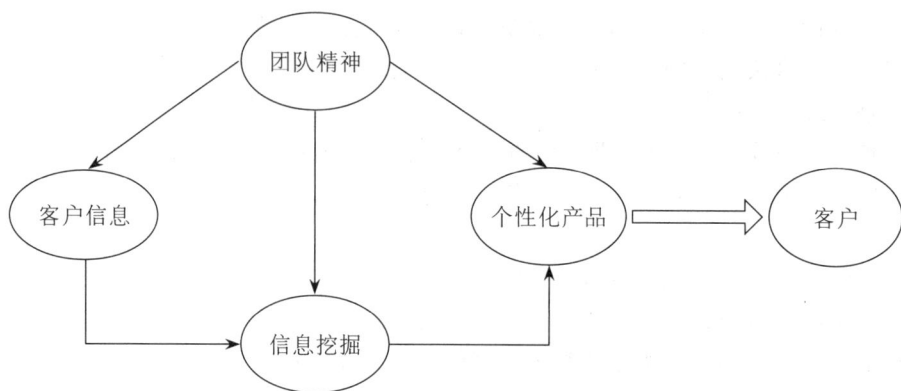

图 10-5 客户关系管理运行模式示意图

（2）充分的、正确的客户信息。在银行业白热化的市场竞争中，商业银行对客户资源的价值必须要有一个全面的了解，原因很简单：商业银行要想准确地进行市场定位并采取相应的经营策略，就只有对客户价值进行全面的了解这一条路可走。因此，商业银行在日常经营过程中要尽可能在保护商业秘密和客户隐私权的前提之下，利用各种渠道充分地收集与客户相关的信息，实现对客户群体的深层次、多角度的挖掘式的分析；同时，金融机构、社会中介机构的客观数据的对比分析也十分重要，充分的客户信息是建立一个科学、客观的客户及其市场信息分析制度的必要前提。充分的客户信息、客户的交易行为及贡献度分析也应当是一个重点。当前，国内的商业银行根据客户的资金来源、年龄结构、职业状况、收入结构、信用等级等资料对其进行了分类。不得不提的是国际上公认的"二八定理"，即银行80%的存款来自20%的客户，这对我国商业银行的私人客户群体来说并不适用，实证分析表明，"一九定理"，即不足10%的客户拥有90%以上的存款才基本反映事实情况，而在实际中这种反差有可能更大。从沿海到内陆，这种情况随地域的不同还有差别，在各家商业银行的调查研究中，类似的这些有差异分析结果，对于商业银行的市场定位及策略调整等工作绝对具有重要的战略意义。

（3）科学的客户群体甄别、挖掘及分类。商业银行要想实现对客户的科学管理，就必须对客户信息进行深层次分析。这些分析应该从量、本、利角度出发，通过一系列的甄别、挖掘之后将客户群体进行科学分类，从而实现科学的分类管理。

（4）创新的满足客户需求的金融产品。在高技术的环境下，银行必须持续创新新品种和新工具来满足客户的需要，以适应不断变化的客户需要，从而达到客户关系管理的特定目的，以发展高质量的客户，留住高质量的客户。

（四）金融业实施客户关系管理的方案

1.客户开发策略

（1）客户关系开发准备；

（2）寻找与发现目标客户；

（3）与客户建立消费认知关系；

（4）与客户建立第一次购买的合作关系；

（5）与客户建立长期的合作关系。

2.客户保持策略

保持已有客户，是金融企业关系营销战略的核心。

（1）客户关系管理，其内容一般由四个部分构成：

①客户细分。

②主动与客户保持联系。

③提供无偿的金融服务。

④满足客户的需要与欲望。

（2）客户关系细分方法：ABCD细分分类方法。

汇丰银行营销
方案

【学思践悟】

中国客户关系管理：政策驱动，创新发展

近年来，中国金融市场蓬勃发展，客户关系管理（CRM）在其中的作用愈发重要。《中华人民共和国国民经济和社会发展第十四个五年规划和2035年远景目标纲要》提出，要深化金融供给侧结构性改革。健全具有高度适应性、竞争力、普惠性的现代金融体系，构建金融有效支持实体经济的体制机制。为落实这一精神，中国人民银行与银保监会等机构出台了一系列政策。例如，2020年发布的《中国人民银行 银保监会 发展改革委 工业和信息化部 财政部 市场监管总局 证监会 外汇局 关于进一步强化中小微企业金融服务的指导意见》明确要求金融机构要加大对中小微企业的信贷支持，以提高金融服务的精准性和有效性。数据显示，截至2023年6月底，全国普惠小微贷款余额已达到19.1万亿元，同比增长27.4%，显示出强劲的支持力度。同时，建设银行通过"惠懂你"平台，运用大数据和人工智能技术，实现了对中小企业的精准支持，平台用户已超过300万人，贷款申请通过率显著提高。此外，金融科技的广泛应用也为客户关系管理注入了新活力。平安银行通过其"AI+大数据"平台，实现了智能客服和个性化服务，从而极大提升了客户体验和服务效率。这些政策、数据和案例表明，在国家政策的支持和金融科技的助力下，中国的金融机构通过不断创新客户关系管理，提高服务质量，满足多样化的客户需求，从而推动了金融市场的高质量发展。

第三节　　　　质量管理

一、金融服务质量的概念和作用

对服务质量的研究始于20世纪70年代后期，从那时起，服务质量问题便引起了许多学者极大的研究兴趣。20世纪80年代初期国外学者根据服务的特性，从客户价值的角度，将服务质量定义为：服务质量是组织的服务行为在客户眼中的独特性及其所感受到的价值，它取决于组织的行为及客户根据其满足自身需求和期望程度而对于这种行为的评价。根据这种定义可知：

（1）服务质量是客户感知的服务质量。服务质量不是由管理者决定的，它是建立在客户的需求、向往和期望的基础之上的。更重要的是，服务质量不是一种客观决定的质量，而是客户对服务的主观感知。

（2）服务质量发生在服务生产和传递过程之中。服务生产过程的结果只是客户感知服务质量的一个组成部分。客户将其亲自参与的服务生产和传递过程也纳入感知服务质量之中。所以，对服务过程的感知，对客户与服务提供者之间互动关系的感知也构成总的感知服务质量的重要组成部分。服务过程的质量与服务结果的质量具有相同的重要性。

（3）质量是由一连串重要瞬间、服务联络与交互累积而成。在此背景下，顾客与服务商之间的交互（如：关键时刻、服务接触等）是影响顾客感知服务质量的重要因素。由此可见，服务或多或少是一种主观体验过程。在这个过程中，生产和消费是同步进行的。客户和服务提供者之间存在着一个互动的过程，客户对服务质量的感知就形成于这个互动过程中。

服务质量对服务组织的成功是非常关键的，良好的服务质量将会提高客户的忠诚度，忠诚的客户会积极地替企业进行宣传并愿意与企业建立长久的关系，会为企业提出宝贵的建议，使企业改进服务质量并为他们提供更高的服务质量甚至定制化，这又进一步加强了双方的联系。有关专家估计，企业65%的销售额来自老客户，而发展一个新客户的费用平均是保留一个老客户的6倍；从财务角度看，用于老客户的投资回报率远远高于投资与促销以及发展新客户的活动。基于我国的特殊国情，价格竞争由于市场结构和金融管制而受到抑制，因此，竞争优势主要依赖新颖的金融产品以及金融服务质量，首先要了解产生质量差距的原因，然后才可以对症下药。

二、服务质量构成要素及影响因素

（一）构成要素

金融服务质量是指产品或服务自身的特征和特点的总和，同时也反映了顾客对其的感知，因此，服务质量不仅包括技术质量、职能质量、形象质量和真实瞬间，而且包括感知质量与期望质量之间的差异。

1.技术质量

技术质量是指服务过程的产出，即客户从服务过程中得到的东西。金融机构为客户提供的具体金融产品，包括储蓄类产品、保险产品、证券投资产品等。对于技术质量，客户容易感知，也便于评价。

2.职能质量

职能质量是指在服务推广过程中客户所感受到的服务人员在履行职责时的行为、态度、穿着、仪表等给客户带来的利益和享受。职能质量完全取决于客户的主观感受，难以对其进行客观的评价。技术质量与职能质量构成了感知服务质量的基本内容。

3.形象质量

形象质量是指金融机构在社会公众心目中形成的总体形象。它包括金融机构的整体形象和企业所在地形象两个层次。企业形象通过视觉识别系统、理念识别系统和行为识别系统多层次地展现出来。客户可从企业的资源、组织结构、市场运作、企业行为方式等多个侧面认识企业形象。企业形象质量是客户感知服务质量的过滤器。如果企业拥有良好的形象质量，少许的失误会赢得客户的谅解；但倘若企业形象不佳，则企业任何细微的失误都会给客户造成很坏的印象。

4.真实瞬间

真实瞬间是在服务过程中客户与企业进行服务接触的过程。这个过程是在特定的时间和地点，是企业向客户展示自己服务质量的时机。真实瞬间是服务质量展示的有限时机。

一旦时机过去，服务交易结束，企业也就无法改变客户对服务质量的感知；如果服务质量在那一刻出现了差错，那是没有办法补救的。"真实瞬间"指的是一种特定的服务品质要素，它不包括在有形的产品质量中。服务生产和传送过程应计划周密、执行有序，防止棘手的"真实瞬间"出现。

（二）影响服务质量的因素

1.金融服务自身的特点：无形性及其对有形性的依附性；服务的生产与消费同时并发性；服务难以全部标准化的异质性；服务的及时性与易逝性等。

2.服务活动过程中的顾客因素。

3.营销经理、业务员因素，如素质、形象、能力以及服务承诺等。

4.营销服务环境因素。

三、服务质量的基本属性

1.可感知性：指服务产品中的"有形部分"可以为顾客感知。

2.可靠性：指企业准确无误地提供自己承诺的服务。

3.响应性：指企业随时准备为顾客提供快捷、有效的服务。

4.保证性：指服务人员的友好态度和胜任工作的能力。

5.移情性：指企业要真诚地关心顾客，了解他们的实际需要并予以满足，要求服务人员站在顾客的角度，想顾客所想，急顾客所急。

四、金融服务质量评估

（一）SERVQUAL模型

服务的无形性造成了客户在评价服务时带有很大的主观性，这就给评价服务质量带来了困难。为了解释服务质量的复杂性，学者们提出和发展了各种各样的服务质量概念。其中应用最普遍的服务质量评价方法是由Parasuraman、Berry和Zeithaml共同提出与发展的SERVQUAL模型（Parasuraman，Berry and Zeithaml，1985）。近十年来，该模型已被管理者和学者广泛接受并采用。其测评的基本理论依据是将服务质量视作客户所期望的服务与感知的服务之间的差距，并认为这个差距体现在五个方面，即可靠性、响应性，保证性、移情性和可感知性。Berry和他的同事Parasuraman、Zeithaml为这五个经典的服务评价维度设置了22个具体评价因素，具体的测评指标体系见表10-2。

该模型的五个指标在评价服务质量时具有普遍意义，但由于在服务业中各个企业的服务特点不同，因此，这一普遍意义的模型需要进行相应的调整和改进。

（二）金融机构服务质量（BSQ）的衡量标准

加拿大的两位学者Kamilia Bahia与Jacques Nantel对SERVQUAL模型进行了有针对性的分析和研究，以求得出金融业适用的服务质量衡量指标。他们分析了SERVQVAL模型的五个指标，充分考虑了其他学者提出的有代表性的指标，在蒙特利尔的加拿大国家银行进行了问卷调查，并用数理统计的方法测定了各项指标的相关性，最后筛选并确定了衡量金融服务质量的六个尺度。

（1）效率和信任尺度：效率是指员工的能力和响应速度；信任是指可靠性、安全性、移情作用和信息交流。

表 10-2　　　　　　　　　　　　**测评指标体系**

	属性	期望指标
服务质量评估体系指标（SERVQUAL模型）	可靠性	对承诺的事情，能在预定的时间内做到
		对于客户在使用服务中遇到的问题，尽力帮助客户去解决
		在整个服务过程中都给客户提供优质的服务
		在预定的时间内完成服务
		在整个服务过程中都有准确的服务记录文档
	响应性	在服务开始之前及时通知客户相关的服务事项
		及时为客户提供服务
		员工随时准备帮助客户
		员工不会因为太忙而未能及时响应客户
	保证性	员工的举止使客户对服务充满信心
		使客户在接受服务的过程中觉得很安全
		员工在服务过程中一直很有礼貌
		员工具有回答客户问题的知识和能力
	移情性	给予客户个别的关心
		有专门的给予客户个别关心的员工
		有方便客户的工作时间
		了解客户的兴趣
		了解客户专门的需求
	可感知性	具有完善的营业设施和整洁舒适的营业环境
		营业设施看起来能够吸引客户
		员工穿着得体，整洁干净
		给客户提供与服务相关的附件和说明材料

（2）接待能力尺度：不仅包括有形的现代化设施，而且包括客户对现代化设施的感性认识。

（3）价格尺度：包括三项与特定的货币形式相关的价格和两项更广泛的价格概念。

（4）有形资产尺度：指服务场所的气氛和环境，以及服务的精确度，如宣传册和账表等。

（5）服务职责尺度：指提供服务的范围。

（6）可靠性尺度：指正确性和可靠性。

与SERVQUAL模型的五个尺度相比，BSQ的六个尺度更具有针对性，即特别为衡量金融机构的服务质量而量身定制，而且项目的内容更具负相关性。分项指标几乎涵盖了衡量金融业服务质量的全部内容，但由于金融市场发展的不平衡，不同国家以及同一国家的不同地区之间，对服务质量的要求均存在一定的差异。

【学思践悟】

金融创新助推发展，服务质量全面提升

近年来，中国金融服务质量显著提升，这一成就得益于政策引导和金融科技的广泛应用。党的二十大报告强调，加强和完善现代金融监管，强化金融稳定保障体系，依法将各类金融活动全部纳入监管，守住不发生系统性风险底线。以中国工商银行为例，该行通过引入智能客服系统，有效缩短了客户咨询时间。数据显示，2023年第一季度，中国工商银行的客户满意度较上年同期提升了15%。同时，中国银保监会发布的《银行保险机构消费者权益保护管理办法》加强了对金融消费者权益的保护，以确保服务透明和公正。平安银行则通过大数据和人工智能技术，为客户提供个性化的理财建议，提升了客户体验。根据平安银行2022年年报，其智能投顾业务的客户数量同比增长30%，彰显了金融科技在提升服务质量过程中的重要作用。通过政策引导和科技创新，中国金融机构在提升服务质量的道路上不断前行，全面提升了客户体验和满意度，从而为金融市场的健康发展奠定了坚实基础。

（三）服务质量差距分析模型（GAP）

Parasuraman、Zeithaml and Berry（1985）的一大贡献，是把服务质量概念界定为客户期望与其对服务表现的感知的差距。依据他们的研究成果，在服务系统中共有五种差距对服务质量差距产生影响。服务质量GAP模型，如图10-6所示，这些差距分别反映了与服务沟通、服务设计和服务提供相关的问题。

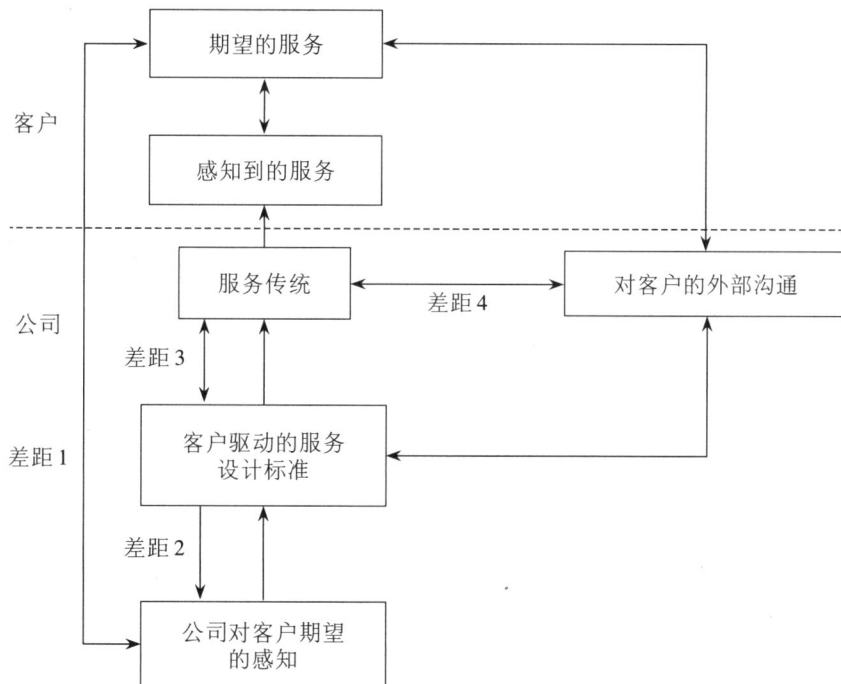

图10-6 服务质量GAP模型

差距 1：该差距是指客户期望与管理层对客户期望的感知之间的差别。导致这一差距的原因，是企业在获取客户信息的过程中出现了差错。管理人员和顾客的预期之间存在着一段距离，这在很大程度上是因为他们把自己关在房间里，以为自己知道顾客需要什么。举个例子，一家银行的经理相信，如果他们的贷款利率很低，那么他们的客户一定会很多，但是，他们并不擅长和客户进行交流，因此，他们对客户的某些询问，并没有做出任何回应，导致了客户选择了另外一家可能更高的贷款利率但是擅长沟通的银行。所以第一家银行在竞争中失败，原因就在于没有了解客户的期望。

差距 2：该差距产生于将管理层对客户期望的感知转化为服务设计的过程中。引发这一差距的原因，既可能是缺乏专门的人员与技术，又可能是管理层未能在服务设计过程中贯彻客户导向。譬如，证券公司管理层认为证券网络出现故障时应在一小时内解决，但是客户却认为由于股市瞬息万变，因此要求有一个备用系统马上启动，这种差距可能由于公司在收益与成本方面考虑太多而没有以客户服务为中心。

差距 3：该差距是指组织所设计的服务与其实际提供的服务间的差别。它的产生源于员工或设备所引发的服务提供系统失败。有时，对员工的挑选、培训和激励不能达到实施服务设计的要求。而在其他一些情况下，设备出现故障应负全责。比如，一家银行由于当天的划款业务太多，导致银行计算机不能正常运行从而造成企业间无法结算，进而给客户带来不愉快的服务经历。

差距 4：该差距是指组织所提供的服务与其在广告等营销中所描述的服务间的差别。该差距产生的原因，常常是组织承诺了根本无法提供的服务，也可能是广告宣传得过于夸张。

差距 5：这是最终的差距，是客户期望与所真正得到的服务间的差别，其结果是客户不满。上述四种差距中的每一种都作用于此服务质量差距。

譬如，接受一家银行出纳的服务，仅需排队等 2 分钟，也许是合理的，而根本不需要等则是一种理想的状态。客户存在一定的忍受区（介于必需的服务和理想的服务之间），忍受服务预期、服务承诺、口头宣传、先前经历、服务、个性需求和情境因素的影响（Berry and Parasuraman，1991）。企业必须使他们提供的服务在客户的忍受区内，并承诺其服务优于客户认为基本的、可接受的和理想的状态，符合服务企业的利益。这一举措将有助于消除前面讨论过的差距 5。了解了服务质量产生差距的原因以后就要去解决它们。这就要求我们首先要有一个金融服务的质量管理思想来指导我们的工作。

五、金融服务质量对客户忠诚度的影响

客户忠诚度的重要性在于它对金融服务营销策略具有重要指导作用。例如，一家银行可以决定是否在客户忠诚度的基础上开展业务，类似的活动包括吸引年轻人的促销、特殊地理位置的选择、与客户建立广泛的业务关系等。忠诚的定义可以这样理解，即客户长期惠顾一家银行。每个客户对金融机构都存在一定的忠诚度，具体的忠诚程度可以通过一段确定时期内对客户账户、生意的跟踪记录来获取。

提高服务质量的行动使金融机构得到了持续的发展，刘易斯（B.R.Lewis）对此总结了不同的定义，指出了与金融服务质量有关的决定性因素。近来，有关金融服务质量控制的研究也已提出，它们建立在统计质量控制学的基础上，就像在制造业部门发生的情况那

样。为了解决在金融服务中存在的问题，零售银行已经开始着手对客户忠诚度和服务质量问题开展了解。其他一些研究也认为，在金融服务领域内，应对有关客户服务的七个因素进行研究：消费时间、职业特征、等待时间、礼貌、注意程度、正确性及能力。在以上要素中，消费时间是调查满意程度的最重要因素，如普遍看法认为排队等待时间过长是造成服务质量下降的显著原因。

自2003年《商业银行服务价格管理暂行办法》颁布以来，我国商业银行服务收费范围已经逐步涵盖其大部分主要业务，且收费标准不断上调，这引发了社会公众的关注与质疑，使得银行业面临整体的信誉风险。但从长远来看，商业银行的吸储竞争将不断加剧，银行业存贷利差将逐步收窄，服务收费等中间业务的增长将成为支撑银行业经营绩效的重要支点。通过服务增值提高客户服务价格、客户满意度和忠诚度，增加中间业务收入，成为商业银行的必然选择。此外，由于我国长期的利率管制，客户感受不到银行间的利率差异。随着利率市场化改革的不断深入，市场供求关系在利率决定中的作用不断增强，存贷款利率以及理财收益率作为商业银行资金价格的主要体现形式，将会对客户忠诚度产生越来越明显的影响。因此，构建自主有效的定价机制成为商业银行应对利率市场化挑战的关键。

增强接待能力、提高业务效率和强化网点建设，是建立金融机构客户忠诚的一种有效方式，研究表明，接待能力、业务效率和硬件水平的提升，都能使金融机构的顾客忠诚得到明显的提升。因此，推进网点转型，增强硬件服务能力，建立系统科学统一的服务营销模式，实现服务标准化和客户体验的一致性，是提高金融机构接待能力和硬件水平的保障。同时，要提高金融机构服务效率，解决客户排队等难题，一方面，要不断优化服务流程，精简业务办理手续；另一方面，要积极引导客户转向电子服务渠道。阿里巴巴的金融创新实践表明，服务便利性和利率价格之间具有相互替代性。

在客户细分的基础上，制定差异化营销策略。年龄和受教育程度都会影响客户忠诚度，通常具有高等教育背景的客户都具有一定的金融知识和经济基础，他们不再满足于普通的银行业务，金融机构可通过主动的财富管理服务提高客户忠诚度。此外，要关注老龄客户的理财需求，这部分客户已经过了退休年龄，个人财富的积累过程基本已经完成，正处在财富的消耗阶段，因此更加注重通过金融服务实现财富的保值增值。根据中国工商银行上海市分行课题组（2011）的一项统计，老龄客户持有理财产品的比例在所有年龄段中是最高的。区域差异也是影响客户忠诚度的重要因素，在安徽省范围内，合肥经济基础较好，客户忠诚度较高，是商业银行发展零售业务的首选区域。另外，鉴于皖南和皖北的客户表现出了不同的忠诚度，金融机构还应充分关注区域间的地方城市文化差异，在客户关系管理过程中，充分了解并满足不同地区间客户差异化的服务诉求。

金融活动参与体验是影响个体顾客忠诚的重要因素，具有银行转换经验的顾客忠诚倾向更高，转行是顾客最优服务、最优定价的过程，同时也是提高顾客满意度的一个过程。此外，有过不愉快经历的客户忠诚度显著降低，金融机构在提升服务质量的同时，还应通过完善的投诉反馈渠道，缓解并释放客户的不满情绪。

【学思践悟】

优质金融服务赢客户忠诚，政策引导促市场发展

近年来，中国金融机构通过提升服务质量，显著增强了客户的忠诚度，各大银行也积

极采用金融科技手段优化客户服务。以中国农业银行为例，通过实施"智慧银行"战略，银行推出了智能客服系统和手机银行App，使客户体验大幅提升。数据显示，2023年中国农业银行手机银行用户数突破4亿人，客户满意度达到了92.5%。同时，平安银行推出的"智能零售"服务，通过大数据和人工智能技术实现精准营销和个性化服务，客户黏性显著增强。2022年，平安银行的客户复购率提升了15%。这些案例表明，优质的金融服务不仅提升了客户满意度和忠诚度，而且促进了银行业务的可持续发展。在政策引导和科技创新的双重推动下，中国金融市场正朝着高质量发展的方向不断迈进，金融服务质量的提升将进一步增强客户对金融机构的信任和依赖。

六、推行全面服务质量管理

全面服务质量管理指由企业所有部门和全体人员参加的，以服务质量为核心，从为顾客服务的思想出发，综合运用现代管理手段和方法，建立完整的质量体系，通过全过程的优质服务，全面满足顾客需求的管理活动。

（一）金融服务质量管理的要点

1.确立营销服务质量概念，即：顾客决定质量。

2.运用服务质量缺口模型，寻找现有服务中的缺口，通过分析，以提高服务质量。服务落差一般有四个影响因素：

（1）认识差距，即顾客期望与企业对顾客期望的认识之间的差别；

（2）标准差距，即企业对顾客期望的认识与其制定的顾客服务标准之间的差别；

（3）传递差距，即企业服务标准与实际提供给顾客的服务之间的差别；

（4）沟通差距，即提供给顾客的实际服务与企业营销承诺的服务之间的差别。

3.在充分了解目标市场与顾客需要和通过对顾客满意度做系统调查、明确服务质量状况的基础上，确立使顾客满意的长期信赖战略。重点按照"五条服务定律"实行服务：

（1）持久顾客关系定律，即营销服务的总观点：必须发展和保持良好、持久的顾客关系。

（2）真实瞬间需求定律，即客户经理和一线员工准确地识别、分析营销服务的真实瞬间的顾客需求、愿望及其突然变化，迅速做出反应，跳出固有的标准/制度，创造性地以顾客满意的方式妥善处理顾客关系。

（3）过程质量控制定律，即一线人员必须对其提供服务的全过程进行质量控制，并在真实瞬间当场验证质量。

（4）全面市场营销定律，即服务营销职能贯穿整个企业组织，每个人都是营销者。

（5）服务支持体系定律，即组织、技术、理论、各级管理者以及与所有利益相关的，共同构成营销服务的支持体系。

4.最高管理层直接负责服务质量的管理。

（1）制定高标准，实行零错误/缺陷管理。

（2）建立服务绩效监督制度。

（3）规定顾客满意度和员工满意度指标。

（4）企业组织要保证长期不断的服务创新。

（5）不断培训员工，深入理解金融企业与利益相关者关系的意义。

（6）对于企业购买的和提供的产品与服务，都兼顾价格和成本。

（7）对营销服务的管理要作为一个系统工程，以保证有效协调。

（8）注意消除随意性目标、仅以数字为基础的标准、对工作自豪感的阻碍、不实事求是的虚构等现象。

（9）不断培养、造就高级营销服务专家人才。

5.建立服务运营的开放系统。其特点是：把顾客看作是"投入"，通过服务过程转化为具有一定满意度的"产出"；营销服务经理是中心。

（二）提升服务质量管理的方法

1.标准跟进法

企业把自己的产品、服务、营销流程等与市场上的竞争者，特别是最佳竞争者的标准相比较，在比较与验证的过程中，不断地提升自己的水平。企业运用这一方法时可以从策略方面、经营方面和业务管理方面着手。

2.蓝图技巧法（服务过程分析法）

蓝图技巧法是指通过分解组织系统和架构，鉴别顾客同服务人员的接触点，并从这些接触点出发来改进企业服务质量的方法。通常包括四个步骤：

（1）把服务的各项内容用流程图的方法画出来；

（2）把那些容易导致服务失败的点找出来；

（3）确立执行标准和规范，而这些标准和规范应体现企业的服务质量标准；

（4）找出顾客看得见的服务证据，而每一个证据将被视为企业与顾客的服务接触点。

（三）确立服务质量考核指标体系

1.确立营销服务质量考评标准/指标体系，建立ISO9001质量认证体系

（1）要按照客户对服务的要求、期望以及与服务质量有关的因素，建立起一张质量功能配置矩阵表，并将其以书面的方式公布出来，在公司内形成统一的标准，严格要求，奖惩分明。

（2）认识标准是相对的、动态的，是随着经济形势的发展而变化的，真正的标准必须时时高于现有的最高标准，勇攀新高。

（3）考核标准体系包括两类标准：R标准，即成果导向型标准；P标准，即过程导向型标准。

（4）通过标准的确定保证优质服务的持续性。

（5）把握建立标准的步骤，使服务达到标准成为企业文化的一部分。

2.服务质量考核指标体系以商业银行为例

（1）人事指标：

①员工参与——对营销服务参与决策和实际活动程度极其愉快、欢乐、智慧、创新的心态。

②组织与人事制度。

③保障——各级主管和员工的专业知识水平、更新程度和对所在部门业务的熟练程度、殷勤程度和博得顾客信赖的能力，对顾客关心、专注的程度，以及协调顾客、提供优质服务的意愿的积极主动性。

④服务提供者（个人、组织）方面还有：服务技能、礼貌、友好性、反应性。

（2）顾客指标（质量由顾客决定）：

①顾客整合——银行与顾客沟通和互动的程度。

②顾客满意——顾客对银行服务的满意程度，主要是顾客感知的服务质量。

③综合满意——各个方面对银行服务的满意程度，包括内部员工满意、社会满意、所有者满意、经营者满意、国际满意等。

（3）管理指标：

①内部控制。

②管理创新——服务管理跟上顾客需求变化的程度。

③作业效率。

④直接成本及间接成本的减少。

⑤银行外部形象。

（4）产品指标：

①以长期业务关系为基础的产品质量的一致性、富有竞争力的价格、准时足额兑付的可靠性等，其又称为产品竞争的保健因素。

②产品创新。

③银行产品与服务的综合程度、广泛程度、配套程度等。

④金融服务产品的设计规则完善、可行、符合国际标准、国家标准和市场规则。

⑤竞争锐度因素——影响顾客购买本行产品与服务而不购买其他银行产品与服务的因素。

（5）技术指标：

①电脑系统。

②产品与服务中的技术含量大小。

③与营销服务有关的技术开发、技术创新具有市场适应性、超前性。

（6）效用指标：

①服务态度及受顾客欢迎、期望、接受的程度，做到"赢得理智不如赢得情感"。

②服务效率、精确度等合乎标准以及这些标准符合顾客需求的程度。

③服务全程的安全保密程度符合顾客需要的程度。

④可靠性程度，即切实履行承诺的能力。

⑤价值密集度，即通过对各种营销服务提供渠道、手段、工具及其他要素等进行整合，使顾客在任何时间、任何地点进行交易，为顾客创造了密集的时间价值、经济价值、知识价值等，如"一站式"服务。

3.明确营销服务质量评价管理中的各种要素的比重

1997年，美国 Malcolm Baldrige 国家质量奖进行修订，设立了新的标准，称作"卓越经营绩效准则"评定指标体系。它以顾客为导向，其核心内容包括：领导力，策略力，顾客与市场，度量分析与改善，人力资源，流程管理，运作成果。此后，这一奖项制度逐渐在许多发达国家和地区流行起来，形成了一种优秀的经营模式，被称为"卓越绩效"。它不是目标，而是提供一种评价方法。

英国合作银行
的营销重整

章后习题

一、练习题

1.（单选）下列不属于金融机构内部营销的特点的是（　　）。

A.信息交流　　　　　　　　　　　　　B.独立

C.渐变进化　　　　　　　　　　　　　D.减少部门之间的冲突

2.（单选）在整合营销中，汤姆·邓肯提出的品牌资产方程式为：沟通—（　　）—品牌支持度=品牌资产。

A.品牌理念　　　　B.品牌元素　　　　C.客户关系　　　　D.品牌关系

3.（单选）客户对服务质量的感知可以分解成几个方面，下列（　　）不属于这几方面。

A.可靠性　　　　　　B.保证性　　　　　　C.反应性　　　　　　D.无形性

4.（单选）以下不属于客户关系管理的含义的一项是（　　）。

A.一种技术手段

B.对客户信息资料的展示

C.一种创新的企业管理模式和运营机制

D.指导企业管理实践的一种思想和理念

5.（单选）服务质量基本属性中的可靠性是指（　　）。

A.服务人员的友好态度和胜任工作的能力

B.真诚地关心顾客

C.企业准确无误地完成自己承诺的服务

D.企业随时准备为顾客提供快捷、有效的服务

二、思考题

1.简要说明内部营销与外部营销之间的关系。

2.金融机构服务营销三角形之间是怎样的关系？

3.简要说明全面服务质量管理提供的方法。

章后习题参考答案

第十一章

营销人员的基本能力素养

学习目标

1. 了解金融营销人员的分配和职能。
2. 理解客户开发技巧和沟通服务技巧。
3. 掌握营销理念的发展和确立。

【章前导读】

随着时代的变迁，以及金融产品的革新，现代的金融市场已经朝着多方向、多层次、多样化发展，新的销售理念已经不再局限于简单的物物交换、推广售卖，而是要从客户的角度去解释金融产品，最大限度地将产品在消费者的生活中的投资性、可用性等因素都考虑进去，让消费者对商品有一个更好的认识，进而做好产品的销售和推广。同时，金融市场需求不断增加，产品研发样式繁多，竞争日益激烈。业内人士越来越关注金融市场的发展趋势，不仅在金融产品创新方面重视获得广泛的客户群体和更大的经济效益，而且在营销业绩方面也尤其重视。因此，当下社会对营销人员的要求不再局限于对金融产品的了解、熟悉程度，而是更加关注营销人员应有的基本能力素养。

第一节　　人员分配与职能

一、金融营销的发展历程

金融营销的概念是在1958年的全美银行协会的会议上提出的，指的是金融企业结合当下经济的发展，以市场为基础，把营销策略运用到金融产品的推广中，为顾客提供金融产品，满足客户需求，从而达到盈利的目的。随着金融市场的发展速度越来越快，市场营销的内容也越来越丰富，而金融企业的竞争也越来越激烈。此时金融营销成为金融企业重要的一环，它有助于提升金融企业的管理水平，提高金融企业的竞争优势。因此，金融营销是现代金融企业经营中的一项重要管理活动。

（一）金融营销萌芽阶段

自 1950 年左右开始，虽然一些银行已经开始采用广告等营销手段，但它们并没有充分认识到营销在整个企业运营中的重要作用，因此说这段时间市场营销在金融服务领域没有得到快速发展。

（二）金融营销发展阶段

1970—1980 年，这一时期西方金融营销思想及方式开始转变，从简单的采用营销方法到广泛运用营销，市场细分和企业定位也有了新的突破和改变。

（三）金融营销成熟阶段

1990 年以后，西方国家的金融营销取得了更大的发展。金融营销开始由银行转向其他金融机构，各种金融企业不断形成。21 世纪后，金融营销开始利用大数据、人工智能和机器学习等技术进行客户分析和个性化营销。

二、营销人员分配

服务员工的配备主要包括对员工的选择培训与激励等方面的管理。

（一）招募高素质的员工

尽管目前还没有一种绝对可靠、令人信服的测评人员素质的方法，但经验表明系统招聘方法，尤其是雇主和应聘者都能使用互联网时会使招聘行为流程化，此外招聘组织也需要通过提供更具吸引力的雇员待遇，为赢得最好的人才而提供更高的薪水、更舒适的工作环境，个人的职业发展的更多机会也可作为招聘人才的手段，虽然相关成本将会相当高，但考虑到高素质的服务员工能够为企业的未来发展做出巨大的贡献，这些成本支出是绝对值得的。

（二）培训提升员工素质

对服务员工进行最新服务方法的全面培训应比目前的大多数服务组织所进行的培训更丰富、更全面，能适应现实情况变化的需要，对业务和社交的培训都要重视培训员工与顾客的沟通能力，服务人员能够有效地满足顾客的消费需求，从而扮演好自己在工作中的角色。

金融服务公司需要依靠那些充满热情、能干的员工，通过运用各种先进的科技手段，才能在市场上占据上风，而金融服务的相互影响实质上就是人与技术的最优结合，因此，企业需要通过有计划的训练，来提升员工的服务水平，加强与客户的沟通。

服务组织需要有崇尚学习的组织文化来建立系统的培训机制，以保持竞争优势，例如一个拥有技术强大的顾客数据库的银行个人理财部门却可能因前台服务人员没有及时了解顾客不断变化的需求、偏好而导致顾客失去对银行的亲密感，使银行在技术上的竞争优势变得毫无价值；同样，如果一个银行拥有熟知顾客偏好的高素质员工却没有足够的技术力量去获取这些信息，那么银行也会因此失去其在人员因素上获得的竞争优势。

（三）激励员工出色地工作

为了使雇员做出出色的业绩，金融服务企业应该花费更多的资源来使其服务员工处于工作的最佳状态，为防止员工的士气低落，并最终保证员工的努力程度，企业应在兼顾员工与顾客需求的基础上设计服务工作，企业在建立和实施公平的、以目标导向的奖励机制的考核中，应尽可能细化服务组织，还应提供较多的水平与垂直工作的变动机会，要授权前台员工来解决顾客的一些问题，企业为保持其员工工作的积极性而做的种种努力也将吸引大量优秀的人才前来应聘，因此对于金融服务企业来说，这样的努力是具有很强的现实意义的。

（四）长期保持企业员工的凝聚力

随着企业发展，人员规模增大，"企业病"就开始出现。企业新人越来越多，但真正具有主人翁精神的员工越来越少。当企业发展顺利时，员工领着高薪与企业可以相安无事。但当企业遇到挫折时，员工会选择离职跳槽，企业如何长期保持员工的凝聚力呢？第一，要做好公司的价值传承工作。在招聘人员的时候要对公司进行一些文化方面的培训。第二，要制定收益分配制度，实现职工共同分享；企业要实现企业与员工之间的利益共享，就必须形成一个"命运共同体"，从而才能长久地维持员工的凝聚力。

顾客满意来自员工满意。服务人员是服务营销的人格化。顾客对金融服务品质的感知，会受到前台（一线）提供服务的工作人员和后台（支持系统）提供服务的工作人员的极大影响，由此可见合理分配是尤其重要的。

营销人员分配组织架构图如图 11-1 所示。

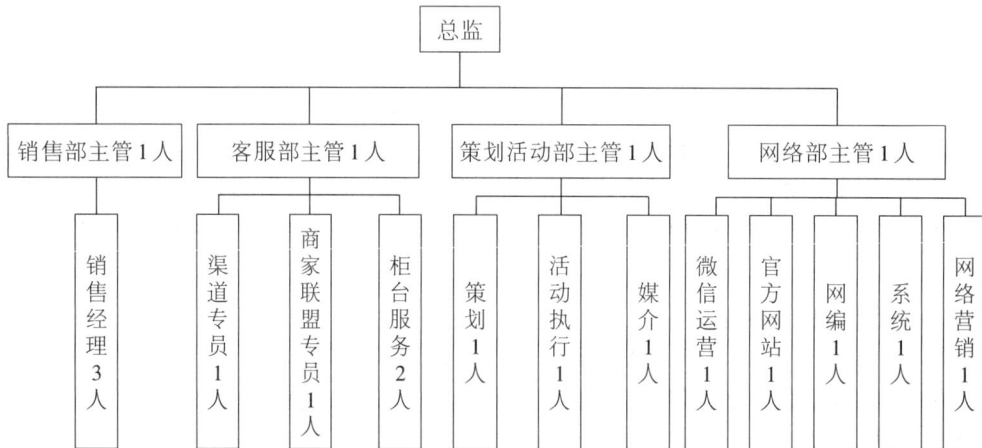

图 11-1　营销人员分配组织架构图

三、营销人员职能

（一）市场营销

捕捉市场机遇，把握客户需求，开展主动营销，促进业务发展。

（1）根据部门总体市场策略编制自己分管的市场的销售计划。

（2）全面掌握本市场的变化和竞争对手情况，了解客源市场布置的流量，注意市场结构的变化。

（3）组织本组组员对新市场进行开发。

（二）客户拓展

直接走访客户、采集客户需求，制订服务方案。

（1）对本市场中的客源大户要熟悉他们的基本情况，随时关注其变化并适时做出应对。

（2）管理开发好自己的客户。

（三）基础工作

负责收集、整理相关客户资料，加强市场、行业、客户的研究分析，为业务发展提供决策参考，每周上报工作动态。

（1）负责组织销售计划的审定及落实，并进行督查。

（2）掌握每位销售人员每日销售接待活动情况，并审核销售记录卡。协助部门经理做好本市场客户档案的建立及升级管理工作，保持客户档案的完整。

（3）每天早晨组织销售员召开晨会，布置当日工作重点；晚上参加部门销售会议，汇报当日工作进展情况及次日工作重点。

（四）业务推进

确保完成部门下达的经营目标和工作任务，努力提升竞争力和竞争优势。

（五）销售人员行为考核标准

（1）执行遵守公司各项工作制度、考勤制度、保密制度和其他公司规定的行为表现。

（2）履行本部门工作的行为表现。

（3）完成工作任务的行为表现。

（4）遵守国家法律法规、社会公德的行为表现。

（5）销售人员的销售话术（即沟通表达能力）；销售人员的服务态度；销售人员所掌握的产品知识及应变能力；销售人员的情绪波动控制（即抗压能力）。

第二节　　　　　　　　客户开发技巧

前面讲到了营销人员岗位分配和职责，在职责中提到了维持开发客户的重要性。在此基础上，提出了一种新的营销战略——客户关系营销。21世纪，国内的金融服务业企业应以顾客培育和开发战略为主要战略，以应对21世纪的全球市场竞争。

管理学大师彼得·德鲁克认为，商业（企业）的目的只有一个：创造顾客，没有优质顾客的企业，即使规模再大，也不会强大。可以说顾客是企业的生命源泉，对于金融类服务性企业则更是如此，所以现代企业想要在市场上获得持续长久的竞争能力，就必须实行以顾客为中心的需求管理，即营销管理。

一、客户关系的建立

本文将客户关系的构建，也就是客户关系的发展，分解成一系列的市场管理过程，也就是客户发展的各个阶段。客户开发步骤一般可以分为：客户关系开发准备；寻找与发现目标客户；与客户建立消费认知关系；与客户建立第一次购买合作关系；与客户建立长期合作关系。

（一）客户关系开发准备

金融服务企业的客户开发从企业的角度看有三种情况：第一种是企业完全没有客户资源，一切客户开发业务要从头开始，如新开张的金融公司等；第二种是具有很多传统意义的金融业务，但没有提升到营销管理层面的客户业务，目标客户业务开发也要从头开始；第三种是金融服务企业已经具有一定数量的关系顾客，企业要在这些关系顾客的基础上，开发和拓展新客户。

金融服务企业的客户开发从顾客的角度看有两种情况：一种是交易型、能动型的客户，即不存在关系营销层面的客户。客户开发要基于利益关系营销的层面，通过优惠的利益提供来建立持续的客户关系。另一种是感性关系型的客户。对这种类型的客户，要在创造感性体验和长期互惠互利的基础上，通过良好的人际关系、促销传播、品牌关系管理等方式来开发客户，并与客户建立长期的合作关系。

金融服务企业的客户开发从客户经理的角度看也有三种情况：一种是没有或以前很少做过客户销售业务的客户经理；另一种是具有客户经理经验或有一定客户资源的客户经理；还有一种是具有超强客户经理素质的客户经理。

无论从哪一个角度来考虑，都要意识到一点，那就是顾客是企业的真正利润来源。当企业和顾客管理人员发展顾客时，顾客关系的建立是顾客发展的首要步骤，要认真做好准备。客户开发准备主要包括：目标顾客市场分析、竞争者市场分析、企业的优势劣势分析、客户开发所需资料准备、客户开发策略制定、客户开发计划制订、客户开发培训、客户经理个人心理准备等。

（二）寻找与发现目标客户

寻找与发现目标客户一般由间接寻找、直接寻找和评估选择三个阶段构成。

1.间接寻找

间接寻找客户具有很多的方式，一般可以分为：（1）广告搜寻；（2）互联网搜寻；（3）查询咨询搜寻；（4）电话寻找；（5）邮寄寻找；（6）利用代理人寻找。

2.直接寻找

直接寻找客户也可以分为多种方式，主要由顾客关系资源寻找和无客户关系资源寻找构成。具体可以分为：（1）直接访问寻找；（2）观察寻找；（3）通过老客户介绍寻找；（4）从竞争者手中抢夺客户；（5）通过名人介绍寻找；（6）利用已有关系资源寻找。

3.评估选择

客户评价与选择是指调查、分析、评价并发现有效的顾客的过程。由于找到的顾客，未必都是有效的顾客，因此，要对找到的顾客进行评估，从中找出有价值的顾客，然后挑选出有价值的客户来发展。评估选择的客户主要包括个人客户、工商企业客户、金融同业客户，同时还需要对客户的项目进行评估。

（三）与客户建立消费认知关系

客户经理对目标客户实施的销售（或称为推销）过程，其中一个很重要的环节，就是与客户建立消费的认知关系，或称为消费者的接受过程。这一环节主要包括与客户建立交流和交际关系，借助促销传播手段和企业品牌形象与顾客沟通，为顾客购买提供讲解和示范，处理客户异议，激发顾客购买的欲望。

（四）与客户建立第一次购买合作关系

与顾客建立第一次购买的合作关系，对于单个顾客来说是最为重要的，它几乎决定了该顾客以后是否会和发生购买关系的金融服务企业建立长期的合作关系，而且这是构成金融服务企业战略关系顾客群诸多因素中的关键因素之一。心理学的研究结果表明，发生实质购买关系的第一次感受，是顾客对企业及服务产品评价、判断的关键，会给顾客留下深刻的印象，决定顾客的消费态度。所以客户开发过程，必须重视与顾客建立第一次购买的合作关系，并采取积极、高效的策略。

（五）与客户建立长期合作关系

与客户建立长期的合作关系是关系营销的理念，也是企业战略营销的体现。现代的市场竞争不在于"城池的得失"，而在于企业战略竞争优势的建立，其表现为持续的核心竞争力，企业的核心竞争力是由具有战略关系的客户群的质量所决定的。

二、客户关系的发展

金融服务公司的关系营销策略以维护和发展客户关系为中心，通过客户联系、客户满意、客户传播、客户品牌等战略，维护并发展客户关系。在此，我们将探讨客户成长策略之基本策略与管理技巧，包括价值罗盘、客户关系管理及客户关系细分方法等。

（一）价值罗盘

价值罗盘是美国营销学家罗伯特·韦兰在其著作《走进客户的心——企业成长的新策略》中提出的一种客户管理技术。

1.顾客/客户结合

首先，顾客必须是金融服务企业经过信用分析确定的目标顾客。其次，按客户关系特征进行分类组合管理。顾客组合，可以分为三类，组合管理的内容、方式方法，以及侧重点，各有不同。

（1）市场：市场是指全部可能的顾客。客户关系的主要特征是双向可选择、可替代。管理的重点是防止竞争对手抢走本企业最有价值的顾客。

（2）团体：群体是指某一地区或某一具体类别的客户群体，这些客户群体在整体上都能获利。客户关系管理需要对客户有足够的了解，并将其作为公司的最佳客户。金融服务企业要有能力提供既能够满足客户群需要，又能吸引其他顾客群的产品与服务。

（3）个人：单个个体顾客是金融服务业市场"宝石"的最好层面。客户关系管理的重点是：掌握更充分的顾客信息，特别是其数量、价值变化的特性；让客户经理具有更成熟的顾客联系技术；提供个性化特别服务。

2.价值构成

价值构成是金融服务企业与其顾客之间的价值创造、传递、变化的程度的描述，其分为以下三种构成形式：

（1）核心产品：核心产品即金融服务企业提供的、有特色的、可以满足顾客价值链中的关键环节需要的产品和服务，或系列配套产品与服务中的对满足顾客需求起核心作用的部分。

（2）扩展服务：金融服务企业为提高本企业在顾客价值链上的价值比重、服务范围，而以核心产品为中心提供的配套服务和延伸服务，如为帮助贷款人合理使用贷款而提供的咨询服务、培训等。

（3）总体解决：金融服务企业针对顾客实现其全部目标的全部活动的需要，提供全套的金融产品和全面的金融服务。

3.价值增加角色

价值增加角色是指金融服务企业在创造价值和把这些价值传递给顾客的过程中所扮演的角色，分为：

（1）产品经理：产品经理即在顾客关系链中，把一定的（统一的或各异的）、可以升值的最佳产品、服务组合提供给多个顾客，以实现价值的增加。他直接面对所有的潜在顾客，重视成本控制并保证产品与服务提供的稳定性、连续性。

（2）程序经理：程序经理是指在上下顾客价值链的关键衔接环节（程序）上提供所需产品和营销服务。例如，中国建设银行为汽车制造厂、特约经销商、购车人分别提供的生产贷款、经销贷款、汽车消费贷款及其服务，其利益分享是以价值增加和顾客满意为基础的，要管理更多的投入变量。

（3）网络经理：负责在金融服务企业各类顾客的关系交叉点上（处于中心位置），提供中介服务，匹配好存贷关系，管理和疏导顾客流。他可以通过两种方式创造价值：①降低存贷双方的信息、查询、交易的成本，控制利差；②用利率等金融工具控制交易双方的入场权力。

4.风险利润共享

"风险与利益共享"是指银行在面对外部环境和具体竞争模式时，在与客户进行资源交换与共享、优势互补与互动、合作与互助、定价协商与合约等方面，共同创造价值的动态过程。这种关系按相互依存的程度分为三类：

（1）中立型：根据市场规则分享风险与利润。

（2）表现型：依据交易双方的表现（综合实力、管理、营销、合作、竞争、承诺、定价、信用等）分享风险与利润，如授权授信活动就是以变现为基准的共享形式。

（3）结果型：银行与顾客结成伙伴关系，实施项目并分担成功过程中的风险，根据合作项目取得的成果按比例分享利润。在这种情况下，双方都要注意发现合作机会。

【学思践悟】

科技助力精准营销，创新驱动客户开发

近年来，中国金融机构在客户开发方面取得了显著成效，得益于科技创新和政策支持的共同作用。党的二十大报告强调，要加快实施创新驱动发展战略。坚持面向世界科技前沿、面向经济主战场、面向国家重大需求、面向人民生命健康，加快实现高水平科技自立自强。为落实这一精神，中国人民银行发布了《金融科技发展规划（2019—2021年）》，推动金融机构加快科技应用，提升客户开发能力。例如，兴业银行通过引入大数据分析和人工智能技术，实现了精准营销和个性化服务。根据兴业银行2022年年报，其新客户数量同比增长25%，反映了科技手段在客户开发中的巨大潜力。此外，中国建设银行通过智慧网点建设，增强了客户体验。数据显示，截至2023年年初，建行智慧网点覆盖率达到80%，客户满意度显著提升。通过科技创新，中国金融机构在客户开发技巧上不断进步，既提升了市场竞争力，又为金融市场的健康发展奠定了坚实基础。

（二）客户关系管理

客户关系管理就其内容而言，一般由四个部分构成。这四个部分分别是客户细分、主动与客户保持联系、提供无偿的金融服务、满足客户的需要与欲望。

1.客户细分

客户细分主要是对已有的关系顾客，按顾客类型、客户业务量、客户差异等进行细分，在细分的基础上实施分类管理。例如，银行和证券公司开展个人顾客网上业务，有必要对网上顾客进行细分。

比如，顾客的特点主要包括顾客位置、顾客购买、顾客特征和顾客需求四种。其中顾

客位置即市场位置。顾客购买是指市场焦点，重点要弄清楚顾客为何、何时、何地、怎样购买、购买什么。顾客特征既有多样性，又有相似性，既有忠诚性，又有选择性。顾客需求是市场核心，重点要了解需求结构趋向以及变化，他们需要的是对其有益的产品和服务，而非吸引他们的产品或服务。

2.主动与客户保持联系

维护顾客是一个不断进行的过程，因此，金融服务公司和客户经理必须制定出一套能够不断地与顾客沟通的战略，并将其制度化、可操作，切实地与顾客进行互动。由于营销管理的目标与使命是用最少的费用创造最大的利润，减少成本，因此利用自助式信息技术的接触途径来达到这一目标。提高收益则需要更新客户信息，充分利用和分析这些信息，并将从与客户的每一次接触中得到的顾客需求信息进行汇总，从而更准确地描述客户的需求。

3.提供无偿的金融服务

对客户的服务可分为有目的的无偿服务和有偿服务两部分，客户关系保持过程必须要运用有目的的无偿服务策略，并建立对客户提供无偿服务的制度，保证策略与制度的有效实施，真正起到保持客户关系的战略目的。金融服务企业为客户提供的无偿服务，主要包括提供金融市场情况、金融服务产品和服务信息、客户理财咨询信息，以及与客户认知和归属感相关的服务等。

4.满足客户的需要与欲望

营销战略是企业整体的市场营销策略，而不只是一个客户经理部的功能，所以要设计并执行符合顾客需求和愿望的收费服务和服务产品组合策略，同时还可以通过不同的收费服务产品来满足顾客的需求和愿望，从而完成金融服务企业的关系营销目标。

（三）客户关系细分方法

客户关系细分的方法有很多种，在此以"二八理论"来研究客户的ABC/D细分分类方法。

通常，把创造20%收入的80%客户划分为D级客户或称为D类客户群；而把创造80%收入的20%客户按业务量细分为A、B、C三个级别客户或称为三个细分客户群。在A、B、C三个客户群中，A级客户群是金融服务企业的最优质贵宾客户，又称白金客户，其客户数量只占总客户数量的1%；B级客户群是金融服务企业的次级最优质贵宾客户，又称金牌客户，其客户数量占总客户数量的5%左右；C级客户群是金融服务企业的潜力最优质客户，又称银牌客户，其客户数量占总客户数量的15%左右。而D级客户是金融服务企业的基础客户群，其优质客户在一定时期内可以转化为A、B、C级客户，对于D级客户也要加强关系管理和客户服务，以保持与其良好的客户关系，决不能因为着重于A、B、C三个级别客户的关系保持，而忽略了D级客户。

对于A、B、C三级客户群，重点建立保持客户关系的服务管理机制，以确保金融服务企业与客户之间持续的关系。例如，为A级客户提供可移动的私人银行服务，包括金融投资顾问服务、理财服务、财务服务等。对A、B、C三个级别客户建立单独的银行业务中心机构等。

三、业务推介

1.FABE陈述技巧：（1）属性：产品所包含的客观事实，所具有的属性。如果内容多而难记，可制作成宣传材料或卡片。（2）作用：属性能够带给客户的利益或比较优势。（3）利益：产品给客户带来的利益，包括经济利益、工作利益、社交利益等。（4）证据：以真实的数字、案例、实物等证据，解决客户各种疑虑，促使客户购买。

2. 推介七戒：戒虚伪、戒露锋、戒粗鲁、戒诽谤、戒轻率、戒浮夸、戒牵强。

四、异议化解

不满意是指在客户发展过程中，客户对金融业务、客户经理、业务营销人员、交易条件等提出质疑和投诉，或者提出负面意见。"异议"是在买卖活动中常见的一种现象，是顾客寻求更好的交易方式的一种方法。异议可能出现在销售过程中的任何环节，异议表明了客户所顾虑的问题，也就是成交的障碍所在，化解客户异议的过程就是逐渐走向成功的过程。

化解业务异议的原则：事前防范、事后控制；主动宣传、突出特点；转换角度、换位思考；尊重需求、陈述利益；客观分析、耐心解释；适当让步、增进服务。

化解业务异议的方法：时间分解法、单件分解法、竞争产品对比法、强调其他利益法、强调投资性法、强调性价比法。

同理心：同理心是指正确了解他人的感受和情绪，站在当事人的角度和位置上，客观地理解当事人的内心感受，且把这种理解传达给当事人的一种沟通交流方式。其目的是要做到相互理解、关怀和情感上的融洽。

五、关系维护

成交并不代表营销完成，后续的一系列行为只是关系营销的开端。关系维护是指在服务过程中或成交后，通过超越客户期望、与客户建立良好的人际关系、提供良好的售后服务等方法和措施，发展并维护与客户的长期合作关系，提高客户满意度、建立客户忠诚度的过程。

因此，客户的开发需要注意以下技巧：

（一）开发新市场须做"'五心'上将"

1. 信心

对于一个新的市场，营销者必须要有足够的自信，有了自信不一定能成功，但没有自信就会失败。开拓一个新的市场，会遇到许多挫折，因此，要想成功开发新市场，首先必须要"苦其心志"，坚定信心。

2. 耐心

乔·吉拉德，世界上最伟大的推销员，他连续12年保持全世界推销汽车的最高纪录。他在《我用我的方式成功》一文中介绍自己成功的心得时说，只要是他遇到的任何一个人，他都会毕恭毕敬地递上自己的名片，把他看作自己的潜在客户，他成功的方式就是以积极的心态，"把生活业务化，把业务生活化"，随时发现和寻找潜在的客户。对于我们开发新市场来说，就必须有一种耐心，此处不成功，自有成功处，这家谈不成，就谈另一家。只要有一线希望，我们就尽100%的努力争取；只要你有耐心，随处发现"准顾客"，"柳暗花明又一村"的时刻就会很快到来。

3.恒心

人贵有恒心，开发新市场就必须要有一颗坚韧不拔的"恒心"。开发新市场，要面对很多的新情况、新问题，对此，我们不能"蜻蜓点水""浅尝辄止"，而应该有持久的恒心。开发新市场，就像打一场新战役，比拼的不仅是企业的实力和规模，更重要比的是营销员的恒心与毅力。开发新市场，只有我们具备了打苦仗、打硬仗的恒心，才能运筹帷幄，决胜千里。

4.诚心

有一句话叫"心诚则灵"，开发新市场亦是如此。开发新市场，面对新客户，我们要以诚相待。诚心能够缩短你与新客户之间的心理距离，能够架起你与客户相互沟通的桥梁，从而促使谈判、合作的完美成功。

5.爱心

营销事业是一种爱心事业，开发新市场，我们要抱有一颗爱心。开发新市场不是去"求"客户，而是去"救"客户，营销人员要"传播"爱心，爱自己、爱客户、爱消费者，我们通过自身的智慧与策略，为公司创造效益，为客户创造满意。

（二）开发新市场的前奏

古人有云：凡事预则立，不预则废，演绎过来就是不打无准备之仗。要想成功开发新市场，仅仅具备了良好的心理素质还不行，还要做些充分的"战前"准备。

1.自我形象设计

人的形象可分为外在形象和内心形象。外在形象是一个人的仪表、衣着、举止等外在的东西。内心形象是指一个人内心世界的外在表现。作为营销人员，应该遵循"礼在先，赞在前，喜在眉，笑在脸"的处世原则。优雅的谈吐，翩翩的风度，将让你的谈判如鱼得水，从而给新客户留下美好的印象，并促成交易的成功。

2.相关资料的准备

营销人员在开发新市场以前，一定要对公司的发展历史、产业结构、产品价格、营销政策等了如指掌。带齐所需的资料、名片、样品等，并要熟记在心，知道什么时候该去进行哪一项工作。

（三）详细、具体的市场调研

1.风土人情

风土人情包括当地的人文环境、所处地理位置、人口数量、经济水平、消费习惯等。

2.市场状况

市场状况主要是指市场容量及产品状况，例如西部大开发的整体环境，市场大，项目多。

3.客户状况

要想开发规模比较大、有实力的客户，就要加强市场开发力度。在寻找潜在客户的方式上，可采用"由下而上，追根溯源"法。采用此方法由于间接得到客户信息，且来自一线，因此，更便于把握事实真相，找到合适的客户。

（四）列名单，洽谈客户

在开发市场的信息后对潜在的目标客户群予以确定，可以根据客户不同需求，列出一个目标客户清单，并进行详细分析、比较，在进行新一轮的筛选后，就可以电话预约，并登门拜访。

1.电话预约

在登门拜访以前，一定要进行电话预约，因为电话预约一方面表示对对方的尊重；另一方面，通过初步的电话沟通、了解，使其对公司、产品、政策等有一个大致了解，便于下一步确定谈判的侧重点，也好更清晰地判断其对产品的兴趣及经销该产品的可能性有多大，以便于自己有效安排时间。

2.登门拜访

确定了要去的顾客，接下来就是计划路线，登门拜访。登门洽谈时要善于观察别人的表情。除了适时呈上自己的名片、资料、样品以及遵照"礼在先，赞在前，喜在眉，笑在脸"原则渲染、制造气氛外，还要注意"三不谈"，即客户情绪不好时不要谈；客户下属分销商在场时不要谈；竞品厂家业务员在场时不要谈。

3.洽谈内容

在切入正题以前，可谈些轻松以及双方都感兴趣的"题外话"。切入正题后，首先从公司的发展概况谈起，要与客户具体谈公司的产品及其特点，产品的价格政策及在市场上的优势；其次，重点谈产品进入及其市场模式，从产品的选择，到产品的定价，从促销的设定，到渠道的拉动，谈得越详细客户将越感兴趣。营销人员最好还能把未来的市场蓝图充分向客户展示，让客户充满憧憬和希望，从而下定决心购买该产品。

4.注意事项

在洽谈过程中，要注意聆听的艺术，遵循两只耳朵一张嘴即2∶1原则（听与说比例为2∶1），一方面表示对对方的尊重，另一方面，也有利于了解和回答对方，并发现对方对市场操盘有无运作思路。同时，对不同类型的客户还要采取不同的交流方式。对老年人，要像对待父母一样表示尊重，说话语速要放慢，洽谈要像谈心一样，处处表现出你的稳重；对于中年人，要极尽赞美之能，通过洽谈，让其感到成就感，公司产品交给他做一定能操作成功；对于青年人，要放开谈自己的思路、运作模式、营销理念，让其心驰神往，口服心服，从而进行了解购买。

（五）跟进、签约

经过商谈，对符合公司需求的目标客户，要及时地致电与其进行沟通与跟踪，在跟踪的过程中，顾客可能会有疑问，如果您给出了合理的回答，那么，基本就可以确定目标客户，再通过邀请顾客到公司参观等形式，进一步消除顾客心中的疑虑和障碍，最终签署购买合同。

六、客户服务

客户服务的内容主要包括如下内容：产品跟踪服务、合同履行服务、接待服务、市场投资服务，客户服务是在市场开发中最关键的内容。

其中，合同履行服务是合同履行的关键，主要因素为价格、付款、技术等，市场人员在符合公司制度下谈好合同，就是要把服务文章做好；接待服务是指市场人员在接待客户时，把感情服务作为重点，先做人再做事，在接待费用上公司应严中有宽。

【学思践悟】

数字赋能提升服务，政策引导优化关系

近年来，中国金融机构在客户关系维护方面取得了显著进展，得益于科技创新和政策支持的协同作用。为了落实这一精神，中国人民银行发布了《中国人民银行金融消费者权益保护实施办法》，明确了金融机构在客户关系维护中的职责和要求。中国建设银行通过建设"智慧银行"，利用人工智能和大数据技术优化客户服务体验。根据建行2022年年报，智能客服系统的引入使客户投诉率下降了20%，客户满意度显著提升。此外，中国工商银行通过"工银融e联"App，加强了与客户的互动交流，提升了客户黏性。数据显示，截至2023年年初，"工银融e联"的活跃用户数突破1亿人，成为金融机构客户关系维护的成功案例。同时，中国银保监会发布的《银行保险机构消费者权益保护管理办法》进一步强调了保护客户信息和隐私的重要性，以确保客户关系维护的合规性和透明度。通过数字化赋能和政策引导，中国金融机构在客户关系维护上不断创新，显著提升了客户满意度和忠诚度，为金融市场的健康发展提供了有力支持。

第三节　　沟通与服务礼仪

一、员工

顾客对服务品质的感知，会受到服务员工的极大影响。需要关注的问题有：

1.服务提供人员的形象与举止对顾客评价服务品质具有很大影响

在金融业务中，客户可以看到员工对自己的形象和态度，而这是不同于实物制造业的。就金融服务业而言，与客户直接接触的人员，是客户购买整个服务的重要因素，其行为方式对客户的服务质量有很大的影响。

服务员工的形象（包括其着装、服饰、气质等）与举止（包括其服务意识、专业技能、社交技能、态度等）也会影响顾客对所接受的服务品质的感知。另外，由于服务是不可见的，且其效果经常难以评价，因此顾客经常把服务员工的形象与举止作为评价服务品质的标准之一。

服务人员的有形展示具有动态性，使更多的顾客将目光投向他们，所以他们的形象举止将充分地展示在顾客的面前，一方面服务人员的态度、仪表、行为、技术都是服务质量的决定性因素，另一方面顾客又通过服务人员的有形展示，感知服务的品质，服务人员的有形展示几乎就是服务质量的体现，从服务人员展示的载体看，人员的有形展示可以分为两个方面：

（1）员工形象展示。真诚的目光、整齐的着装是顾客信任感产生的来源，是企业形象和企业文化的重要体现，尤其是特殊员工的形象，如前台、保安人员的形象反映了企业对顾客的重视程度。

（2）员工技术展示。技术等级认证、员工的"服务能手"称号、"服务明星"称号都是金融机构服务质量的保证和企业综合实力的体现，而员工服务技能的现场展示更能使顾客形成对金融高服务质量的切身感受，并且这种感受是可以通过口碑传递的。

综上所述，对服务员工的有形展示管理，可将上述两方面的展示从四个层次上来

展开：

（1）员工的视觉形象设计。整洁配套的制服、落落大方的仪表、训练有素的举止都会说服消费者，相信他们能够提供优质的服务，比如银行员工的服装应该突出个性，深色西服是成熟和理性的象征，所以各家银行的员工在服装的选择上都趋于套装和西服，深蓝色西服几乎成了银行的制服，但其实各家银行可以在服装的搭配上下功夫，如女性员工可以选择不同色彩和款式的方巾与深色套装进行搭配，而男性员工也可以选择不同款式的领带搭配深色西服套装，配件的合理搭配和个性的体现是银行选择的关键，这些配件主要包括领巾、领带、工卡和纽扣等。

（2）员工的服务态度展示设计。通过服务员工热情的微笑、耐心的讲解和热心的帮助，顾客能从中体会到服务人员和服务企业为服务顾客而倾注的爱心，而这种感情的付出将以顾客的忠诚为回报。

（3）服务规范的展示设计。这主要体现为在员工服务中的服务口号以及服务承诺中的服务规范，能在真实瞬间的交互作用过程中传达出服务企业对服务的精心设计、对顾客的全面服务以及对承诺的遵守与兑现。

（4）服务过程和服务技术的展示设计。培养和利用服务明星服务专家进行促销、宣传，是服务企业社交技巧展示的常用策略。

2.前台与后台的服务提供人员对顾客感知服务品质也具有重要的影响作用

在客户看来，在一个服务机构中，所有员工的重要程度是不同的，只有与客户有直接接触的工作人员，才会对客户的服务质量产生重要影响。但事实上，服务品质同样离不开那些幕后员工服务的支持，他们虽在顾客的视线之外，但也很重要。

后台服务部门，起着前台员工服务的系统支持、管理支持和物质支持的作用。如果没有管理者为团体提供一个好的典范，也不引导团队以顾客为导向以及具有服务意识，那么整个服务组织为顾客提供优质服务的积极性就会降低，从而就会影响服务品质；如果没有后台各种职能部门和员工对前台员工的周到"服务"，没有工作上的协调和配合，那么将会使他们的前台同事难以应付，不能给予顾客周到的服务体验。内部扶持职能部门的员工必须将与顾客接触的员工视为自己的内部顾客，使这些内部的服务品质与提供给最终顾客的服务品质一样出色。

3.前台与后台的服务人员对顾客感知服务品质的影响有着不同的表现形式

这些把组织和客户联系起来的前台工作人员，是企业和客户间的一座桥梁，对于客户来说，他们的素质就是他们的服务质量。这些服务人员以良好的形象和礼貌确保了他们的服务质量。对于后台服务员工来说，他们在完成基本任务时所表现出的技能水平，会影响顾客对服务品质的评价，尤其是当这些员工无法按时履行其职责时，会直接影响到这个服务流程的效率。虽然后台员工的形象或举止并不被顾客所注意，这与那些在传统工厂中的工人一样，但也会影响到那些与后台员工发生接触的其他员工（即"内部顾客"），尽管这些影响也许不像前台员工的影响那样突出。

二、顾客

顾客是服务过程中的重要参与者，虽然参与程度会根据服务业务的性质不同而有所差别，但必须有顾客的参与，金融服务过程才有可能圆满地完成。在服务过程中，顾客这一人员要素对服务品质的影响作用，主要有如下几个方面：

1.顾客的期望

如前文所述，顾客的期望对顾客感知服务品质的水平具有决定性的影响。顾客对服务会有不同层次的期望：

（1）称心的服务，是指顾客希望得到的服务，反映顾客对金融服务组织应该提供的服务的期望。

（2）合格的服务，是指顾客可以容忍的服务品质，这在一定程度上反映了顾客对实际服务的期望水平。

（3）可以接受的服务，是指介于称心与合格之间的服务，在这个范围之内的服务，可以使顾客满意。

需要指出的是，不同的客户所能接受的服务质量范围是不一样的，同一客户在不同的时间段所能接受的服务范围也是不一样的。另外，客户对于不同的服务属性，其可接受的品质区间也不尽相同。一般而言，一项服务的特性愈重要，消费者所能接受的质量区间愈窄，则表示消费者不愿意降低其需求。在可靠性、响应性、真实性、移情性、有形性五种服务属性中，可靠性是最重要的一类属性，其与最终服务结果有关，其他属性则与服务过程有关。因此，顾客对服务可靠性的期望较高，可以接受的可靠性范围也较小。

以下是影响顾客期望的系列因素：

（1）持久性强化因素，是指长期影响顾客期望的因素。

（2）顾客的个人需要，是指由于不同的顾客有不同的生理特点、心理特点、社会地位和消费能力等，因此，他们对服务的品质必然会有不同的期望。

（3）临时性强化因素，是指暂时影响顾客期望的因素。例如，顾客需要紧急服务，或要求提供补救性服务等。

（4）顾客的角色概念，是指顾客对自己在服务过程中应扮演的"兼职服务人员"角色的认识，以及顾客觉得自己对服务品质会产生多大的影响。

（5）服务组织的明显许诺，是指服务组织在广告、人员推广等市场宣传活动中及合同等书面资料中对顾客所做出的各种承诺。

（6）服务组织的暗示许诺，是指与服务有关的各种暗示，如有形展示中的价格要素、人员沟通过程中的言行等，是顾客了解服务的实际情况的依据。

（7）顾客间的口头宣传，是指顾客从亲友和专家那里获得相关的服务信息，了解的情况。

（8）顾客以往的经验，是指与顾客准备购买的服务相关的一些经历。

2.顾客的自身素质

顾客的自身素质对顾客感知服务品质的影响作用是不容忽视的。顾客的自身素质包括其受教育程度、个人修养、理解能力、认知能力、与人沟通的能力等等。这些因素不仅会影响顾客本人的服务体验，而且会影响其他顾客的服务体验和服务提供人员的工作满意度。

沟通与服务
礼仪

值得注意的是，有些劣质的服务可能是由服务人员引起的，也可能是由顾客引起的，具体表现为：（1）顾客的行为不当。（2）顾客的言行不轨。（3）顾客违法乱纪。（4）顾客拒绝合作。因此，金融服务组织在服务的过程中，需要重视顾客，做好相关

的管理工作。

第四节 营销理念的确立

市场营销观念是企业在对企业进行组织、规划的过程中，根据的指导思想和行为规范，它反映了企业的管理哲学和思维方式。营销理念是企业营销活动的指导思想，是有效实现市场营销功能的基本条件。营销理念贯穿市场营销活动的始终，对市场营销的目的与原则具有重要的指导意义，是一种根本的战略和方法，以达到市场目的。营销观念的正确与否，直接影响着企业的营销活动的质量、手法和效果。

密切关注竞争对手和顾客需求的每一处细微变化，抓住市场变化中的机会，利用公司的一切内、外部条件，永远比竞争对手早一步推出更能符合顾客需求的产品，靠不断变化的产品差异性、服务差异性、营销策略差异性，击败竞争对手，取得竞争优势。不断追求产品、服务、营销的差异性，靠差异性获取竞争优势。

一、营销理念的演变

无论从历史还是现实来看，企业和其他组织无不是在以下五种观念的指导下从事营销活动。

（一）生产导向型——生产观念

生产观念产生于19世纪末20世纪初。早期，由于社会生产力水平还比较低，商品供不应求，市场经济呈卖方市场状态。表现为企业生产什么产品，市场上就销售什么产品。在这种营销观念指导下，企业的经营重点是努力提高生产效率，增加产量，降低成本，生产出让消费者买得到和买得起的产品。

因此，生产观念又称"生产中心论"。生产观念是指导企业营销活动最古老的观念。曾经是美国汽车大王的亨利·福特为了增加T型车的生产，采取流水线的作业方式，以提高市场占有率，至于消费者对汽车款式、颜色等主观偏好，他全然不顾，车的颜色一律是黑色。这就形成了企业只关心生产而不关心市场的营销观念。

（二）产品导向型——产品观念

该理念认为，消费者或用户最喜欢质量好、性能佳、有特色的产品，只要质量好，顾客自然会上门，顾客也愿意为高质量付出更高的价钱。"酒香不怕巷子深""皇帝女儿不愁嫁"，是这种指导思想的生动写照。概括为一句话就是"只要产品好，不怕卖不掉"。

（三）推销导向型——推销观念

第二次世界大战后，资本主义工业化大发展，使社会产品日益增多，市场上许多商品开始供过于求。为使企业在市场上处于有利地位，企业开始注重销售工作，通过建立销售机构、培训销售人员、研究销售技巧、加大广告力度等手段来诱使顾客购买商品。这种营销观念是"我们会做什么，就努力去推销什么"。由生产观念、产品观念转变为推销观念，是企业经营指导思想上的一大变化。但这种变化没有摆脱"以生产为中心""以产定销"的范畴。前者强调生产产品，后者强调推销产品。所不同的是前两种观念是等顾客上门，而推销观念是加强对产品的宣传和推介。

（四）营销导向型——营销观念

该种观念认为，实现企业目标的关键是切实掌握目标顾客的需要和愿望，并以顾客需求为中心集中企业的一切资源和力量，设计、生产适销对路的产品，安排适当的市场营销组合，采取比竞争者更有效的策略，满足消费者的需求，取得利润。

营销观念与推销观念的根本不同在于：推销观念以现有产品为中心，以推销和销售促进为手段，刺激销售，从而达到扩大销售、取得利润的目的。市场营销观念是以企业的目标顾客及其需要为中心，并且以集中企业的一切资源和力量、适当安排市场营销组合为手段，从而达到满足目标顾客的需要、扩大销售、实现企业目标的目的。

营销观念把推销观念的逻辑彻底颠倒过来了，不是生产出什么就卖什么，而是首先发现和了解顾客的需要，顾客需要什么就生产什么、销售什么。顾客需求在整个市场营销中始终处于中心地位。它是一种以顾客的需要和欲望为导向的经营哲学，是企业经营思想的一次重大飞跃。

（五）社会营销导向——社会营销观念

目前，企业的社会形象、企业与社会、消费者之间的利益冲突已成为政府、公众和公众共同关心的问题。"环境污染""价格战争""畸形消费"等一系列的社会弊病，使人们开始呼唤"理性消费""回归俭朴"，倡导"人类观念"。与之相适应的是"绿色营销"提出的"由关怀消费者走向关怀人性、由企业走向社会"的营销理念，已被更多的企业所认同。企业从营销观念向社会营销观念转变。

二、营销理念的特征与作用

（一）营销理念的特征

首先，营销理念具有历史性特征。

营销理念来源于长期的营销实践，一种营销理念在其形成过程中，有其历史的必然性。在20世纪20年代以前，由于社会生产力水平的限制，产品的供给不能完全满足社会的需求，社会经济生活处在卖方市场的境况下。企业只需要大规模地生产产品，降低成本，就能获取满意的利润。在这种情况下，只能形成"以我——企业利润为中心"的营销理念。

自20世纪20年代以来，尤其是第二次世界大战以来，由于科学技术的迅猛发展，社会生产条件有了极大的改变，社会提供产品的能力较过去增大了无数倍，产品极大丰富，企业之间的竞争日趋激烈，在社会经济生活完全处于买方市场的境况下，许多企业逐渐认识到顾客的需求乃是企业利润的源泉。

因此，研究、发现顾客的需求，然后设法去满足这个需求，企业才能获得生存与发展，否则企业将在残酷的市场竞争中被淘汰。于是一种崭新的"以社会——顾客需求为中心"的营销理念产生了。一种营销理念的形成既然有其历史的必然性，这就意味着它是不以人的意志为转移的。

其次，营销理念具有时代性特征。

在一个时代，某种营销思想只会诞生一种，而某种营销思想，也只会在某一代出现。在经济全球化的今天，各种社会、经济的运作要素决定了"以社会-消费者需要"为核心的市场营销观念。因而，我们认为，"以社会-顾客需求为中心"的营销理念是现代营销者应把握的根本营销理念。

最后，营销理念具有共存性特征。

在现代，企业的经营者应该把握"以社会-顾客需求为中心"的营销理念，这是历史的必然；但这并不等于每个企业就真的将此营销理念树立起来了。这里有两方面的原因：其一是客观原因。例如，中国幅员辽阔，地理、人文条件差异很大，尤其是经济发展有着很大的不平衡性。在某些地区，市场发育程度很低，产品仍然供不应求，因而有的企业仍然用"以我-企业利润为中心"的营销理念来指导营销。其二是主观原因。例如，处在某些垄断行业中的一些企业，或处于完全买方市场的企业，仍然沿袭"以我-企业利润为中心"的营销理念。在同一时间与空间上，两类不同的营销理念并存，这就是营销理念的共存性。

（二）营销理念的作用

营销理念对营销实践的作用是举足轻重的。这种作用概括为：从市场营销的整体来看，它具有"灵魂"的功能；从市场营销过程来看，它处在龙头的位置。

（1）营销理念在营销实践中决定了企业的价值导向，因而也就决定了企业经营的方向。

（2）营销理念是全部营销实践过程的龙头。

（3）营销理念对企业员工的思想和行为具有整合作用。

（4）营销理念在市场营销学理论中同样具有龙头的地位。

（三）营销的几种观念

1.无差异市场营销观念

这一理念体现在进行了市场划分以后，公司没有将每个子市场的特点都考虑进去，而只关注各个子市场的共同特点，决定仅发布一种产品，采用一种单一的营销组合，努力在某种程度上满足尽量多的客户的需要，而在没有差别的营销中，环境并不会对这一点产生太大的影响。其优点在于产品的品种、规格、格式简单，有利于标准化与大规模生产，有利于降低生产、存货、运输、研究、促销等成本费用；局限性在于在同行业中如果有几家企业都实行无差异市场营销，在较大的子市场中的竞争将会日益激烈，而在较小的子市场中的需求将得不到满足。

2.差异市场营销观念

这种观念表现为企业决定同时为几个子市场服务，设计不同的产品，并在渠道、促销和定价方面都加以相应的改变，以适应各个子市场的需要。从环境影响来看，公司的产品类型在多个子市场中都具有一定的优势，这将增加顾客对公司的信任，从而增加顾客的重购次数；并且，多元化的销售渠道和多元化的产品，一般都能提高销售总额。但它的局限性在于会使企业的生产成本和市场营销费用增加。

【学思践悟】

差异营销提升竞争力，精准服务造福客户

近年来，中国金融机构在差异化市场营销方面取得了显著进展，结合科技创新和政策支持，实现了精准服务和竞争力提升。中国人民银行发布了《金融科技发展规划（2019—2021年）》，推动金融机构运用大数据和人工智能技术实现差异化营销。中国农业银行通过实施精准扶贫金融服务，将金融资源向农村和贫困地区倾斜。根据农业银行2022年年

报，农业银行在全国832个贫困县累计发放扶贫贷款超4 000亿元，从而帮助大量贫困人口实现脱贫。与此同时，中国建设银行推出"建行大学"平台，通过线上线下相结合的方式，为中小企业提供定制化金融培训和咨询服务，2023年参与企业超过10万家，增强了中小企业的金融素养和融资能力。此外，中国银保监会发布的《商业银行互联网贷款管理暂行办法》规范了互联网贷款业务，要求银行在互联网贷款业务中进行风险控制和客户信息保护，以确保差异化服务的安全性和合规性。通过政策引导和科技赋能，中国金融机构在差异化市场营销方面不断创新，从而显著提升了服务质量和客户满意度，为金融市场的健康发展提供了有力支持。

3.集中市场营销观念

这种观念表现为企业集中所有力量，以一个或少数几个性质相似的子市场作为目标市场，试图在较少的子市场上拥有较高的市场占有率。

这种集中市场营销的环境为：实行集中市场营销的企业，一般是资源有限的中小企业或是初次进入新市场的大企业，由于在生产和市场营销方面实现了专业化，因此可以比较容易在这一特定市场取得有利的地位。

4.品牌化市场营销观念

这种观念表现为企业的市场营销人员要决定是否给其产品规定品牌名称，以它来区别其他卖主和竞争者，它包括品牌名称、商标，所有品牌名称和所有商标都是品牌或品牌的一部分。

它的环境影响主要在于，可使购买者得到一些利益，诸如：

（1）购买者通过品牌可以了解各种产品的质量好坏。

（2）品牌化有助于购买者提高购物效率。

它的局限性主要体现在会使企业增加成本费用。

5.直接营销观念

这一理念体现在，将商品的所有权由生产商直接移交给使用者，也就是终端消费者，从而免去了传统的销售渠道中的许多中间环节。

它的优点是：

（1）免去层层加价、多次倒手、多次搬运等环节，有利于降低售价，提高产品竞争力；

（2）生产者与使用者、消费者直接接触，既有利于改进产品和服务，又便于控制价格；

（3）为人们的特殊购物需要提供了可能；

（4）回款迅速，加快企业资金周转；

（5）以众口相传的方式销售产品，扩大产品的知名度，将厂家的产品信息传递到每一个消费角落。

它的局限性为：直销的采用只适于扶植中小企业和处理某些大型企业的积压品，不太适合较大的市场。

6.服务营销观念

金融服务营销应围绕"一个中心"（即"以客户为中心"），加强"两项互动"（即"硬件配置、软件协同"的互动策略以及"公司金融业务、个人金融业务"的联动销售），通过"三大创新"（即服务创新、体制创新、流程创新），实现"四个提升"（即基础客户提升、网点存款贡献度提升、个人金融服务能力提升、客户服务效率和满意度提升）。对于金融机构的服务营销要做到营销全员化、服务流程标准化、营销效果持久化。

三、服务营销学与市场营销学的比较

（一）服务营销与商品营销的不同

20世纪70年代，美国一些服务型公司日益重视营销，需要雇用营销人员。他们从世界上最优秀的营销企业——宝洁公司、通用食品公司、柯达公司等招兵买马。当这些优秀的营销人员从制造业的工业品市场转向医疗、航空、酒店、银行和其他服务业时，他们发现自己原来的经验已经不足以处理他们在服务营销方面遇到的问题。他们认识到服务业的营销和管理与工业产品的营销存在很大的不同，从而需要采用新的观念和方法。

1979年，美国一家咨询顾问公司就"服务营销是否不同于市场营销"进行了专门调查，特别调查了几个高级营销管理人员，他们都有丰富的产品营销经验（因其出色的营销才能而出名），并转入服务行业。他们都认为两者之间存在区别。一位从宝洁公司转向假日酒店的管理人员对此的描述是：服务营销的组合变量比消费品多，生产过程是营销过程的一部分；顾客介入服务过程，推销宾馆房间是"人对人"的销售。航空业的营销人员指出：航空服务中的人员是产品的一部分。人们购买产品是因为他们相信产品有效用，但对于服务来说，人们会与他喜欢的人打交道，因为喜爱而购买。因此，顾客与员工的接触成为服务营销的关键部分。

科技的发展对服务业产生了深远的影响。电话、语音交互系统、远程设备、因特网等的应用，使得很多传统的服务，都能在很远的地方进行，从而变得更加简便、便捷和高效。例如，信息咨询、现金支付、账目核对、订单追踪，甚至远程教学和手术。此外，信息技术带来了新的高度互动的服务模式，例如亚马逊的网上书店。《华尔街日报》提供交互的版面编辑方式，让客户根据自己的偏好和要求组织报纸。技术在带来新效用的同时也有副作用，如人际关系疏远、触犯客户隐私、投资巨大而回报不确定等，给营销带来新的挑战。

行业与产品的特点、社会的发展变化、技术的进步、竞争的压力以及原有理论的局限，促使服务营销理论从市场营销学的母体诞生并快速成长。

（二）服务营销学与市场营销学的不同

服务营销学衍生于市场营销学，它们之间既有联系又有区别。其理论基础和分析框架有较强的相似性，特别在营销理念、市场战略、营销环境分析等方面存在很大程度的共通性，但在市场和消费者分析的侧重点、营销组合策略等方面，服务营销自身的特点突出。服务营销学与市场营销学存在的主要差异可以归纳为六个方面，即研究对象、产品质量、顾客地位、产品生产人员地位、有形展示和渠道。

1.研究对象差异

市场营销学是以产品生产企业的整体营销活动作为研究对象。服务营销学以服务机构（包括营利性的企业和非营利性的社会组织及政府部门）的营销活动，以及生产企业产品服务营销活动作为研究对象。服务业的产品营销与生产企业的产品营销存在较大的差异，不能等同。

2.对待质量问题的着眼点不同

市场营销是以产品的整体品质为重点的，注重产品的品质标准化、品质认证等，通常是在产成品时进行品质的判断。服务质量难以像实物商品一样以统一的品质标准进行计量，其缺陷难以被察觉与纠正。服务营销学对此进行了特别的研究，认为控制服务过程是解决服务质量问题的有效方法。

3.服务营销学强调对顾客的管理

尽管营销理论强调了"顾客至上"，但它更多地关注与客户进行产品交换的活动，而忽视了客户在交易中的表现。而服务产品则是一种与客户交互的活动，它既是一种服务生产，又是一种消费行为。服务品质的优劣，服务绩效的好坏，不仅取决于服务提供者的品质，而且与顾客行为密切相关，研究顾客的服务消费行为十分重要。因此，服务营销必须把顾客当作服务生产力的一部分，将其纳入服务营销管理的内容。

4.服务营销学强调内部营销管理

人是企业生产经营活动的主体。服务产品的制造和使用，就是一种与客户进行广泛交流的过程。在服务营销中，如何提高服务人员的素质，如何加强对服务企业的人力资源管理，以及如何以人为本，就成为了服务营销的一个重要课题。市场营销学也会涉及人，但其只是商品买卖行为的承担者而不是产品本身的构成因素。

5.服务营销学突出解决有形展示问题

服务产品的无形性，是服务营销学研究服务有形展示的现实基础。服务产品有形展示的方式、方法、途径、技巧成为服务营销学研究的专门问题。工业产品是可见、可触摸的物品，一般不需要对产品以外的环境给予更多关注，只要关注产品本身就够了，因此市场营销学通常无须研究此类问题。如何对无形的服务产品通过有效的形象线索展示品质，是服务营销学的特色之一。

6.物流渠道被服务传递替代

服务活动直接面对顾客或近距离靠近顾客，生产与消费之间很少有中间环节，往往是直销形式。而有形产品生产远离顾客，物流渠道等中间环节必不可缺，否则无法将产品送至消费者。大众消费产品"渠道为王"对生产商的制约，对服务企业而言不是问题。服务企业的问题是如何传递服务，使顾客感受到服务产品的价值，因此服务经济又称体验经济。

营销理念的确
立案例

章后习题

一、练习题

1.（单选）产品处于成熟期时，效果最佳的促销方式是（　　）。

A.营业推广　　　　　B.广告　　　　　　　C.人员推销　　　　　D.公共关系

2.（单选）企业邀请记者参观考察企业，记者撰写了一篇报道企业的文章刊登在报纸上，这种活动称作（　　）。

A.人员推销　　　　　B.广告　　　　　　　C.公共关系　　　　　D.营业推广

3.（单选）组织因素会影响商业客户决策，下列描述不属于影响客户决策因素中的组织因素的是（　　）。

A.目标　　　　　　B.政策　　　　　　C.通货膨胀　　　D.组织程序

4.（单选）对贷款资料和顾客资信进行审核、评估、决策的人员的行为属于服务蓝图中的（　　）。

A.顾客行为　　　　B.后台员工行为　　C.前台员工行为　　D.支持行为

5.（单选）以下服务场景属于交往式服务类型的有（　　）。

A.保险公司　　　　B.银行　　　　　　C.快餐店　　　　　D.理发店

6.（单选）金融机构采取报刊评论、研讨会、赞助等促销行为，属于（　　）类型的组合促销活动。

A.广告、宣传　　　B.销售促进　　　　C.公共关系　　　　D.人员推销

二、思考题

1.简述服务员工的有形展示管理。

2.简述金融营销的主要特征。

章后习题参考答案

实训六　　　　　模拟营销

【能力目标】

1.了解和熟悉某项业务的分工和办理规则。

2.结合理论学习进行模拟实践，强化实际销售能力，掌握营销的实质。

3.培养营销工作必须具备的心理素质，进行仪表、口才训练。

4.培养适应能力、组织能力、协调能力和分析实际问题的工作能力。

【知识目标】

1.加强对金融营销基本理论、基本方法和基本技能的认识和掌握。

2.掌握模拟营销的具体步骤。

3.根据理论知识设计、撰写具体的营销计划书。

一、模拟营销的步骤

（一）日程安排

1.第一周

周一至周三：学生明确实训目的、要求、安排并进行分组；教师指导理论、实训内容讲解。

周四至周五：在校内进行模拟营销，学习营销人员必须具备的相关知识。

2.第二周

周一至周二：学生按组进行总结和交流；进行课堂营销策划文案研讨与写作。

周三至周五：最后一次课分组发布信息。

（二）成绩评定

营销实训成绩由以下几个部分组成：

1.课堂出勤率、平时表现记录。

2.校内营销实训成绩：个人过程小结（校内有老师和组长督促检查）。

3.营销策划成绩：以小组为单位。

4.小组演讲表现。

（三）确定目标顾客

每个小组在选定推销的产品后，进行下列工作：

1.讨论产品的市场空间有多大、受欢迎的可能程度。

2.确定产品准备卖给"谁"。

3.确定目标顾客后，准备如何"开始"。

4.与目标顾客接触时，准备怎么"说"。

讨论时间20分钟，然后每组派一位代表进行发言。

（四）模拟方案

教师的准备工作：

1.进入指导老师模块，在学生管理中为全体学生建立账号。

2.根据教学的要求、课时要求和实际学生人数选择合适的剧情。

3.老师调整系统的评分标准、学生权限等。

4.老师确定开始学生模拟。

模拟工作的流程：

1.在模拟的开始阶段，营销小组将得到经济新闻、市场调查研究报告、公司经营报告等信息。

2.营销小组根据各种信息分析市场机会和挑战。

3.评估公司的优势劣势，通过小组形式充分讨论发展公司的战略。

4.做出具体的营销计划。

5.营销小组将以经济新闻、市场调查研究报告和公司经营报告的方式接收到上个季度的市场运作结果，从而得到关于市场和竞争对手的详细资料。

6.通过对新信息的分析和战略战术的调整，营销小组在接下来的几个季度中逐步完成持续的营销管理运作。

二、情景训练

情景训练的过程及分析：

1.产品SWOT分析

产品：中国工商银行推出一款新型的理财保险产品。

2.训练项目

目标：对市场的总预测，根据在模拟实验中所显示出来的市场数据进行产品销量的预测，以及对产品进行定价。

班级学生随机分成六组，组员按职务分配任务。老师讲解模拟实验中的各个数据的作用以及它们之间的关系。

接下来，小组人员开始讨论，并查找每个公司的产品信息、价格信息、市场份额信息、消费者青睐的购买方式、渠道信息、产品折扣信息、产品定价信息等。

实训六　农业银行"行云——现金管理"营销

第 十 二 章

金融营销管理

学习目标

1.了解金融营销管理的概念和分类。

2.掌握产品管理、人才管理、客户管理等基本要素。

【章前导读】

金融市场不是一项独立的工作，它是一项系统的工作，其中一个环节出现问题，就会对市场产生巨大的影响。而金融营销管理是为了实现企业或组织目标，建立和保持与目标市场之间的互利交换关系，而对设计项目进行分析、规划、实施和控制。金融营销管理的实质，是需求管理，即对需求的水平、时机和性质进行有效的调解。在金融营销管理实践中，企业通常需要预先设定一个预期的市场需求水平，然而，实际的市场需求水平可能与预期的市场需求水平并不一致。金融营销管理的设立是为了达到更好的营销效果。金融营销管理就是在市场行为中，以营利为目标，把组织、架构、人员、培训、绩效、考评、薪资等众多要素综合制定、优化实施的行为。

第一节　　　　　　　　　金融产品营销管理

一、金融产品营销管理流程

（一）特征差异

金融产品营销与实业产品营销的差异体现在：

1.比较严谨的监管环境：理财产品受到货币信贷政策的控制，产品募集的规章制度以及直接的监管部门的监督管理；工业产品的销售受到的限制比较小。

2.营销渠道直面客户：金融产品营销渠道短而且直接，多采用营业网点，一般都直面客户；实业产品营销渠道环节较多，即中间商多。

3.营销对象双重身份：金融产品营销对象具有双重身份，既可作为产品的买方，又可作为产品的卖方；实业产品营销对象一般为单一买方。

4.产品创新独占性有限：金融产品创新没有法律保护，其独占性非常有限，维持产品特色及优势需要不断创新；实业产品创新可申请专利。

金融产品种类的竞争，金融产品价格的竞争，这就要求我们必须对市场进行深入的研究，理解竞争对手的营销战略和方法，并针对自己的产业位置和实力，制定出恰当的营销战略。

（二）管理流程

银行、保险、信托、基金和证券公司在销售过程中都有不同的地方。但一般情况下，它会被分成三个阶段进行管理，即销售之前，销售中和销售之后。我们重点介绍券商在产品营销上常用的管理流程。产品营销管理流程如图12-1所示。

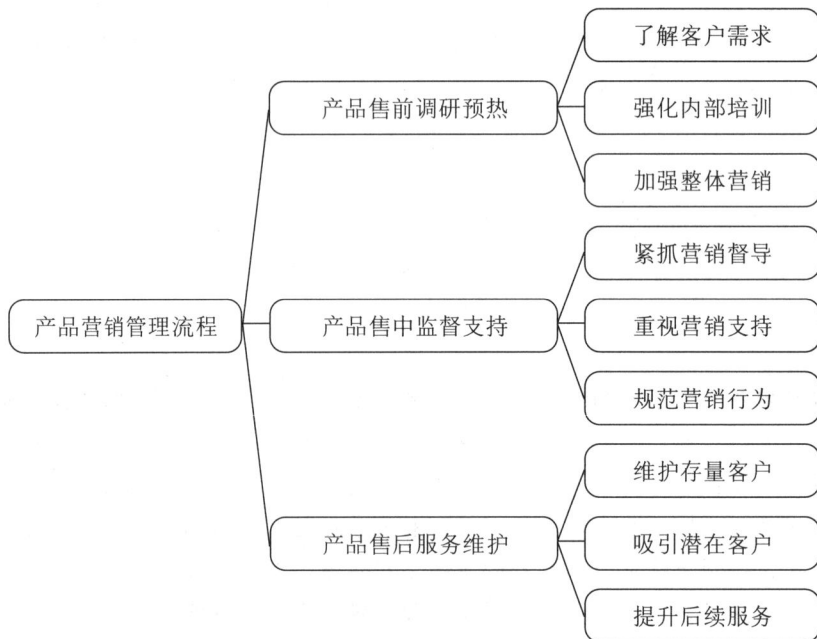

图12-1　产品营销管理流程

1.产品售前

（1）了解客户需求：金融产品营销不是简单的产品推销，应充分运用产品策略，除了专业人士通过分析判断设计产品外，更重要的是，收集并了解客户真正的投资需求，具体需求收集路径有以下几种：

一线营销人员、大数据统计平台、竞争对手动向。

（2）强化内部培训：公司定期组织全国或区域性产品培训，可选择视频或现场。培训对象应为内部营销人员，主要目的是使员工熟识即将销售的产品要素及卖点，掌握销售考核激励政策。

产品要素：重点说明产品投资范围、投资策略、费用、风控措施等。

产品卖点：管理人品牌、投资经理资历业绩及产品设计亮点等。

考核激励：合理运用"胡萝卜"和"大棒"。

（3）加强整体营销：在通常情况下，客户对金融产品的认识是从了解金融机构开始，只有客户对金融机构产生认同和信任，才可能接受其发行的金融产品，因此，组织销售预热工作，需要加强整体营销，将公司和产品一起宣传，宣传方式包含线上和线下。

2.产品售中

（1）紧抓营销督导：通过公司内部督导方式，调动员工积极性，激发员工营销热情，形成良性竞争氛围。

荣誉：发布营业网点或员工荣誉榜。

激励：临时增加首单或大单额外激励。

分享：组织营销精英分享销售经验。

（2）重视营销支持：公司总部的产品技术支持小组，指导各部门根据实际情况，制定相应的促销战略，协助市场部门完成产品销售；同时，在公司内部进行资源整合，有效地处理员工在销售过程中遇到的各种问题和意外情况。

（3）规范营销行为：按照监管部门的要求，规范营销人员的产品销售行为。切实做好投资者销售适当性管理工作，坚决落实将合适的产品销售给适合的客户。

中国证监会颁布的《证券期货投资者适当性管理办法》于2017年7月1日正式实施，其主要对投资者适当性匹配标准、业务办理准入条件、适当性持续管理等方面做出了新的规定和要求。

3.产品售后

（1）维护存量客户：运用官方网络平台、微信平台、移动终端，按合规方式定期发布已销售产品的动态信息，包括但不限于金融产品月度或季度投资策略、产品净值、产品开放期等，使存量客户及时了解其投资收益及产品的最新投资动向。

（2）吸引潜在客户：跟踪公司已销售产品业绩情况，通过线上平台及线下渠道定期展示业绩优异产品的净值及其要素，从而吸引潜在客户的关注，使其关注公司发行的金融产品，为后期发行的产品积累客户资源。

（3）提升后续服务：通过官方平台（网站、移动终端或Call Center）做好客户咨询服务工作，同时将客户关注的事项及时反馈给公司产品研发部门，为后期发行产品提供设计思路。

二、金融产品创新管理

为了解决金融机构各部门产品开发各自为政、页面与流程随意设计、相互连接困难、开发成果难以再利用等问题，由金融机构制定并发布产品设计规范。根据客户需求和实际体验反馈结果，对产品本身、产品销售、产品服务和产品管理流程设计中的共性元素加以抽象、提炼，形成一系列原则、规则和示例。规范对于指导同系列和相似产品的创新设计活动，提高产品的标准化程度，作用十分明显，从而有效促进了产品创新质量和效率提升。

为推动金融创新工作，积极营造开放进取的创新文化氛围，金融机构可在内部网站上建立专门区域，向全体员工征集创新点子，逐一安排研究确认。对于确有创意和价值的点子安排实施，并通告表扬和奖励。开展创新研究，把握未来发展创新方向。组织开展年度产品创新评奖活动，奖励做出突出贡献的集体和个人。引导大家注重创新实效，着力提升产品创新价值创造能力。组织产品创新日活动，全面展示最新创新成果。一方面邀请重要客户参加，对外宣传公司创新形象和新产品；另一方面让行里各部门和分行相互学习借鉴。

为便于开展市场营销、信息统计、绩效考核和风险管理等工作，金融机构可建立产品目录管理体系。依照一定规则，将已投放市场的金融产品相关信息记载形成列表。在产品目录中详细登记每个产品的代码、名称、分类、简介、客户对象、渠道和品牌名称等基本情况，还包括其他与产品相关的特征说明信息。

为了满足终端用户的需求，我们可以设立顾客体验室，并采用先进的顾客体验管理方式。通过对顾客在购买和使用过程中所产生的情感、感知等反馈资料进行搜集，能够对顾客的痛点进行及时的挖掘，并挖掘出顾客的潜在需要，为优化创新提供依据。在创新各阶段，积极运用桌面研究、深度访谈、概念设计、可用性评估、用户调查等一系列客户体验方法，让创新更有章法和针对性，质量效率更高。

金融产品营销创新管理工作的有效开展可使金融产品数量和质量都大幅提升，客户有了更多的产品服务选择，客户体验明显变好。创新速度明显加快，核心竞争能力显著提高。然而，产品创新管理部在职能定位上只能扮演管理和支持的角色，随着一系列填补创新管理方法空白工作的完成，其作用也逐渐表现出边际效益递减的状况。

客户关系管理

第二节　　　　　　　　　　金融客户管理

一、金融客户管理的概念

金融客户管理，即客户关系管理（Customer Relationship Management，CRM）。CRM就是通过对客户详细资料的深入分析，来提高客户满意程度，从而提高企业的竞争力的一种手段。客户关系是指围绕客户生命周期发生、发展的信息归集。客户关系管理的核心是客户价值管理，通过"一对一"营销原则，满足不同价值客户的个性化需求，提高客户忠诚度和保有率，实现客户价值持续贡献，从而全面提升企业盈利能力。CRM还包括客户信用管理。

二、客户关系管理概念解读

客户关系管理首先是一种管理理念，起源于西方的市场营销理论，产生和发展在美国。其核心思想是将企业的客户（包括最终客户、分销商和合作伙伴）作为最重要的企业资源，通过完善的客户服务和深入的客户分析来满足客户的需求，从而保证实现客户的终生价值。

顾客关系管理是一种以改进企业和顾客的关系为目的的一种新的管理方式，它在公司的营销、销售、服务和技术支援等与顾客有关的方面得到了实现，这就需要公司由"以产品为核心"的方式转向"以顾客为中心"的方式，也就是说，企业关注的焦点应从内部运作转移到客户关系上来。客户关系管理也是一种管理系统和技术，它将最佳的商业实践与数据挖掘、数据仓库、一对一营销和销售自动化，以及其他信息技术紧密结合在一起，为企业的销售、客户服务和决策支持等领域提供了一个业务自动化的解决方案，使企业有了一个基于电子商务的面对客户的前沿，从而顺利实现由传统企业模式到以电子商务为基础的现代企业模式的转化。而国内著名的CRM公司将这个概念实体化并加以发展，使客户关系管理更加便捷并能有效提升企业的效率。

CRM的目标是一方面通过提供更快速和周到的优质服务吸引和保持更多的客户；另一方面通过对业务流程的全面管理降低企业的成本。设计完善的CRM解决方案可以帮助企业在拓展新收入来源的同时，改进与现有客户的交流方式。据国际CRM论坛统计，国际上成功的CRM实施，能给相应的企业每年带来6%的市场份额增长；提高9%~10%的基本服务收费；并超过服务水平低的企业2倍的发展速度。

（一）CRM内容

CRM主要包含以下几个主要方面（简称7P）：

（1）客户概况分析（Profiling）包括客户的层次、风险、爱好、习惯等。

（2）客户忠诚度分析（Persistency）指客户对某个产品或商业机构的忠实程度、持久性、变动情况等。

（3）客户利润分析（Profitability）指不同客户所消费的产品的边际利润、总利润额、净利润等。

（4）客户性能分析（Performance）指不同客户所消费的产品按种类、渠道、销售地点等指标划分的销售额。

（5）客户未来分析（Prospecting）包括客户数量、类别等情况的未来发展趋势、争取客户的手段等。

（6）客户产品分析（Product）包括产品设计、关联性、供应链等。

（7）客户促销分析（Promotion）包括广告、宣传等促销活动的管理。

（二）CRM解读

通常我们所说的CRM，是指通过计算机实现上述流程自动化的软件系统，使企业员工全面了解客户关系，根据客户需求进行交易，记录获得的客户信息，在企业内部做到客户信息共享；对市场计划进行整体规划和评估；对各种销售活动进行跟踪；通过大量积累的动态资料，对市场和销售进行全面分析。

CRM注重的是与客户的交流，企业的经营是以客户为中心，而不是传统的以产品或市场为中心。全球性产品过剩及产品同质化，使企业发展的主导因素从产品价值转向客户需求，客户成为企业的核心资源。

客户关系管理并非新鲜事物，国外早在20世纪50年代就出现了"以顾客为中心"的思想，那时候，许多企业都把希望寄托在改善技术、缩短生产周期、运用内部资源管理等方面，以提升成长率与利润，但实际效果却并不明显。这样企业开始从强调降低经营成本的供应方发展策略转向了与客户联系更紧密，从客户关系方面挖掘新的资源的需求方策略，CRM应运而生。所不同的是，我们现在可以运用计算机来帮助我们实现这看似并不复杂而实际操作起来非常烦琐的工作。试想一下，当接到客户来电或联系客户时能方便快速地在电脑显示屏上显示出客户的详细资料，包括客户基本信息、以往的联系拜访记录、历史订单记录及已购买产品清单，这样是否更省时省力呢？

客户关系管理是企业提高企业竞争能力的重要手段。记住顾客的姓名和他们的喜好、交易特征，因应顾客的需求，为顾客提供不同的服务，这样顾客就有可能再买一次。

CRM可以提高客户忠诚度，提高购买比率，使每个客户产生更多的购买需求及更长时间的需求，并提高客户满意度。

没有客户关系管理系统支撑的客户关系一样可以管理，但有CRM支撑的客户关系可以管理得更好！客户就是我们的资源，客户关系管理得好，客户自然就会变成我们的财富。如果您到现在还是停留在LGD（Lunch午餐、Golf高尔夫、Dinner晚餐）的客户管理模式，而您的竞争对手却已经通过将传统的手段（如人际关系、情感投入等）与先进的客户关系管理系统结合起来，悄悄地搬动着您的奶酪，对您来说应该是做出改进的时候了。

（三）CRM的项目实施

CRM项目的实施可以分为三步，即应用业务集成、业务数据分析和决策执行。

（1）应用业务集成。整合市场管理，销售管理，售后服务，为客户提供一个统一的运营平台。通过对多个源数据的集成，达到了企业数据的整合和共享。这一环节的实现，使系统使用者可以在系统内得到各类数据的真实记录，掌握真实发生的业务状况。

CRM的功能如图12-2所示。

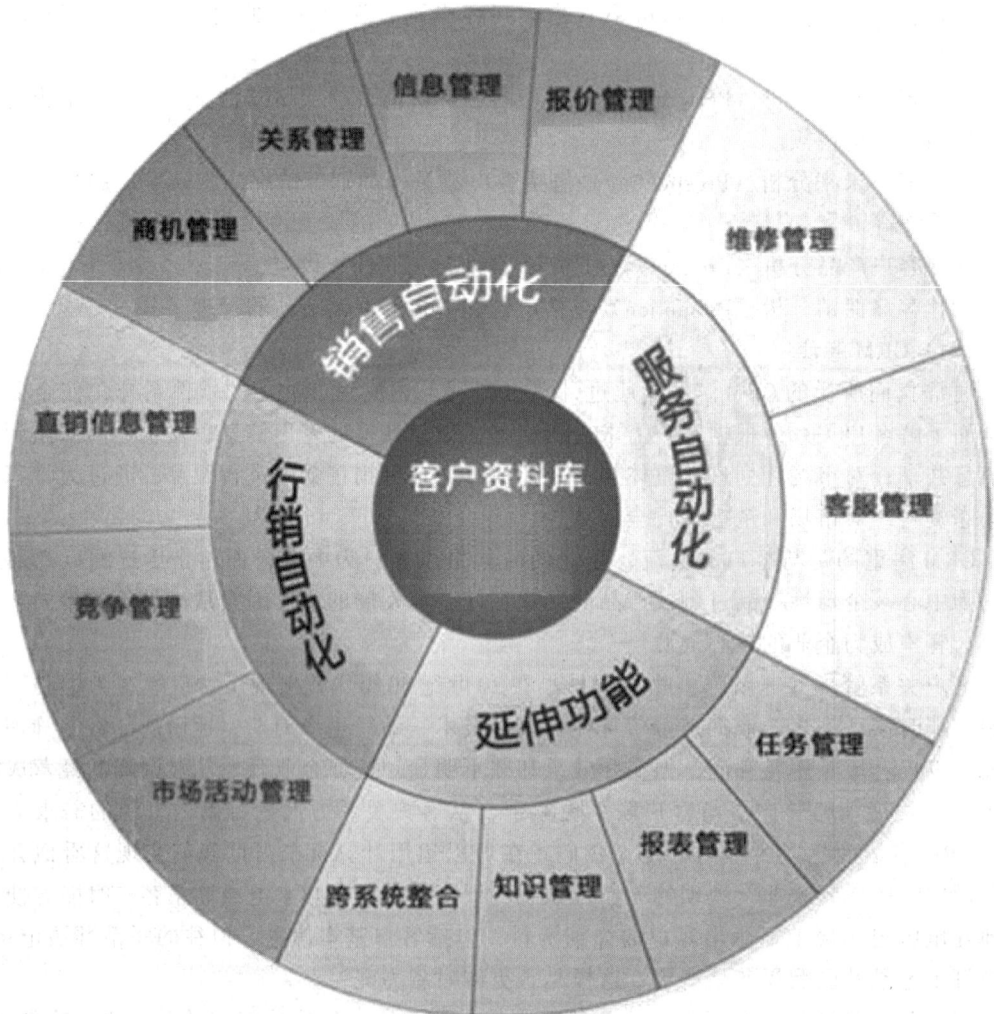

图12-2　CRM的功能

（2）业务数据分析。对CRM系统中的数据进行加工、处理与分析将使企业受益匪浅。对数据的分析可以采用OLAP的方式进行，生成各类报告；也可以采用业务数据仓库（Business Information Warehouse）的处理手段，对数据做进一步的加工与数据挖掘，分析各数据指标间的关联关系，建立关联性的数据模型用于模拟和预测。这一步所取得的结果将是非常重要的，它不但反映业务现实状况，同时也对未来业务计划的调整起到指导作用。

（3）决策执行。依据数据分析所提供的可预见性的分析报告，企业可以将在业务过程中所学到的知识加以总结利用，对业务过程和业务计划等做出调整。通过调整达到增强与客户之间的联系，使业务运作更适应市场要求的目的。

在实施CRM时，企业应根据CRM实施失败的原因，将CRM实施过程分成进入学习、熟悉应用和熟练改进三个阶段，分阶段完成CRM的实施。

（1）进入学习阶段。CRM实施的失败，常常是由于许多用户不熟悉数据仓库和数据挖掘工具的应用，使CRM不能正常发挥其效率所致。因此在CRM实施的第一阶段——进入学习阶段，通过对用户的有计划引导，使其对CRM所应用的数据仓库、挖掘工具逐步熟悉，能够了解这些工具的性能、使用方法以及使用效果。用户在对这些信息工具的逐步熟悉应用过程中，还可以逐步加深对客户价值的认识，扩大CRM的应用成果，提高用户对CRM的应用信心。

为使用户能够逐步了解、熟悉CRM的操作，首先要让用户熟悉和使用设计人员事先设计好的定制报表进行客户确认操作。定制报表是CRM设计人员基于用户的调查结果而设计的，这些报表以客户为导向，将围绕客户的有关业务流程完整地反映出来。因此涵盖了所有与客户有直接或间接往来部门的业务体系，利用这些报表可以解释用户过去经常遇到的一些业务处理问题，反映企业的业务状况、企业所面对的市场及客户状况。这种状况的反映在这一阶段主要是依靠综合性数据的描述，而不是从数据仓库中深入挖掘时所使用的详细数据。

要想做好定制报告，就必须对客户的特点、居住状况、历史购买状况、购买模式、收益最高的产品、与顾客接触的次数、接触的时间、接触的反应、根据顾客选择不同的渠道提供支持的成本、顾客的平均收入、顾客流失率、顾客对广告和交流的接受率、新顾客的收费情况等。使用者可以从自定义的报告中得到的资讯，与从其他资讯系统得到的资讯相比，似乎更接近。但其他的信息系统只提供了少量的概括数据，而报表定制查询已经开始具备一些新的特点，它所提供的信息是经营活动中的最本质的内容，并且已经开始综合利用跨组织、跨部门的详细数据，使用户能够全面了解业务处理情况。

（2）熟悉应用阶段。在这一阶段，人们开始注重理解客户、细分客户，而不是第一阶段中的对客户的简单确认。在这一阶段开始关注：为什么平均收益率会下降？客户的年度变化为什么如此之大？企业的商业活动为什么没有达到预定计划要求？商品的销售为什么低于预期的计划？为什么客户会从我这里购买？为什么销售渠道的成本会下降？为什么客户的响应率比以前下降了？为什么不同商品之间的收益率差别会如此大？为什么在某一特定渠道中的需求成本会上升？

此时，CRM用户开始逐步利用数据挖掘工具对"为什么会发生"等一些问题进行深入追究，这种对过去现象进行深入研究的目的在于了解以往在管理过程中未曾注意到的一些规律和因素，其目的是将其应用到企业的市场运作中去细分客户，对不同的客户采用正确的营销策略，从而提高企业的市场竞争能力。

企业在 CRM 实施的第二阶段中，除具备理解过去的能力以外，还需提高针对正确客户制定特定营销策划的能力。这种营销策划要保证 CRM 活动流程与所提供的服务内容完全契合，保证用数据挖掘工具所细分的盈利客户能得到利用，并需要策划业务流程的优化，协调客户关系，为客户提供量身定制的商品，从而推动营销活动的实现。用户在这一阶段需要逐步熟悉各种统计模型，能够对大规模数据进行各种分析，以获取正确的、有价值的创利客户，并开始熟练应用各种数据挖掘工具对市场机会进行分析，发现市场中潜在的、未来的机遇。

（3）熟练改进阶段。在这个阶段，人们可以对将来做出非常有知识含量和可靠性的预测。只有掌握了这项技术，企业才能在客户关系管理中占据主动，获取最大的收益，从而在客户关系管理中获取丰厚的收益。要达到这个目标，就需要企业的数据仓库拥有"分析、建模"的能力，员工具有熟练应用数据仓库的能力，企业的 CRM 运作部门有熟练运作 CRM 的能力。CRM 运作部门主要由信息管理部门、营销分析部门、营销策划制定部门、客户互动管理部门和销售渠道管理部门组成。

企业 CRM 实施的第三阶段，需要在 CRM 中集成先进的 IT 技术，使企业在 CRM 的应用中处于领先地位。这就要基于客户与事件的细分，完成对客户与事件的分析、建模、集成，形成成熟的、在 CRM 支持下的业务处理规则。同时设计多途径的客户与事件反应网络，建立完善的基于客户导向的渠道，对客户与事件进行动态评估，实现即时控制和对事件的自动处理。只有这样才能完成客户个性化分析，使企业营销活动实现从成本中心到利润中心的转变。

在客户关系管理中，企业对客户的认识要经过确定客户、细分客户和预测客户三个阶段，从实施过程看，其本质是"学习"、"熟悉"和"精熟"三个阶段。如果能够达到熟练改进，那么企业的 CRM 应用就处在成功阶段，企业也就能在市场竞争中取得优势。

三、市场

当前中小企业的信息化处于较低水平，大多数只是完成了以购销存、财务管理为应用核心的信息化基础建设。随着市场竞争的日趋激烈、产品与服务的高度同质化，中小企业开始关注客户的个性化需求，并出现对 CRM 的需求。中小企业渴望有较低实施成本、高附加价值、优质咨询服务、拿来就能用且一用就见效、日后还可能进一步扩展的 CRM 解决方案。

抢夺市场——针对中小企业 CRM 的厂商行动。针对中小企业对 CRM 的需求，各厂商都积极采取行动抢夺市场。Siebel 的应对措施是与 IBM 结盟并推出竞争在线 CRM 这一"软件即服务"的市场。随着 CRM 市场竞争的白热化，包括 Sugar CRM、ERP & CRM 等在内开放源码的产品也在功能与价格之间的平衡上给 Onyx、Pivotal 等中端的市场领导者迎头一击。微软最近在亚洲地区推出了面向中小企业的企业解决方案——CRM 软件解决方案 1.2 版。另外还推出 Business Contact Manager，主要瞄准的是那些员工在 25 人以上的小企业用户，它具备了微软 CRM 软件的一些基本功能。微软 CRM 避开其他 CRM 巨头所把持的中高端市场，面向中小型企业。

不甘示弱——国内厂商积极参与竞争。随着竞争压力的加大，中小企业对CRM的需求更强烈。再加上受到国内外企业的推动，中国中小企业对CRM的应用会掀起一股热潮。随着应用CRM的企业数量达到一定程度，其边际效应会开始显现，会有更多的商家参与到竞争中来，从而加速市场的成熟，共同把"CRM"做大，前景将不可限量。

四、中国CRM发展的情况

（一）CRM的发展情况

目前国内的中小企业CRM市场日趋成熟，而大型企业的CRM市场已经饱和。

（二）继续巩固——CRM的整体市场环境

随着市场的变化，市场竞争的焦点已经从产品的竞争转向品牌的竞争、服务的竞争和客户的竞争，特别是谁能与客户建立并保持一种长期良好的合作关系，掌握客户资源、赢得客户信任、正确分析客户需求，谁就能制定出科学的企业经营战略和市场营销策略，生产出适销对路的产品，提供满意的客户服务，从而迅速提高市场占有率，获取最大利润，增强企业核心竞争力。

近年来，中国客户关系管理取得了长足的进步，除海外客户关系管理供应商的积极参与外，国内企业也纷纷发挥自己的作用，共同推动客户关系管理的发展。当前，客户市场已从高速成长期走出，进入持续巩固期。尤其在高端市场，各大CRM提供商占有稳定的市场份额。

（三）中小企业CRM市场具有其自身的特点

（1）需求相对集中、易满足。面向中小企业的CRM需求主要以销售管理为核心，管理流程相对简洁、目标明确。

（2）数量巨大、有成长性。中国的中小企业有非常巨大的市场潜力，伴随着市场环境的变化和高成长性，将为面向中小企业CRM市场的专业厂商提供广阔的市场空间。

（3）实施周期短、局部效果明显。由于产品定位和实施目标明确，因此企业能够在短时间内看到实施效果。

第三节　　　　　　　　　　人才管理

一、人才管理的概念

人才管理这一概念出现于20世纪90年代，许多企业招募、发展和保留人才，通过人才来驱动公司的业绩。21世纪对人才管理有不同的定义：Morton（2006）描述了人才管理活动的八个类别：招聘、保留、发展、领导力开发、绩效管理、雇员反馈/测量、人才规划与文化。Fitzenz（2005）认为人才管理囊括了六个人力资源服务：聘用与安置、领导力发展、继任、绩效管理、培训和教育以及保留。Farley（2005）提出，人才管理是发挥员工价值的一套流程，人才管理的定义的核心议题就变成了"吸引、聘任、培养和保留人才"。

北森人才管理框架如图12-3所示。

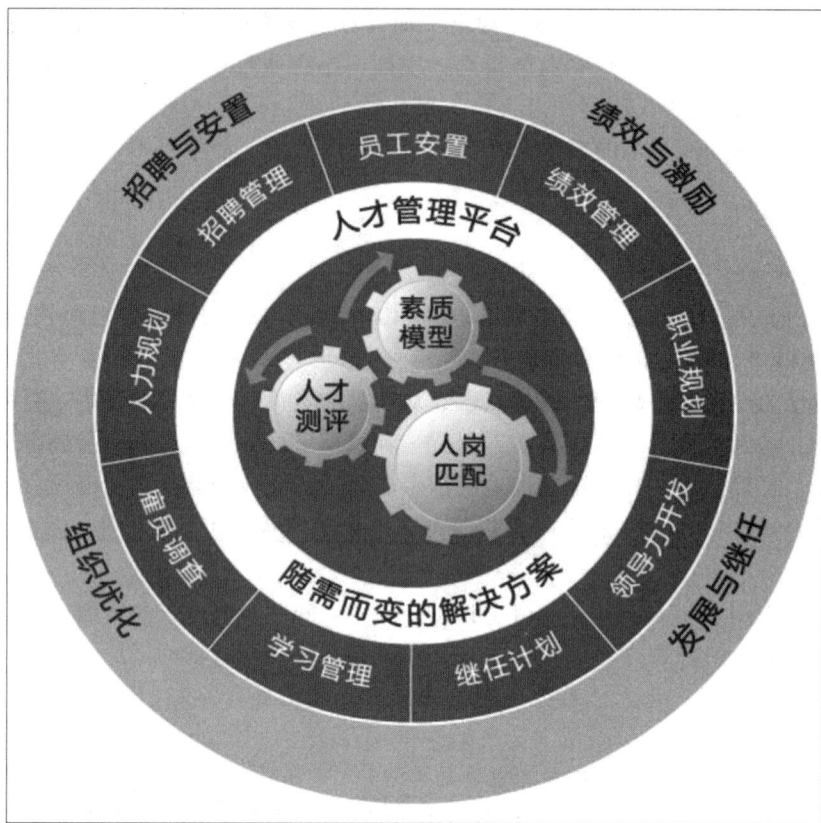

图 12-3　北森人才管理框架

如果我们把人才管理这个概念延伸到具体的应用，其中"招聘、开发、安置和保留顶尖雇员，还有劳动关系的维护和纠纷的处理"就成为人才管理的总体定义。人才管理也就包含了吸引与招聘、测评与评估、绩效管理、学习和开发、继任与保留等诸多方面。

人才管理所关注的核心是"人才"，其更加底层的技术是"人才的定义"，更具体一点："适合于特定文化的、特定岗位的人才模型。"这其中涉及素质模型、领导力模型、人才测评、评价中心、360 度评估、雇员调查等多项技术。

（一）人才管理与人力资源管理的区别

人才管理与人力资源管理并非迥异或者割裂，而是公司建立了基础的人力资源体系后，必然进入的一个新的阶段，是人力资源管理按其自身逻辑进一步发展的必然结果。但两者也有根本的差别：

人力资源强调平均主义，关注流程，例如，职位说明书、薪酬体系、考勤、福利等等。而人才管理强调的是对人才的关注，例如，吸引、聘用、安置、发展和保留人才。人力资源管理将每个人一视同仁并避免按照公司资源分配情况对大家区别对待，而人才管理将"核心"和"非核心"员工的需要视作不同的，并"开始关注不同群体里个人的不同要求"。

人事管理通常都是由人事部负责，而人力资源管理则由人事部和高级管理人员承担。人力资源管理的职责趋向于被授权给经营部门，由他们来制定和推广制度，并对其效果进行检查。很明显，培养人才的职责更多是管理者的职责，而非 HR 的职责！

人力资源管理的各个模块是割裂的，其关注点不是"人"，而是功能的实现。而人才管理的出发点是"人"与"人才"。在人才管理中，管理功能不再是分裂的，而是紧密连接的，围绕着人才紧密耦合。因此，人才管理的终极结果是连续的人才供应。

（二）人才管理模块

人才管理的工作核心是保障适合的人，在适合的时间，从事适合的工作，从而保障公司在战略实施过程中满足连续的人才供应。

吸引与招聘：确定能够吸引并招聘到适合公司的人才。

测评与评估：通过适当的方法对人才进行合理的评估。

绩效管理：通过合理的工作流程，来完成更高的绩效，包括测量与反馈。

人才开发：通过相关的技术，来提升员工的相关能力。

员工继任：完善员工发展通道、接班人计划以及人才库的管理。

员工保留：通过有效的流程与方法，提升员工的满意度，降低员工的离职率。

（三）人才管理现状

经济学人智库（EIU）发表的一份报告指出，一半以上的公司高层预期：人才短缺不久就会对企业的业绩产生影响。60%的企业对本公司的人力资源开发情况不满意，他们觉得目前的发展速度不能满足公司的关键业务需求。但事实上，只有5%的公司建立了清晰的人才管理战略，并有与之相匹配的实施与应用体系。

20世纪后期，中国的人力资源管理体系已经基本建立，企业已将注意力转移至如何吸引优秀的人才，并发挥其价值。例如，许多公司建立起素质模型体系、领导力发展体系就是其中的一个表现。但事实上，国内直接进行人才管理方面服务的公司少之又少，国内大部分咨询公司以及人力资源软件提供的服务，均是人力资源体系的内容，而非人才管理。例如，职位设计、薪酬结果设计、薪酬福利外包等均属于人力资源管理的范畴；而素质模型、人才测评、360度评估反馈则属于人才管理的范畴。显然，真正从事人才管理内容开发与服务的公司并不多见！对于许多公司而言，当是一个契机！

二、人才管理体系

基于上面的定义，人才管理需要包括：内容、流程和软件，我们需要同时考虑三个方面的内容：

1.内容

首先需要定义"人才"，即素质模型或者用人标准，在这个基础上需要应用测评工具、评价中心、360度评估反馈、雇员调查、绩效评估。

2.流程

需要定义一套业务流程，来保障人才管理的实施，例如，招聘选拔的流程、绩效管理的流程、360度评估反馈的流程，领导力开发的流程，员工继任的流程。

3.软件

需要一套系统，将内容与流程固化下来，从而保障整个流程的实施！一般来讲，许多公司是采取分步实施的，例如，先上测评系统，或者先上360度评估反馈，再上其他的。这是保障成本的一个非常重要的因素。

三、人才管理创新

（一）制度创新的导向与内驱力是市场导向及市场驱动而不是行政驱动

（1）人才战略与目标的依据是国家发展战略及区域经济社会发展需求，而不是单一的行政政绩需求。

当前，无论是政府还是企业，都将人力资源视为一种战略性资源。特别是自全国人才工作会议以来，各地、企业纷纷出台了人才开发和战略计划。但值得关注的是，有些政府部门和企业的人才战略、目标不是依据国家社会发展战略或企业发展战略的需求，而是依据政绩的需求，搞人才政绩工程。这就导致一些政府部门和企业在进行人力资源规划的时候追求所谓的"知识高地、学历高地、职称高地"，即不是根据实际发展的需求和区域社会经济的产业特点，确定需要什么样的人才，而是单一在追求引进多少博士生、硕士生、教授、院士。许多地区通过特殊的待遇政策，如提供别墅和高薪，盲目引进博士或院士，其结果是这些高端人才来到以后该地区没有任何科学研究及发挥才能的基本条件，其实这是对人才资源最大的浪费，是对人才最大的不尊重。

（2）人才管理制度的创新应由行政驱动转向真正的市场驱动，只有市场导向的人力资源变革与创新才能真正提升一个国家或地区人才配置的市场化程度，才能真正将区域人才市场融入国际人才市场。

人才的市场驱动，首先要把顾客价值放在第一位，要对人才实行分级分类，要针对不同的人才特征，采用差别化的管理方式，按照人才的需要，为他们提供有区别的人力资源产品和服务。这就要求建立多元化的人才聘用方式。为什么我们的许多政府组织和企业组织陷于人才制度改革的"多动症"之中，做了许多的制度创新但往往没有成效？主要原因还是没有确立市场导向的人力资源变革与创新的方向，没有真正为人才创造价值，没有真正"激活"人才，因此，改革往往走过场、走形式，导致改革一次僵化一次。其次，以市场导向的人力资源管理机制要依据市场人才竞争与配置法则来实现人力资源的有效配置，而不能仅仅依靠行政性补偿措施来吸纳人才。再次，市场化人力资源机制与制度创新要以人才价值本位的确立与推动人才价值创造为目标，要贯彻人的价值高于一切、自然法则大于人为法则的理念，以此来设计人力资源的机制和制度。同时，只有以市场为导向的人力资源机制，才能真正使得我国的人才融入国际人才市场。

（3）人才中介服务市场化与政府主导的人才中介服务组织的转型与退出。

人才的激活和人才的流动需要人才中介服务机构的专业化水平与能力。但目前我国80%的人才中介机构由政府主导，在这些由政府主导的人才服务中心的收入来源中有90%是依靠人事档案挂靠收费，而不是依靠提供中介服务产品获取收益。如果没有垄断性的资源，这些中介服务机构就难以生存。靠垄断性资源生存就不可能让人才中介机构研究和开发出适应人才需要的人力资源资源产品与服务，目前人才中介服务机构产品单一化、同质化，不能形成差异化优势，只能导致打价格战。其结果是人才中介服务机构难以加大产品服务的研发投入，难以提高服务意识、提供高质量的服务产品。

（4）人才概念与范围的市场化与社会化。

当前，我国对人才的定义是简单而又模糊的，主要以学历和职称为核心，认为中等职业以上就是人才。这样的人才观念明显不适合于全球一体化。要创新人才概念，建立以能力、价值创造和社会贡献为基准的人才概念，一个人只要付出劳动，为社会做出贡献、创造价值，就是人才，而不能简单地以学历、职称、资历、身份等作为标准，要把能力业绩作为人才的核心标准，树立人人可以成才的大人才观。

（二）人才管理制度创新与变革的核心是人才价值创造、价值评价、价值分配的变革与创新

（1）以人才价值本位机制替代官本位机制，建立凭能力、凭业绩吃饭而非凭政治技巧吃饭的机制。

由单一的官道转向多种职业通道，由经营职务（权力）转向经营能力（责任）。要以人才价值本位替代官本位。对于一个企业来讲要有经营人才的能力。过去在政府组织和企业中很多人都在经营职务，职务能够带来权力，权力能够支配资源。

（2）人才评价机制的创新，建立以职务和能力为基础，以职责为中心，以素质模型为标准，以人员测评为手段的人才评价任用机制。

一个组织要引入竞争淘汰机制，要让人才脱颖而出，就必须以科学的人才评价程序与方法为基础，从而建立相应的人才退出机制，否则竞争淘汰机制就是走过场。这实际上涉及我们整个人才评价机制如何进行创新的问题。这种创新，需要深层次的创新，而不是形式上的创新。

运用民主评议对人进行评价这种方式实际上是很好的，它有点类似于西方国家推行的360度考核，即上下左右、不同角度、不同层次、多视角地对一个人进行评价。但在推行过程之中往往有民主的形式但没有注重民主的科学方法，流于形式，没有真正意识到需要在评价制度和体系上创新，对人才评价缺乏科学性和有效性。此外，我们对人的评价需要从知识评价转变为对一个人的内在潜能评价，一个人能不能做领导者，有时候确实与学历无关，而是与先天素质和社会经历有关。因此素质模型的研究已经成为人力资源的一个新的领域。研究一个人除了研究知识和行为外更需要研究一个人的个性品质、价值观、态度、内驱力等。

（3）承认知识创新者和企业家的价值，通过分配制度创新推进智力资源的资本化（人力资源与人力资本）。

一要通过多层次的薪酬分配体系和多元化价值分配形式保留人才。二要在职务上形成阶梯状分布，给人才创造更多的晋升机会，激发他们的工作积极性。另外，高层要开发更多的增长战略，保持企业发展的生机活力。以留心之道留人，以用心之道用人。知识创新者和企业家是企业价值创造的主导要素。这就使得这种特殊的人力资源作为人力资本具有对剩余价值的索取权。作为一种资源，人力资源具有资本性质。资本的特征是：一是增加价值，二是创造价值。这样，人力资本和货币资本就具有了同样的所有权，二者是一种互相雇佣的关系。过去是货币资本雇用人力资本，现在人力资本同样可以雇用货币资本。

（4）采取多种价值分配形式（分层分类的薪酬分配体系、多元化价值分配形式）。

要满足多样化的人才需求，就要采取多元的价值分配体系。现在人力资源管理为什么要提出分层分类管理，就是因为员工的不同需求。对于企业来说，你要研究哪些属于你的核心人才，哪些属于通用人才，哪些属于辅助人才，哪些属于特殊人才，针对不同类型的人才可采用不同的薪酬体系、不同雇用模式以及采用多元化的价值分配体系，才能满足不同层次、不同类别员工的需求。价值分配形式有机会、职权、工资、奖金、福利、股权、信息分享、荣誉等多种形式。

（5）人才价值创造保护制度的完善与创新。知识产权是人才价值实现和人才市场秩序维护的基础。

在我国，知识产权是一种特殊的存在，它不仅关系到人才的价值，而且关系到人才市场的正常运行。如果没有一套完善的保护知识产权的法律和技术制度，人们没有自觉保护知识产权的意识，就无法真正地体现出人才的价值，也就无法促进创新人才的脱颖而出。在一个知识产权得不到保护的人才生态环境中，人才没有动力创新、也不敢创新。WTO的一项重要的规则就是全球知识产权协议。它要求协约国保护知识产权，打击、最终消灭假冒商品贸易；促进技术革新、转让和传播，维护公共利益和私人利益的平衡；制止和制裁权力滥用行为。它要求我国全面完善《中华人民共和国商标法》《中华人民共和国著作权法》《中华人民共和国专利法》《中华人民共和国反不正当竞争法》等一系列知识产权保护法律制度，提高全民知识产权意识，使知识产权保护成为企业和全民的一种自律行为。

（6）人才信用与道德体系的创新。

我国现在的人才缺失现象很严重，因此，需要重建整个社会的人才信用和道德体系。整个人才价值体系能不能够使人才真正创造科学价值，合理地评价人才价值，是一个很重要的方面。

（三）人才管理制度与机制要从单一创新走向系统创新，要在机制、制度、流程、技术四个层面进行系统创新

人力制度和机制的管理需要在体制、制度、流程、技术等方面进行系统创新。企业要想真正有效地运作，就必须建立起一套有效的人才引进机制，而这一机制的有效运作还需要一系列的制度设计来保障。机制、制度的作用最终是通过人力资源的流程来实现的，要以客户为导向建立人力资源的业务流程体系，打通人力资源业务流程与企业其他核心流程的联系。机制、制度、流程，最终要靠技术作为支撑，才能提高整个人力资源的效率。

（四）人才管理制度与机制的创新要以提升人力资源产品与服务的水平和能力为目标

目前我国人力资源产品与服务的现状：

（1）没有确定人才是客户的观念，没有站在人才的角度去研究和开发人力资源产品与服务，因此人才管理制度与机制的创新首先是人才是客户理念的确立，要致力于为人才提供面向客户的人力资源管理服务。

（2）人力资源产品与服务的水平与能力取决于人才中介服务的市场化水平与程度，目前我国人才服务产品的单一化与同质化不能满足人才服务的需求，其根本原因在于人才服务中介机构的行政化与资源的垄断化，不是真正意义上的市场化竞争。因此人才管理制度与机制的创新要有利于加速人才中介服务机构的市场化，从而驱动人才中介服务机构凭借其人力资源产品服务的水平与能力生存和发展。

（3）人力资源产品与服务的能力最终取决于人力资源专业职能管理部门的专业化水平，人才管理制度与机制的创新要有利于人力资源专业职能管理部门从权力驱动型转向专业职能驱动，人力资源管理者要成为工程师加销售员。工程师就是首先要专业化，要研究和设计人力资源产品与服务；销售员就是要有沟通能力，人力资源的产品与服务对上要让高层领导认同，对下要让各类人才接受。因此人力资源制度与机制的创新首先是人力资源管理部门自身人才管理制度的变革与创新。

（五）发展人力资源服务业

大力发展人才服务，其根本目的是建立一个专业化、信息化、产业化、国际化的人才市场服务系统。路径则要通过职能转变，优化环境，培育主体，加强监管来实现。加快职能转变，鼓励非公有人力资源服务机构发展。进一步明确界定公共就业服务与市场竞争业务，加快职能转变，打造公共服务和市场服务两大平台。公共服务平台方面，做好人力资源服务产业引导者和推进者的工作，推动和引导人力资源服务企业调整产品结构，转变增长方式。着力提供市场不愿做、做不好的公共产品和服务，主要包括人事代理、档案管理、特定目标的智力引进、高校毕业生就业、困难群体就业、政策传达、制定人力资源服务产业发展规划等，不断提高公共服务的供给能力和供给效率。

（六）人才流动机制的创新

分批次组织优秀基层领导干部到经济发达地区挂职锻炼，开阔干部的视野，提高干部管理经济和社会事务的能力。

（七）人才资本投资机制的创新

在新经济时期，人才的成长与价值的实现都离不开货币资本的支撑，因此，要对人才资本的投资方式进行改革。第一，必须突破国家和政府对教育行业的垄断，要将更多的私人资本引入到教育行业中来，逐渐地让教育私有化和产业化；第二，要开拓人才投资渠道，使人才投资渠道多样化；第三，要确定人才投入占 GDP 的合理比重，使人才资本投入具有长期保障；第四，要通过风险投资机制，实现风险投资与创新人才的结合，使创新人才的价值得到有效转化，从而促使创新型人才的价值实现。

四、人才管理的重要性

人才是企业的第一资本。"国际竞争，说到底是综合国力的竞争，关键是科学技术的竞争，科学技术的竞争实质是人才的竞争。"随着社会主义现代化建设的不断发展，科技的不断进步，市场竞争愈来愈激烈，企业对人才素质的要求也愈来愈高，市场经济的竞争最终体现在人才的角逐上。谁拥有一支高素质的人才队伍，谁就有了成功的基础。因此，加强人才管理是企业管理创新的核心。

现代企业管理的重心由"物"向"人"转变，人既是管理的手段，又是管理的内容，人不仅是管理的客体，同时也是管理的主体与动力。现代企业管理的创新，科学管理体制的创立，归根结底要靠一大批搞活大中型企业的将才、帅才来实现。针对我国企业的人才短缺、人员素质不高等现状，应寻求以下对策：加强人才管理，实行民主、科学的聘用制，造就一支高素质的成熟的企业家队伍。

企业的竞争也就是人才的竞争。在人才管理方面，首先，要敢于引进优秀人才，对于各个岗位，要有明确的标准，只要是符合标准的人才，企业都积极引进。其次，提供一个公平、公正的平台，给管理人员充分的权限，并且对每个人都有制度考核，考核与收入挂钩，做到奖罚分明。最后，定期对管理人员进行称职审核。

人才管理

【学思践悟】

人才强行金融兴，创新驱动市场活

近年来，中国金融机构在人才管理方面取得了显著进展，这离不开政策支持和科技创新的双重推动。为全面提高人才自主培养质量，造就更多适应高质量发展需要的各类人才，很多金融机构都作出了自己的创新。中国工商银行通过设立"工银大学"，对员工进行系统培训和职业发展规划。据工行2022年年报，工银大学已累计培训员工超过30万人次，从而极大地提升了员工的专业素质和服务水平。平安银行通过"平安好学"平台，结合大数据和人工智能技术，为员工提供个性化培训方案，帮助员工快速适应金融科技发展的需求。数据显示，2023年平安银行员工满意度较上年提升了12%。在法律法规方面，中国银监会发布的《银行业金融机构从业人员行为管理指引》明确了从业人员的行为规范和职业道德，确保人才管理的规范性和公正性。通过政策引导和科技赋能，中国金融机构在人才管理方面不断创新，从而显著提升了员工素质和服务质量，进而为金融市场的健康发展提供了有力支持。

章后习题

一、练习题

1.（单选）在市场营销管理过程中，"市场细分"属于（　　　）。

A.分析市场机会　　　　　　　　　　　B.选择目标市场

C.设计营销组合　　　　　　　　　　　D.管理营销活动

2.（单选）企业计划的中心是（　　　）。

A.财务计划　　　　B.营销计划　　　　C.资本计划　　　　D.存货计划

3.（单选）在营销计划中，（　　　）描述为实现计划目标而采用的主要营销策略、方法。

A.机会和问题分析　　B.目标　　　　C.营销战略　　　　D.行动方案

4.（单选）市场营销战略的核心问题是（　　　）。

A.推销　　　　　　　　　　　　　　　B.设计市场营销组合

C.分析市场机会　　　　　　　　　　　D.市场定位

5.（单选）可口可乐公司为了满足减肥人士的需要，推出了一种新型饮料。可口可乐公司实行的是（　　　）。

A.大量市场营销　　　　　　　　　　　B.目标市场营销

C.产品差异市场营销　　　　　　　　　D.以上都不是

二、思考题

1.什么是国际促销？国际促销有哪些方法？

2.简述许可协议的类型。

3.企业营销渠道的功能是什么？

4.广告定位策略有哪些？

5.简述独资经营方式的优缺点。

章后习题参考答案

实训七　营销成果及总结

【能力目标】

1.掌握金融产品从开发到投向市场的全过程，能将所学知识与实践相结合。

2.通过全部的实训，经历完整的营销过程，促使同学走入市场，深入了解营销。

3.能够对自己的收获和成果进行总结，并在课上与同学分享。

【知识目标】

1.针对目标市场的选择，会制作调研报告，并选择适合的市场。

2.了解金融产品如何开发，如何设计，有一定的创新思维。掌握不同金融产品的定价方法。

3.运用适合的营销策略，并考虑到其中的风险，采取一定的规避措施，并进行模拟营销。

4.对营销成果进行总结汇报，并交流心得与收获。

一、实训要求

1.学生必须高度重视营销策划实训的重要作用，明确实训要达到的目的。

2.在实训前要熟悉市场营销的基本理论，掌握市场营销的基本方法。

3.严格按照营销策划的基本程序、技巧和方法独立完成每一个实训项目。

4.实训一般分组进行，每组45人，在教师指导下开展策划活动，完成规定任务，提交营销资料和策划PPT并进行演讲。

二、实训报告的格式

实训报告的内容包括实训目的、实训要求、实训时间、实训地点、实训项目、实训内容（分别总结前6个实训的过程及内容）、实训心得。

主要参考文献

［1］左仁淑.关系营销：服务营销的理论基础［J］.四川大学学报（哲学社会科学版），2004（4）：19-23.

［2］科特勒，洪瑞云，梁绍明，等.市场营销管理（亚洲版）［M］.3版.北京：中国人民大学出版社，2004.

［3］HEIDE J B，GEORGE J.Do norms matter in marketing relationships［J］.Journal of Marketing，1992，56（2）：32-44.

［4］张英.现代医院应树立的十大营销观念［J］.中国卫生产业，2004（2）：76-78.

［5］贾守营.金牌医院商务策划［M］.广州：华南理工大学出版社，2005.

［6］FRANK H，ANDREAS H，ROBERT E M.Gaining competitive advantage through customer value oriented management［J］.Journal of Consumer Marketing，2005，22（6）：23-24.

［7］姜露茜.客户关系管理在企业市场营销中的价值探讨［J］.商场现代化，2018（10）：48-49.

［8］罗跃继.探索客户关系管理在企业市场营销中的价值［J］.全国流通经济，2018（16）：11-12.

［9］刘鹏飞.客户关系管理在企业市场营销中的价值探讨［J］.中国科技投资，2017（29）：22.

［10］田淑波，陈露露，梅鹏."互联网+"环境下高职市场营销专业的教学变革［J］.职业技术，2017，16（10）：61-62.

［11］郑艳."互联网+"背景下高职市场营销专业教学信息化重构［J］.现代农业研究，2018（8）：149-150.

［12］田淑波."互联网+"视域下高职市场营销专业课程的教学模式创新研究［J］.职业技术，2018，17（11）：56-59.

［13］冯宝忠，尚楠，张雅楠.加强金融营销宣传行为监管［J］.中国金融，2021（22）：108.

［14］中国银行个人数字金融部.直播创新银行营销模式［J］.中国金融，2019（18）：30-31.

［15］邹雄.银行营销平台新探索——银行Wi-Fi：下一个O2O入口［J］.银行家，2017（6）：114-115.

［16］万平，李立状，娄峰，等.基于PSO-SVM的文本分类在保险精准营销中的应用［J］.系统工程，2023，41（5）：144-150.

［17］曹斯蔚.互联网保险合规性问题研究［J］.西南金融，2020（5）：78-86.

［18］黄静，莫恒勇，李文欣.保险科技的实践创新［J］.中国金融，2018（2）：63-65.

［19］刘志伟.金融产品非自营网络平台销售的规制革新［J］.中南大学学报（社会科学版），2023，29（2）：49-60.

［20］彭静.农村金融营销的未来研究［J］.中国果树，2022（8）：113.

［21］赵丹丹.我国商业银行普惠金融数字化转型研究［J］.西南金融，2020（12）：35-43.

［22］张艳英.农村商业银行的互联网金融营销发展策略研究［J］.农业经济，2019（10）：107-108.

［23］汤超颖，萧翔宇.微信社群互动行为对用户理财产品投资组合风险决策的影响［J］.运筹与管理，2021，30（1）：154-162.

［24］唐金成，刘鲁.保险科技时代"AI+保险"模式应用研究［J］.西南金融，2019（5）：63-71.